AF572788

Josef Ilmberger Die bairische Fibel

Josef Ilmberger

Über 2000 Begriffe
aus dem
bairischen Sprachschatz

BLV Verlagsgesellschaft München Bern Wien

CIP-Kurztitelaufnahme der Deutschen Bibliothek

Ilmberger, Josef
Die bairische Fibel: über 2000 Begriffe aus d. bair. Sprachschatz. – 1. Aufl. – München, Bern, Wien: BLV Verlagsgesellschaft, 1977.
ISBN 3-405-11719-4

Satz und Druck: Georg Wagner, Nördlingen
Bindung: Conzella, Urban Meister, München

Printed in Germany · ISBN 3-405-11719-4

Einführung

Baiern war früher ein altes einheitliches Sprach- und Stammesgebiet: Oberbaiern, Niederbaiern, Oberpfalz und Österreich ohne Vorarlberg. Napoleon krempelte die Welt um, auch Baiern. Er machte den Kurfürsten Max Joseph zum König und schenkte ihm das ganze Frankenland samt den Hochstiften Bamberg, Würzburg und Eichstätt, dazu einen schwäbischen Brocken zwischen Lech und Iller. Aus dem Kurfürstentum Baiern war nun das Königreich Bayern geworden; jeder Baier ist seither ein Bayer, doch nicht jeder Bayer ein Baier, weil er Franke oder Schwabe ist.

Grob eingeteilt gibt es drei bairische Mundarten: das Südbairische (der Alpentäler), das Mittelbairische (südlich der Donau, Brennpunkte München und Wien) und das Nordbairische (Mundart der Oberpfalz einschließlich Regensburg und Ingolstadt); dazwischen leben die unzähligen Mischungen, Abschattungen, Wechselwörter der einzelnen Gaue, Täler, Landschaften ein eigenwilliges Dasein, so daß es ein vermessenes Unterfangen wäre, in einem einzigen Buch die Üppigkeit bairischer Laute, Wörter, Sprachformen aufzuzeigen, sie in ein Korsett zu zwängen, ihnen Gewalt anzutun.

Eine fast unlösbare Aufgabe hat sich nun die Kommission für Mundartforschung bei der Bayerischen Akademie der Wissenschaften gestellt: sie bringt ein Bayerisches Wörterbuch heraus, da Schmellers Werk* veraltet ist und nicht in diesem Umfang vollständig sein konnte. Der erste Band soll im Herbst 1977 erscheinen und bringt auf 118 Seiten die Buchstaben Aa bis Ad.

Es war immer schon so, daß »das Bayerische, mit Ausnahme des Adelsbayerisch, als sozial deklassierend galt, ganz im Gegensatz zum schwäbischen und fränkischen Dialekt. Lehrer und Feldwebel waren schon im 19. Jahrhundert eifrig bei der Austilgung aller sprachlichen Originalität.« (Aiblinger)

Anzengruber, Karl Stieler, Ludwig Thoma und ihre Nachfahren schlugen wohl eine spürbare Bresche in diese Mauer der Verachtung; doch vor zwanzig Jahren war es bereits wieder so, daß die Verleger mit den Händen beschwörend abwehrten und sagten: »Um Gottes willen, keine Mundart! Die Bayern lesen keine Bücher, und die andern verstehen nicht Chinesisch.« Die bairischen Autoren mußten ihre Arbeiten bis zum elenden Bastard »mildern«, wenn sie ankommen wollten, der bekannten Schriftstellerin Maria Zierer-Steinmüller strich man sogar einmal das »Busserl«, weil nur noch der Kuß »mondän« genug war, und ein bairisches Mannsbild gab sich ohne Gewissensbisse für gutes Geld dazu

* Johann Andreas Schmeller, größter bairischer Sprachforscher, geb. 1785 in Tirschenreuth, gest. 1852 in München, gab das umfangreiche »Bayerische Wörterbuch« heraus.

her, Anzengruber für einen fortschrittlichen Verlag zu »purifizieren«, seinen Büchern jede mundartliche Färbung zu nehmen.
Plötzlich standen die Geschäftemacher auf: sie erfanden die Folklore. Zuerst marschierten sie nur in die musikalische Richtung; dann aber – als sie Geld und Gelingen gewittert hatten – ging es in alle Bereiche des Volkslebens, die Nostalgiewelle rollte auf uns zu, man weckte die Sehnsucht nach Vergangenem, das Heimweh nach dem Alten. Die Folklore schäumte und schwappte geradezu über, auf allen geistigen und künstlerischen Gebieten. Auf dem Büchermarkt ging es besonders lebhaft zu: das Bairische, bisher beinahe verachtet, feierte fröhliche Urständ, in den Schaufenstern der Buchhandlungen breiteten sich Bavarica in Massen aus, Gutes und Schlechtes, Spreu und Weizen, Köstlichkeiten und Schäbiges.
Das bairische Radebrechen, seit Kriegsende durch Gefangene, Heimkehrer, Flüchtlinge, Ausgewiesene und Gastarbeiter, durch Zuagroaste beim Rundfunk und Fernsehen, in der Presse und bei Verlagen besonders gefördert, hat ein Ausmaß angenommen, das die Urbaiern erschrecken läßt.
Ich habe in einigen Jahren Hunderte von Zeitungsausschnitten gesammelt, erbärmliche Beweise dafür, wie das Bairische verhunzt, verschandelt, vergewaltigt wird, darunter Sprachschnitzer und Sprachsudeleien, »daß der Sau grausen kunnt«. Da gibt es **kroß** gebratene Schweinshaxn, die Münchner werfen ihr Geld zum Fenster **raus,** die Bahnpreise müssen **rauf,** ein Faschingsball war **eine pfundige Maschkera;** die **Ahndls** sterben aus, ein Roß ist **auskimma, das** Zamperl und **die** Kirda sind überhaupt nicht auszurotten, und Herr X. zeigt den Lesern, was eine Münchner **Harke** ist, geht an die Isar **runter,** hat **Fam** vor dem Mund; ein anderer ist narrisch **gworn,** weil er nicht weiß, **wohi des Geld hikommt,** dabei hat er auch noch einen falschen **Fuffziger** erwischt. **Sei doa tuats was!** Mancher fährt nach **Benediktbeuren** oder gleich nach **Andex. Das** Schwammerl ist ein Pilz, weil erl immer sächliches Geschlecht verlangt (nach Meinung der Erfinder des bairischen Schießpulvers), und das **Schnauferl** hat sich über Nacht von einem Motorrad in einen Autoveteran, einen Oldtimer verwandelt, von ganz **alleine.**
Dabei wäre das Rezept für den richtigen Gebrauch der bairischen Mundart sehr einfach: »Wer nicht bairisch kann, soll nicht **öffentlich** bairisch schreiben.« Doch was die zuagroastn Schreiberlinge wider besseres Wissen einmal behauptet haben, verteidigen sie mit neuen Sprachdummheiten; dadurch entsteht eine bairische Sprachverwirrung, die öffentliche Meinung wird manipuliert, die Baiern werden sprachlich schizophren gemacht, weil den Baiern zuviel, allzuviel Wurscht ist, nicht nur der Ausverkauf ihres angestammten Grund und Bodens.
»Jahrhundertelang hatte die bayerische Sprache ein Heimatrecht in der oberdeutschen Hochsprache, der Sprache, in der Luther, Aventin und Abraham a Santa Clara geschrieben und gesprochen haben. Diese oberdeutsche Hochsprache wird in unserer Zeit von niederdeutschen Einflüssen zurückgedrängt, deren Dialektwörter fälschlich als korrekter gelten als die vergleichbaren oberdeutschen Ausdrücke. Sechsmal kommt bei Luther das Wort ›Semmelmehl‹ vor, aber ein Brötchen findet sich in der ganzen Bibelübersetzung nicht, genausowenig wie der Quark, der Bulle oder die Fliese, die im Begriff sind, den Topfen, den Stier und die Kachel zu verdrängen.« (Aiblinger, Wolfg. Joh. Bekh)
Nun ist eine Fibel kein Wörterbuch; eine Fibel ist nach altem Herkommen ein erstes Lesebuch, das in einfachster Form in das Leben und Weben einer Sprache hineinführen soll. Damit ist gesagt, was meine Fibel sein will: Keine wissenschaftliche Abhandlung, kein gelehrtes Traktat, aus Bücherweisheit zusammengetragen, sondern eine Arbeit aus der Volkssprache heraus, die nicht auf Katzenpfoten schleicht, für das Volk geschrieben; denn die Mundart wird nicht von Zeitungsschreibern mit Unterstützung von Wissenschaftlern gemacht, sondern immer noch vom Volk gesprochen.
Natürlich muß man sein Leben lang in allen Volksschichten herumgehorcht haben, um hier ernsthaft mitreden zu können; trotzdem ist es keinem Menschen möglich, aus eigener Erfahrung alle bairischen Idiome von Grund auf zu beherrschen, man bleibt sprachlich immer sei-

nem Heimatgau verhaftet. Meine Stichwörter in der Fibel stammen zum größten Teil aus dem Schmellerwinkel um den Kastulusberg, am Rande der Holledau, wo Schmeller seine Kinder- und Jugendjahre verbrachte; er besuchte in Pörnbach die Volksschule, eine gute Wegstunde davon liegt meine Heimat Hohenwart, ein Marktflecken mit rund 1000 Einwohnern. Um 1899, als die noch heile Welt für mich allmählich sichtbar und hörbar wurde, vernahm ich schon als Knirps mit Verwunderung, daß oft Laute, Wörter aus einem anderen Munde anders klangen als in der Eltern- und Großelternsprache.

Es begegneten mir auf Schritt und Tritt mundartliche Besonderheiten, Andersartiges, das zur Überlegung, zum Nachdenken zwang. Auch unsere Wagnerwerkstatt war ein Treffpunkt verschiedener Mundartformen. An der Sprache der Kunden, die oft weiter als zwei Wegstunden entfernt wohnten, konnte man zumeist ihren Heimatort ausmachen. Kamen sie aus dem Osten (Richtung Holledau), sprachen sie ein spitzes st (fast wie in Hannover: S-tanislaus s-tolperte über einen s-pitzigen S-tein!): Kastn, Fensta, huastn, mogst, sagst, dscherst = zuerst; die vom Norden (Donaumoos) hatten schwäbische Anleihen: Kaschtn, Fenschta, huaschtn, mogscht, sagscht, zerscht; nach Westen zu (Schrobenhausen, Aichach, Altomünster) sprach man wohl das derbste Bairisch: Kaschn, Kaschnbon = Speicher, mogsch = magst du, gsagg = gesagt, gfragg = gefragt, Wuusch = Wurst, Buusch = Bursch, gschbüasch mi = spürst du mich, der singga = der singt ja; zuerst hieß hier zeasch.

Nach Beendigung meiner Lehrzeit in der väterlichen Werkstatt zog ich als sechzehnjähriger Geselle nach München, hörte in einer Karosseriewerkstätte und anschließend in einer Waggonfabrik wiederum bairische Laute aus der tiefsten Ebene, wurde jedoch nach einem Jahr fahnenflüchtig, in Erinnerung an den schrecklichen Schwur meiner Mutter: »Jedem meiner vier Buben hacke ich die Hände ab, der ein Wagner werden will.« Sie war aus dem satten Wohlstand einer Brauerei gekommen: ein paar Schapferl voll Malz, eine Handvoll Hopfen und viel Wasser ergaben einen hundertfachen Trunk, der ja – mit verschwindenden Ausnahmen – stets sofort bezahlt werden mußte.

Ich setzte mich mit siebzehn wieder auf die harte Schulbank in Freising, wo der wortgewaltige Deutschprofessor Dr. Dr. Thalhofer, ein Freund des bairischen Dichters und Schriftstellers Josef Ruederer, seinen bairischen Schülern zum ersten Mal die wißbegierige Nase auf den bairischen Hiatus stieß, eiferte allmählich dem selbstlosen Meister Pestalozzi nach, wurde dann dienstlich in Winkel und Ecken Ober- und Niederbayerns herumgeschubst, und stets habe ich die Ohren gespitzt und das Aufgenommene verarbeitet. Meine Frau brachte mir einen heimatlichen Wortschatz vom Tegernsee in die Ehe, mein Schwiegervater stammte aus der Ramsau b. Berchtesgaden, und heute noch habe ich alte Verwandte, Bekannte, Freunde, häufig aus Kindheitstagen, in Passau, Regensburg, Ingolstadt, am Chiemsee, im Holzland, im Bayerischen Wald, am Tegernsee, in Garmisch, in Eichstätt und Wien als zuverlässige Gewährsleute in Mundartfragen.

Nachdem das Bairische als grobe Mundart verschrien ist, sollen doch auch einige Besonderheiten zur Abschwächung dieses Vorwurfs nicht unerwähnt bleiben, Feinheiten, die den klassischen Sprachen nachgerühmt werden, erst recht dem Französischen, das als geschliffenste Sprache der Welt gilt. Die Angleichung (Assimilation), die Verschmelzung, das Verschleifen spielen eine große Rolle.

Da fährt der Grovvadda (Großvater) oder die Grommuadda (Großmutter) mit dem Schukkarrn (Schubkarren) die Laiggarm (Läutgarbe), die auf einem Sambbon (Sandboden) gewachsen ist, am Gozzagga (Gottesacker) vorbei zum Mesma (Mesner) und kriegt dafür ein Maidderl (Mäulchen) voll Kaffee. – Andere Fälle: »wenn wir« wird zu wemma, »gehen wir« zu gemma, »hauen wir zu« verschmilzt zu haumazua, und der Spruch alter Leute als Antwort auf eine Einladung für spätere Zeit heißt vorsichtshalber: wemmaraslemnohom (wenn wir das Leben noch haben).

Eine besondere Feinheit jedoch, ein Schmankerl (besser: Schmanggerl) sozusagen, ist die Vermei-

dung des Hiatus, des Zusammentreffens zweier Vokale am Ende eines und am Anfang des nächsten Wortes. Auch der Baier läßt hier einen Laut fallen, oder er schiebt einen ein, um diesen lästigen Hiatus zu erledigen.
Es heißt:

a Voda (a = ein)
a Muadda (a = eine)
a Kind (a = ein)

dagegen:

a-n-Ochs (a Nox)
a-n-Amsl (a Namsl)
a-n-Oachkatzl (a Noachkatzl)

Das unbestimmte Geschlechtswort ist also einheitlich, es heißt a (hell wie in Rahm); sobald jedoch das folgende Wort mit einem Selbstlaut beginnt, wird das n eingeschoben. Weitere Beispiele:

da Maxl (da = der) – dagegen: da-r-Alis
a broner Abbfe (ein gebratener Apfel)
a-n-oanzinger Abbfe (ein einziger Apfel)
dös is aa-r-an Aff (das ist auch ein Affe)
iatz tua-n-i-n-Äst schnoattn (jetzt tu ich Äste hacken)

Oder:

dös hod a to (das hat er getan – Betonung auf to)
dös hod ar aa to (Betonung auf aa = auch)
dös hod er aa to (Betonung auf er)

Das Fürwort »er« kann also im Bairischen drei verschiedene Formen annehmen, wie auch das Zahlwort »zwei« nach dem Geschlecht des Hauptwortes noch vielfach verschieden angewendet wird:

zwee Buam, zwo Katzn, zwoa Kinder

Natürlich erfolgt die Hiatustrennung im ganzen bairischen Sprachgebiet nicht einheitlich; man kann wiederum folgende Unterschiede hören:

tua-n-i (tu ich)	oder: ho-n-i (habe ich)
tua-w-i	ho-w-i
tua-r-i	ho-b-i

Oder: wia-n-i (wie ich) – wia-r-i
Einen Hinweis verdient das Wörtchen ein (eine), das in der Schriftsprache sowohl Geschlechts- als auch Zahlwort sein kann, im Bairischen jedoch in verschiedener Form gebraucht wird; zum Beispiel:

ein, eine als Zahlwort
oa Baam
oa Birn
oa Kind
mit oan Abbfe gworfa
mit oana Birn gworfa
ein, eine als Geschlechtswort
a Baam
a Birn
a Kind
mit aran Abbfe gworfa
mit ara Birn gworfa

Es ist also nicht so, wie man gemeinhin anzunehmen beliebt, daß die bairischen Mundarten nach Willkür oder Gutdünken gebraucht werden können; nur ist es schwer oder gar unmöglich, alle grammatikalischen Gesetze, denen auch sie unterworfen sind, in einem Leitfaden zusammenzufassen, da sie innerhalb des Sprachgebietes häufig wechseln und ihre Zahl deshalb Legion ist. Eine einheitliche, »genormte« bairische Mundart gibt es nicht. Unterschiede in Aussprache, Tonfall und Wortgebrauch sind in den meisten Fällen sogar schon in Orten mit kaum stundenweiter Entfernung vorhanden, so daß ein empfindsames Ohr sofort den Tegernseer, den Dachauer, den Holledauer, den Rottaler, den Bayerwäldler usw. erkennt, sobald er nur »das Maul« auftut.
Die Mundart ist nicht von der Schriftsprache hergeleitet, sondern die Schriftsprache ist aus den Mundarten entstanden (Martin Luther war kühner Bahnbrecher), wobei gerade das Bairische den Vorzug genießt, noch viel Ursprüngliches, Sprachgut unserer Altvordern, zu enthalten, wie die Hinweise auf das Mittel- und Althochdeutsche verraten. Althochdeutsch bedeutet nicht: alte Hochsprache, sondern altes Oberdeutsch, im oberen Deutschland gesprochen. Der Gegensatz ist das Niederdeutsche, das Plattdeutsche, und darum ist es schlecht am Platz, wenn z. B. Stücke von Ludwig Thoma jenseits der Mainlinie als chinesischer Zinnober abgetan werden. In Bayern nehmen wir auch Sendungen plattdeutscher Stücke hin.
Die Frage der Schreibung des Bairischen wäre eigentlich mit dem Satz abgetan: »Die Mundart ist eine Sprache, die man nicht schreiben kann; echt ist nur die gesprochene Sprache.« Ob man

nun Zamperl, Zambberl, Zampal, Zambbal schreibt oder Preiß, Praiß, Breiss, Braiss: dafür gibt es – Gozzeidank! – keine Vorschriften, darf es keine geben, auch nicht durch Duden oder andere Wörterbücher, weil es – wie schon erwähnt – keine genormte bairische Mundart gibt, sondern nur Mundarten; jeder Gau hat seine besonderen Laute, seine Eigenheiten in der Aussprache, im Tonfall, und jeder Baier läßt den andern nach seiner Fasson selig werden. Der echte alte Regensburger z. B. spricht grundsätzlich kein al als Verkleinerungsendung, er rollt ein geradezu kunstvolles rrrrl, das selbst andere Baiern nicht nachsprechen können, ich selbst versuche es seit Jahren umsonst.
Freilich haben Wissenschaftler (Schmeller, Wörterbuchkommission, Aman usw.) für die verschiedenen bairischen Urlaute (mehrere a e o, dann ea ej ia oi öi ou usw.), auch für die Kennzeichnung von Dehnung, Kürze, Betonung eigene Zeichen erarbeitet, oft nicht einmal einheitlich. In meiner Fibel habe ich bewußt darauf verzichtet, da sonst dem Leser zugemutet würde, noch ein weiteres ABC von mindestens 25 Buchstaben zu erlernen; es sind hier also nur spärliche Angaben über Aussprache und Tonfall gemacht, um die Freude an der Lektüre nicht zu beeinträchtigen. Auch ist nur versucht, die Stichwörter lauttreu wiederzugeben, der übrige Text ist mundartlich »gemildert«.
Die von Zuagroastn vielfach mißhandelte Maß (Bier) richtig auszusprechen, gelingt z. B. mit dem Hinweis auf das Wort Faß: beides ist gleichlautend, schließlich gehören Faß und Maß zusammen. Alle bairischen Schriftsteller, auch Ludwig Thoma, sind nicht imstande, ihre Mundart mit dem herkömmlichen Alphabet lauttreu zu schreiben, ihre schriftliche Wiedergabe ist eigentlich nur ein Notbehelf, und die »Heilige Nacht« wird jedesmal anders klingen, wenn sie von einem Tegernseer, einem Chiemgauer, einem Holledauer oder einem Waiddler vorgetragen wird – und jeder hat recht.
Diese Fibel ist also nur ein Versuch, einen kleinen Teil des bairischen Wortschatzes einzufangen, ihn wieder lebendig zu machen, aus dem Untergrund zu heben, Vergessenes, das in manchem älteren Leser noch schlummert, zu wecken; zugleich aber auch eine lehrreiche Fröhlichkeit in die Hetze des Alltags zu tragen.
Wenn bei diesem ehrlichen Bemühen nicht immer freundliche Worte an die Zuagroastn (Sammelbegriff) gerichtet sind, zuweilen eine bissige Frotzelei zu erkennen ist, so muß man den Unmut der Baiern begreifen angesichts der fremden Überschwemmung unseres Stammlandes und der weiteren Tatsache, daß wir allmählich nicht mehr Herr im eigenen Hause sind, weil wir als zu »doof« und zu langsam gelten, es nicht mit der Berliner Schnauze oder mit dem gottfröhlichen Sinn der Rheinländer aufnehmen können.
Meinen Landsleuten jedoch reibe ich unter die Nase, daß sie sich diesen unerträglichen Zustand zum Teil selbst zuzuschreiben haben, weil sie vor Profitgier (in den Fremdenorten) ihren heimatlichen Stolz in das kriecherische Gewand der Nachgiebigkeit und des gebuckelten Entgegenkommens kleideten und die sprachlichen Kukkuckseier im bairischen Nest für echt hielten, weil ihnen die Heimatmundart häufig als zu »gschert« erschien, nicht nur auf der Speisekarte.
Zum Glück besteht ja Baiern nicht nur aus München und dem Alpengebiet: auch *vor* den Bergen wohnen Baiern, die Überzahl sogar. Gerade sie haben in diesen mageren Jahren der Verachtung des Volkstümlichen, der sprachlichen Verluderung das Überkommene standhaft bewahrt und verteidigt. Heimatblätter (Altbayerische Heimatpost, Bayerische Heimat des Münchner Merkur, See-Geist in Tegernsee, Alt-Bayerische Heimat der Mittelbayerischen Zeitung) und die verdienstvollen Heimattage im Oberland, in Deggendorf, in Nabburg, dazu die Trachtenvereine: sie alle hielten stand im Sturm einer mißverstandenen Entrümpelung des Herkommens, des Altväterischen. Nun können wir Baiern nur noch hoffen, daß diese sprachliche Erneuerung kein Sturm im Wasserglas ist, sonst wären die späteren Geschlechter wohl dazu verurteilt, ihre Mundart aus der Gefriertruhe zu holen – aus den Wörterbüchern.
Mein letztes Wort: So, iatz hon i Enk alle mitanandd dWohrad gsagt, weil deesmoi ausnahmsweis a(n) oida Mensch recht hod. Nix für unguat. Pfüadd Enk!

Josef Ilmberger

a (hell wie in Rahm) = ein, eine, er (bei nachfolgendem Vokal durch n oder r getrennt – Hiatus).
A Vadda = ein Vater, da Vadda = der Vater, bVaddern = die Väter.
A Muadda = eine Mutter, bMuadda = die Mutter, bMuaddern = die Mütter.
A Fuchzgerl = ein Fünfzigpfennigstück, as Fuchzgerl = das Fünfzigpfennigstück, bFuchzgerln = die Fünfzigpfennigstücke.

aa (hell) = auch.
Du bist aar an Esl. (Du bist auch ein Esel.)
Der hod aar an Wurf. (Der hat auch einen Rausch.)
dNandl hod aa koa Göid net. (Das Annerl hat auch kein Geld.)

Abbadägga, der (erstes a dunkel) = Apotheker.
Zum Pillenfresser: »Pfui Daife! Mir holn as Fuaddar auf da Wiesn, ned in dar Abbadäggn.« (Nach Ludwig Thoma)

Abbdrid, der = Abtritt, Abort, Toilette; vgl. Haisl.

Abbfe, der = Apfel; Mehrz. dEbbfe.
Abbfebutzn = Rest eines Apfels: Kernhaus mit Stengel; Abbfedauch = Apfelkompott; Abbfedatsche = flacher Hefekuchen mit Ebbfespaltln belegt; vgl. Datsche.
Alter Name für Apfel: Affalter.
Ortsnamen: Affalterbach, Affaltern, Affoltern.

Abbfikaad, der = Advokat. Das Wort Rechtsanwalt war früher ungebräuchlich.
Zum Gegner: »Wennsd ned nachgibst, nachad gehn i zun Abbfikaadn.«

Abbrui, der (a dunkel) = April, latein. aprilis (der die Erde Öffnende).
Märzenschnee tut den Saaten weh. Dagegen: Abbruischnee düngt.
Jemand in den April schicken: Abbruinarr, Abbruiox, Abbruiaff; vgl. Ibidumm.

Bauernregel für das Kartoffelpflanzen
Legst mich im Abbrui, kimm i, wann i wui (will);
legst mich im Mai, kimm i glei (gleich).

Zuverlässige Bauernregel
Donnerts im Mai, is dar Abbrui vorbei.

Abrahams Wurschtkessl = freundliche Herkunftsbezeichnung für jüngeren Gegner: »Du bist ja no in Abrahams Wurschtkessl gleng, wiar i scho Kinda gmacht hob.«

abschaile = abscheulich, häßlich, gröblich.
A so a Sauhund, an abschailinga!

achi = hinab, hinunter.
Daher Name vieler Gebirgsbäche: Aach, Ache, Salzach, Rottach, Weißach, Schwarzach, Niedernach. Altach = Altwasser, Flußarm, ehemals Hauptrinnsal, mittelhochd. altaha, daher: Kloster Altaich a. d. Donau. Vgl. oche.

Aff, der (a dunkel, fast o) = Affe; Mehrz. dAffn; Afferl (a sehr hell) = Äffchen.
Affakastn = enges Gelaß, Fahrzeug.
Bei fast allen Grundwörtern mit dunklem a wird die Verkleinerung mit hellem a gebildet: Wasser – Wasserl; Has – Haserl; Gassn – Gasserl; Nasn – Naserl; Basn – Baserl; Wong – Wagerl.
Schimpfnamen:
Du Aff, du gselchta (geräucherter)!
Du Aff, du damischa (dämlicher)!
Du Aff, du graislicha (abscheulicher)!
Du Doagaff, du doagada (teigiger)!
Du Duiddaff, du stingada (Dultaffe, stinkender)!
(Nachgesetzte Beifügung in Baiern besonders beliebt.)
Affe = Tornister; Schlaraffe vgl. Schlauderaff.
Ortsnamen: Affennest, Affenthal.

Ös Affersgsichter
Der alte Pfarrer von Gamskrucklberg, schon 40 Jahre im kleinen Dorf, kannte seine Schafe und Böcke, und sie kannten ihn. Fast 80 geworden, wurde ihm der Aufstieg auf seine Kanzel schwer, der Atem für Predigten zu kurz. Er half sich aber mit einem kräftigen Wort. »Heut feiern wir das Fest des heilinga Josäf«, sagte er einmal, »dös is a Mo gwen, brav und schön, so schön scho, grad garwad und gwergld hod er, er hod ned gsuffa und ned gschnupft, ned kartlt und ned grafft und is auf dNacht ned mit da Loadda zum Kammerfensta ghupft. Im Dorf hob i no koan söttern ned gsehng – ös seids ja bloß Affersgsichter dageng. Amen!«

aft = hernach, dann; engl. after = nach.
Aftermahda (zweites a hell, nasal) = Aftermontag = Dienstag; Afterwindda = Nachwinter.

aggradd = akkurat, genau, sorgfältig, auch in dem Sinn: in diesem Augenblick.
Aggradd bein Zammlaiddn is da Mesma an da gstohlna Brotwurscht dastickt.

Ahndl, der, die (a hell) = Großvater bzw. Großmutter; mittelhd. ane; Mehrz. dAhndln.
Bei der Ahndl schlaffa = im ungemachten Bett schlafen. Die Eltern = die Ältern.

Aidda, das = Euter, Milchdrüse von Tieren, doch auch Wundabsonderung.

Aiwe, das = Älpchen, kleine Alm; ähnliche Wortbildung wie Kaiwe (Kälbchen), Schwaiwe (Schwälbchen), Daiwe (Täubchen); s. d. Bekannt das idyllisch gelegene Boar-Aiwe (Bayr-Älpchen) in der Langenau zwischen Bad Kreuth und Erzherzog-Johann-Klause.

Alisi = Kosename von Alois, manchmal auch abwertend für unbeholfenen Burschen mit beschränkter Auffassungsgabe, so daß man jeden Lehrbuben einfach Alisi nannte, wie jede Kellnerin Zenzi.
Alois (Aloysius) vielleicht latinisiertes althochd. Alwisi = der sehr Weise; aus diesem Grunde wohl wurde Minister Hundhammer von seinen Spezln Alisi der Gebartete gerufen.

allbot = alle Gebote, alle Augenblicke, rasch folgend wie die 10 Gebote; vgl. oibod.
Die Zenzl, die Hausdirn vom Zwicklbräu: »Dös is gschpassig – dHänd wascht mar allbot und bFüaß gar nia!«

alloa (a hell) = allein; muaddaseelnalloa = mutterseelenallein; mittelhochd. al-ein = verstärktes ein. Das in bairische Zeitungen eingedrungene alleine wird von Baiern als häßliches preißisches Mundartwort verachtet.
Thoma läßt in seinem »Kirta« (aus: Agricola) den Oberknecht Hansgirgl in einem offensichtlich von Preißen erfundenen Lied singen:
Dann treib' ich mei – ne Küh' dahin,
Dort wo ich ganz – alleine bin.

allszfei (ei nasal) = allzufein.
Dees Weiberts glangt koa Mischtgabl o, dee is allszfei dazua.

Auch zur Liebe im Freien kann ein Mädchen zu fein sein:

Walburgerl, Walburgerl, iatz geh mar ins Heu!
Aber na, Säbb, aber na, Säbb, do bin i allszfei!
Walburgerl, Walburgerl, kimm, geh mar ins Gros!
Aber na, Säbb, aber na, Säbb, do is' mar allsznoß!
Walburgerl, Walburgerl, kimm, geh mar ins Holz!
Aber na, Säbb, aber na, Säbb, dees geht geng mein Stolz! *(Sammlung Böck)*

am (dunkel, nasal) = oben, droben.
Da Vaddar is an Berg am; bMuadda is an Bon (Boden) am; as Sofferl singt auf da Bor (Kirchenempore) am.

Amadell, das (Betonung letzte Silbe) = Amulett; latein. amuletum, amolior = wende ab; Abwendungs-, Zauberschutzmittel. Die Umkehrung Amadell ist mundartnäher, leichter auszusprechen. Ein Amadell, in Silber oder Blech geprägtes Heiligenbild in Pfenniggröße, brachten Wallfahrer mit nach Hause. Es wurde häufig nach dem Wallfahrtsort benannt.
Kinder fragten die heimkehrende Mutter: »Hoscht uns koa Bomhauserl ned mitbrunga?« (Pobenhausen = Wallfahrtsort bei Ingolstadt.)

Ambb, das (a dunkel) = Amt; mittelhochd. ambet = Dienst, Herrendienst, Gottesdienst; Ambberl (a hell) = Ämtchen.
Hoachambb, Houchambb = Hochamt.
Zusammensetzungen: Amtmann, Amtsgenosse, Amtsschimmel.
Familiennamen: Amtmann, Ammann, Ammon.

amoi (Betonung auf oi) = einmal (Zeit); vgl. oamoi.

an (hell) = einen.
I siech an Berg; der hod an Rausch; du kriagst an Fimfa ins Zaignis.

anandana (zweites a dunkel, die andern hell) = ein anderer.
Dees Hidderl hod anandana gmacht. (Dieses Hüttlein hat ein anderer gemacht.) – Beispiel für geschliffenes, fließendes Sprechen.

Anddane (Betonung erste Silbe), Dane, Done = Anton.
Antonius von Padua, 1195–1231, Minorit, christlicher Heiliger, Bußprediger in Oberitalien und Südfrankreich, gilt beim gläubigen Volk als Patron der Gschlamperten, der Vergeßlichen; ein Gebet zu ihm hilft einen verlorenen, verlegten Gegenstand, Geldsack wiederfinden. Früher erlangte man seine Fürsprache nicht so billig: man mußte das Antoniusbrot spenden, eine Armenspeisung. Doch heute sagt man während der Suche wie früher auch schon: »Dö muaß doch zun Findn sei, dö Saggramentsbruin – as Haus verliert nix!«

Anderell (a dunkel) = Andreas; Kosename: Anderl (a hell).
Andreas, der »Mannhafte«, Apostel, Bruder des Petrus, auf »Andreaskreuz« gekreuzigt, ist Schutzpatron Rußlands. Fest: 30. November. Die vorangehende Nacht (Andreasnacht) gehört zu den gesegneten Zeiten des Jahres: Burschen und Mädchen können durch besondere Zeichen den zukünftigen Gatten erblicken.
Familiennamen: Anderl, Andree.
Spottvers: Anderell min Katznschell (Katzenschädel).

Andifi, der (a dunkel) = Endivie; latein. intivea.
An Andifisilod = ein Endiviensalat.

Angl, der = Angel, Fischfanggerät, auch Stachel der Biene, Wespe, Hornisse; althochd. angul.
Türangel = Scharnier.
Zwischen Tür und Angel.
Mi hod an Imp ganglt. (Mich hat eine Biene gestochen.)

Angsthos, der (o fast a) = Angsthase, feiger, ängstlicher Bub oder Mann.

angsti (a hell) = beengendes Gefühl, ängstigen; althochd. angustig.
Bei Gewitterschwüle: »Mir is haind so angsti!«

Angstlais, die = Angstläuse.
Kratzt sich ein kleiner Sünder beim Verhör am Kopf, heißt es: »Jetzt beißen ihn schon die Angstlais.«

Annamirl = Annamaria; vgl. Mariandl.

Abgesagtes Liebesspiel
Annamirl, Zuckadirl, geh mit mir in dSchlecha (Schlehen)!
I ko ned geh, i ko ned geh, i hon an wecha Zecha (Zehen).

ant doa (a dunkel) = weh tun, bedrücken, merkwürdig vorkommen, hart ankommen.
Ein Mädchen aus wohlhabender Familie heiratet einen »Hungerleider«: »Dees werd ihr awar ant doa, wenns iatz sparn muaß.«
Bei Schmeller: enterisch = befremdlich, ungewöhnlich, nicht geheuer.

Antlaßtag, der = ursprünglich der Gründonnerstag (Antlaßpfinztag), heute der Fronleichnamstag (Prangertag).
Antlaßrosen = Pfingstrosen; Antlaßoar = Antlaßeier (am Gründonnerstag gelegt und zur österlichen Speisenweihe gebracht, bewahren sie den Genießer das ganze Jahr hindurch vor Leibschäden).

Antn, die (a hell) = Ente(n); Andderl = Entchen.
Antngeil = Enterich, Erpel; Antnjung = Entenklein.
Ortsnamen: Antelsdorf, Antenau, Antenbichl, Antenfressen, Antenfuß, Antenloh, Antenpoint, Antenring, Antersberg, Antersdorf, Anterskofen.

Latinisiertes Bairisch
Ein genußfreudiger Dorfpfarrer mahnte während der Sonntagspredigt mit ausgebreiteten Segenshänden seine vergeßliche Köchin Lena in pseudolateinischen Worten: »Lena ventantum procenta!«
(Lena, wend dAnt um, brats ent aa! – ent = auf der anderen Seite.)
Noch ein Pseudolatein
Vena lausa moris, pax trux goris.
(Wenn a Laus am Ohr is, packs, drucks, gor is'.)

ara, aran (alle a hell) = einer, einen.
Dees Unglück is an ara Kreuzung passiert. Nachad hod ma den Dodn an aran Baam hinglegt.

Arnt, die (a hell) = Ernte.
Nach da Howernarnt fangt da Hirgst o. (Nach der Haferernte fängt der Herbst an.)

Arsch, der (a dunkel, fast o) = weltweit bekannter Name für notwendigen, zu unrecht gelästerten Körperteil; arschlings (a hell) = zurück, sogar gedoppelt: arschlings redur.
Zum Vergeßlichen: »Du tatst dein Arsch aa vergessn, wenn er ned angwachsn waar.«
Ging einer ohne Hut und Stock über Land, fragte man ihn: »Gehst du vielleicht zum Arschlägga?«
Sohn zum Vater, nachdem der Marder im Taubenschlag gewütet hatte: »Iatz lägg mi am Arsch, Voda, iatz san dDaum aa hi! Und grad dö weißn.«
Der 1000 Jahre alte Götzspruch war ursprünglich keine Beleidigung, sondern ein Abwehrzauber gegen böse Geister und Unheil. Der nackte Hintern aus Stein dient neben Fratzen und Untieren auf manchen Domdächern als Wasserspeier, z. B. Freiburg/Breisgau.
Mit dieser leckeren Materie befaßt sich seit Jahrzehnten eindringlich der »Götzforschungs-Verein LEMIA«, 4740 Oelde in Westfalen. Präsident: Oberrichter a. D. Jos. Frenken; einzige Ehrenmitglieder in München: Oberbürgermeister Schorsch Kronawitter seit 1973, Josef Ilmberger seit 1964.

Gesellschaftsfähiger Götz
Der Komponist Hans Pfitzner, geb. 1869 Moskau, gest. 1949 Salzburg (Hauptwerke: Palestrina, Christelflein, Rose vom Liebesgarten), war einige Jahre auch Lehrer an der Akademie der Tonkunst in München. Zur gleichen Zeit studierten dort die jungen Avantgardisten Carl Orff und Werner Egk, die Pfitzner we-

gen ihrer Geschäftigkeit nicht ausstehen konnte. Kam die Rede auf die beiden, wischte Pfitzner das Gespräch unter den Tisch mit dem klassischen Spruch: »Egk mich am Orff!«

Erfolgreicher Pseudo-Götz
Bis 1920 war ein Landlehrer amtlich verpflichtet, neben seinem Schuldienst – nicht selten 100 Kinder in einer Klasse – auch noch die Orgel zu schlagen, den Kirchenchor zu pflegen, den Mesnerdienst zu versehen und die Gemeindeschreiberei zu erledigen. Diese erzwungene Mammutarbeit erbrachte, zusammen mit dem Lehrergehalt, oft nur tausend Mark – jährlich, bitte! Dafür wurde er im Dorf als »Hungerleider« und »Gmoafresser« beschimpft. Darüber hinaus war der Lehrer der führende Mann in allen Vereinen (Gesang-, Schützen-, Sport-, Obstbau-, Kaninchen-, Ziegen-, Bienenzuchtverein). Begreiflich, daß so mancher »Idealist« sein Lebtag ein Wanderer blieb. So hatte sich Lehrer Z. in Alling jahrelang um eine amtlich ausgeschriebene fettere Pfründe beworben – immer umsonst. Beim 40. Gesuch schrieb er am Schluß: »Sollte es wieder nichts sein – nun denn, in Gottes Namen: LmiA!« Der Delinquent wurde zum Ministerium befohlen, dort wutschnaubend verhört, ihm der Verlust seines Amtes angekündigt. Der Unerschrockene, endlich zu Wort gekommen, lächelte verschmitzt: »Aber, Herr Ministerialrat, das LmiA heißt doch ganz klar: Laßt mich in Alling!« Z. bekam den gewünschten Posten.

Arwad, die (erstes a dunkel) = Arbeit; arwadn = arbeiten.
Arwadshaus; Sauarwad.
Zu einem Langsamen: »Tua di fei ned zTod arwadn!«
Der Arbeitsscheue: »Den wenn i derwisch, der wo dArwad aufbracht hod, dem schlag i dHaxn o!«

Wandsprüche im stillsten Ort der Nachdenklichkeit
I ko essn und dringga, wos i mog, mir schmeckt dee schönste Arwad ned.
Wer dArwad kennt und sich ned druckt, der is verruckt.

Arwas, die (beide a hell) = Erbsen.
An Arwassubbm = eine Erbsensuppe.

Bezweifelte Ausrede
D'Arwas und dLinsn, dee hom mi vadriem,
sischt waar i no länger im Arwadshaus bliem.
(Die Erbsen und die Linsen, die haben mich vertrieben,
sonst wäre ich noch länger im Arbeitshaus geblieben.)

as (hell) = das, es, er's (das als Geschlechtswort).
I hos eahm vorbädd, na hod as aa no ned glaabt. (Ich habe es ihm vorgebetet, dann hat er es auch noch nicht geglaubt.)

aschde = astig, Holz. Doch auch Geschäft, Handel, Liebschaft, Redensart kann aschde, mitunter gor z'aschde (gar zu astig) sein.
Ein gar astiger Spott über einen Siebengescheiten:
Vorlaut und siemgscheit wia gGachabegga – dee butzn sich sArschloch vorm Scheissn aus.
(Sammlung Böck)
Gachenbach ist ein Ort bei Aichach. Die Bewohner von bach-Orten werden zu beggern; vgl. Miaschba.

Aso! (a hell, Betonung auf so) = Ausruf der Überraschung oder des Begreifens. Der eine erzählt, erklärt, der andere antwortet kurz: Aso! (Vermutlich Verschmelzung von: Ah, so!)
Aso wird auch verwendet in Sätzen: Dees is aso. (Das ist so und nicht anders.) – Aso hod a dees gmacht! (So hat er das gemacht.) – Aso mag i's! (So mag ich es.)

a so a (beide a hell, Betonung auf so) = eigentlich: ein so ein, wahrscheinlich aber: auch so ein.
Bei Zweifel: »Dem sei Unfall is a so a Gschicht.«
Bei Tadel: »Dees is a so a Saufressn!«
Bei Verachtung: »Dees is a so a Kerl!«
Bei Ärger: »Dees is a so a Weda!« (Wetter)
Ähnliche Wendungen:

Dees is a Lump, a ganz a schlächda.
Dees is a Matz, a ganz a bratige (ausgekochte).
Dees is a Häusl, a ganz a gführigs (brauchbares).
Der hod a Weib, a ganz a handsams (anständiges).

au,auf, nördl. der Donau, auch Straubinger Bekken: **af** (a hell) = auf.
Auhenga = aufhängen; aulon = aufladen; auschbirrn = aufsperren;
Mach as Türl au! (af!)
Bei auffallender Ähnlichkeit zwischen Kind und Elternteil: »Auf und nieda da Vadda!« Vgl. runddagrissn.
Begrüßung am frühen Morgen: »Bist scho auf?« (Bist du schon wach, aufgestanden, in der Höhe?)
Auf (der) = Uhu für die Hüttenjagd.
Auf der Alm, do gibts koa Sünd!

Audderl, das = Verkleinerung von Auto; heute nur kleines Vehikel, ursprünglich jedes Auto, auch Sechszylinder, sogar die schwersten Lastaudderl gab es, auch ein Postaudderl; vgl. Schnauferl.
Ein Ereignis im Dorf: »Haier is da Bischof min Audderl zo da Firmung kema.« (Früher nur in der Pferdekutsche.)

aufdo (o nasal), Oberpfalz/Niederbayern: **afdoa** = aufgetan, aufgehalst.
I ho gschrian und bumbbert, aber neamads hod mar aufdo (aufgemacht).
Mit dem Weiberts, mit dem spinnertn, hod er sich ebbas Schöns aufdo (afdoa).

aufdrahn, afdrahn (alle a hell) = aufdrehen, Schraube, Wasserhahn; auch im Sinne von angeben, vornehm tun, Geld springen lassen.
Der Springginggerl hod ned schlächt aufdraht beim Metzgerbrai drin.

Aufdreiwa, der, die = Auftreiber (Einz. u. Mehrz.) = Bub, Bursche, Mann, der immer Krach, Lärm, Krawall macht oder Unfug, Gaudi macht, um für Stimmung zu sorgen.

auffa = herauf; **auffe, auffi** = hinauf.
Wer oben steht, ruft hinunter: »Kimm auffa!« Wer unten ist, ruft hinauf: »I kimm auffe (auffi)!« Vgl. aussa, eina, owa, nauf, nei, no.
Waarst ned auffigsting, waarst ned owagfoin. (Wärest du nicht hinaufgestiegen, wärest du nicht hinabgefallen.)

Auf gehts! = Ausruf zum Beginn einer Arbeit, eines Vergnügens, einer Vorstellung, zur Maibockprobe.
»Auf gehts beim Schichtl!« Hier der Spruch wohl zum erstenmal geprägt. Papa Schichtl (1851–1911), Münchner Schaustelleroriginal, führte jahrelang auf dem Oktoberfest eine regelrechte Köpfung durch eine selbstgebastelte Guillotine vor. Der geheimnisvolle unblutige Vorgang ist nun wieder aufgelebt.

Aufghebt werd! = Ruf zum Richtfest eines Hauses, einer Scheune. Es wird aufgehoben, die Balken sind gefügt. Die Kinder des Dorfes laufen zusammen; der Balier (Polier) steht am geschmückten Richtbaum, sagt seinen Spruch und wirft für die Kinder Guaddln (Bonbons) in die Tiefe; gleichzeitig schütten versteckte Zimmerleute Eimer voll Wasser auf die Sammelnden. Das bedeutet Glück für das neue Haus.

aufgnogga (o nasal) = aufknocken, auf den Unterschenkeln sitzen, im Bett, auf dem Rasen, bei einer Arbeit.

Auf Gwehr und Sewischneid! = Auf Gewehr und Säbelschneid! Heimliche, gemurmelte Umgehung der geradezu eidlichen Bekräftigung der Wahrheit einer Aussage mit dem Spruch: »Auf Ehr' und Seligkeit!« Früher sogar unter Erwachsenen üblich, freiwillig oder gefordert, ähnlich wie: »Leg drei Finger aufs Herz!« Heute nur noch unter Kindern geübt, die ohne Gewissensbisse »Meineide« schwören.

aufmugga = aufmucken, halblaut aufbegehren; mittelhochd. mugen = brüllen.
Der Mucker ist ein Heimtücker, ein religiöser Scheinheiliger, um 1700 Spitzname der Pietisten.

Aufschneider, der, die = Sprüchemacher (Einz.

u. Mehrz.), Prahler, Angeber. Es gibt sogar alte Zeichnungen von »Aufschneidmessern«; vielleicht Jägersprache: aufschneiden = aufbrechen. Daher auch Aufschnitt (kalter), den man früher beim Schaggadee (Charcutier = Schweinemetzger) holte.
Das Wort Angeber (statt Aufschneider) kam erst in letzter Zeit aus dem Norden nach Baiern. Angeber ist in Baiern ein Verräter, der einen andern bei Gegnern, Behörden angibt, verrät. Familiennamen: Aufschneider, Aufschnaiter.

aufwixn = aufwichsen, mit falschem Glanz umgeben, einem andern eine minderwertige Ware aufschwätzen.
Do homs eahm a schöns Glump aufgwixt.

aufzwigga = aufzwicken, hänseln, frozzeln, utzen, dratzen, vgl. zwigga.
Der ehemalige Maurerlehrbub und Brotzeitholer Franzl Lenbach wurde später als der berühmte Bismarckmaler Franz von Lenbach (1836–1904) in Künstlerkreisen (Allotria) wegen seines Geburtsortes häufig aufgezwickt: »Der Lenbach kommt aus Schrobenhausen, wo die verschrobenen Maler hausen.«

Aung, das, die = Auge(n). Aungdeggl = Augendeckel, Augenlid.
Freundliche Sachen: »Wennsd ned parierst, kriagst a poor auf dAungdeggl!«

ausbeißn = ausbeißen. Man kann sich einen Zahn ausbeißen, dann ist eine Lücke vorhanden. Diese Lücken können auch bei Kenntnissen, Vermögen vorhanden sein, dann beißts aus.
Im Rechnen, Englischen, Singen beißts beim Xaverl aus.

Ausdragla, der, die (beide a hell) = Austrägler (Einz. u. Mehrz.) = Bauer, der den Hof übergeben hat und sich auf das Altenteil zurückzieht, nachdem der Ausdroog (Austrag) ausgehandelt, ausgetragen war. Auch Rentner im Ruhestand nennen sich selbst gern im Spaß Ausdragla.
Dö oide Huaberin sitzt ganz verlassn im Ausdroogsstüberl – koa Hund und koa Katz und koa Daifi kümmert sich um sie.

ausfratschln (a hell), Oberpfalz: **ausfleanschln** = neugieriges Aushorchen, Ausfragen, Ausholen, bis ins Intimste vordringen.
Der Gewitzte antwortet kurz: »Schmecks, Gropfada!«

ausgschamd (a hell) = ausgeschämt, unverschämt, eigentlich: schamlos, ohne Scham.
Über einen Betrüger: »Dees is a Hund, an ausgschamda!«

ausgwaxn (a dunkel) = wie Salat, Gemüse, so auch ein Mensch: er is ausgwaxn, verwachsen, bucklig.
In anderem Sinn: Einem herangewachsenen Mädchen, das man längere Zeit nicht mehr gesehen hat, schmeichelt man: »Sackradi, Deandl, du host dich aber sauber ausgwaxn!« (Du bist hübsch geworden.)
Auch im negativ moralischen Sinn kann sich einer auswaxn: er wird ein Lump, ein Bazi, ein Saukerl.

auskema = ausgekommen; vgl. kema.
Ein Feuer, ein Roß, ein Geschäft, ein Gschbusi, ein Handel, ein Gefangener is auskema.
Der Schlaue, Durchtriebene is allweil auf (wach), daß eahm nix auskimmt.

Schwerwiegende Frage
Da Pfarra vo Ascholding
hod an Schoaß im Flaschl drin;
es is aber ned gwiß,
ob er eahm ned auskemar is.
(Sammlung Böck)

auskocht = ausgekocht; Wäsche, ärztliche Instrumente; auch in Metzgereien (nach Schlachtung) wird ausgekocht.
Da Hiasl is an Auskochda = ein Ausgekochter, er ist in allen Wassern gewaschen, kaum herumzukriegen.

ausrichtn = ausrichten. Bei einer verkorksten, verworrenen, verfahrenen Sache kann man nicht mehr viel ausrichten, kaum noch etwas richten. Einen andern ausrichten = ihm Übles nachsagen, ihn schlecht machen, verleumden.

aussa = heraus; **ausse, aussi** = hinaus.
Der Draußenstehende ruft: »Kimm aussa!« Antwort von drinnen: »I kimm glei aussi!« Vgl. auffa, eina, owa, nauf, naus, nei, no, nundda, rundda.

aussaggln (a hell) = aussäckeln, den letzten Pfennig aus dem Sack, aus der Tasche ziehen, beim Spiel, Handel; vgl. eisaggln.
Beweis für gräßliche Ebbe: Der Ausgsaggelde stülpt nach verlorenem Spiel grimmig seine leeren Hosensäcke nach außen: »Ees Hundling, ees habts mi schö ausgsaggld!«

auswürggа = auswirken, den Brotteig zu Laiben, Wecken formen; althochd. wirchan, etwas herstellen, daher noch: erwirken, verwirken, wirklich, wirksam, Wirkung, Strumpfwirker, Wollwirker.
Der Sallwürk war der Panzerschmied.
Wollwirkergasse in Regensburg.
Die Leute holten am Abend beim Baumbegg (s. d.) die Sair (s. d.) und richteten bis zum andern Vormittag den Brotteig her. Der Bäcker ging dann an den Haustüren der Kunden vorbei, wenn sein Ofen warm genug oder eine neue Schicht einzuschießen war, und schrie in die Gänge hinein: »Auswürgga!« Nun mußte in kurzer Zeit das geformte Backgut beim Baumbegg (Bauernbäck, Lohnbäcker) abgeliefert werden.

ausziang = ausziehen, das Kleid, aus der Wohnung, jemanden schröpfen, ähnlich wie aussaggln.
Ausziehen nicht verboten
Ein junger Förster, im Dickicht versteckt, beobachtet ein hübsches, gutgewachsenes Mädchen, das sich auszieht, um an einsamer Stelle in einem Waldweiher zu baden. Als das Mädchen im Wasser schwimmt, springt der Mann ans Ufer und schreit: »He, Sie, Frailein, do is as Bon vabon!« Das Mädchen: »Warum haben Sie das nicht zuvor gesagt?« – »Weil as Ausziang ned vabon is.«

Auvogl, der = Witzbold, hält einen andern auch gern zum Narren.

awa (erstes a dunkel, zweites a hell) = aber.
Zvui Hitz is awar aa nix. (Hiatus).

awengl (a hell) = ein wenig.
Fahr no awengl zruck (ein Stückchen zurück).

Ax, die = Achse; Mehrz. dAxna.
A Hoizgaxda = ein Holzgeachster = Wagen mit hölzerner Achse (noch in alten Prunkkutschen zu sehen, auch in stillgelegten Bauernwagen; die Radnaben mußten darum besonders stark sein). Auch ein Mann wird gern als ein Hoizgaxda bezeichnet, wenn er schwerfällig, vierschrötig, tanzbärig daherkommt.

Axl, die (a dunkel); = Achsel, Schulter. vgl. Irxn.
Bei Schulterverrenkung: »Er hod si dAxl ausgeglt.«
Wer nach zwei Seiten schielt, heimlich jedem rechtgibt, der tragt auf zwoa Axln.

Vorbemerkung

Das gestutzte bestimmte Geschlechtswort der weiblichen B-Wörter assimiliert in der Einzahl und Mehrzahl zu b, das der männlichen und sächlichen B-Wörter nur in der Mehrzahl.
Also nicht: dBäurin, dBäurinna, dBauern, dBücher,
sondern: bBäurin, bBauern, bBüacha.
Selbstverständlich ist dieses vorgesetzte b nur für das Auge gedacht, gesprochen wird es nie, das gäbe einen Knopf auch in die bairische Zunge.

Baam, der (a hell) = Baum; Mehrz. bBaam, bBaama.
Den Baamhackl haben = schmutzverkrustete, rissige Haut, besonders an den Beinen. Der Baamer = Fuhrknecht, besonders wenn er Holz geladen hatte.
Redensart: Her, und an Baam nauf!
Wilhelm Busch drückt das so aus:

Wenn einer, der mit Mühe kaum
gekrochen ist auf einen Baum,
schon meint, daß er ein Vogel wär' –
so irrt sich der!

Baaz, der (hell) = nasser Schmutz, Morast. Kinder und Wildschweine spielen gern im Baaz. »Den hods schee dabaazt«, heißt es, wenn ein Mensch durch Unfall (Auto, Puffer) zerquetscht wurde.

Babb, der (dunkel) = Klebstoff, Leim, auch schlechtes Brot.
Etwas Klebriges (Fliegenfänger) = ein babbada Zaig (Regensburg: Zaich).
Zum Geschwätzigen: »Red koan Babb ned!«

Babb und Mamm (hell) = Papa und Mama (Holledauer Mundart).

Babbadeggl, der (erstes a dunkel, zweites a hell) = Pappdeckel, Karton.

Babbagei, der (erstes a dunkel, zweites a hell, Betonung erste Silbe) = Papagei.
Trägt ein Mädchen grellbunte Kleidung, heißt es: »Dee kimmt daher wiar a Babbagei.«

Babbierl, das = Papierchen.
Suiwababbierl = Silberpapier, Stanniol; Kasbabbierl und Scheißbabbierl braucht nicht nur von Käse und Toilette zu kommen, es kann auch im Ärger einen Ausweis, einen Wisch von Polizei, Finanzamt bedeuten. Zigoribabbierl = Zichorienpapier. Babbierldoweacha (Papiertagwerker) = abwertende Bezeichnung für Büroangestellten; vgl. Doweach.

Aufforderung zum Kindertanz:
Drahn di, Weiberl, Schnupfbabbier,
gstumpfada Besn, tanz mit mir!

babbln (a dunkel) = geschwätzig reden, sinnlosen Wortschwall verzapfen; vgl. Babbm.

Babbm, Bäbbm, die (a hell) = beleidigtes, mürrisches Gesicht, schmerzlich oder verdrießlich verzogener Mund.
Zu einem Maulfrechen: »Halt dei Babbm!«

bacha = backen.
Bachofa = Backofen; hoibacha = halb gebakken, nicht ausgebacken (auch schwächliche Menschen und Tiere).

Strenges Regiment
Resl min Besl, kühr sOfaloch aus,
wennst as ned sauwa machst,
na haun i di naus!

Badda, der (erstes a hell) = Pater, auch jeder Klosterbruder.
Begrüßung: »Griaß Good, hochwierninga Herr Badda!« – Zu einem langsamen Menschen: »Du langweiliga Badda«!
Bettelmönche heißen Schmoizbadda (Schmoiz = Schmalz).
»Einen Rausch, bei dem zwei an der rechten, zwei an der linken Seite führen müssen, während ein fünfter nachschiebt, nennt man: Kapuzinerräuschl.« (Stemplinger)

Baddascheer, der, die (beide a hell, Betonung letzte Silbe) = Passagier(e).
Baddascheerguad = Passagiergut, Reisegepäck.

Bäbb, Bäbberl, Bebbs, Bebbse, Bebbä, Bebbei = Kosenamen für Säbb, Joseph; vgl. Säbb.
Mädchen nannte man gern Bäbbi, Bebbi, Sefferl; ganz vornehm: Schossafin = Josephine.

Bädda, der = Rosenkranz, von beten; obäddn (o nasal) = anbeten; obäddn (o offen) = abbeten (Mensch und Tier durch Zaubersprüche gesund – auch krank machen). Bäddade Leut stehen im Geruch der Bigotterie.
Sauwa garwad is dobbld bädd. (Sauber gearbeitet ist doppelt gebetet.)
Verständliche Mahnung: »Bädds, Kinda, bädds, da Vaddar is bein Stehln!«

Die Ahnen des neuen Kardinals Schröffer in Rom, ehedem Bischof von Eichstätt, geboren in Ingolstadt/Donau, waren Bäddamacher in Hohenwart bei Schrobenhausen.
Ortsname: Bettermacher b. Pfaffenhofen a. d. Ilm.

Bär, der = Kreisel, auch Holzklotz beim harten Bubenspiel Bärntreim; vgl. Draller.
Bärntreiben = Hockeyspiel auf bairisch, seit Jahrhunderten im Schwang, vielleicht in USA durch Nachkommen bairischer Einwanderer allmählich zum Hockeyspiel geworden. Spieler mit langen geraden Stöcken bewaffnet, die den Bär (Puck) in ein kleines Erdloch (Tor) zu schlagen versuchen. Spruch am Beginn:
»Bärn, Bärn, rumadum,
wer net nausgeht, kriagt koa Drumm!

bäre = bärig. Eine Sache, ein Vorhaben kann bäre, pfundig, großartig, phänomenal sein im Gegensatz zu einem lausigen Unternehmen. (Gegensatz: Laus – Bär.)

Bärmuadda, die = Gebärmutter; Mehrz. bBärmuaddan; vgl. Drogsoog.

bärndatze = bärentatzig. Ferkel haben oft mißgestaltete Beine wie Bärentatzen, sie sind bärndatze.
Auch Schimpfwort: »Du Saudreiwa, du bärndatziga!«

Bärndreiwa, der, die = Bärentreiber (Einz. u. Mehrz.), der mit seinem dressierten Bären durch die Orte zog.
Auch Schimpfwort für einen liederlichen, verkommenen Burschen, für Zuhälter: »Du Bärndreiwa, du stingada!«

Bäzerl, das = Lämmchen.
Osterbäzerl = Osterlämmchen; vgl. Lambberl.
Liebkosung für Mädchen, junge zierliche Frau: »Du siass Bäzerl, du siass!« (süßes)

baff (a hell) = überrascht, bestürzt, schockiert.
Bei Nachricht: »Do bin i ja baff!«

Bagasch, die (beide a hell) = Gesindel, anrüchige Gesellschaft; französ. bagage = Reise-, Heeresgepäck.
Ös seids mir a sauwerne Bagasch, a sauwerne!

Bagga, der (erstes a dunkel) = Backen, Backe, Wange.
Kinndsbagga, Kinnserer = Kinnbacken; althochd. chinnibahho.
Höfliche Antwort bei Frage nach der Uhrzeit: »Dreiviertl auf Arschbagga, kannst dir a Drumm rohacka (herunterhacken)!«

Baggdrega, der, die (erstes a dunkel) = Packträger (Einz. u. Mehrz.).
Spruch bei besonders schwerem Gepäck oder bei Bedrängnis: »Dees hoidd ja da stärkste Baggdrega vo London ned aus.«

Frozzelei unter Buben
Der eine: »Haind heed i boid dein Vaddern gsehng.«
Der andere: »Worum boid?«
Der eine: »Der is doch Baggdrega Nummera sechs aufn Bahnhof?«
Der andere: »Ja.«
Der eine: »Und Nummera fimf is mir in' Weg kema.«

Baggerl, das (a hell) = Bäckchen und Päckchen; Mehrz. bBaggerln; bei hinweisendem Fürwort (diese): dö, dee Baggerln.

bahn (nasal) = bähen, rösten (Semmelschnitten auf Herdplatte); baht = gebäht.
Haind gibts a bahde Schnillsubbm (= Fleischsuppe mit gerösteten Semmelschnitten).

Bahnara, der, die (erstes a dunkel) = Bahnerer (Einz. u. Mehrz.), Eisenbahner. Das Volk unterscheidet keine Ränge, keine Titel; jeder Angestellte der Eisenbahn, vom Streckengeher bis zum Direktor, is ganz oafach a Bahnara.

Baicherl, das = Bäuchlein.
Zum Säugling nach der Mahlzeit, natürlich liebevoll: »So, Bambbs, iatz host awa dei Baicherl voi!« Vgl. Bambbs.

Baigerl, das = Beugerl, Gebäck, Nußbeugerl, weil gebogen; mittelhochd. böugen = beugen.
Zum kleinen Kind in der Kirche: »So, mach a schees Gniabaigerl!« (Mach eine schöne Kniebeuge.)

Baiggal, das = Bälgchen, Balg eines kleinen Tieres: Hasn-, Katzn-, Moda- (Marder-)Baiggal; vgl. Boig, Moda.

Bail, der = Beutel, Hodensack, Penis.
Goidbail, Gejdbail = Geldbeutel.
Schimpfnamen: Saubail, Metzgabail, Bailaff; Bailschneider = Beutelschneider, Ausbeuter; Windbail = hohles Gebäck, auch leichtfertiger, lockerer Mensch.

Ewiger Jammer
Is dees a Leid und a Greiz auf dera Welt –
dar oa hod an Bail, der ander as Geld.

bal (dunkel) = sobald, wenn.
I kimm, bal i Zeit hob. – Bal i kimm, bin i do.

Bambberlgschäft, das (a hell) = kleines, wenig ertragreiches Geschäft, Pfenniggeschäft. Bambberlkramer, Bambberlwirt; vgl. Bambbs.

Bambbs, der (a dunkel) = kleines unruhiges, quengelndes Kind; vielleicht vom ital. bambino = Kindlein; Mehrz. bBambbsn.
Kinderreiche Mutter klagt: »Dee Bambbsn bringa mi no um.«
Als Liebkosung: Bambbsi, Bambbserl; zärtlichere Stufe: Bambbsilein.

bambfa (erstes a dunkel) = bampfen, mampfen, mit übervollem Mund kauen, sich vollstopfen.

Bandoffe, der = Pantoffel; Mehrz. bBandoffen; vgl. Siemandl.

Bane, der (a hell, nasal) = geräuchertes Pferdefleisch, auch anderes zähes Fleisch; von Panjepferd = russisches Landpferd; Panje = deutsche Form von Pan (Herr).
Mann nörgelt beim Mittagessen: »Do host dir wieda so an Bane aufhänga lassn!«

Banggad, Bankert, der (nasal) = unartiges, böses Kind; ursprünglich: auf der Bank erzeugtes, uneheliches Kind; ähnlich: Bastard, von italien. bastardo = der auf dem Sattel Erzeugte; Mehrz. bBankertn.
Vergröberungen: Hundsbankert, Saubankert, Bluatsbankert, Dreckbankert.
Ein Schanzer Bankert war ein Ingolstädter Lausbub; Ingolstadt im Volksmund: die Schanz (Festung).

Barchad, der (erstes a dunkel) = Barchent, grobes Inlett; pers. baraka = grobes Tuch aus Kamelhaar für Derwische; Inlett (engl.) = Einlaß, Überzug, in den die Bettfedern »eingelassen« werden.

Barddal, das (erstes a hell) = Bärtchen, zierlicher Bart. Auch Umhängelatz (Drenschbarddal) für kleine Kinder, damit sie sich beim Essen nicht bekleckern, betrenzen, wenn sie trenschen; es wird ihnen sozusagen ein künstliches Bärtchen, ein Barddal vorgebunden; vgl. drentschn.

Barogga, die (a dunkel) = Perücke, nicht von barock (seltsam, wunderlich), sondern von französ. perruque, italien. perruca.

Bartl (hell) = Kürzel von Bartholomäus, identisch mit Apostel Nathanael, hat Christentum in Arabien verkündigt und soll dort geschunden worden sein. Fest: 24. August. Bartholomäusnacht (Pariser Bluthochzeit), 24. 8. 1572 = Ermordung der Protestanten, Hugenotten.
Bartl als Wetterprophet: Ist es am Bartltag schön, bleibts so a Wochara zehn.
Bartl war beliebter Männername. Spruch: Der woaß, wo da Bartl an Most holt (er kennt alle Kniffe).
Bartlmarkt in Oberstimm bei Ingolstadt, bekannter Pferde- und Fohlenmarkt, besonders bei Zigeunern beliebt.
Ortsname: St. Bartholomä im Königssee.

bassiern = passieren, durchgehen, sich zutragen, französ. se passer.
Ist etwas eingetreten, was zu befürchten war, sagt man schicksalsergeben: »Iatz is' scho bassiert!« (Der betroffene Bursche sagt allerdings oft: »I zahl fei nix, dös mirkst dir!«)

Batzl, das (hell) = weiße, häufig kugelige Rübe, faust- bis kinderkopfgroß; Mehrz. bBatzln. Fein zerhackt ergibt die Frucht (zumeist Nachfrucht auf Getreideland) das Batzl- oder kleine Kraut, kurz: ghagglde Ruam = gehackte Rüben.
Der beim Hacken entstehende Saft wird zur Soizn braun eingedickt, ist fast ein Jahr haltbar und dient zur Zubereitung der heiß begehrten Soiznnudeln aus Hefeteig; vgl. Soizn.

Batzlaugada (erstes a hell) = Batzläugiger = Schimpfwort. Herausquellende, kugelige Augäpfel (oft Basedow) heißen Batzlaugen, vielleicht von Batzl, s. d. In der Regensburger Donaugegend spricht man auch von Boozaugen, vermutlich nach dem Manne Booz aus dem Alten Testament, der mit solch gierigen, verlangenden Augen behaftet gewesen sein soll.
Nicht gerade freundlicher Nachruf: »Du batzlaugada Daife, du batzlaugada!«

Batzn, der, die (a dunkel) = Batzen (Einz. u. Mehrz.); Klumpen Erde, Lehm, Metall; Batzerl (a hell) = Bätzchen. Batzen hieß eine Berner Münze, weil sie dick geprägt war.
Lied: Ein Heller und ein Batzen.
Ein Batzen im Schulheft (Tintenklecks) war eine üble Sache: Für jeden Batzn eine Datzn; vgl. Datzn.
Wer batzt (patzt) ist ein Batzler (a hell).

Bauandadda (a dunkel) = Bauerndadda = etwas höhnisches Schimpfwort, von Thoma gern verwendet.

Bauanfimfa, der = Bauernfünfer, heute Schimpfwort: »Du gscherta Bauernfimfa, du gscherta!«
Früher ein achtbarer Titel, der den fünf ehrbaren Männern verliehen wurde, die im ländlichen Gericht als Geschworene Recht sprachen.

Bauchschlambbm, der (a dunkel, nasal) = schlechtes Stück Fleisch von der Bauchgegend; vgl. Schlambbm.

Bauchzwigga, das = Bauchzwicken; wirkliche oder eingebildete leichte Leibschmerzen, dann ist ein Stamperl fällig; vgl. Giggas.

Baumbegg, der = Bauernbäcker, Lohnbäcker für Schwarzbrot; vgl. auswürgga.

Baze, der (a hell) = Durchtriebener, Gauner, Spitzbube, Lump, Betrüger.
A so a Baze, a schlächda!
Unter Freunden, Gleichgesinnten gilt das Wort Baze als höchste Anerkennung.
Nach Aman: Herkunft des Wortes unsicher, vielleicht von Nestroys »Lumpazivagabundus«.

Beawe = Bärbel, Babett, Bawettl, Koseformen von Barbara (»die Fremde«), christliche Heilige, Märtyrerin, Schutzpatronin der Artillerie, der Bergleute gegen Unwetter und plötzlichen Tod. Fest: 4. Dezember. Ihre berühmteste Darstellung: Altarbild von Palma Vecchio in Santa Maria Formosa zu Venedig. Barbara gehört zu den 14 Nothelfern.
Spruch: Beawe bringt as Glück im Keawe (Körbchen).

Beda und Baul = Peter und Paul, Apostel, Heilige.

Bauernregeln
Regnet es an Peter und Paul (29. Juni),
wird des Winzers Ernte faul.

Am Bedastag stirbt's Würzl ab.
(Vom Getreide, es beginnt die Reife.)

Kinderspott
Da Bedar und da Baul, dö reitn aufn Gaul,
da Gaul laßt an Bolln, da Beda muaßn holn.

Bederl, der = Koseform von Peter.
Auch verlangt man auf dem Viktualienmarkt in München keine Petersilie, sondern einen Bederl.

Bedla, Bella, der, die = Bettler (Einz. u. Mehrz.); Bellwei = Bettelweib; Bellmusikanten zogen früher fast täglich durch die Orte; Bettelei ohne Gegenleistung war verboten.

Begegnung auf der Landstraße
Da Glaser mit da Kraxn,
as Bellwei mit da Kirm,
da Glaser hat an wecha Haxn,
as Bellwei muaßn eahm schmierm.
(Kirm = Rückenkorb, Kraxe = Traggestell)

Kinder betteln unter sich um ein Stück Brot, Nudel, Kuchen, indem sie die Hände zu einer Tüte verschränken, den beweglichen Daumen in der Öffnung:
Bella, Bella, Lippe,
i bin an armer Krippe,
i bin an armer Hiaddabua,
i kriag den ganzn Tag ned gmua.
Am Freitag hatten die Armen eines Ortes die obrigkeitliche Erlaubnis, in den Freidabell (Freitagsbettel) zu gehen: Sie gingen von Hof zu Hof, leierten im Hausflur ein hastiges Vaterunser herunter und bekamen dann für ihre Fürbitte eine kleine Münze oder etwas Eßbares geschenkt.

bees, Regensburg: **böis** = böse.
Mir hamd an beesn Lehra.

Begg, der = Bäcker; Mehrz. bBeggn.
Familiennamen: Beck, Böck, Bäck, Bekh, Ofenboeck, Schindlbeck, Bruckböck, Bruckbög (Bäckerei stand an der Brücke), Geistbeck, Geistböck (Bäckerei war im Heilig-Geist-Spital).
Doarbegg (= Bäcker am Tor, Torbäcker).
Schnaderböckstraße in München.
Schnatterpeck-Altar in Lana bei Meran.
Luftblase im Brot: »Do is an Begg sei Seel drin.«

Zwei Erwachsene schaukeln sich gegenseitig kleines Kind in die Arme. Spruch dabei:
Säh, Begg,
hast an Weck,
schiabm in Ofa,
verbrenn man fei ned!
(Säh = da, hier, von französ. c'est, seit Napoleon in Baiern mit Vorliebe gebraucht.)

begln (nasal) = bügeln, plätten.
A Begleisn = ein Bügeleisen; oan zammbegln

= einen zusammenschimpfen, ihm ordentlich die Meinung sagen.

Beiche, das = Beil; althochd. biha.
A Wongabeiche = ein Wagnerbeil; Beicherl = Beilchen.

Beicht, die = Ohrenbeichte der katholischen Gläubigen.

Eine Erstbeichte
Der kleine Xaverl, mit seinem Schuldbekenntnis fast fertig, zögert auf einmal und wird stumm. Der Dorfpfarrer: »No, was is denn, Bua, red weiter! Oder bist fertig?« Xaverl: »Na, i hab noch oane hint.« Pfarrer: »Her damit, du weißt, Gott verzeiht alles.« Xaverl: »Dös schon, aber dös is schwarer, was i noch hint hab.« Pfarrer: »Geh zua Bua, druck net lang rum, dö andern möchtn auch drankommen.« Xaverl seufzt endlich: »Ös habts mir vor a paar Täg Arschprügl gem.« Pfarrer: »Is recht, du hast sie verdient. Weiter!« Xaverl: »Nachher hab i denkt: Enk soll der Daifi holn, pfundweis!« Vor der versammelten Bubenschar sagte der Pfarrer hernach: »Der Xaverl hat die beste Beichte abgelegt.«

bein = beim, bei dem; vgl. min, zun.
As ganze Geld is bein Daife.
Die grammatikalischen Fälle wendet der Baier nicht nach Belieben an, sie sind genau so strengen – wenn auch eigenwilligen – Regeln unterworfen wie in der Schriftsprache. Eine Aufzählung dieser Unsummen von Regeln für Unkundige ist müßig, zumal es auch wieder viele Ausnahmen gibt. Hier ist keine Hilfe möglich, der Lernende kann nur hören.
Beispiele:
Da Vodar is bein Essn. (Akkusativ statt Dativ.)
Dees Haisl ghört eahm. (Dativ richtig.)
Eahm schaugts o! (Ihn schaut an! – Dativ statt Akkusativ.)
Zweng (wegen) den Luada homs grafft. (Akkusativ statt Genitiv.)
Andere Mundarten weichen in der Anwendung der Fälle noch weit mehr von der Schriftsprache ab. Ein Beispiel aus Mainfranken (Schweinfurt/Bad Kissingen), in die Schriftsprache übertragen: Ich gehe mit die Mutter in der Kirche und fahre dann mit das Postauto in den Konzert.
Eine besondere Rolle spielt beim Baiern heute noch der ethische Dativ, der Gefühlsdativ (Dativus ethicus), der aus dem Mittelhochdeutschen herübergerettet worden ist, auch von Goethe noch häufig angewandt wurde, doch heute von Zuagroastn falsch gedeutet, z. B. dar (dir) in doa (tun) umgemünzt wird.
Goethe: Da gab es dir ein Fressen und ein Saufen.
Der Baier: Du bist mir a sauberer Patron!
Oder: Do hods dar an Kracherer do. (Da hat es dir einen Krach getan.)
Oder: Do hods da kracht. (Da hat es dir gekracht. – Hier ist das r abgeschliffen, zuvor war es nötig, weil sonst Hiatus.)
Eine ganz ausgefallene Wendung bei Verwunderung, Entzücken, Ärger: Sei duads da was! (Wörtlich: Sein tut es dir etwas! = Nein, so etwas, unerhört!)

beinandd = beieinander, beisammen (Gesellschaft, körperliche Verfassung).
Do is ja a sauwerne Blosn beinandd!
Dar oide Sauschneider is mid seine Achzge aber no guad beinandd.
»Griaß Good beinandd!« hod da Fuchs gsagt, wiar a zon Hennaloch neigschloffar is.

Beiß, der = Hautjucken, durch Milben verursacht. Der Hund hat den Beiß, die Katze, das Pferd = Räude. Der Giasinger Beiß, verbreitete sich einmal im ganzen Münchner Stadtteil Giesing. Auch Wolle auf Haut, heilende Wunde beißt, juckt. Beißt die rechte Hand, muß man Geld ausgeben, beißt die linke, bekommt man etwas.

belfern = ständig schimpfen, keifen, zanken, von bellen. (Frauen mehr nachgesagt als Männern.)

belzn, bejzn = sich von der Arbeit drücken. Ein Faulenzer wird Belzerer geschimpft. Der Faulpelz stinkt vor Faulheit (von verfaulen = stinken).

Bemak, der = Böhmak, einer, der bemaklt, böhmisch redet. Schon vor Jahrhunderten kamen Böhmen als Fremdarbeiter nach Bayern (sie brachten z. B. den Hopfen aus Saaz in die Holledau) und machten sich auch ansässig.
Ortsnamen: Böhmerleiten, Böhmersried, Böhmfeld, Böhmhof, Böhming, Böhmischbruck, Böhmöd, Böhmreut, Böhmsäg, Böhmzwiesel. Dazu 4 Bemberg.

Bene, Beni, Benerl, Benä, Benei, (e in jedem Wort nasal) = Kurzform, Koseform von Benedikt, auch von Benno; vgl. Diggl.
Benedictus (»der Gesegnete«), christlicher Heiliger, geb. um 480 in Nursia, gest. 543 in dem von ihm gegründeten Kloster Monte Cassino bei Neapel. Seine Ordensregel wurde die Grundlage des abendländischen Mönchtums. Fest: 21. März.
Benno = Kurzform von Bernhard. Bernhard von Clairvaux, christlicher Heiliger, 1090–1153, fanatischer Prediger für den zweiten Kreuzzug, genannt Doctor mellifluus.
»Benno, Heiliger, Schutzpatron Münchens, geb. 1010 in Hildesheim, gest. 1107, Bischof von Meißen. 1576 Gebeine nach München übergeführt, zuerst in der Hofkapelle, dann im Dom (Bennobogen) aufbewahrt.« (Walter Butry: München von A bis Z)
Ortsname: Benediktbeuern.
Bergname: Benediktenwand.

Aus einem Fensterllied
Bei da Nacht um halber zehne
schleicht da Hinterdupfer Bene
an das Fenster seiner Stasi,
und da Mond scheint bleich und kasi.

benzn (nasal) = fortwährend bohren, bitten, betteln, nörgeln, schimpfen.
Eine benzade Frau = a Benzn; Mehrz. bBenzna.

Bergknabbln, die (a hell) = Bergknappen, im Sinne von Heinzelmännchen; in Berchtesgaden: Untersberg-Manndln; s. d.
Die Bergknabbln helfen nicht nur, sie zerstören auch heimlich, so daß ein nachsichtiger Vater zu seinen kleinen Sündern, die eine begangene Untat nicht eingestehen wollen, sagt: »Ja freili, koaner hod dees wieder do, dees ham bBergknabbln gmacht. Ees seids so Haderlumpn!«

Bergl, das = Berglein; Mehrz. bBergln.
bMiaschbegga (die Miesbacher) ließen sich von einem Zuagroastn in ihrem Heimatlied ein halbschwäbisches »Iatz steing mar auffe aufs Bergele« andrehen.

Berl und Lesl = Bärchen und Löslein = Ferkelpaar. Berl = männliches, Lesl = weibliches Ferkel. Mutterschwein (Muadasau) wird auch Loas, Lous genannt; Verkleinerung: Lösl, Lesl; vgl. Mal.

Bessana (beide a hell) = ein besserer Herr, ein Höhergestellter, kein Arbeiter oder kleiner Beamter, doch ist sein Beruf unbekannt oder auch zweifelhafter Art.
Die neidischen Freundinnen: »Da Fuxn Marie ihrana is a Bessana, hods gsagt. Wo s' den wieder aufgablt hod?«

Betbüache, Bebbüache, das = Gebetbuch.

Das dengge Gebetbuch
Der Gruberlenz von Draxlfing war in der Schule über das i nicht hinausgekommen. Als nun beim sonntäglichen Gottesdienst allmählich auch die Männer Gebetbücher benützten, wollte der Lenz trotzdem nicht zurückstehen und machte die damische Neumode mit. Einmal rempelte ihn sein Nachbar im Kirchenstuhl an: »Lenz, du hast ja as Betbüache verkehrt in da Händ.« Der Lenz zischte zurück: »So is scho recht für mi – i bin ja dengg!« (dengg = linkshändig.)

Betlaiddn, das = Gebetläuten = das Aveläuten am Morgen und am Abend, je nach der Jahreszeit zu verschiedenen Stunden. Das Morgenläuten (im Sommer schon um fünf) weckte die Menschen zur Arbeit; das Abendläuten (zumeist bei Einbruch der Dunkelheit) war besonders für die Strawanzer unter den Kindern die laute Mahnung zur Heimkehr: »Wennsd ned glei hoamgehst bein Betlaiddn, derwischt di scho amoi da

Betlaidda und nimmt di mit.« (Der Betlaidda galt als irgendeine Schreckgestalt.)

Biche, Bichä, der = Bühel, sanfter Berghang, Leite; Mehrz. bBichen.
Häufige Familiennamen: Bichler, Pichler.
Ortsnamen: In Oberbayern allein 34 Bichl.
Zusammensetzungen: Bichlberg, Bichlbruck, Bichlhub, Bichling.

Bierdimpfe, der = gewohnheitsmäßiger Biertrinker, Wirtshaushocker.
Verteidigt seine Leidenschaft mit einem Scherz: »Wos, bMilli soll gsünder sei als wiar a Bier? Daß i ned lach! Mei Bruada hod nix wia Milli gsoffa und hod so früah sterm müassn. Good habn selig!« – Frage: »Wie alt ist denn der Bruder geworden?« – »Zecha Monat.«

biesln = urinieren, von pissen; altfranzös. pissier, italien. pisciare. Biesln wohl lautmalerisches Kinderwort.
Bieserl = Kosename für Mädchengeschlecht (Vulva); Mehrz. bBieserln.
Familienname: Biesler.

Bieß, das = Gebiß, besonders beim Pferd, auch menschliches Gebiß, vor allem Zahnprothese.
Dees Weibsbild hod a Bieß ois wiar a Rooß, do kunnt ma si glei ferchtn (fürchten).
Die alte Zenz, bisher zahnlos, ist stolz auf ihre Prothese, nimmt sie aus dem Mund und zeigt sie dem Dorfpfarrer: »Da schaungs hera, Hochwierdn, is dees ned a schöns Bieß, so schö scho!«

Biez, der, **Biezerl,** das = Kosenamen für Katze, Kätzchen.
»Gwohns, Biezerl, gwohns«, hod da Bäcker gsagt, wiar a sein Bachofa mit da Katz ausputzt hod. (Gwohns = gewöhn es.)

Bifang, Bifing, der = Ackerfurche; vielleicht von lat. bi = zwei, doppelt, also von zwei Seiten, doppelt aufgehäufte Furche, besonders für Kartoffelanbau.

Biffe, der = Büffel, eigensinniges, vierschrötiges Mannsbild.

Bifflamodd, das = bœuf à la mode (Gang beim Hochzeits- und Leichenschmaus).

Bigauderer, der, die = Truthahn(-hähne), auch Bigockl; Bihenna = Truthenne.
Zum Jähzornigen: »Du bist der reinste Bigauderer!«

bigga = kleben; althochd. bicken = eigentlich stechen; biggen soviel also wie fest anbringen. Eine Briefmarke wird aufgebiggt.

Bileed, das (Betonung zweite Silbe) = Billett; französ. billet, italien. bolletta.
Außer bei Bahn, Post, Theater gibt es auch ein Fleißbileed, nicht nur in der Schule; vgl. Buidl.

> Belohnte Beamtengeduld
> *Altes, etwas schwerhöriges Weiblein aus Hintermondschein, das nur alle zehn Jahre aus der Einsamkeit ausbricht, am Bahnschalter: »I mächad a Bileed nach Oideding.« (Altötting)*
> *Bahnerer: »Mit Rückfahrt?«*
> *Weiblein: »Ha?«*
> *Bahnerer, schreit: »Mit Rückfahrt?«*
> *Weiblein: »Ha?«*
> *Bahnerer, noch lauter: »Bloß hin?«*
> *Weiblein, ratlos: »Ha?«*
> *Bahnerer, verärgert: »Bloß hin? Bloß hin?«*
> *Weiblein, verdattert: »Wo soll i hiblosn?« (hinblasen)*

Bimas, der = großer Kopf; vgl. Gschwoischell.

bimsn, bima = rot anlaufen und das Gesicht verzerren vor Zorn.
Grod bimst hod a vor laudda Zourn.

Binggl, der = Beule; Binggerl, Binggä, das = Beulchen; Binggerl am Hals = Kropf.

> Die Himmelsstrafe
> *Bub aus Kropfdorf: »Muadda, schaug, do geht a Frau, dee hod an Hals so dürr als wiar a Gans!«*
> *Mutter: »Bua, tua dee Frau ned dablägga, dee hod unser Herrgood gstraft gmua!«*
> *(dablägga = verspotten, gmua = genug.)*

Gstanzl
Znaxt bin i amal
bei ra Steierischn gleng,
und dö hod mir ihrn Kropf
als an Kopfpolster gem.

Bischl, der = Büschel, Verkleinerung von Busch; mittelhochd. busch, bosch, pusch. Haibischl = Heubüschel; Schtrohbischl = Strohbüschel; Bleamabischl = Blumenstrauß; Bischldegl = Büscheltiegel = Blumentopf; vgl. Degl.

bisserl = bißchen, ein kleiner Bissen; von beißen, mittelhochd. bizen. Biß, Imbiß, Beißzange, verbissen.

Der Gschleckige
Halt a bisserl, wart a bisserl,
bleib a bisserl steh!
I möcht dir gern a Busserl gem,
na därfst glei wieder geh.

Bißgurrn, die = zänkisches, boshaftes Weib; von Gurre = abgetriebene Stute.

Bitschn, die = Bierkrug aus Holz, in Form eines abgestutzten Kegels (unten weiter), oft mit Chrom- oder Silberreifen; Mehrz. bBitschna; Bitscherl = Bierkrüglein. Millibitschn = Milchkanne, fast nur aus Metall, Aluminium.

Biwal, das = Kücken; anderswo Singerl, weil Kücken »bibi« singen. In der Kindersprache sind Hühner und Kücken »Bibi«.

Kinderreim
Hennerl bibi, Hennerl bobo,
wennst ma koa Oar ned legst,
stich i di o!

Bix, Bixn, die = Büchse, Dose, Behälter; Flinte, Gewehr; althochd. Buhsa, latein. buxis, griech. pyxis = Dose aus Buchsbaum; Mehrz. bBixna. Bixn ist auch Schimpfwort für leichtes Mädchen, freche, unverschämte Frau. Im Volksmund ist Bixn = Vulva.
Du brauchst gor net frech wern, du Bixn, du sauschlächde!

Bixlmadam, die = Frau aus kleinen Verhältnissen, die sich auftakelt, vornehm tut, vom Mann jedoch kurz gehalten wird und die Ausgaben aus der ärmlichen (Spar-)Büchse bestreiten muß; mit Trinkgeldern ist sie knauserig.

Bladdn, die (a dunkel) = Platte, Glatze. Glosbladdn = Glasplatte; Foisbladdn, Fejsbladdn = Felsplatte; Bladdal (a hell) = Blättchen, Plättchen; Pfarrabladdal = Tonsur; bladdad = kahlköpfig.
Bei Streit der grauhaarige Affengepelzte: »Du bladdada Seeraiber (Semmigeist)!« Der andere: »Dee gscheitn Laid wern bladdad und dEsl grau.«
Schimpfwort: Bladdfuaßindiana! (Plattfußindianer)

Blägga, die = Blätter; obläggern (o offen) = abblättern (die Rüben).

blägga = weinen, von blöken; dablägga (a hell) = verspotten, hänseln; vgl. heana, röhrn, greina. Dee ganze Nocht hed i blägga kinna vor laudda Wehdam (Schmerzen).
Du bist a so a bläggada (spottender) Daife, a bläggada!

blärrad = plärrend, schreiend. Das kranke Kind, der erboste Mann, das Rind, das Schwein, das Schaf, sogar der Kuckuck plärrt.
dEmerenz hod a so an blärradn Steßl derwischt, an blärradn. (Steßl = Mann, von stoßen).

Bläschl, Bleschl, Bletschara, der = große Zunge, von Mensch und Tier.
Der Beleidigte: »Nachad hod a ma sein Bleschl, sein graislinga, rausgstreckt bis zur Gurgl hinddere.«

blank geh = ohne Mantel oder Umhang ausgehen; althochd. blanch = blinken, leuchten.
Im Auswarts fraid ma se, wemmar endli blank geh ko.

Blasi = Blasius, Männername, auch kleiner Rausch, Schwips.
Blasius, christlicher Heiliger, Märtyrer, Bischof

von Sebaste/Armenien, gehört zu den 14 Nothelfern. Am Blasiustag (3. Februar) wird heute noch in den katholischen Kirchen einblaslt: jede Person bekommt vom Geistlichen zwei brennende, kreuzweis gelegte Wachskerzen unter das Kinn gehalten, mit einem Segensspruch. Dadurch bleibt der Gesegnete das ganze Jahr hindurch von Halsschmerzen verschont.

Blatschare, der, (beide a hell, Betonung zweite Silbe) = auffallend großes, ungefüges, geschmackloses, meist wertloses Emblem, Schmuckstück (Wappen, Orden, Abzeichen, Kokarden, Broschen, Anhänger, Briefmarken, Stocknägel). Blatschare = vielleicht Lautmalerei aus Plakette.
Zum Ordensträger: »Schaugts den o! Wia si der protzt mit sein Blatschare, der wo nix wert is.«

Bleame, das = Blume, Blümchen; Mehrz. bBleamen, bBleama.
Bleamescherm = Blumentopf, wie Bratscherm aus Ton, zerbrach leicht, es gab Scherm (Scherben); vgl. Bischl; obleamen (o nasal) = anblümeln, nasführen, zum Narren halten.

bleed, in München: **bläd** = blöde; althochd. blödi.
Der Valentin-Epigone nennt sich Blädl.

blitzn = den andern hereinlegen, übervorteilen, bratzln (s. d.).
Über einen Betrogenen: »Den hams schö blitzt.«

Blocha, die = Plache, Plane, Frachtwagendecke, grobe Leinwand.
A Blochawong = ein Planwagen, zumeist für Kalkfuhren, auch Zigeunerwagen genannt.

Blodern, die (o fast a) = getrocknete Schweinsblase(n) (Saublodern), benützt als Geld- und Tabaksbeutel; in der Fastnacht, an einem langen Stecken befestigt, harmloses Schlagwerkzeug für den Hanswurst.
Oide Blodern = alte dicke Frau, auch Blunzn (Blutwurst) genannt. Blodern heißen auch die Blasen an den Füßen vom langen Marsch, auch Brandwunden.

blodern (o nasal) = flattern, locker, bauschig sein; vielleicht von pludern. Ein leerer Rucksack, weite, faltige Kleidung blodern.

Altes Spottlied auf die neuen Nietenhosen:
D'Hosen ham sunst plodern miassn,
aber jetzund liegens an,
daß a Floch kaam ohne Barzn
Adam schöpfa kann. *(Schmeller)*

blong = plagen; althochd. plaga = himmlische Strafe (Bibel: Die Plagen Ägyptens).
Bloggeischt = Plaggeist, jemand, der aufdringlich immer wieder bittet.
Bei schwerer Arbeit: »Do muaß ma si blong wiar a Stoaesl.« (Esel, der Steine schleppen muß).
Vater zum strengen Lehrer: »Blong S' ma meine Kinder ned aso!«

bloßfuassad (o nasal), **borfuassad** = bloßfüßig, barfuß; mittelhochd. bloz = unbewaffnet, unbekleidet. Die Dorfkinder kamen oft von Ostern bis zum spätesten Herbst barfuß in die Schule, ein großer Vorteil: weniger Lärm, und die Zehen konnten beim Rechnen als zusätzliches Hilfsmittel benutzt werden.

bloßkopfad (o nasal), **borkopfad** = bloßkopfig, barhäuptig, ohne Kopfbedeckung.

bloßndrugga (o nasal), = bloßtrocken, wie bloßer nackter Leib rasch trocknet.
Die Wäsche auf der Leine kann bloßndrugga sein.

Bluad, das = Blut; althochd. bluot; bluaddn, blüaddn = bluten; bluadd, blüadd = blutet, geblutet.
Bluadegl = Blutegel, Wucherer, Beutelschneider. A bluadsauwers Deandl = besonders schönes Mädchen.
Haind hods a Bluadshitz (eine unerträgliche Hitze).
Nach dem Raufen: »As Bluad is eahm owagrunna wiar a Soach.«
Ausrufe bei Ärger: Bluad vo da Katz! – Bluadsarei = Blutssauerei! – Bluadsauwerne Marie! (Versteckter Fluch: Marie = Mutter Jesu.)

Blunzn, die = dicke Blutwurst (im Dickdarm) mit viel Speck; Mehrz. bBlunzna. Auch Spottname für alte, reichlich angemästete Frau. (Direkte Anrede nicht empfehlenswert).

Boa, das = Bein, Knochen, nicht die Gliedmaßen, die in Baiern bis zum Hüftgelenk Füaß heißen. (Im Allgäu reicht die Hand bis zur Schulter, der Arm fehlt.) Mehrz. bBoana.
Subbmboana = Suppenknochen; Boal, Boandl = kleiner Knochen.
Schwaches Gebälk (z. B. Dachstuhl) = Boalzaig (Zaig = Zeug).
Da Säbb is a ganz a Boogboaniga. (Ein Dickschädel, unnachgiebig, hart wie Bocksknochen.)

Boandlgrama, der = von Literaten erfunden für Tod = Knochenkrämer, Beinhändler (Grama = Krämer). Im Volksmund nur selten für abgemagerten, ausgemergelten Mann.

Boar und Preiß »Ludwig Thoma malt im ›Wanninger‹ des ›Andreas Vöst‹ mit dem runden Kopf, den breiten Schultern, dem Bauch von körnigem Fett einen richtigen Bayern im Gegensatze zu dem windigen, ›ausgehungerten Norddeutschen‹. Das meint auch der Ausdruck ›Erdäpfipreiß‹. ›Saupreiß‹ ist die landläufige Formel der Verachtung.« (Stemplinger)

A saftigs Gstanzl
Und jenseits der Doana (Donau)
is sVaterland Preußen:
Der wo nix zum Fressen hat,
hat aa nix zum Scheißen.

Zwei boarische Urviecher
(Urviech = Viechkerl mit zwoa Haxn, ein Original, ein Unikum)
Der Steyrer Hans (1849–1906), Metzger und Gastwirt in München (»Tegernseer Garten« in Obergiesing), wurde berühmt als »bairischer Herkules«. Sein Spazierstock soll über zwanzig Pfund, seine Schnupftabaksdose etwa zwölf Pfund gewogen haben. Er brachte es im Heben auf 528 Pfund und feierte Triumphe in Wien, Berlin, Hamburg, Paris, Amsterdam. Heute noch alljährlich beim Triumphator-(Starkbier-) Ausschank im Löwenbräukeller Erinnerungswettkampf im Heben eines 508-Pfund-Steines.

Der Kugler Xaver, Wirt und Metzger, baute seine Kugler-Alm in Deisenhofen mitten im Wald auf. »Blütezeit« des Betriebs: zwischen den beiden Weltkriegen. Mit dem Geschäft blühte auch der Xaver auf: er wog zuletzt 3½ Zentner, in seiner Lederhose hatten drei gestandene Männer Platz, wie Bilder in Zeitungen bewiesen. An den Wochenendtagen kamen Tausende von Gästen auf den Rummelplatz (mit Schaukeln und Karussell für die Kinder) aus der nahen Großstadt, die einzige Sorge des Wirts war nur das Wetter. Einmal waren die beiden Tage richtig verregnet, es kamen kaum Gäste. Da riß der Xaverl in siedender Wut das Kruzifix von der Wand, steckte es in die Kühlanlage zu den Würsten, zu dem Fleisch und zu den Sulzen und schrie: »Da, iatz kannst dös Zeug selber fressn!«

Boarnaga, der (beide a hell) = Bohrer = Werkzeug, das nagt (Bohrnager = Tautologie). Reichspräsident Hindenburg (1847–1934) verbrachte seinen alljährlichen Jagdurlaub auf dem Forstgut Dietramszell (Baron Schilcher) bei Holzkirchen. Hindenburg kannte jedoch sicher nicht den Neckspruch, der auf Dietramszell lastete: es sei der Ort, wo die krumpen Arschlöcher grod bohrt wern (gerade gebohrt werden).

Boazn, die = Beize (Holz, Getreide wird gebeizt, imprägniert). A Boazn ist jedoch auch ein kleines Lokal von zweifelhaftem Ruf, Rockereinkehr. Boazn vielleicht von Beizerl, Baiserl = ursprünglich Wiener Weinwirtschaft, weil der Kenner den Wein nicht trinkt, sondern beißt, langsam genießt.

Bobberl das, (nasal) = Püppchen; vgl. Dogga; Mehrz. bBobberln; auch Kosename für kleine Kinder, fürs Gschbusi.

Boch, der (o fast a) = Bach; Bacherl (a hell) = Bächlein. Im Schwoabboch wird Wäsche geschwoabt; vgl. schwoam.

Bod, das, (o fast a) = Bad; bon = baden; badt = gebadet.

Wozu ein Bad?
In Hintermondschein großer Streit im Gemeinderat, ob für Sommergäste ein öffentliches Bad errichtet werden soll. Der Bürgermeister entscheidet zugunsten der Gegner: »Zu wos a Bod, ha? I bin no nia a so a Sau gwen, daß i mi bon hätt müassn.«

Boda, der, die = Bader (Einz. u. Mehrz.), Friseur, Coiffeur; mittelhochd. badaere.
Bader = ursprünglich ein Mann, der ein öffentliches Bad betrieb (zumeist Männer und Frauen zusammen in einem großen Zuber), der auch die Haare schnitt und wusch, rasierte, zur Ader ließ, Zähne zog, Wunden nähte und verband. Aus dem Baderstand gingen der Zahnarztstand und der Wundarztstand hervor (berühmter Scharlatan: Doktor Eisenbart). Noch vor wenigen Jahren war der Landbader auch kundiger Assistent bei Landchirurgen, oft selbst Heilpraktiker, auch für Viehkrankheiten; er hörte es gern, wenn man ihn mit »Doktor« ansprach.
Schimpfwort: Bodawaschl! (Waschl = großer Pinsel.)
99 Boda und ein Schullehrer san 101 Narrn.

Beim Bader
Als vor Jahren in einem Dörflein irgendwo im finstersten Baiern der Fremdenverkehr zu tröpfeln begann, kam ein »Sommerfrischling« zum Bader; als »Salon« diente die Wohnstube, ein gewöhnlicher Stuhl als Rasiersitz. Die Badersfrau hielt den Kopf des Delinquenten von hinten mit beiden Händen fest, der Meister schlug den Schaum und spuckte dabei manchmal in die Schüssel. Der erschreckte Kunde fragte: »Machen Sie das immer so, daß Sie in die Schaumschüssel spucken?« Der Meister, gemütlich: »Na na, meine Bauern speib i gleich ins Gsicht.«

Bodscherl, das (o fast a) = Patscherl = etwas mitleidiger Kosename für unbeholfenes, ungeschicktes Wesen (Kind, Frau); wahrscheinlich von Tolpatsch = ungarischer Fußsoldat, der im österreichischen Heer kein Deutsch verstand.

Boggerlboh, die (zweites o nasal) = Klein-, Schmalspurbahn, Böckchenbahn.
Geht es bergauf, schnauft sie: »Helfts a bisserl, helfts a bisserl!« – Bergab (schnell gesprochen): »Geht scho wieder, geht scho wieder!«

Boi, der = Ball, Spielzeug; mittelhochd. bal; ballen = die Form einer Kugel geben. Ballon, Bowle, Zwiebel, Ballotage (Kugelwahl).
Dagegen Boi als Tanzunterhaltung von latein. ballare = tanzen italien. ballo = Tanz; Verkleinerung: balletto, Ballett. Ballerine, Bajadere.

Boig, der = Balg; mittelhochd. balc = Haut, Schlauch, eigentlich Tierhaut zum Aufbewahren von Flüssigkeiten.
Blosboig = Blasbalg; Modaboig = Marderbalg; Katznboig, Hosnboig; vgl. Baiggal.

Boimudserl, Boiwuzzerl, das = Palmkätzchen, Weidenkätzchen.
Am Boimsundda werd da Boimbischl, Boimbuschn in da Kircha gweicht (zur Erinnerung an den Einzug Jesu in Jerusalem); am Nachmittag steckt der Bauer einzelne Zweige auf die Äcker.

Boiz, Bejz, Böiz der = Pelz; mittelhochd. = belliz = Fellkleid.

boize, bejze, böize = pelzig. Ein Rettich kann boize, baschde sein; ein Geschwür, eine Zahnarztspritze verursachen ein pelziges Gefühl. Beleidigte, widersetzliche Menschen sind boize.

Boizkersch, Bejzkersch, Böizkersch, die = Pelzkirschen, Edelkirschen, Früchte von gepelzten Bäumen; die kleinen Kirschen heißen Bauernkersch; pelzen = pfropfen, ein Edelreis einsetzen; althochd. pelzon.
Auch der Handwerker »pelzt« ein Stück Blech, Eisen, Stoff, Leder (Riester) auf einen alten Gegenstand, er flickt ihn.
Beim Raufen bekommt der Gegner ein paar Saftige auf den Schädel gepelzt, auffiboizt.

Bolandde der, (a hell) = Ergebener, Leibdiener, gehorcht aufs Wort.
Abwehr: »Moanst, i mach dein Bolandde?«

Boliddigga, der, die = Politiker (Einz. u. Mehrz.).
Der Gewitzte: »I trau koan Boliddigga nimma übern Weg. Dö kinna mi alle kissn wo i koa Nasn ned hob.«

bolisch = widerspenstig, störrisch.
Du bolischer Gribbe, du bolischer (Mensch oder Tier), i kimm dir glei mitn Oxnfiesl!

Bolln, Boin ham = die Hose voll haben, ein Feigling, ein Angsthase sein; vgl. Scheiße. Boinbruada, Boinhund.
Roßbolln, Roßboin = Pferdeäpfel. Boin = hartes Exkrement.

bomadi = langsam, gemütlich, bequem; poln.-tschech. po malu.
Der tuat bei dar Arwad so bomadi wia beim Scheißn.

Boog, der = Bock, Ziegenbock, Schafbock, Gamsbock. Goaßboog = Geißbock.
Boogbier = als Bockbier falsch gedeutet, kam ursprünglich aus Einbeck, also »Beckbier«.
Zum trotzigen Kind: »Mach koan Boog net!« – »Du bist a so a boggiga Deifi!« – »Du Boggadifus!«

Boogboaniga = ein störrischer, trotziger, widerspenstiger Mensch; seine Gesinnung ist hart wie Bocksknochen.
In Gestalt und Wesen eckiges Frauenzimmer heißt: Marie, boogstarre!

Boozaung, die = Boozaugen; vgl. Batzlaugada.

Boschn, der, die (o nasal) = Busch, Büsche. Ist Tanzunterhaltung, werden vor dem Eingang ins Wirtshaus zwei Boschn (Tannenbäumchen) aufgestellt. Der Weg für die Fronleichnamsprozession wird mit jungen Birkenboschn ausgesteckt.

Bosn, die (o fast a) = Base; Baserl (a hell) = Bäslein.
dStoodfraubos = die Stadtfraubase, die vornehm tat, wenn sie aufs Land kam (der Name oft abwertig gebraucht).
Griaß Good, Frau Bos, wenns rengt, na werns noß!

Botschambbal, das (a hell) = Nachttopf, Nachtgeschirr, Pißpott; französ. pot de chambre (chambre = Zimmer); ursprünglich: potus = Trinkbecher.

Brabiir (a nasal), **Brower** (o nasal), die = Brombeere(n); mittelhochd. bramber = Dornstrauch; vgl. Daubiir, Moibiir.

Brackl, der (a hell) = Ungetüm, Kleiderschrank von Mannsbild.
A Brackl Mannsbuid is a scho!
Frauen in diesen Ausmaßen heißt man: Drümmer Braschl-Weiber (a dunkel).

brächa = erbrechen, feinere Form von schbeim = speien; obrächa (o fast a) = abbrechen.
Ärgerlicher Ausruf, wenn die Kunden drängen: »I ko nix übers Knia obrächa!«
Ungeduldiger Meister zum begriffsstutzigen Lehrbuben Alisi: »Wennsd iatz ned besser aufpaßt, nacha tuar i di in da Mitt obrächa!«

Bräßsoog, der = Preßsack, Wurst in gepreßtem Magensack; vgl. Soog.
Zärtliche Liebkosung: »Kaddl, du bist mir liawa als wia drei Pfund gstinggada Bräßsoog!«

Brai, der = Bräu, Brauerei, auch der Besitzer. Brairooß = Bräuroß; Braistood = Bräustatt; Braikencht = Braugehilfe; Braimoaschda = Bräumeister.
Preißische Todsünde: das Hofbräu, das Löwenbräu, das Hackerbräu, das Zwicklbräu – statt: der Hofbräu etc.

Brall Bradl, das (a hell) = Brätlein.
Am Sunndda gibts in jedn Haus a schweinas Brall (Bradl).

brannddln = es riecht nach Brand, Feuer. Obrannddla (o fast a) = Abgebrannter, Brandleider. Als es noch keine Feuerversicherung gab, durfte der Obrannddla betteln, sammeln gehen, im Dorf und in der weiten Umgebung.

Familiennamen: Brandl, Brantl, Brandt, Brandlhuber, Brandlmayer, Brandstetter, Brandstoettner und ein Dutzend andere Zusammensetzungen.
Ortsnamen: in Bayern gibt es allein 36 Brand, 12 Brandl, außerdem 119 Zusammensetzungen mit Brand.

bratig (a hell) = eigentlich mageres, schieres Fleisch. Als Schimpfwort (oder Lobspruch) bedeutet es: durchtrieben, ausgekocht, in allen Wassern gewaschen; zumeist gebraucht als: »Du Matz, du bratige!«

bratzln (a hell) = bemogeln, betrügen, übers Ohr hauen; ursprünglich: was durch Handschlag verabredet war nicht einhalten (Hand = Bratzn, s. d.).
Hitzköpfige Bauern vertrugen es schlecht, wenn sie von ihrem Dorfgeistlichen übers Ohr gehauen wurden, beim Kartenspiel oder in landwirtschaftlichen Belangen. (So mancher Pfarrer betrieb die Landwirtschaft selbst, da zu jeder Stiftung Äcker, Wiesen und Wälder gehörten.) Dann hieß es hinter vorgehaltener Hand: »Insa Pfarra is a Lump, ausgnomma sei heilinge Weich.« (Die Weihe anzutasten, wäre eine Todsünde gewesen.)

Bratzn, die (a dunkel) = Pratze(n), Pranke, breite, wuchtige Hand. Die Bremsbügel an Schlitten hießen auch Bratzn (sie müssen wie starke Hände in Eis und Schnee eingreifen).
Beim Kartenspiel: »I wünsch dir a Bratzn voller Trümpf!«

brauchad = bräuchte, Konjunktiv von brauchen; vgl. sogad; Mehrz. brauchadn.
Schneider, i brauchad a neuchs Gwand.

Breaddn, die = Breite.
Über eine Frau mit breitem Hintern heißt es: »Dees Weibaleid hod dar awar a Breaddn.« (dar = dir = ethischer Dativ, hier besser: Gemütsdativ).
Ein großer breiter Acker hod a schöne Breaddn. Dagegen heißt ein großer breiter Acker auch ganz einfach a Broaddn; vgl. broad.

breamd = berühmt.
Der unzufriedene Hausvater beim Mittagessen zu Frau und Töchtern: »Ös seids ma so breamde Köchinna, so breamde. O ös Weiber!« (ma = mir = ethischer Dativ.)

Brede, die, (nasal) = Predigt.
As Bredeliad = das Predigtlied; da Bredestui = der Predigtstuhl.
Abwehr: »I brauch koa Brede ned.« (keine Belehrung, Ermahnung.)
Dem Dorfmetzger sind die Sonntagspredigten zu lang. Der Dorfpfarrer: »Do könna ma scho helfa: I mach mei Brede kürzer und Sie Eahnere Würst länger.« (Sammlung Böck)

Breggerl das = Bröckchen; Mehrz. bBreggerln.
Dees is a sauwers Breggerl (Früchtchen)!

Rätsel
Am a Deggl, unt a Deggl,
und in da Mitt a fleischigs Breggl?
(Der Pfarrer auf der Kanzel)

Brei, der (nasal) = Brein, Hirse, winzigkörnige Getreideart; zu Brei gekocht früher Speise der Armen; die feinen Körner auch erstes Kückenfutter.
Hausname: Beim Breimo.
Wia da Vogl im Brei = heiter und guter Dinge.

Brell, Bredl, das = Brettchen; Mehrz. bBrellan.
Zum Begriffsstützigen: »Host du a Brell vorm Hirn?«
Der Brellhupfer = Begleiter der Hochzeitskutsche, Lakai. Er fuhr auf dem Trittbrett stehend mit und mußte den Schlag öffnen und schließen.

Kinderspott
Schneidagoaß,
druck an Schoaß,
druckn auf a Brell,
tragn deiner Muadda hoam,
sag, dös is a Gnell!

(Sammlung Böck)

brello (o offen, Betonung auf o) = brettlab, von oben bis hinunter glatt wie ein Brett. Ein Mädchen mit kaum angedeutetem Busen war brello und wenig begehrt.

Bremesln, die = Brennesseln (Abschleifung).

brennd, ältere Form: **brunna** = gebrannt.
Bein Moar hods brunna, da ganze Hof is obrennd (abgebrannt).
Zum Abgeblitzten: »Mit da Nanni host di brennd, ha?«

Brennsubbm, die = Brennsuppe = aus dunklem Mehl und dunklem Eibrennads (Schwitze), mit Kümmel und Wasser zubereitete einfache, ärmliche Suppe, die zumeist als Morgenspeise verzehrt wurde.
I bi fei net auf da Brennsubbm dahergschwumma, dös mirkst dir! (Ich bin nicht der nächstbeste, ein Niemand.)

bressiern, bressant = pressieren, eilig haben, dringend sein, drängen.
»Iatz bressierts mar awa«, hod da Bauer gsagt und knöpfte schon am Mittagstisch die Hosenträger ab zum Gang ins »Häusl«.

Briaferl, das = Briefchen.
A Liabsbriaferl = ein Liebesbriefchen.
Min Briafschreim hon i's gor ned. (Mit dem Briefeschreiben habe ich es gar nicht.)

Briafwabbe, Briafmabbe, das (a hell) = Briefmarke; Mehrz. bBriafwabben; vgl. Wabbe.

Briah, die = Brühe.
A Hutzlbriah = ein Kompott aus gedörrten Birnen; vgl. Hutzln. Die Wäsche, das Schwein, die Würste wern briaht (werden gebrüht).

Mittagsruf an Dienstboten
Dama, Sima, Hias und Hans,
Lipperl, Girgl, Veit und Franz,
Bartlmä und Wascht und Lenz:
zo da Subbm kemmts!
Kemmts fei ja ned zfriah,
sunst kriagts laudda Briah.
Annamirl, geh nachere!
(Sammlung Böck)

brimsln = in den Fingern, Zehen kribbeln.

brinna = brennen (Gegenwart); vgl. brennd.
Bein Moar brinnds (brennt es).
Dö nassn Scheitln brinna ned gscheit.

Kindervers bei Rabenflug
Rabb, Rabb, fliag hoam,
deine Kinda woana,
dei Haus brinnd,
dei Muadda stinkt.

Britschn, die = Pritsche; mittelhochd. britze; abgeleitet von Brett, hölzerne Lagerstätte in Wachtstuben, Gefängnissen; Narrenpatsche im Karneval.
Eine klatschsüchtige, bösartige Frau heißt ebenfalls Britschn, Mehrz. bBritschna. Das Wort kommt von der weiblichen Scham (Vulva), daher auch wegen Ähnlichkeit der Name Britschn für ein Werkzeug der Sattler.

Broad, Broud, das = Brot; von brauen, durch Glut bereiten.
Die ältere Bezeichnung war Laib, darum ist Laib Brot eigentlich Tautologie (wie weißer Schimmel, hölzernes Holz).

broad = breit.
A broada Buggl = ein breiter Rücken; Steigerung: broad, breada, an breadern; a Broaddn = eine große, ebene Ackerfläche; ausbroaddn = ausbreiten.
Liebenswürdige Gedanken über eine etwas aus der Form geratene Frau: »Dö Blunzn hod awar an broadn Arsch.«
Zu den Langsamen, den Unbeholfenen, den Arbeitsungewohnten: »Stellts enk nur o wia kKuah zon Mischtbroaddn; derweil blos i fünf Pfund Federn ins Arschloch nei.« (Sammlung Böck)

brocha = erbrochen, zerbrochen; obrocha (o offen) = abgebrochen.
Wer hod nacha dees Fensta dabrocha?
Über zwei Streitende, besonders Eheleute: »Do kehr i dHänd ned um: Dar oa hod as Haferl brocha, dar ander as Schisserl.« (Haferl = Topf, Schisserl = Schüsselchen, beide aus Ton.)

brocht (o offen, fast a) = gebracht; ältere Form vgl. brunga.
Was Wunder ist geschehen zu dieser Nacht,
da uns die Jungfrau den Christ hat bracht . . .
(Lena Christ, 1881–1920, größte bairische Dichterin)

Brodwurscht, Brodwuusch, die (o offen) = Bratwurst, von Brät, Fleisch.
Da Hunga treibt Brodwürscht nei. (Bei Hunger schmeckt alles wie Bratwürste.)

Brogga, der = Brocken; althochd. brocko, abgebrochenes Stück, von brechen.
Bierbrogga machen gern alte zahnlose Leute und stechen sie mit der Gabel aus dem Krug.
»Du bist a gfeita Brogga!« ist zumeist Anerkennung für durchtriebenen, auch waghalsigen Burschen.
Der Lenz sagte im Wirtshaus: »Iatz mächad i an Brogga Schwartnmong, so groß als wiar a Rooßzecha!«

brogga = brocken, pflücken. Beeren, Hopfen, Schwammerl, Kersch, Zwäschn – alles wird broggt. Man kann sich auch eine schöne Subbm eibrogga.

> Gereimte Fangfrage unter Kindern:
> *Iatz kemas!*
> *(Jetzt kommen sie!)*
> *Wer?*
> *Zwäschnbrogga vo Bemas. (Zwetschgenpflükker von Bemas = Pöttmes, Ort bei Aichach.)*

Bron, der (o fast a) = Braten; mittelhochd. bräto = eigentlich Fleisch, daher Bratwurst (aus schierem Fleisch, Brät), Wildbret (Wildbrät); bron = gebraten.

Brotzeit, die = Jause, Vesper. Die Brotzeit gab es pünktlich um 9 Uhr vormittags und um 3 Uhr nachmittags in jeder Werkstatt und auf dem Bauernhof; sie bestand aus einer Halben Bier und einem Keil trockenen Brotes, Zusatz im Sommer: ein Radi – ohne Butter. Heute nimmt der Angestellte seine Wurstbrotzeit in der Aktentasche mit; Staatsmänner, Politiker und gespickte Geldbeutel veranstalten Brotzeiten in lukullischen Ausmaßen zu jeder Tages- und Nachtzeit für Freunde und Schmarotzer, und der Chirurg bezeichnet eine Blinddarmoperation nur als Brotzeit im Vergleich zu einer schweren Hals- oder Bauchaufschneiderei.

Broz, der = Kröte, Unke; Mehrz. bBrozn, an der Donau Häbbern genannt.
Brozn brelln = Kröten, auch Frösche prellen, denen man die Schenkel abgeschnitten hatte: die Tiere wurden auf ein Wippbrett gesetzt und mit einem Schlag ins Wasser »katapultiert«, weil man glaubte, die Schenkel wüchsen im Wasser wieder nach.
Ein Broz ist auch ein aufgeblasener Emporkömmling, widerlich und fett wie eine Kröte.

bruaddn = brüten.
A Bruadhenn = eine Bruthenne.
Verächtlich: A sauwerne Bruad (Gesellschaft, Familie)!
Man kann auch eine Untat ausbruaddn (aushekken), eine noch nicht erkennbare Krankheit: »I moan allweil, da Maxl bruadd ebbas aus.«

Bruggn, die = Brücke; Briggerl = Brückchen.

Bruin, die = Brille; Mehrz. bBruina.
Bruinglasln = Brillengläser; Bruinstangln = Brillenstangen.
Bruinschlanga = verächtlich in vormoderner Zeit für Mädchen, das Brille trug; oder man spottete: »Du host ja mittn in Summa d Winddafenster einghängt.«
Nero soll schon durch einen konkaven Smaragd die Gladiatorenkämpfe beobachtet haben; doch wurde die Brille selbst erst um 1300 erfunden; mittelhd. berille, barille, von spätlatein. beryllus = Beryll, durchsichtiger, meergrüner Edelstein, der verwendet wurde; später durch Bergkristall, endlich durch Glas ersetzt.

brunga = gebracht.
Die Kinder zum Vater: »Host uns nix mitbrunga vom Bartlmarkt?«
Der Neigung unserer Verben zur »Schwäche«, zur Verflachung arbeitet der Baier immer noch

entgegen; er hält vielfach an der alten starken Form fest: brunna statt gebrannt – ghungga statt gehinkt – gwungga statt gewinkt – gschumpfn statt geschimpft.
Ein gern gebrauchter Seufzer: »Wenns nur grod rang und schnieb!« (regnete und schneite.)

brunzn = harnen, urinieren, vielleicht von Brunnen.
Aman gibt eine köstliche Gradeinteilung dieser nicht zu umgehenden Tätigkeit: »Bruntzn = ausführlich, grobstrahlig harnen; soacha = ausführlich, mit starkem Druck harnen; zinsln = weniger grobstrahlig und mit weniger Druck harnen als bruntzn und soacha; schiffa = gleichbedeutend mit soacha; bisln = kindlich, schwachdruckig, dünnstrahlig harnen. Ein Pferd, eine Kuh, ein kräftiger Mann, eine Frau bruntzt; ein Mann, ein Bursche, ein Hund soacht; ein Kind bislt; ein Braiss pißt oder pinkelt.«

Bschdegg, das = Besteck; im allgemeinen Eßbesteck; doch auch chirurgisches Besteck = Tasche oder Kasten mit medizinischen Instrumenten; im Seewesen = Besteck die Angabe der geographischen Länge und Breite, auf der sich das Schiff befindet.
Zungenübung:
sBschdegg dschbet bschdellt. (Das Besteck zu spät bestellt.) Wer diesen Spruch fünfmal rasch nacheinander ohne zu stocken aufsagen kann, wird Meistersprecher beim Bairischen Rundfunk.

Bschiß, der = Betrug, Mogelei, Beschummelei, von bescheißen.
Der ewig Gebrannte: »Wo gibts koan Bschiß auf dera Welt? Überalln: bein Kartln, bein Viech- und Droadhandl, bein Geld, bei da Bolidigg, auf da Kanzl und erst recht bei dö Weiber, bei dö hinterfotzign. Geh, laß mi aus!«

Bschoaddüache, das = Bescheidtüchlein. In dieser Ausrüstung (großes Schnupftuch, große Serviette) trug der Gast auf dem Hagglstägga nach Hause, was er beim Hochzeits- oder Festmahl nicht mehr in den eigenen Magen stopfen konnte, für die Kinder anderntags ein häusliches Fest.
Bescheid = was dem Gast beschieden, zugewiesen, zugemessen war für sein gutes Geld. Er wurde zur Hochzeit zwar brauchgemäß als einer aus der Gfreundschaft, als Handwerker (oft bis 150 Personen) eingeladen; doch das »Mahlgeld« betrug schon vor 1914 drei bis fünf Mark. Dafür bekam man überreichlich Mittag- und Abendessen, Brotzeit, Kaffee, Bier; beim Trinken gab es keine Grenzen; im Gegenteil: ab 3 Uhr erschien noch der »Draufgeher« (durstiger Angehöriger eines Geladenen), der bis Mitternacht trinken durfte (sein Essen mußte er bezahlen), was die Gurgel aufnahm, damit dem Wirt vom Mahlgeld nicht zuviel blieb (bei einem Bierpreis von 20 Pfennig je Liter). Mancher kleine Mann überlegte es sich, ob er auf die Einladung nicht lieber verzichten sollte, zumal neben dem Mahlgeld auch noch dem Hochzeitspaar ein ansehnliches Geldgeschenk beim sog. »Weisen« (s. oben: zugewiesen) überreicht werden mußte.

bsuffa = besoffen.
Begrüßung bei nächtlicher Heimkehr: »Bist endli do, du bsuffane Sau, du bsuffas Woogscheil?« (Waagscheitel)
Alter Spruch: An Bsuffan weicht sogar a Haiwong aus. (Einem Besoffenen weicht sogar ein Heuwagen aus.)

Bua, der = Bube; früher jedes ledige Mannsbild bis ins höchste Alter; selbst ein ergreister Bua durfte im Wirtshaus niemals am Tisch der Verheirateten Platz nehmen.
Bauernfröschlbuam hießen z. B. in einem Ort bei Schrobenhausen drei unverheiratete Männer, jeder über achtzig, Riagerdeandln zwei ebenso alte fromme Frauen.

Budda, Budern, der = Butter.
Buddamilli = Buttermilch; ausbudern = ausbuttern.

Buggl, Bugl, der = Rückgratverkrümmung, Höcker.
A Bugglada ist auch, wer durch Alter, Arbeit, Sorgen gekrümmt, gebeugt geht.

Bei jüngeren Menschen sagt man: »Der geht hauchad, er kimmt hauchad daher.«
Eigene oder fremde Beruhigung bei fehlerhafter Arbeit, bei kleinem Wagnis: »Dös macht da Katz koan Buggl und der Liebe no koa Kind!«

Bugglkraxdrong = Kind auf dem Rücken, dem Buckel tragen, wie eine Kraxe; vgl. Kraxn.

Buiddl, das = Bildchen jeder Art, auch Foto. Ein Fleißbuiddl, Fleißbileed bekamen eifrige Kinder; höchste Belohnung: ein Hauchbuiddl, das sich beim Anhauchen wunderbar verbog.

> Ebbas Wichtigs
> *Die Stasi, die etwas einfältige Mitterdirn vom Stierbauern in Schaföd, hatte große Sorgen: Der Lenz, ihr Gschpusi, war beim Militari in München, wo es so ausgschamte Menscher gab, die wo die Sidatn verführten; wohl darum hatte er auch seit langem nicht mehr geschrieben. Ihr rettender Einfall: sie mußte ihm ein Buiddl schicken, schleckte sich zusammen, lernte vor dem Spiegel die Goschn süß verziehen und ging zum Fotografen im nahen Markt. »Was möchst denn, Deandl?« fragte der Mann. »A Brustbild oder dös ganze Gstell mitsamt dö Füaß?« – »Ja mei«, zögerte die Stasi und dachte an ihre krumpn Haxn; aber das volle Mieder, dös hod an Lenz allweil taugt. Drum sagt sie: »Mach mar a Brustbild – awa da Kopf muaß scho aa draufkema!«*

Buifa, das = Pulver, auch Geld.
Ruck aussa mit dein Buifa!
Der Hoinarr (Halbnarr) war auf dem Land in der Fasenacht eine gefürchtete Gestalt, sein Schreckenszepter eine Geißel mit überlanger Schnur. Die Kinder verfolgten ihn in respektvoller Entfernung mit dem Singsang: »Hoinarr, Saunarr, Loch derrissn, Buifa gschissn!«

Bullhund, der = Pudelhund; Mehrz. bBullhundd; bullnarrisch sein = närrisch sein wie ein toll umherspringender Pudel.
Dem Anmaßenden wird erwidert: »Moanst, i mach dein Bullhund?« (Ich lasse mich von dir nicht schikanieren.)

bumbbad = Kosebezeichnung für etwas klein geratenes, doch rundliches Kind.
Man lobt es: »Schö rumbbad, schö bumbbad wiar a Hoslnußkern.«

Bumbberl, das = Kosewort für Vulva; vielleicht von Pumpe, Pümpchen.

Bummerl, der = Stier, Bulle; auch kurzer, dikker Nagel. Ein grobgebauter, ungeschlachter, derber, stiernackiger Mann wird ebenfalls Bummerl genannt; er rennt im Zorn Mauern ein und sein Weib über den Haufen.
A Bochbummerl = ein Bachbummerl, großer, vom Wasser abgeschliffener Steinblock für Hausbau, auch Bochkugl genannt.
Bummerl ist Grundwort, keine Verkleinerung; es ist daher preißische Todsünde: **das** Bummerl zu sagen; vgl. Zamperl.

Burgerl, Burgl = Kosenamen für Walburga. Walburg = german. Stabträgerin (aus walus = Stab und bergen).
Walpurga (Latinisierung von Walburg) wird als christliche Heilige in Eichstätt a. d. Altmühl verehrt (Walburgiskirche und -kloster); seit 871 Wallfahrtsort, in späteren Jahrhunderten weitberühmt wegen des Walburgisöls, das aus den Gebeinen der Heiligen tröpfelte und Wunderheilungen bewirkt haben soll.
Walburga (Attribute: 3 Ähren, Ölfläschchen), Schwester der Heiligen Wunibald und Willibald, starb 779 als Äbtissin des Klosters Heidenheim b. Eichstätt; ihre Verehrung beschützt vor Zauberkünsten; da jedoch ihr Festtag (1. Mai) auf die mit Tänzen verbundene Frühlingsfeier fiel, wurde die Walpurgisnacht berüchtigt: Hexen reiten auf Besen, Gabeln, Stöcken, Böcken, Schweinen oder Hunden durch die Luft auf den Bocksberg und küssen dort dem Teufel den Hintern.
Am 1. 7. 1976 starb in München die Volkssängerin und Schauspielerin Walburga Meier (81), die als »Geierwally« volkstümliche Berühmtheit erlangte, weil sie als Double für Henny Porten zum Geiernest hinaufkraxelte. Die spätere Geierwally des gleichnamigen Stehauferl-Films war Heidemarie Hatheyer.

Busserl, Bussl, Bussi, Bussä, Bussei, das = Kuß, Küßchen; vielleicht von französ. pousser = drücken (Poussage = Liebelei, poussieren = anbandeln, flirten, gut behandeln, um etwas zu erreichen); Mehrz. bBussln, bBusserln; bussln = küssen, obussln = sich abküssen; vgl. Zwiggabusserl, Schmatz.

Butzhodern, der = Putzhadern, Putzlumpen, Scheuertuch, Feudel; vgl. Hodern. An Butzhodern schimpft man auch ein leichtes Mädchen, weil sich jeder an ihm abputzen kann. Ebenso ist ein minderwertiges Gewebe (oder ein Kleid selbst) a Butzhodern.

Butzküah, die = Butzkühe = Tannen-, Fichtenzapfen. Aus grünen Föhrenzapfen fertigen Kinder kunstgerecht kleine Kühe. Butzküahsammler nennt man auch einen geizigen Kerl.

Butzn, der, die = Kerngehäuse eines Apfels, einer Birne (Einz. u. Mehrz.); vgl. Abbfe.

Buzerl, das = Kosename für kleines Kind. Das Wort taucht bei zärtlichen Müttern und Tanten in den ausgefallensten Zusammensetzungen auf. »Süßeste« Form: Buziwaggi (weil das Baby mit dem Köpfchen wackelt).

Buzi, der = Kosename für jeden dritten kleinen Hund, seltener: Buz. Buzi (wohl auch: Buzerl, s. d.) = sicher abgeleitet von putzig, obgleich dieses Wort als preißisches Idiom in Baiern unbeliebt ist.

Vorbemerkung

Der Baier spricht die meisten t wie d; darum sind hier auch die Wörter mit dem schriftdeutschen Anstab T aufgeführt. Eine T- Reihe ist im Buch nicht enthalten.

Das gestutzte bestimmte Geschlechtswort der weiblichen D-T-Wörter bleibt in der Einzahl und Mehrzahl d, das der männlichen und sächlichen D-T-Wörter nur in der Mehrzahl.

Beispiele: dDrud, dDogga, dDaum, dDuddn, dDuddna, dDoggan; da Daumschlog, dDaumschläg; as Dürl, dDürln.

Selbstverständlich ist dieses vorgesetzte d nur eine optische Hilfe, um dem Laien das Lesen zu erleichtern; gesprochen wird dD nur als D.

da (a hell, kurz) = der, dir; Vorsilben: er, ver, zer.

Dees hon i da dick! (Das mag ich nicht, ist mir zuwider; da = dir = ethischer Dativ.)

dabagga = bezwingen, erzwingen, von packen;
dablägga = necken, hänseln, frotzeln, von blöken;
dadabbt = ertappt (bei verbotenem Tun);
dadruggt = erdrückt, zerdrückt;
dafrert = erfroren; dafrern = erfrieren;
dagarm = verhauen, verwalken, von gerben;
daglanga = erlangen, mit der Hand erreichen oder nicht.
dahenggt = erhängt;
dahogga = ersitzen, auf Besuch, Wild warten;
dakema = verwirrt, schockiert sein;
dalaam = erlauben; dalaabt = erlaubt;
daloawed = erschöpft sein; vgl. Loawedoag;
damaggn = verprügeln, umbringen;
daschregga = erschrecken; daschriggt = erschrocken;
dastigga = ersticken;
dastunggar und dalong = erstunken und erlogen;
dasuffa = ersoffen, ertrunken;
dawischn, dawuschn = erwischen, erhaschen;
dawuzzln = zerkrümeln, zwischen den Fingern betäuben, z. B. Floh; vgl. Wuzzerl.

Daama, der, die (a hell) = Daumen (Einz. u. Mehrz.; althochd. dume, latein. tumeo = Schwelle, also eigentlich dicker Finger; zu Unrecht als tölpelhaft verrufen.

Wenn eine knifflige Fingerarbeit nicht auf den ersten Anhieb gelingt, schimpft man sich selbst: »No, haind host wieda laudda Daama!«

dabäddn = durch Gebet erbitten, eine Hilfe, die Erfüllung eines Wunsches; ganz hart: den Tod eines Widersachers.

Der Wittiber macht eine Wallfahrt nach Altötting: »Volleicht dabädd i mir a neuchs Wei, a bravs.«

Im Franziskanerinnenkloster Reutberg b. Bad

Tölz, dem ältesten Loretoheiligtum in Altbayern, kann man in einer Ecke des Barockkirchleins in ein angekettetes Schulheft seine Anliegen an den Himmel vermerken. Ein Ehepaar (es nennt sich mit vollem Namen) schreibt: »Mach bitte, daß Ilona T. nicht in den Himmel kommt.«

dabbe (a hell) = tappig, täppisch, dumm, ungeschickt; mittelhochd. tape = Pfote.
Schlauchdabbe = dummschlau.
Spruch: Da Dabbe mid sein Kabbe. (Der Täppische mit seinem Käppchen.)

Dache, der (a hell) = Blattwanze, Beerenwanze, weil flachen, dachförmigen Rücken. Auch die Turmdohle wird Dache, Docherl genannt, weil sie sich auf Dächern herumtreibt.
Der Kerl stiehlt als wiar a Dache!
In Regensburg: »Wos schaugst denn wiar a Docherl?«

dad (a hell) = täte (Konjunktiv).
In gutem Schriftdeutsch gibt es kein »würde« in Wenn-Sätzen; auch der Baier kennt diesen neumodischen Unfug mit dem »würde« nicht; er sagt z. B.:
Wenn er nur grod kam (käme). Oder:
Wenn er nur grod kema dad (kommen täte).
I laffad davo, wenns brinnad (brennte). Oder:
I dad davolaffa, wenns brinna dad (täte).
(In schlechtem Schriftdeutsch: Ich würde davonlaufen, wenn es brennen würde.)
Ausgefallene Formen für dad: dadad, darad, dadadst, daradst.
»Wos dadadst du, wenns brinna dadad (darad)?«

Daddi, der (a hell) = Lautmalerei des bairischen Kleinstkindes für Vater, keineswegs Neuschöpfung, seit Baiern amerikanische Kolonie geworden ist. Als Himmidaddi (durch eine bei einem bairischen Kurfürsten zuagroaste Rokokokokotte leider zu Himmibabba französisiert) – als Himmidaddi also schon üblich als 769 der Baiernherzog Tassilo III. (bitte: 769 bereits der 3. bairische Tassilo) den Dom von Innichen (San Candido) zur Christianisierung der angesiedelten Slawen bauen ließ. 777 gründete Tassilo die Benediktinerabtei Kremsmünster (dort berühmter Tassilokelch). Der Dom von Innichen, dieses besterhaltene Zeugnis romanischer Baukunst in Südtirol, steht immer noch, und unser braver Landesdaddi, der Goppel Fonsä, stiftete 1969 zur 1200-Jahrfeier eine meterhohe, baumstammdicke Kerze, die heute noch in der Krypta des Domes brennt.

Daddl, der (a hell) = Tatterich = alter zittriger, läppischer Mann; verdaddert (a dunkel) = verwirrt, verschreckt.
Lustspiel von Ernst Elias Niebergall (1815–1843): Der Datterich.

dadiadada (alle a hell) = eigentlich drei Wörter: dadiad a da = verdorrt er dir, er wird dürr (Baum, Blumenstock, Weinstock). Lehrreiches Beispiel für Zusammenziehung, Abschleifung!
Mann zu nachlässiger Frau: »Wennst du dein Bleameschdoog ned bessa giaßt, dadiadada.«

Däbb, der = Depp, Dummkopf, Trottel, Blödian; vielleicht von althochd. bedeben = bedöbern, betäuben; bedeppert.
Gesteigerter Schimpf: »Du Däbb, du däbbada!»

Daff, die (a hell) = Taufe.
Kindsdaff = Kindstaufe; a daffda Wein = gepanschter Wein.
Bericht nach Regenguß: »Do sammada dafft worn.« (Da sind wir dir getauft worden; dir = ethischer Dativ.)
Weitere Beispiele für Assimilation, Zusammenziehen, Abschleifen, um die Sprache geschmeidig zu machen:
deama, dama = tun wir;
gengama = gehen wir;
hemarauf = heben wir auf;
hamma, samma = sind wir;
homma = haben wir;
rammarauf = räumen wir auf;
rennama = rennen wir;
wemma = wenn wir;
wemmaroana = wenn mir einer;
wemmi = wenn mich;
werma = werden wir;
Haben alte Leute für die nächsten Tage etwas

vor oder versprechen sie eine Teilnahme an späterem Geschehen, setzen sie dazu: »Wemmaraslemnohom.« (Wenn wir das Leben noch haben.)

dagem (a hell) = ergiebig sein.
Bei dera Hitz dagem fimf Mass Bier gor ned.

dahi (i nasal) = dahingehen, in toller Fahrt, mit Pferd, Wagen, Eisenbahn, Sturz vom Berg, von der Leiter, vom Neubau; häufig jedoch ist die Fahrt ins Jenseits gemeint.
Alter Bauer auf dem Sterbebett zu seinem Weib: »Bawettl . . . i glaab . . . i glaab . . . mit mir gehts dahi.« Das Bawettl (erschreckt): »Nacha lägg mi nur glei am Arsch!«

Daia, das, die = Teller (Einz. u. Mehrz.); mittelhochd. talier von italien. tagliere = eigentlich Brett zum Schneiden, französ. tailoir = Fleischhackbrett.
Aus einem Lied über die »Gschertn«, wenn sie gegessen hatten: ». . . nacha schlägg mar as Daia o!«

Daife, Daixl, der = Teufel; Mehrz. dDaifen; nicht nur der Höllische gemeint, auch bösartige, gemeine Menschen, ebenfalls als Anerkennung für Durchtriebene, in allen Wassern Gewaschene oder Spottsüchtige. Der Daife ist im Alltagsleben ständig unterwegs, er schleucht umher wie ein brillender Löb.
Da Daixl soll di holn!
Über einen Gewalttätigen: »Den ko ned amal da Daife rein.« (reiten)
Der Mo scheucht as Weda (Gewitter) wia da Daife an Weichbrunna (Weihwasser).
Zu einem Eiligen: »Nur langsam, du werst haind koan Daifi nimmer zreissn!«
Zum Spötter: »Du bist a so a bläggada Daife, a bläggada!«
Vorsicht: Da Daife huift seine Laid – awar er hoits aa. (Der Teufel hilft seinen Leuten – aber er holt sie auch.)
Der Geschwänzte hat in Bayern eine Anzahl Niederlassungen gegründet: 27 Höll und Hölle, 65 Zusammensetzungen mit Höll, dazu einen Höllhund (b. Kraiburg), der sie bewacht. Höchstselbst tritt er in weiteren Ortsnamen auf in: Teufelhammer, Teufelsberg, Teufelschlag, Teufelsgraben, Teufelsküche, Teufelsloch, Teufelsmoos, Teufelsmühl, Teufelsöd, Teufelstein, Teufelstisch. Deixlfurth.

Der Daife und sein Sack
Der Drull-Kaspar von Draxlham war Viehhändler, Heiratsschmuser (Kuppler), Hochzeitslader und Sauschneider (Kastrierer). So kam es, daß er nie an Durst zu leiden hatte: alles Nasse für die Gurgel wurde ihm geradezu aufgedrängt, und seine Tätigkeit brachte ihm dazu den schändlichen Ruf ein, er sei ein ganz Gewichster, ein Durchtriebener, ein Hallodri, der sogar den Himmel zu prellen verstehe. In einer finstern Nacht verfehlte der Kaspar den Steg über eine Schlucht, er sauste mit seinem Fahrrad kopfüber in die Tiefe. Im Krankenhaus fragte ihn der Dorfpfarrer: »No, Kaspar, hast nicht auch einmal an unsern Herrgott gedacht, wie es so dahingegangen ist?« Der Kaspar: »Na, Herr Pfarrer, schon gar ned aa. I hab bloß no denkt: Daifi, heb dein Sack auf, da Drull-Kaschba kimmt!«

dair = teuer; mittelhochd. tiure; Steigerung: dairinga.
Da Hiasl masslt: »As Sauffar is a daira Gschbass worn. Awar as Gwandn, dee damische Weiwasucht, dee damische, kimmt no dairinga.«

Daiwe, das = Täubchen; vgl. Daum, Aiwe, Kaiwe.

dakennd = anerkannt, geschätzt; mehr im negativen Sinn gebraucht.
Der ausgebeutete, mit Arbeit überhäufte, karg gehaltene Dienstbote spottet über sich selbst: »Nix is dakennd, balst vui frißt und weng arwatst!« (Nichts wird anerkannt, geschätzt, auch wenn du viel frißt und wenig arbeitest.)

Dala, der, die (erstes a dunkel) = Taler (Einz. u. Mehrz.), ursprünglich Güldengroschen; Name von Joachimsthal in Böhmen, weil dort 1519 zuerst geprägt, verdrängte die damalige Goldwährung. Viele Länder übernahmen die Bezeichnung Taler für ihre schweren Silbermünzen

und statteten die Prägeseiten besonders künstlerisch aus (Renaissance, Barock, Rokoko): Albertus-, Kreuz-, Kronen-, Laub-, Mariatheresien-, Speziestaler.
In den USA entartete der brave deutsche Taler zum Dollar.
Übermütiger Männersang: A Dutzad oide Weiber kost an Dala, an Dala, an Dala . . .

daläxn = erlechzen. Wenn Holzgefäße mit Reifen, Wagenräder bei großer Hitze zerfallen, nach Wasser lechzen, sind sie daläxt; mittelhochd. lechezen = lechzen, austrocknen; verwandt mit Lache.

Dama (erstes a dunkel), **Damerl, Daumerl** = Kosenamen von Thomas, häufiger bairischer Vorname nach dem christlichen Heiligen Thomas von Aquino (1225–1274), Doctor angelicus, Doctor ecclesiae, vertrat Aristotelische Lehren, wirkte auch in Köln an der Schule Alberts d. Großen.
Auf Münchner Boden regierte erfolgreich nach Wahrheiten bairischer Volksphilosophie Oberbürgermeister Thomas Wimmer, Wimmer Damerl genannt (1948–1960), geb. 1887 in Siglfing bei Erding, gest. 1964, gelernter Schreiner; vgl. Ramadama.
In der Oberpfalz gefürchtete Schreckgestalt: der Dama mitn Hamma (7. März Thomasnacht).

damisch (a hell) = dumm, einfältig; auch schwindlig.
Die alte Resl, die auch in jungen Jahren kein Licht war: »Wemmar oid werd, werd ma fei damisch.«

Dampfe, das (a hell) = das angesäuerte (vgl. Sair) oder mit Hefe angerührte Backgut; vgl. odampfln.
Klage der Hausfrau: »Haind geht as Dampfe wieder gor ned!«

Danabaam, der (alle a nasal) = Tannenbaum; althochd. tanna.
Dagegen: Tann (Wald, Forst) von mittelhochd. tan = Tenne, also weitflächiger Wald, nicht unbedingt Tannenwald.
A dennas Hoiz = ein tännenes, tannenes Holz, Holz vom Tannenbaum. Tannenzapfen vgl. Butzküah, Nachtigoi.

Danddler, der, die (a hell) = Tändler, Trödler, Gebrauchtwaren-, Altertumshändler; mittelhochd. tant = leeres Geschwätz, wertloses Zeug. Auf der »Auer Dult« in München gibt es außer dem Geschirr- und Büchermarkt in großem Ausmaß den Danddlmarkt, eine Fundgrube nostalgischer Raritäten.

Dane, Done = Kosenamen für Anton; vgl. Anddane.

dantsche (a hell) = nett, niedlich, putzig, sich anstellig benehmen; nicht nur Kinder und mollige Mädchen, auch junge zierliche Frauen können dantschig sein.

Danz, die (a hell) = Tänze, Umstände, Umschweife, Ausflüchte.
Zum Widersetzlichen, auch zum Aufschneider: »Mach koane Danz!« – »Mach koane Pflanz!« – »Mach koane Mäus!«

Spruch
Vui Veddern, vui Schwanz,
vui Basln, vui Danz!
(Viel Vettern, viel Schwänze – Spitzbuben,
viel Basen, viel Tänze!)

darenna (a hell) = eigentlich: sich zu Tode rennen, mit Pferd, Motorrad, Auto, Ski.
Der Hund, der narrische, hod si darennt!
Doch kann das Wort auch Warnung oder Spott sein für den Übereifrigen. Der Münchner Stadtschulrat (1945–76) Anton Fingerle sah sich einmal veranlaßt, einem besonders ehrgeizigen, arbeitswütigen Werkstudenten, der in seiner Abteilung vorübergehend beschäftigt war, beim Abschied den freimütigen Rat zu geben: »Nur ned darenna!« Der vortrefflich Beratene war Franz Josef Strauß.

Darf, das (a dunkel) = Dorf; Dörffal, Dörfferl = Dörfchen.
Hom mir ned a scheas Darf, ha?

darrn (a dunkel) = donnern.
Haind nacht hods awa wüast darrt.

Daschn, die (a dunkel) = Tasche; Mehrz. dDaschna; italien. tasca = Beutel, latein. taxare = schätzen, eigentlich Taxe, Geldbetrag, dann Geldtasche; Dascherl (a hell) = Täschchen.
Maidaschn (Maultaschen) = Mehlspeise; Daschnfeitel (der) = Taschenmesser (von falten, klappen), auch Schnagglmesser genannt (es schnagglt beim Zusammenklappen). Daschn heißen auch die Dachziegel, ebenso zum Spott die Mädchen (Vulva); bei Geburt eines Mädchens (statt des Stammhalters) wird darum von Spöttern nächtens ein Dachziegel auf dem Fahnenmast des Geburtshauses aufgezogen.

daschregga = erschrecken (I ho di, du host mi daschreggt.); daschrogga = erschrocken (I bi, du bist daschrogga.) Preißisch: Ich habe mich erschrocken.

dase (a hell) = dasig, kleinlaut, ungewohnt still, eingeschüchtert; mittelhochd. däsig = still, dumm.
Der Vater: »Wos hodn da Bua? Entweder hod ar ebbas ogstellt, oder er is krank, weil a gor so dase is.«

Dasiger (a dunkel) = einer vom Ort, von der Gegend, von da, auch ein Hiesiger genannt, von hier, im Gegensatz zum Zuagroastn.
Familienname: Hiesinger.

Datsche, der (a hell) = Hefeteigfladen (flach »zusammengedatscht«) mit halbierten Zwetschgen (Zwäschndatsche) oder Apfelschnitten (Abbfedatsche) belegt. Die Augsburger, als besondere Liebhaber dieser Leckerei, heißen darum Datschiburger.
Ursprünglich nur in der armen Oberpfalz (Steinpfalz) und im Bayerischen Wald eine beliebte Speise war der Reiwadatsch (nicht von Räuber, sondern von reiben), aus geriebenen rohen Kartoffeln hergestellt, in der Pfanne schmalzig gebraten. Heute bairische Allerweltsköstlichkeit, geradezu ein Schmankerl; Zuspeise: Sauerkraut oder Apfelmus; vgl. auch Gnell.
Der kleine Lenzl schwärmt: »Von Zwäschndatsche kunnt i glei dees ganze Blech voll alloa fressn!«

Datscher, die (a dunkel) = große abgelatschte Schuhe.
Spott: »Du mit deine Gillamoosdatscher!« (Gillamoosmarkt = bekannter Jahrmarkt in Abensberg; Gilla = Weiler bei Abensberg.)
Fliangdatscher = Schlaginstrument gegen lästige Fliegenplage.

Datzn, die (a dunkel) = Tatze (= eigentlich plumpe Tierpfote) = Hiebe mit »spanischem« Rohrstock auf die Handfläche; schulisches Zuchtmittel »finsterer Zeiten«; amtlich genehmigtes Höchstmaß: 6 Datzna. Für Knaben, aus saftigeren Gründen, Hiebe besser auf den Hintern, Arschbriegel genannt; Wirkung wurde von den Delinquenten durch heimliches Einlegen von Heften oder Atlanten abgedämmt.

Daubiir, die = Taubeere(n) (wie mit Tau beschlagen), Heidel-, Schwarz-, Blaubeeren; vgl. Brabiir Moibiir.

Daug, der = Taug = taugt nichts, ist zu nichts nütze, vielleicht sogar gefährlich. Irgendein Vorschlag, ein Weg, eine zweifelhafte Sache hod koan Daug ned.

Daum, die = Taube(n).
Dauwara = Tauber, Täuberich; Daiwen = Täubin; Daiwe, Daiwerl = Täubchen; Daumschlog = Taubenschlag.
Mach dein Daumschlog zua, sunst kimmt dir da Dauwara aus! (Höfliche Aufforderung an Buben, ihren Hosenlatz zu schließen.)
Dee zwoa hätten dDaum ned schöner zammdrong kinna (zusammentragen können)! Damit meint man ein Paar mit ähnlichen geistigen oder moralischen oder körperlichen Fehlern.
Tauben gelten seit alten Zeiten als Sinnbild für sexuelle Zärtlichkeiten: das Turteln, Schnäbeln (als Vorspiel für höchste Liebe) heißt man auch bei Menschen Schnaweziang (a hell) = Schnabelziehen, küssen.
Familiennamen: Tauber, Teuber.

dausad (Endsilbe kurz) = tausend = Zahl; vgl. zählen.
Tausendgüldenkraut, Tausendsassa (verhüllend für Daus = Teufel) = also: Teufelskerl; ei der Tausend (richtig: ei der Daus, wiederum verhüllend).
Prinzregent Luitpold v. Bayern (1821–1912) liebte bei Überraschungen den Ausruf: »Dausad, Dausad!« (= eigentlich: Teufel, Teufel!)

daußd und dinn, drinnad = draußen und drinnen.

Dawagg, der (erstes a hell, zweites a dunkel, Betonung zweite Silbe) = Tabak.
Raachdawagg, Kaudawagg, Schnupfdawagg, Dawaggsbail, Dawaggsdusn, Dawaggsrerl = Tabaksrohr, -röhrchen.
Kolumbus brachte den Tabak, den die Eingeborenen Amerikas in Maisblattrollen (Tabacos) rauchten, nach Europa; er galt damals als Wund- und Wunderkraut, besonders für die Wahrsagerei. Doch traten die Behörden bald gegen das »körpervernichtende Unkraut« auf: Wer in der Kirche schnupfte, wurde exkommuniziert (Strafe galt bis 1724); in der Türkei wurden Rauchern die Nasen mit dem Pfeifenstiel durchbohrt, die Geschändeten in diesem Aufzug in der Öffentlichkeit herumgeführt; in Rußland schnitt man den Rauchern die Nase ab; öffentlich zu rauchen war auch in vielen deutschen Ländern bis 1848 verboten. Trotzdem: Sieger blieb der blaue Dunst – mit ihm werden alle Vorhaltungen dagegen in den Wind geblasen. (»Grad mit Fleiß!« sagt der Damianus Raucherbein.)

dawei (a hell), **derawei** = derweilen, inzwischen; auch: Zeit, Weile haben.
Zu einem Drängenden, Aufdringlichen: »I hon iatz ned dawei!«

Daxkobf, der = Dachskopf = Schimpfwort: dummer, engstirniger, einfältiger Mann; Mehrz. dDaxkebf.

Daxn, die (a hell) = Nadelholzzweige, -äste zum Abdecken von Gartenbeeten, zum Schmücken von Festwagen, zur Herstellung von Girlanden; vermutlich vom Wort Taxazeen = Koniferen, Nadelhölzer; Taxus = Eibe.
Ortsnamen: Taxa b. Odelzhausen, Taxa b. Törwang.
Familiennamen: Daxberger, Daxeder, Daxenberger, Daxenbichler, Daxwanger.
Eine liebliche Münchnerin im Riegelhäubchen: Regina Daxenberger (1811–1872), das Kupferschmiedstöchterlein, aus der Schönheitsgalerie König Ludwigs I., Originalgemälde von Joseph Stieler im Schloß Nymphenburg.
Freilich könnte man annehmen, daß Zusammensetzungen mit Dax auch von Dachs (Tier) kommen; dagegen spricht jedoch das dunkle a bei Dachs, während bei den Zusammensetzungen mit Dax das a durchwegs sehr hell auftritt wie bei Daxn.

Dazzlwurm, der = Tatzelwurm = sagenhaftes wurmähnliches Untier, wie Drache, Lindwurm, mit vielen Dazzln (Füßchen).
Ortsname: Tatzelwurm b. Oberaudorf.

deaf, därf = darf.
Dös deafsd ned doa! (Das darfst du nicht tun!)

> Die höchste Instanz in Liebesfragen
> *Der doiggad Hansl, von der Liab dawuschn, fragt die Mutter: »Deaf i sDeanderl liam, ja, deaf i sDeanderl liam?« Die Mutter verbietet es ihm streng; ebenso der Vater, der Lehrer, der Pfarrer, die er nacheinander in seiner Liebesnot aufsucht. Da geht der Hansl zum Herrgott selber, und da heißt es im Lied:*
> *»Ja freili«, sagt da Herrgood und hod glacht,*
> *»zweng dö Buama hob i dDeandln gmacht.«*

Deanderl, Deandl, Dirndl, das = Koseformen von Dirne; mittelhochd. dierne = Dienerin, Mädchen; plattd. Deern.

Deanst, Deanscht, der = Dienst; althochd. thionost.
Deanstbon (o nasal) = Dienstboten, vgl. Ehhoidn; Deanstmall (a hell) = Dienstmädchen; deana = dienen; deand = gedient.
Rangordnung: Bäuerliche Dienstboten (Ober-

knecht, Mitterknecht, Stangenreiter, Knechtl, Hiaddabua) haben deand (gedient); Hilfskräfte im Gewerbe dagegen (Gesellen, Lehrbuben) haben bei einem Meister garwad (gearbeitet).
Der Dorfhirte mußte mit seiner (oft zahlreichen) Familie alle vier Jahre wandern, sonst wäre ihm im Dorf das Heimatrecht (gemeindliche Fürsorgepflicht für Minderjährige und Unbemittelte) zugefallen; diese »Last« wollte kein Ort auf sich nehmen.

dee (nasal), **dö** = die; dee geht vom spitzesten ee in den Donaugegenden alle Färbungen durch bis zum breitesten dö am Gebirgsrand.
Dee (dö) Kartn is schlächd zon Daifeholn.

dees, dös = das, dies, dieses. Wie bei dee verwandelt sich das dees nach Süden hin zum dös. Heute noch gebrauchte mittelhochd. Wendungen: Dös ghört mei, dös ghört dei. (Das gehört mir, das gehört dir.)
Ähnlich im schönsten Liebeslied des Mittelalters: Ich bin din, und du bist min . . .
Ein köstlicher Brauch war noch vor einigen Jahrzehnten in abgelegenen Dörfern üblich: Bei Gebeten die besondere Bekräftigung einer Heilswahrheit durch einen barocken bairischen Zusatz:
». . . Jesus, der für uns Blut geschwitzt hat.« Antwort: »Dös hod ar aa! Gegrüßt seist du . . .«
». . . Jesus, der für uns in den Himmel aufgefahren ist.« Antwort: »Dös is ar aa! Gegrüßt seist du . . .«

Deggl, der = Deckel, zum Korb, Topf; auch Hut; beim Schiff: Deck.
Do host dir awar an schöna Deggl kafft.
Zum überstandigen Mädchen: »Schaug zua, daßd endli oan aufgabelst! Alloa is' aa nix: zo jedn Haferl ghört a Deggl.«

Degl, der = Tiegel, Kasserolle; mittelhochd. deckan, decki = alles, was umhüllt, davon Dekkel, Dach, Tiegel, Ziegel, Decke, Verdeck, gedackte Pfeife (Orgel); Mehrz. dDegln; vgl. Bischldegl.

deicha = ersetzen, haften (für einen Schaden).

dene (nasal) = diesen, **dera** = dieser.
Mit dene Schuach konnst dengerscht (s. d.) ned zon Danzn geh!
Bei dera Hitz ko ma ned gmua sauffa.

dengerscht, dennerst, deachd = doch, sowieso.
Dee Lug hod er dengerscht ned glaabt.
Der Bauer verfolgt den flüchtenden Fensterlhelden:

. . .geh, Hiasl, hoho,
so laß mir nur dengerscht mein Fensterstock do,
du konnstn ned braucha, und mir geht er o – holdriah – iah – iho.

dengg = linkshändig.
Familiennamen: Dengg, Denk.
Schimpfname: Dengger Waschl (Linkshänder).
Schlechter Tag beginnt, wenn man mitn denggn Haxn zuerst aus dem Bett kraxelt.

dengga = denken; denggt = gedacht.
Der Mo denkt überzwerch (wie der Valentin z. B.).

Der Vorsichtige
Vom Dengga ko ma mi ned hänga,
aber vom Song ko ma mir as Mai verschlong.

Zweierlei Gedankengänge
Dorfpfarrer im Beichtstuhl zum erstmals gefallenen Mädchen: »Aber, Marei, hast denn du bei dieser bösen Gschicht ned an unsern Herrgott denggt?« Das Sündkind, trotzig: »Bei so ebbas Schöns tatn Sie aa ned an' Herrgott dengga.«

Immer vorsorgen
Auf dem Sterbebett: »Göi, Stasi . . . und wenn i nimmer bi . . . nacha heiradst hoid . . . heiradst hoid an Jackl vo Tölz.« Weib, weinerlich: »Ja, Säbb, an den hon i aa scho denggt.«

dent, drent, dreant = drüben; vgl. ent.

dettn = töten, besonders eine Laus, einen Floh dettn (mit dem Daumennagel).
Familienname: Detter.

diamoi = manchmal, hie und da. Oft auch nur: a diam.

dick eingehen = von Arbeit überhäuft sein, nicht aus noch ein wissen vor Aufträgen; auch: viel Gerenne um ein Mädchen, einen Burschen, einen Handel machen.
Dös hon i da dick! (Es ist mir zuwider, lästig. Da = dir = ethischer Dativ.)
Dem gehts so dick ein wiar an Schneider am heilinga Omd (Heiligen Abend).

Dickschell, der = Dickschädel = eigensinniger, unnachgiebiger Mensch, der trotzig auf seinem Standpunkt beharrt; auch: Dickkopf; vgl. Schell.
Du Dickschell, du dickschellada!
Getreide: Dickkopfweizen.

Diddi, Diezl, Dizzi, der = Schnuller für kleine Kinder.

Diftla, Diftler, der, die = Tüftler (Einz. u. Mehrz.), einer, der sich mit Kleinarbeit Mühe macht, der das letzte i-Dipferl nicht vergißt.
Diftlarwad = eine Tüftelarbeit.

Diggl, = Kosename von Benedikt, Benno; vgl. Bene.

Diisch, der, die = Tisch(e); althochd. tisc, latein. discus (Wurfscheibe), Tisch = also eigentlich runde Eßplatte. Im Mittelalter hatte jeder ein besonderes Tischchen zum Essen.
Kuchediisch = Küchentisch; Nahdischerl = Nähtischchen.
Familiennamen: Tischler, Tischer.

Diischwichä, das = Tischtuch; wichä = wehen, beim Auflegen (Miesbacher Urwort).

dimmeln, deberln = moderig schmecken; Getreide, Mehl kann dimmeln, graweln, wenn feucht eingefahren und gelagert.

Dingin, die = Mädchen, Frau, die sich ungeschickt benehmen, unüberlegt, im Affekt handeln; im Wort schwingt ein Quentchen Mitleid mit. (Dingin = weibliches Ding.)
Beim Selbstmord eines Mädchens aus Liebeskummer sagt man: »So a dumme Dingin, a dumme!«

Diridari, der = Geld.
Zur Rentenauszahlung machen die Alten »a Wallfahrt zum heiligen Diridari«.

dischgriern = sich gemütlich unterhalten, plaudern, im Treppenhaus, auf der Straße, im Wirtshaus; latein. discutere, diskutieren; auch kleine Babies dischgriern, wenn sie für sich plappern, singend murmeln vor Wohlbehagen.

do, Holledau: **dol** (o offen, fast a) = da, dort, hier.
Bei besonderer Betonung der Ankunft: »So, iatz san ma doda.« Vgl. ned, worum.
Wo hon i nachad mei Bruin higlegt? – Do flaggts (liegt sie).

do (nasal) = getan; doa = tun; dua = tu; duast = tust du.
I ho da nix do (Oberpfalz: doa). = Ich habe dir nichts getan.
Brauxt nix doa. = Du brauchst nichts zu tun, nicht arbeiten.
Brauxt ned zidern, i dua dir nix. = Du brauchst nicht zu zittern, ich tu dir nichts!

doad, doud = tot.
Kinder steigern das Wort gern: doad, mausdoad, mausdräggerldoad.
Verächtlichmachung eines Ortes: »Do mächad i ned doada (douda) sei!« (Da, hier möchte ich nicht als Toter, nicht begraben sein.)
Umasischt is da Doud – und der koscht as Lem.

Doag, der = Teig.
Birnen werden schnell doage, teigig, multschig.
Loawedoag = Laibchenteig; daloawed = übermüdet, erschöpft; auch bei einem Spiel (Kegeln, Eisstockschießen) kann die Kugel, der Eisstock derloawen, wenn sie nicht am Ziel ankommen.
Kann ein Zuagroasta die Wörter »Loawedoag, Oachkatzlschwoaf, Fiddrioioi« einwandfrei aussprechen, wird er als Einheimischer anerkannt; vgl. Fiddrioioi, Oachkatzlschwoaf.

Schimpfwort: »Du Doagaff, du letschada!« = Du Teigaffe, du saumseliger, langweiliger (ohne Kraft wie Teig).

doarad, dourad = schwerhörig, taub; vielleicht von töricht, oder von dOarn, dOurn = die Ohren.

Dobbfa, der = Topfen, Quark, weißer Käse. Dobbfaschdrull; vgl. Schdrull.

dobbm = toben (eitrige Wunde).
Mei wecha Haxn dobbt awa narrisch.

Doch, das (o fast a) = Dach; althochd. dah (im Allgäu noch: Dah); Dachl, Dacherl (a hell) = Dächlein.
Rengdache = Regenschirm; Dochdegga = Dachdecker; a lumbbads Doch = ein defektes Dach; Dache (s. d.) = Dohle.
Zum frechen Kind: »Wennsd ned stad bist, kriagst glei oane aufs Doch.« – »Du konnscht glei a Dachtl hom.«

doda = da, hier; nicht innerhalb eines Satzes, nur als betontes Schlußwort gebraucht; vgl. iatz, ned, woruma.
So, Buam, seids scho doda!

do drent, do dreant = dort drüben, über, jenseits der Straße, des Grabens, des Berges; auch: das Jenseits; vgl. ent.

Död, Deed, der = Pate; da Firmdöd = der Firmpate. Die Patin heißt Dodl oder Doll; die Firmdoll = die Firmpatin; der Dodlleffe = der Tauflöffel, der Patenlöffel bei Wohlhabenden; vgl. Göd.

Dogga, die = Puppe; althochd. tocka = Strang, Knäuel, Wolle, daraus Puppe für Kinder; schwed. docka = Puppe.
Döggelischuel = Kleinkinderschule in St. Gallen.
Zum eitlen Mädchen: »Du bist putzt als wiar a Dogga.«
Oder: »Dö Hoffart hot sich heut wieder zammdogglt.«

Doggda, der = Doktor, Arzt; Mehrz. dDöggda. Ärzte und Tierärzte müssen im Volk viel derbe Kritik über sich ergehen lassen.
Griaß Good, Herr Doggda – mir hockt a. (Ich bin verärgert, mir stinggd a.)
An Doggdamurx grabt mar ei. (Ähnlich ein russisches Sprichwort: Die Fehler der Ärzte werden mit Erde zugedeckt.)

> Beste Lösung
> *Nach einem erbitterten Streit zwischen Arzt und Tierarzt, wer der größeren Kunst diene, wurde der Arzt am andern Tag zum Tierarzt ans Krankenbett gerufen. Der Tierarzt gab auf alle Fragen nur immer »Muh« zur Antwort. Da schrieb der Arzt ein Rezept, reichte es der Tierarztfrau und sagte: »Wenn dös nix hilft, nacha müaß ma den Ox halt notschlachtn!«*

Doi, das (o fast a) = Tal.
Zilladoi, du bischt mei Fraid!

Doog, der = Tag.
Ausruf bei Überraschung: »Iatz werds Doog!«

Doogblall, das (a hell) = Tagblatt, Zeitung; Blall = eigentlich Verkleinerung zu Blatt: Blättchen. Doogblall = auch Schimpfwort für klatschsüchtige Frau; vgl. Quadratratschn.

> Spät, aber ehrlich
> *Der Dorfgeistliche spendet der alten Zenzl, dem Doogblall von Waxlaber, auf dem Sterbebett die Letzte Ölung; er salbt Augen, Ohren und Nase in Kreuzesform und bittet Gott um Verzeihung für die mit diesen Sinnen begangenen Sünden. Als er den Mund zu ölen beginnt, flüstert die Zenzl inständig: »Da zwoamal, Herr Pfarrer!«*

doschad (a hell, Betonung erste Silbe) = buschig. Junges Kartoffelkraut, Blumenstrauß, Christbaum sehen doschad aus, nicht nackt.

Dotschn, die = Kohlrübe(n), Dorschen, poln. Wruken (Kriegsnahrung). Ist eine Frau plump, ungeschlacht wie eine Rübe, nennt man sie ebenfalls einen Dotschn; vgl. Drambbe.

Doweach, das (o offen) = Tagwerk.
Doweacha = Tagwerker, Taglöhner; vgl. Babbierl.

Draam, der (a hell) = Traum; draamd = geträumt; mittelhochd. troum, ursprünglich: trügen.

Das arme kranke Kind (Lied)
Woaßt du, Muadderl, wos mir draamd hod?
I hob in Himmi einigsehng:
do woarn so viele schöne Engerln,
zu dene mächad i gern gehn.
Do braucha mir koan Hunga zleidn,
i wers an liabn Herrgood song;
er soll mir aa zwoa Flügerln gem,
dee wern mi dann in Himmi drong.

draamhabbad (alle a hell) = schlaftrunken, benommen, geistesabwesend, unkonzentriert, einfältig; vielleicht traumhäuptig.

Drack, der (a dunkel) = Drache; mittelhochd. trache, latein. draco (als Feldzeichen), rumän. draku = Teufel.
Dragoner = scharfblickender Soldat.
Drack = zumeist Schimpfwort für böse, zänkische Frau, seltener für gerissenen, raffinierten Mann.
Doch auch Anerkennung: »Du werst a so a gfeiter Drack sei, a gfeiter!«

dräggad = dreckig, unsauber, schmutzig, auch moralisch unsauber; vgl. Dreeg.
Bursche über ein Mädchen: »Dö Loas is ma zdräggad, dö mächad i ned amoi mid ara langa Stanga oglanga.« (Mit einer Stange anrühren.)

Dragl, das (a hell) = Tragerl, Träglein, von Trage = Träger, Kasten Bier, Limonade.

drahn (nasal) = drehen, tanzen, torkeln (im Rausch oder bei Schwindel).
Den Saufaus hods sauwa in' Straßgrom einedraht.

Drahndewixpfeiferln = Fastenspeise = gedrehte Fingernudeln aus dunklem Mehl, in Salzwasser oder Milch gekocht.

Draller, der (a hell) = Spielzeugkreisel, aus Holz, bunt bemalt; anderswo (Oberpfalz, Niederbayern) Bär genannt; s. d.; drallern = mit dem Kreisel spielen.

Drambbe, der (a dunkel) = Trampel, vierschrötiges, ungeschlachtes Frauenzimmer im Äußeren und im Benehmen; vielleicht von mittelhochd. trampeln; ähnlich: trappen, Trampeltier (Kamel), Trampolin (italien. trampoli = Stelzen).

Drangg, das (a dunkel) = Trank, mit Stärkungsmitteln angerührtes Getränk für Schweine und Rinder.
Schimpfwort: »Du Dranggħofa!« = Frau, die so verkommen, schmutzig, ungepflegt ist wie der Topf, Hafen, Eimer für Schweinefutter.

drapft (a hell) = beschränkt, blöd, begriffsstutzig.
Bei Streit: »Geh weida, red koan Schmarrn ned, du bist ja drapft!«

dratzn (a hell) = necken, ärgern, foppen, hänseln.
Kind wird gewarnt: »Wart nur, wennsd an Hund allweil dratzt, nacha beißt er di doch amoi!«

draxln (a hell) = drechseln; Draxler = Drechsler.
Dös Dirndl hod Wadln wia draxlt (schön geformt, keine Zaunstecka).

Dreeg, der = Dreck; vgl. dräggad. Der bairische Wortschatz im Zusammenhang mit Dreeg ist unermeßlich. Nur einige Beispiele:
Dös is koa Dreeg ned! (hoher Geldbetrag, schwere Beleidigung.)
Du woaßt an Dreeg! (Nämlich nichts.)
Worum bist denn so dreegfad? (ekelhaft, widerwärtig.)
Iatz host an Dreeg im Schachterl drin. (Jetzt hast du die Bescherung.)

Der hod Dreeg am Stägga. (Am Stecken, auf dem Kerbholz.)
Du aufgstellter Mausdreeg! (Schimpf für kleinen Mann.)
Dreegamsl, Dreegbär, Dreeghamme, Dreegluada, Dreegmatz, Dreegmensch, Dreegsau, Dreegschlaidern, Dreegschlambbm, Dreegschbooz.

Vielseitige Modelliermasse
Pfarrer fragt Buben, die nach dem Gewitter im Straßenkot spielen: »Was macht ihr denn da, Buben?« – »Mir baun a Kircha.« – »Soso, das ist aber schön. Macht ihr einen Pfarrer auch dazu?« Buben: »Wenn uns da Dreeg noch glangt.«

Königliche Zigarren
Der bayerische Prinz A. brachte zur Hirschjagd in der Valepp regelmäßig seine Gattin mit. Einmal kam er allein, und da fragte ihn der Jäger Ramsl, ein ehemaliger Wildschütz, in seiner urwüchsigen Art: »Hast haind bMuadda net bei dir, königliche Hoheit?« Der Wittelsbacher war über diese familiäre Anteilnahme so entzückt, daß er dem Jäger statt der üblichen Begrüßungszigarre gleich zwei anbot. »Aber mit Verstand rauchen, gell, das ist ein besonderes Kraut!« — »Dös Kraut, dös schadt mir nix«, sagte der Ramsl ehrlich, »i vertrag an jedn Dreeg.«

Dreiling, der = dritte Grasmahd bei günstigem Herbstwetter und guter Wiesenlage; vgl. Groamad.

dreim = treiben; driem = getrieben.
A Rumdreiwa = ein unsteter, häufig auch moralisch angeschlagener Mensch.
Kartenspiel: Bauern ausn Land dreim.

Dreiquartlbrifaddje, der = etwas verächtliche Bezeichnung eines alten Rentners, der sich keine Maß, sondern nur drei Quartl (3/4 Liter) Bier leisten konnte. Der angesehene, zumeist wohlhabende Ruheständler nannte sich Brifaddje (Privatier). Zur Brotzeit holte sich der kleine Mann immer nur drei Quartl im Maßkrug, weil die Landbrauereien den Krug fast bis obenhin füllten.

Kinderreim
Servus drei Quartl,
dei Muadda hoaßt Kaddl,
dei Vadda hoaßt Säbb,
und du bist a rechta Däbb.

drentschn, drenzen = kleckern, sich beim Essen beflecken; auch: leise, verhalten weinen.
Kindern hängt man beim Essen ein Drenschhangerl, ein Drenshangä um; vgl. Barddal.

Drewern, die = Treber (Mehrz.).
Biertreber dient als Schweinefutter; darum nennt man eine schmutzige, verwahrloste Frau (auch Mädchen) Drewernsau; gesteigert: Drewernloas.

Dridling, die = Trittlinge, abgetretene, unförmige, zerlatschte Schuhe; vgl. Datscher.

driggen, driggln = trocknen; odriggen = abtrocknen; drugga = trocken.
Bei den nassn Sauweda driggad as Hai schlächd.
Zum Frechen: »Du Rotzkerl, du miserablinga, halt dei Mai, du bist ja ned amal drugga hinter de Oahrn!«

dringga = trinken; althochd. trinkan, italien. trincare = zechen; dadrungga = ertrunken.

dringgad = tränke, Konjunktiv von trinken.
Freundliche Mahnung: »Wennsd dees Gift dringgadst, hättst zon letztn Moi in dHosn brunzt.«

Droad, das = Getreide; mittelhochd. getregede, getragide (tragid = Traid, ähnlich: Magid = Magd, Maid), ursprünglich alles, was getragen wird: Gepäck, Kleidung, Früchte, Ertrag, Besitz, jetzt nur noch Körnerfrucht.
Da Droadbon = der Getreideboden; da Droadschdoog = der Getreidestock (Abteil in der Scheune, zum Unterschied von Haischdoog = Heustock); a Droadsoog = ein Getreidesack; a Droadgowe = eine Getreidegabel.
Das Getragide (Getragene) noch erhalten in: Tragbahre (Tautologie), Tracht bei Menschen und Bienen, trächtig, niederträchtig, Eintracht, Zwietracht, ein getragenes Lied.

Drogsoog, der (o offen) = Tragsack = Gebärmutter; vgl. drong, Soog.

drom, dom = droben; vgl. am.
bMuadda is in da Hech (Höhe, Obergeschoß) drom.

drong (o offen) = tragen; dadrong = ertragen; vodrong, vadrong = vertragen; zuadrong = zutragen, verleumden.
Ein Zuadroga trägt wahre oder erlogene Neuigkeiten anderen Leuten zu; man hütet sich vor ihm.

Drucha, die = Truhe, Sarg; althochd. truccha, zu trog.
A Doudndrucha = eine Totentruhe; a Moidrucha = eine Mehltruhe; a Howerndrucha = eine Hafertruhe; a Gwanddrucha = eine Kleidertruhe.
Dricherl = Verkleinerung zu Truhe, Trühlein; a Kinderdricherl = ein Kindersarg; a Schbeibdricherl = ein Spucknapf; vgl. Schbeibdricherl.

Drud, die = Hexe; mittelhochd. trute = »Tretgeist«, Zauberin, setzt sich Schlafenden auf die Brust und verursacht das Alpdrücken.
Mittelhochd. alp = böse Traumgestalt, abgeleitet Elfe = gute Fee, vielleicht von griech. alphos = weißer Ausschlag.
Personennamen: Alberich (Elfenfürst, französ. Auberon = Oberon), Alboin, Albin, Alwin.
Wenn man nachts von einer Drud »druckt« wird und dabei sagt: »Kimmst morng und nimmst ebbas zu leihen«, kommt sie anderntags bestimmt ins Haus und verrät sich dadurch; denn die Hexe ist irgendeine Dorfbewohnerin, die stets Unheil stiftet, besonders auch die Kühe verzaubert, daß sie keine oder blutige Milch geben. Das Drudoar (Hexenei), ein außergewöhnlich kleines Ei, wirft man über das Hausdach, damit die Drud sich zerfalle. Das Drudenkreuz an der Bettstatt verscheucht die Druden.

Drudscherl, das = Kosename für rundliches kleines Kind, auch für geliebtes Gschbusi; abwertend für langsame, einfältige Frau: Drudschn.

drugga = trocken; vgl. driggen; auch: drücken, im sinnlichsten Sinn: Sex.
Mädchen, dem ein Bursch nach der Musi (Tanzunterhaltung) die Heimbegleitung anbietet: »Dös kannst da dengga, daß i mit dir hoamgeh – du tatst mi bloß in' Straßgrom neidrugga!« (Straßgrom = Straßengraben.)

Drumbäddn, die = Trompete; Mehrz. dDrumbäddna.

Drumm, das = Trumm, großes Stück, Klotz; langer Weg; Mehrz. dDrimma; Verkleinerung: Drümml. Drumm auch abwertend für etwas dumme Frau.
A so a schdingfauls (stinkfaules) Drumm, a schdingfauls!
Nach abgeschlossener Handelschaft: »Iatz fahrst awar a Drumm Gselchts her, du Bazi, du ganz schlächda!« (Gselchts = Rauchfleisch.)

Drumme, die = Trommel; mittelhochd. trumbel von trumbe = Trompete, Posaune, Trommel (lautmalerisch); Mehrz. dDrummen.
Schimpfwort für alte dicke Frau: »Du Schoaßdrumme«! vgl. Schoaß.

dscherst, = zuerst; vgl. zerscht.

dschuidign S' (ziemlich nasal) = entschuldigen Sie = höflichste Form der Entschuldigung.

Auch eine Entschuldigung
Im Gedränge des Hofbräuhauses wird einem Berliner von bairischen Nagelschuhen sehr unsanft auf die Hühneraugen getreten. »Öha!« sagt der Baier und geht weiter. »He, Mann«, schnauzt der Preiß, »können Sie sich nicht einmal entschuldigen?« Da brummt der Baier zurück: »I hab ja aso öha gsagt!«

duad = tut; zdoa, zon doa = zu tun.
Haind gibts noch allerhand zdoa!

duadd = dort (Opferpalz); vgl. do.

Duckandderl, das = Duckentchen, Bläßhuhn, weil es sich so schnell duckt, untertaucht.

Duckmauser, der = heuchlerischer, hinterlistiger, falscher Mensch, Schleicher, Leisetreter; von ducken, mittelhochd. tucken = schnell Genick einziehen, unterwürfig sein; und mausen, mittelhochd. müsen = schleichen, wie eine Maus mitnehmen.

Duddn, die = weibliche Brust; Mehrz. dDuddna; von italien. tutta = Brustwarze; vgl. Guggn. Etwas abwertend: Duddnzaig, Duddnzaigl.
Bei kräftigen Ausmaßen: »Dös Weiberts hod Hoiz bei da Hiddn.« (Um das Haus, die Hütte wird das Winterholz aufgeschichtet.)
A Duddnpfoad = ein sehr kurzes weibliches Hemd; vgl. Pfoad.
Bei Thoma: »Dö hod Duddn wiar a böhmische Kindsamm!«
»Du junger Dudderer, halt dei Mai!«, mahnt der Ältere den Jüngeren, selbst wenn der Jüngere schon vierzig oder noch älter ist. (Dudderer = einer, der kaum der Brust, den Duddn entwöhnt ist.)

Ortsneckerei: Die Priener Duddnfeiler
Bei der Enthüllung des Ehrenmals, das die Priener (Prien a. Chiemsee) um die Jahrhundertwende ihren Gefallenen des Siebziger Krieges gesetzt hatten, gab es eine böse Überraschung: der Hauptfigur, einem oben halb entblößten Bronze-Engel, war über Nacht das anstößige weibliche Kennzeichen abgefeilt worden, ein großes Loch war dafür sichtbar. Der Missetäter, der fürsorgliche Ortskaplan, wollte seine braven Schäflein vor dem unkeuschen Anblick bewahren. Seither heißen die Priener Duddnfeiler.

dühr = dürr; althochd. durri = alles, was trokken, ausgetrocknet ist; abgeleitet: Darre, dörren, verdorren.
Beim Menschen sagt man: »Der Hungerleider is so dühr, daß er a Goaß zwischn dee Herna schmatzn kunnt.« (daß er eine Geiß zwischen den Hörnern küssen könnte.) (Sammlung Böck)

Dürl, das = Türchen.
Dürln gibt es allerorten, am bekanntesten ist das Saustalldürl, am notwendigsten das Hosndürl als Latz an Trachtenhosen.
Bei viel Besuch klagt die Hausfrau: »Den ganzn Dog gehts dürlauf, dürlzua!«
»Wia mas macht, so is'«, hod da Schneider gsagt, und hod as Hosndürl an Arsch hintre gmacht. (Handwerkerspruch, wenn eine Arbeit etwas mißlungen ist.)

Das königliche Hosndürl
Prinzregent Luitpold von Bayern (1821–1912), mit 90 noch ein leidenschaftlicher Jäger, vergaß einmal auf dem Berg nach getaner Erleichterung das Zuknöpfen. Die begleitenden Hofschranzen waren darüber sehr verlegen; keiner hatte den Mut, den alten Herrn auf seine leuchtende Öffnung aufmerksam zu machen. Da mußte der Leibjäger H. herhalten, dem der Regent seiner Urwüchsigkeit wegen zugetan war. Bei einer Rastpause sprach dann der heimlich Beauftrage mit einem Augenzwinkern in die Runde: »Wie waars, meine Herrn, wenn wir jetzt alle mitanander unsere Hosndürln zuamacha dadn?«

Duidd, die = Dult, anderswo Messe, Jahrmarkt. In München die berühmte »Auer Dult«, die im Mai, Sommer und Herbst je acht Tage lang auf dem Mariahilfplatz stattfindet (Mai-, Jakobi-, Kirdaduidd); vgl. Danddler, Kirda.
»Nach einem Salvatorausschank Ende des 18. Jh. genehmigt Kurfürst Karl Theodor, daß künftig Dulten in der Au abgehalten werden dürfen.« (München von A–Z)
Schimpfwort: »Du Duiddaff, du schäbiger!« (Vergleich mit den auf jeder Dult angebotenen Affenpuppen.)

Duin, die = Delle, Vertiefung, Beule; mittelhochd. telle = eigentlich Tälchen. Wenig beliebte Duina gibt es besonders an Blechgeschirren, am Auto oder nach einem freundlichen Raffads. Duin = auch Diele, Obergeschoß; vgl. Hech.

Dummad, der = Dünger, besonders Kunstdünger. Stalldünger heißt nur Mischt oder Misch. Der Kunstdummad wird gstraat (gestreut), der Mischt wird broadd (gebreitet, ausgebreitet).

Dummerl, das = Kind, das schlecht lernt; Mädchen, Frau, die etwas beschränkt, einfältig, vertrauensselig sind. Von manchen Männern auch als nachsichtiges Kosewort gebraucht.

Durchananda, der (alle a dunkel) = Aufschnitt. Für 20 Pfennig Durchananda bekam man in der »guten alten Zeit« je ein Drumm Lewakas, Schwartnmong, Schwozwusch, Leoni (Leberkäs, Preßsack, Speckwurst, Lyoner); andere Wurstsorten gab es in den Landmetzgereien nicht.

Ehrlich währt am längsten
Bei einer Gesellenprüfung wurde der Metzgerlehrling gefragt: »Aus wos werd da Lewakas gmacht?« Der Prüfling, im Brustton der Überzeugung: »Aus lauddar oide Brogga.« (Aus lauter alten Brocken.) Der ehrliche Geselle bekam die Note 1, sein Meister Note 4.

Dusl, der = Glück haben, bei Prüfung, Unfall, bei Brautsuche. Ähnlich: a Maßl hom.
Der hod volleicht an Dusl (a Maßl) ghabt, daß er ned an Baam higrennt is!

dusln = dösen, einnicken; vgl. natzn.
Beim morgendlichen Wecken: »Geh, laß mi no a weng ausduseln.«

Dusn, die = Dose; vielleicht von niederländ. doos, dies wiederum von Dosis; Mehrz. dDusna. Ursprünglich gab es nur eine Dawaksdusn (zumeist aus Horn), kein altes bairisches Wort, da Tabak, das Wunder- und Teufelskraut, erst im 17. Jahrhundert auch in Bayern allmählich Verbreitung fand. Dose (früher Bixn, Büchse, Mehrz. bBixna) heute in vielen Zusammensetzungen: Zucker-, Kaffe-, Butter-, Puder-, Konservendose; hier niemals Dusn.
Der Dusnbesitzer wird gebeten: »Geh, hau a Pris her!« (Auf Daumen- oder Handrücken.)

Dussl, der = ein etwas beschränkter, dümmlicher Mensch.
Schimpf: »Du werst a so a Dussl sei, a dabbiga!«

eahm = ihm.
I glaabs eahm ned. (Ich glaube es ihm nicht.)
Stellt man im Gespräch gleiche Dinge eines zusammengehörigen Paares gegenüber, wird die geschlechtliche Unterscheidung besonders betont, um eine Verwechslung auszuschließen:
Eahm sei Muadda hod a Goid ghabt.
Ihra (ihrana) Muadda hod aar a Goid ghabt.
Eahm seine Schuach san kaputt gwen.
Ihrane Schuach san aa kaputt gwen.
Es gab (und gibt noch) Gegenden, wo das weibliche besitzanzeigende Fürwort nicht »ihr«, sondern »sein« hieß:
Da Muadda sei Schurz. (Die Schürze der Mutter.)
Da Katz seine Grailla. (Die Krallen der Katze.)
Da Ruam seine Blägga. (Die Blätter der Rübe.)
Da Schduan sei Heiß. (Das Fohlen der Stute.)
Dera sei Mo ist a Saufaus. (Ihr Mann ist ein Säufer.)

Eahna = Ihnen, Höflichkeitsform.
I hobs Eahna scho gsagt, daß S' mid mir ned Schindluada dreim kinna. Vastandn?

eahna = ihnen, Fürwort, oft in den umständlichsten Wendungen gebraucht; eahnare, eahnane = ihre.
Dene eahna Haus is obrinnd. (Wörtlich: Denen ihr Haus ist abgebrannt.)
Dene eahnare Madln san laudda Luada. (Wörtlich: Denen ihre Mädchen sind lauter Luder.)

ebba = etwa, vielleicht, jemand; ebbas = etwas.
Hoscht ebba Hunga?
Is ebba kema? (Ist jemand gekommen?)
Wortspiel: Hod dar ebba(r) ebba(r) ebbas do? (Hat dir etwa jemand etwas getan?)

echern (e offen) = Ähren-, auch Kartoffelnachlese auf abgeernteten Feldern; der Besitzer muß zuerst Erlaubnis erteilen.
Haind gengama zom Erdebbfe-echern.

Ed, die = Öde, Einöde.
In Bayern selbständige Ortsnamen, besonders in Niederbayern und Oberpfalz: 26 Ed, 14 Eder, 120 Oed.
In Zusammensetzungen: Oideding = Altötting, Naieding = Neuötting, Broadeding = Breitötting; Kircheding = Kirchötting; Zorneding, Königsöd, Unterkuglöd, Edhäusl.
Familiennamen: Eder, Ederer, Hundseder, Spatzeneder, Muxneder, Kolmeder, Königseder, Leiseder (Läuseder), Lickleder, Freisleder, Ziegleder, Geignetter.
(Falsche preißische Anrede: Herr Zieg-leder, und ähnlich. Ziegleder kommt von Ziegel, die Ziegelei lag in der Einöde = Ziagl-Öder = Ziegl-Eder = Ziegleder.)

Emanuel Schikaneder
Ein berühmter ... eder ist Emanuel Schikaneder (geb. als 12. Kind seiner Eltern 1751 in Regensburg, verarmt und geistzerrüttet gest. 1812 in Wien), Textdichter von Mozarts Zauberflöte, Spektakelkomödiant, musikalisches Genie, Tausendsassa in allen Lebenskünsten, der seine oft grotesken Einfälle für Bühne und Volksbelustigungen einfach aus dem Ärmel schüttelte, Filou, Genießer, Freund und Saufkumpan Mozarts, den er häufig skrupellos betrog, von Mozart wiederum als »Lump« beschimpft. Text auf dem Theaterzettel zur Zauberflöte (1791): »Eine große Oper in 2 Akten, von Emanuel Schikaneder.« In kleinem Druck unten vermerkt: »Die Musik ist von Herrn Wolfgang Amade Mozart, Kapellmeister und K. K. Kammerkompositeur.« Schikaneders Vater Joseph war Aushilfsdiener in Regensburg und stammte aus Schickanöd bei Arnstorf/Niederbayern. (n in Schickanöd = nur Hiatustrenner, es gibt auch eine Schikka-Mühle bei Eggmühl und einen Weiler Schick bei Gars a. Inn.) Schikanederstraße in München und Regensburg.

Eeng, die (nasal) = Egge; eenga = eggen; mittelhochd. egede, Grundbedeutung: spitz, scharf; verwandt; Ecke, Achsel. Bifingeeng = Bifangegge, vgl. Bifang.

ees (nasal) = ihr; ees geht vom spitzesten ee in den Donaugegenden alle Färbungen durch bis zum breitesten ös am Gebirgsrand; vgl. dee, dees.
Warnung an Maulaufreißer vom Nachbardorf: »Dees (dös) habts ees (ös) ned umasischt gsagt, ees Hundlinga!«
Ees, Ös = auch alte Höflichkeitsform gegenüber Eltern und Höhergestellten.
Richter fragt den Angeklagten, ob er die Strafe annehmen wolle. Antwort: »Ees werds as scho recht gmacht hom, Herr Amtsrichta!«

egglhaft = ekelhaft, widerlich, unangenehm: Speise, Sache, Vorfall, Mensch.
Da Hiasl is fein a egglhafta Hanswurscht.
Preißisch: Das Ekel.

eh = ehestens, sowieso, ohnedies.
Abschätzig: Dee hom eh nix zlacha, eh nix zfressn, eh nix zon Valumbbm.
Das eh kam von Wien donauaufwärts und ist heute Nestgeruch für die Passauer: »Mir san eh vo Bossa!« Bis Straubing herauf noch im Schwang, auch im Chiemgau.

Ehhoiddn, die = Ehhalten = Dienstboten, die die Ehe mithalten oder in der Ehe, im Haus gehalten werden; vgl. Deanst.

ehnda = eher, früher, bevor, zuvor.
Der zudringliche Bursche auf der Leiter: »Geh zua, laß mi einisteing – ehnda bringst mi nimmer los!«

Ehr aufhem = Ehre aufheben, einlegen, einheimsen durch Geschenk, Besuch, Lobrede.
Oft als Gegenteil gemeint: »Do hebst an Ehr auf wiar a Loas mid oan Fagge.« (Wie ein Mutterschwein mit einem einzigen Ferkel, weil man für gewöhnlich wenigstens ein Dutzend erwartet.)

Ehrtag, der = Hochzeitstag.
Ehrvaddern = männliche Trauzeugen, wenn die leiblichen Väter der Brautleute verstorben sind.

ei (nasal) = Vorsilbe ein; eigrom = eingraben, eikehrn = einkehren; weitere Beispiele vgl. auch oa = ein als Zahlwort.

eiaschln (ei nasal, a hell) = einäschern (nicht Feuerbestattung): Am Aschermittwoch streut der Geistliche geweihte Palmenasche auf die Häupter der knienden Gläubigen zum Zeichen der Buße mit der Mahnung: Gedenke, o Mensch, daß du aus Staub bist!

Eibrennads, das (ei nasal) = wörtlich: Eingebranntes = Mehlschwitze zum Sämigmachen von Soßen; es gibt ein dunkles und ein helles Eibrennads.

Eibuiddung, die (ei nasal) = Einbildung, sich eine Krankheit, den Tod einbilden, aber auch stolz sein auf sein Äußeres, auf Wissen und Können, auf Auszeichnungen.

Zum Scheinkranken: »Eibuiddung macht dLeut krank.«
Lustspiel von Molière: Der eingebildete Kranke.
Vom Hochnäsigen: »Is dös an eibuiddarischa Kundd, an eibuiddarischa!«

eigeh (das ganze Wort nasal) = eingehen, hereinfallen. Mit eigeh wird auch der Tod eines Tieres bezeichnet, wenn man das grobe verrekken vermeiden will.
bBläss werd ma do ned eigeh?
Der betrogene Käufer: »Mid dera Kuah bin i schwar eiganga.«

eigem (ei nasal) = eingeben, einflößen. Kranken Menschen und Tieren muß man oft die Nahrung eigem.

eigschirrn (ei nasal) = eingeschirren, Zugtieren das Geschirr anlegen.
Scherzhaft von Mesnern und Ministranten gebraucht: Den Pfarrer in der Sakristei für die Messe eigschirrn. (Die liturgischen Gewänder anziehen.)

eikaffa (ei nasal, a hell) = einkaufen; vakaffa, vokaffa = verkaufen.
Zufriedene Hausfrau: »Haind hon i awa guad eikafft.«

eikastln (ei nasal, a hell) = einkasteln, in den Kasten, ins Gefängnis, ins Karewerl kommen. (Preißisch: Knast.)

eilon (ei nasal) = einladen, zur Brotzeit, zum Festmahl, zur Hochzeit.
Der Houzatloda = der Hochzeitlader; vgl. Hoazat.

Eimerggal, das (ei nasal) = Einmerkzeichen, Lesezeichen; Knopf, Knoten ins Taschentuch.
Scherzhaft: »Do muaß i mir glei an Knopf in dNosn neimacha, daß i's ned vergiß.«

eina, eine = herein, hinein.
Wer drinnen ist, ruft hinaus: »Kimm eina!« Wer draußen ist, sagt: »I geh eine (eini).« Vgl. auffa, ausse, owa, nauf, naus, nei, no, nundda, rundda.

einibrunzn = das Bett, die Hose naß machen; weniger derb: einibiesln; vgl. biesln.
Vor dem Schaben und Genuß der weißen Rüben muß man den Bettbrunzer (Blattkern) entfernen, sonst hat man die ganze Nacht keine Ruhe vor Harndrang; vgl. Batzl.

eingle = eigentlich.
Lobspruch für einen kleinen Zornbinggl: »Eingle bist du a ganz a gführigs Manndei; bloß tuast du allweil so gach.«

eisaggln (ei nasal, a hell) = einsäckeln, in den eigenen Sack stecken, den andern ausräubern beim Spiel, Handel, besonders bei Erbschaft.
Klage über Miterben: »Dö Bande, dö ausgschamt, dö hätt schier alles eigsagglt.« Vgl. aussaggln.

eischbarn (ei nasal, a hell), **eischbürn** (ei nasal) = einsperren, Mensch, Tier, Gefährt; altnordisch sparra = mit Sparren versehen, unzugänglich machen; eischbürn bedeutet auch: bremsen, das Fahrzeug auf steiler Straße.
dAlmhiddn is zuagschbart gwen, na hod da Hiasl eibrocha, iatz homs'n eigschbart (er sitzt). Vgl. zuaschbarn.

eischborn (ei nasal) = einsparen.

eischbreizn (ei nasal) = einspreizen, dahinterklemmen, mit Kraft sich wehren, bei Arbeit, gegen eine Zumutung, Vergewaltigung; vgl. Schbreizn.

Eismanna, die (erstes a dunkel) = Eismänner, die gefürchteten Frostbringer im Mai (Pankratius 12., Servatius 13., Bonifatius 14.), Eisheilige genannt; den Schlußpunkt der Angsttage setzt die »Kalte Sofie« (15. Mai), in manchen Gegenden auch »Brunzade Sofie« genannt. Im Juni folgt häufig ein leichterer Kälterückfall: dSchofkoiddn = die Schafkälte (die Schafe sind schon geschoren und müssen frieren).

eisong (das ganze Wort nasal) = einsagen, flüsternde Nachbarhilfe in der Schule, doch auch häusliche Hilfe bei Hausaufgaben.

Übersteigt die Schwierigkeit der Hausaufgaben allmählich das Wissen der Eltern, klagen sie: »Iatz kinna ma insern Hansl nimma eisong.«

eiwendde (ei nasal) = inwendig, das Innere eines Körpers, Gefäßes.
Ingräusch = Eingeweide.
Die Witwe erzählt: »Wia da Doggda(r) an Michi an Bauch aufgschnien hod, hod a glei gsehng, daß der Mo eiwenddi ganz kaputt gwen is, er hod eahm nimma helfa kinna.«

eiwoagga (ei nasal) = einweichen, Wäsche in Lauge, Brotbrocken in Milch, Kaffee, Bier (für zahnlose Alte).

Eixl, die = Deichsel, Wagendeichsel; wohl zum Unterschied von Deixl (= Teufel, vgl. Daife) entstanden, zumal man früher sich scheute, den Satan beim Namen zu nennen, weil er sonst erschien. Trotzdem muß eine schwierige Sache gedeixlt und nicht ge-eixlt werden.

elenddde = elendig, übel sein, vor Anstrengung, Hunger, Leid, Krankheit; mittelhochd. ellende = in fremdem Lande, daher unglücklich sein, vor Heimweh krank werden.
A langs Elend = ein großer dürrer Mann.
Familienname: Elender.

em (e offen) = eben; althochd. eban; ein Weg kann ganz em dahingehen.

enk = euch (beiden).
Enka Haus = euer Haus; enkere Leut = eure Eltern.

ent, = drüben, über dem Zaun, Wasser, Weg, Berg.
Ortsnamen: Enterrottach (über der Rottach), Enterbach, Enterfels, Entleiten, Entmoos, Entweg, Entwies, Enthalb der Ach.

Erdbem, das = Erdbeben; beben erst von Luther gebildet; mittelhochd. biben = sich fürchten.
Volksmund: Auf Erdbeben folgen drei Wochen Regen.

Erdebbfe, die = Erdäpfel, Kartoffeln, Erd-, Grundbirnen, Potacken, stammen aus den Hochebenen der Anden Südamerikas, dort Patata genannt. Der Name Kartoffel kommt vom italien. Tartufoli (wegen der Ähnlichkeit mit der Trüffel). Mönche brachten die Kartoffel um 1500 nach Spanien, Raleigh 1584 nach Irland, während Drake vermutlich die süße Kartoffel (Batata) einführte. Die Kartoffel galt lange Zeit als botanische Seltenheit; in Bayern wurde der Anbau zwangsweise nach einer Hungersnot 1772 durch Kurfürst Max Joseph angeordnet.
Erdebbfesubbm = Kartoffelsuppe; Erdebbfegnell = Kartoffelknödel; vgl. Gnell; Erdebbfenessi = Kartoffeln in Essig (Kartoffelsalat). Reiwadatsch (a dunkel); vgl. Datsche; Erdebbfe in da Monddur = Kartoffeln in der Schale.

Bauernregel
An Stanislaus, da kugelns raus!
(Kartoffeln an Stanislaus, 7. Mai, gelegt, versprechen eine gute Ernte.)

Erdäpfel-Segen
Der Hutzlbauer von Eulenried ist mit seinem Gesinde bei der Kartoffelernte. Der Dorfpfarrer geht vorbei. »No, Hutzlbauer, heuer könnt Ihr aber zufrieden sein mit dem Segen des Himmels: soviel Kartoffeln, soviel – und lauter große, lauter große!« Der Hutzlbauer: »Freilich, Herr Pfarrer, dös schon – aber iatz fehln dö kloana für dSäu!«

Esau, hooriga = haariger Esau = starker Mann mit Haarwald auf der Brust, nach Esau, dem Erstgeborenen Isaaks und Rebekkas, der als Haarknäuel auf die Welt gekommen und ein wilder, gieriger Jäger geworden sein soll.

Eschd, die = Äste; Einz. Aschd; vgl. aschde. Durch Hiatustrenner n wird aus Eschd ein Neschd.
Iatz dean ma Neschd schnoaddn. (Jetzt tun wir Äste hacken.)

Estareicha = Österreicher.
Die Stammesbrüder Baiern und Österreicher lagen und liegen sich manchmal in den Haaren, ein

üblicher Familienzwist. Österreich, von Baiern her durch Baiern bis Etsch und Leitha besiedelt, hieß ursprünglich »Bairische Ostmark« (nicht erst bei Hitler; vgl. Daddi-Tassilo) und wurde 976 von Kaiser Otto II. dem fränkischen Babenberger (= Bamberger) Grafen Leopold I. (= Luitpold) verliehen. In einem Pergament aus dem Jahre 996 (Staatsarchiv München) taucht zum erstenmal der Name Ostarrichi auf: das war die Geburtsstunde Österreichs. Die Mutter Bavaria ist also etwa 300 Jahre älter.

etla, etli = etliche; mittelhochd. etelich, etzlich.

etz, ejtz, etza = jetzt; mittelhochd. ieze, ietzunt.
Für Kranke und Kinder die beruhigenden Wendungen: etzala, etzada.
Andere Formen: iatz, iatza; öitz, öitza (s. d.). Dem alten Vater wird der kranke Fuß eingeschmiert, dann sagt man zuletzt: »So, etzada, Voda!« (Das heißt soviel wie: Jetzt ist alles gut.) Bei Kindern dauert das Brimborium etwas länger:

Heile, heile, Segen,
drei Doog Regen,
drei Doog Schnee –
und iatz duads nimmer weh.
Wwwww (blasen) – etzala!

Everl = Evchen; von Eva, hebr. Chawwa, latein. Heva.
In Erinnerung an die Schlange im Paradies und die neugierige Eva sagt man häufig: »Du fürwitzigs Everl, du fürwitzigs!« Vgl. Fürdda.

Vorbemerkung:
Das gestutze bestimmte Geschlechtswort der weiblichen F-Wörter ist in der Ein- und Mehrzahl b, das der männlichen F-Wörter nur in der Mehrzahl b.
Beispiele:
bFeing = die Feige; bFotzn = die Fotze (Maul, Ohrfeige);
bFeinga = die Feigen; bFotzna = die Fotzen;
da Floch = der Floh; bFlech = die Flöhe;
da Fuaß = der Fuß; bFüaß = die Füße.

fad (a hell) = langweilig, ausdruckslos, geschmacklos, ohne Saft und Kraft; französ. fade. Eine Speise, ein Getränk kann fad schmecken. Ein Mädchen, eine Frau kann fad sein: »Du bist a so a fade Nogga!« Vgl. Noggn.

Fäddn, die (bFäddn) = Fett; vgl. foast.
Rindsfäddn, Schweinsfäddn, Arschfäddn.
Manchmal kann man lesen: dPfäddn, was grundfalsch ist, weil hier das Geschlechtswort zweimal verwendet wurde.
»Dö Sau, dö hod dar a Fäddn!« Mit dieser anerkennenden Feststellung muß nicht unbedingt ein Schwein, es kann auch eine bejahrte Häuptlingsfrau im Wert von 150 Kilo gemeint sein. (dar = dir = ethischer Dativ, in diesem Fall ist vielleicht die deutsche Bezeichnung Gemütsdativ angebrachter.)

Fäxa, der, die = Fechser (Einz. u. Mehrz.) = Ableger, Schößling, Pflanzentrieb.
Geh, schenk mir an Fäxa vo dein scheena Gleggerlschdoog! (Gleggerlschdoog = Glöckchen-, Fuchsienstock; beliebte Balkonzier an Bauernhäusern.)

Fack (a dunkel), **Fagge, Faggä, Faggei** (das, hell) = Ferkel; Mehrz. bFaggen; althochd. farhili = Verkleinerung zu farah = Schwein. Das Ferkel hat seinen Ruf als Glücksschwein daher, weil es nach einem alten Aberglauben imstande ist, verborgene Schätze aufzuspüren; vgl. Suggl.
A Faggestoi = ein Ferkelstall; dSau fagglt (wirft Ferkel).
Zum schmutzigen Kind: »Du bist a sauwers Faggei!«
Der kimmt im Faggetrabb daher (im Ferkeltrab).
Baier und Tiroler im Streit: Tiroler: »Du Boarfack!« Baier: »Du Tiroler Faggei!«
Ferkel können bärndatzi sein = Krankheit, Füße wie Bärentatzen.

Fahrddl (das, a hell) = Fährtchen = eine kleine Fuhre Heu, Getreide, Kartoffeln, Rüben.
Frage: »Seids boid firti min Troadeifahrn?« (Getreideeinfahren) Antwort: »A boor Fahrddln hom ma no.« (Einige kleine Fuhren haben wir noch.)

fai = faul; mittelhochd. vul, engl. foul = eigentlich in Verwesung übergehende Nahrungsmittel, Wasser, Heu, Stroh, Holz.
Dee Hundd, dee vakaffa laudda gfaits Obst.
Im übertragenen Sinn bedeutet fai arbeitsmüde, arbeitsunlustig, sich von jeder Arbeit drücken; doch auch: durchtrieben, verschlagen, hinterlistig. Faulpelz, Faulenzer.
Dees is a gfaida Baze, a gfaida!
Der Knecht treibt eine müde Kuh als Zugtier an: »Gehst ned zua, du Sau, du faile!«

Fair, das = Feuer; althochd. fiur; Faierl = Feuerchen.
Iatz hod da Lenz richti Fair gfangt bei da Resl.

falliern = eigentlich zahlungsunfähig werden, doch auch: nicht glücken, nicht gelingen, falsch ausgehen; italien. fallire, latein. fallo = betrüge, täuschen.
Der Enttäuschte: »Dees hod ma schee falliert.«

Falott, der = Lump, Gauner, Betrüger; verwandt mit Filou; latein. fallare = betrügen; Mehrz. bFalottn.

fanga (a dunkel) = fangen, eigentlich greifen; mittelhochd. vahen; im Allgäu heute noch facha. Empfang, Umfang, Anfang, unbefangen, verfänglich, Finger.
Fangamanndl = Kinderspiel (Fang a Manndl = Fang ein Männchen). Auch Abzählreim.

Fanggerl, der (a hell) = lebhafter, quirlender junger Bursche, der stets zu Streichen und Unfug aufgelegt ist; vielleicht von mittelhochd. valant = Teufel; Fanggerl = also Teufelchen; vgl. Schbarifanggerl, Schbringginggerl.

Far, die (a dunkel) = Farbe; mittelhochd. varwe; ferm = färben; ferwe = farbig.
Pfarrerköchin klagt, weil der Herd nichts taugt: »Herr, elfe is schon, und sBral hod no koa Far!« (Der Braten hat noch keine Farbe.)

Fasenacht, die = Fastnacht, ursprünglich nur Tag vor Aschermittwoch, Beginn der großen Fasten. Auf dem Lande beginnt die Fasenacht am Unsinnign Pfinzta (Donnerstag), dann folgen der Ruaßige Freitag, der Schmalzige Samstag, der Fasenachtssundda.

Kindervers
Lustig is die Fasenacht,
bal mei Muadda Küachl bacht,
bal sie aber keine bacht,
scheiß ich auf die Fasenacht.

In München »Fasching« statt Fastnacht; mittelhochd. vastschank = Ausschank des Fastentrunks. Beginn des Münchner Faschings: 11. 11. 11 Uhr, mit der Thronbesteigung des Faschingsprinzenpaares. Oberstes Gremium: Narrhalla.
»Am Faschingsdienstag großes Treiben zwischen Stachus und Viktualienmarkt (Fußgängerzone), die Marktfrauen tanzen dazu. Alle sieben Jahre tun es auch die Schäffler am Fasching. Am Aschermittwoch reicht es grad noch zur Geldbeutelwäsche im Fischbrunnen, und dann beginnt das traditionelle Fischessen.« (München von A–Z)

Faßl, das (a hell) = Fäßchen; Mehrz. bFassln; vgl. Foos.

Fatschn, die (a hell) = Binde; italien. fascia, span. faxa.
Bauchfatschn = breiter Ledergürtel, Bauchgurt der Gebirgler (bes. Tirol), auch (spöttisch) die breite Bauchschärpe der Geistlichen. Ein verstauchtes Gelenk wird gefatscht (fest umwikkelt); das Wickelkind hieß Fatschnkindl, in dieser Form als »Heilthumb« bekannt das Reutberger Christkindl (Kloster Reutberg b. Bad Tölz).

feankln = mit schlechtem Werkzeug, Messer arbeiten; vgl. figgln.

Fechtbruada, der = Fechtbruder; bettelnder Handwerksbursche; von fechten; althochd. fehtan = soviel wie rupfen; Mehrz. bFechtbriada.

Fegeisn, das = Fegeisen = Frau, die ständig unterwegs, nie zu Hause ist, bei andern Leuten herumfegt.

fei (nasal) = fein; mittelhochd. vin, von französ. fin = eigentlich vollkommen, echt.
Das Kleid kann fei sein.
Dee Leut san ma zfei (zu nobel).
Aber auch: »Tua ma fei ja ned zspat kema!« (Zu spät kommen.)
Der Kerl hod fei an Daifi. (Er ist zum Fürchten.)

Feiche, die (zweite Silbe nasal, unbetont) = Feile; althochd. fihala; bFeichen = die Feilen.

Feichtn, die = Fichte; Mehrz. bFeichtna. A feichtas Hoiz = Fichtenholz; a faichts Hoiz = feuchtes Holz.

feimalan (Betonung auf fei) = ganz feines, leises Schneien; vielleicht von fein.

feind sein = eigentlich: ein Feind sein, dem andern böse sein.
Begeht ein sonst gutmütiger, rechtschaffener Mensch einen groben Fehler, ein verzeihliches Unrecht, sagt der Betroffene nachsichtig: »Noja, i ko eahm ned feind sei.«

Feing, die = Feige; mittelhochd. viga, ital. ficus; Mehrz. bFeinga. Feing = nicht nur die Frucht, sondern abwertend schlechtes Weib, Vulva, daher figgen.

Feiramd, der = Feierabend. Vor 50 Jahren noch galten die Uhren als kostbarer Besitz, den man nicht zur Arbeit trug. Für die Leute auf den Feldern war die Zeitansage das Glockengeläute: das Oifelaiddn (Elfuhrläuten) rief zur Mittagspause; samstags um drei ertönte das erlösende Feiramdlaiddn, kirchlich wurde damit der Sonntag »eingeläutet«.

Feirdda, der = Feiertag (da = in allen Wochentagen tag; vgl. Wochentage).
Feirddagwand = männliche und weibliche Festtags- und Sonntagskleidung.
»Im Himmi is allweil Feirdda«, sagt der alte Austragsbauer als Entschuldigung für sein Nichtstun, will aber zum Leidwesen seiner Schwiegertochter doch nicht so schnell zum Himmivadda.

feit, fejt = fehlt; gfeit = gefehlt.
An den Radl feit a Spoach.
Gfeit is'! (Ausruf bei schwerem Verlust, bei jähem Tod.)
Do feits aggradd ums Arschlägga (um eine winzige Kleinigkeit).
Bei mißlungener Arbeit: »Do feits ja um an Bauernschuach!«

Feitl, Feil, der = Taschenmesser; vielleicht von falten, zusammenklappen; gefaltet = gfeitlt.

Felbern, die = Weidenbaum (Einz. und Mehrz.).
Schmeller: »Die Felberbaum werden nur einmal im Jahr gestutzt, aber die armen Untertanen werden von mancher harten Herrschaft fast alle Tage gestutzt.«

Fensta, Fenschta, Feinschta, das = Fenster; althochd. venstar von latein. fenestra. Fensterl = Fensterchen; fensterln = zur Liebe durchs Fenster einsteigen.
Fenstasimmad = Fenstersims; Fenstareiwerl = Fensterriegel, der sich um die eigene Achse dreht, reibt.
dResl, dees Luada, hod fei a loders (lockeres) Fenstareiwerl. (Sie läßt jeden hinein.)

ferchtn = fürchten.
Die ganz Wilden: »Mir ferchtn koan Pfarra und koan Daife ned!«

Ferdl = Kosename für Ferdinand.

Ferschn, die = Ferse; althochd. fersana; Mehrz. bFerschna.

Ferschtna, der, die = Förster (Einz. u. Mehrz.); bFerschtnamale = die Försterstöchter (Male = Mädchen, Mehrz.).

Fiagga, der, die = Fiaker (Einz. u. Mehrz.); Pferdemietkutsche, auch der Kutscher selbst; später Drotschke (Droschke), heute Taxi (nur Kraftwagen). Droschke von russ. daroga = Weg, Fiaker von französ. fiacre, weil im Gasthaus zum hl. Fiacrius in Paris Mietwagen ausgeliehen wurden (um 1650). Im Englischen Garten in München kann man sich heute noch mit Fiakern spazierenfahren lassen.

Was ist schon ein Kini
Ein Unikum, ein »wilder Hund«, war der Münchner Lohnkutscher (Fiaker), Roßhandler und Hausbesitzer Xaver Krenkl (1780–1860), stadtbekannt wegen seiner Sprüche und Streiche. Er überholte einmal mit seinem schneidigen Vierspänner die königliche Galakutsche, was streng verboten war, und schrie lachend zur Majestät hinüber: »Wer ko, der ko!« (Wer kann, der kann.) Dieser Spruch seither in Baiern üblich bei wirklicher Überlegenheit in irgendeiner Sache, abwertend auch für Angeber. Krenklstraße in München-Daglfing (Rennplatz).

Fiddrioioi, das = Vitriolöl. Kann ein Zuagroastà Fiddrioioi, Oachkatzlschwoaf, Loawedoag (s. d.) bis zum letzten Laut ohne fremden Akzent aussprechen, wird er in die bairische Gemeinschaft als Gleichberechtigter aufgenommen.

Fiesl, der = aufgeputzter junger Nichtstuer; engl. Dandy.
Der Oxnfiesl = gedörrtes Bullenglied, Schlagwerkzeug der Metzger für störrische Tiere und Kinder.

fiesln = Fleisch von Knochen abnagen, ofiesln.
A Fieslarwad = hingebungsvolle, wenig einträgliche Kleinarbeit.

figgln = mit schlechtem Werkzeug arbeiten. Brot owafiggln = mit Mühe Brot abschneiden; vgl. feankln. Figgln (von ficken) = auch derbes Wort für Sex; vgl. stopsln, vegln. Beim Mühlespiel gibt es eine Figglmui = Doppelmühle, Zwickmühle; mittelhochd. vicken = hin- und herfahren; vgl. zwigga.

fimf = fünf; althochd. finf.
A Fimfa = ein Fünfer, eine Fünf (Note, Ziffer), auch ein Fimfmarkstiggl (Fünfmarkstück); a Fimferl, Fimfal = ein Fünfpfennigstück. Iatz is' aggradd fimfe = jetzt ist es genau 5 Uhr; vgl. Bauanfimfa.

Fingahakln, das = Fingerhakeln = neu erwecktes Kraftspiel: junge Burschen suchen sich mit einem gegenseitig gefaßten krummgebogenen Finger über einen Tisch zu ziehen (heute Ring als Verbindungsstück zwischen den Fingern).

firdde = fertig, zur Fahrt gerüstet; heute allgemeine Bedeutung; althochd. fartig.

Fischln, die = Fischlein = minderwertiges Zuckerzeug in Form von bunten Fischen (etwa 2 cm groß), das der Krämer als »Lockguaddln« (vgl. Guaddl) mit besudelten Händen an Kinder verschenkte; rochen darum fast immer nach Petroleum; vgl. Seidnkissal.

flachln (a hell) = einen flachen Stein (Flachl) über eine weite Wasserfläche werfen, daß er öfter hüpft.

flagga (erstes a dunkel) = sich auf eine Liegerstatt, ins Bett lümmeln; auch unaufgeräumte Gegenstände flaggan in Zimmer, Hof, Werkstatt, Garten herum.
»Wo is da Mich?« – »Der fai Kundd flaggt no im Bett.« (fai Kundd = fauler Kunde; vgl. auch Kundda.)

Flaschn, die (a dunkel) = Flasche; althochd. flasca, verwandt mit flechten, italien. far fiasco = eigentlich: leere Flasche machen, Mißerfolg haben, durchfallen; Mehrz. bFlaschna; Flascherl = Fläschchen.
Beruf: Flaschner (Spengler, Klempner), stellte Flaschen aus Blech und Zinn her.
Schimpf: »Du bist vielleicht a Flaschn!« (Mann, etwas einfältig, oft faul, der nichts zuwege bringt.)

Fleischpflanzl, das = gebratenes Hackfleischlaibchen (Reste von gekochtem Rind-, Schweine-, Kalbfleisch, mit Semmeln, Eiern und Gewürzen vermengt); österr. Fleischlawerl, preißisch Frikadellen, Buletten.

Richtiger Name wäre: Fleischpfanzl, weil in Pfanne gebraten.

Fleiß = Eifer hinterlistiger Art, etwas mit Fleiß tun, mit Absicht, erst recht, zum Trotz tun, fast schon bösartig.
Einer streift mit seinem Heuwagen ständig die Hausecke des Nachbarn: »Dees duad der Hundling grod mid Fleiß!«

Fliaga, der, die = Flugzeug(e), auch selbstgebasteltes Kinderspielzeug aus Papier.

Fliang, Floing, Fluing, die = Fliege; Mehrz. bFlianga; fliang = fliegen, auch: fallen. Man kann über die Stiege, vom Wagen, vom Heuboden runddafliang, oder auch nur (durch Stolpern) auf den Boden hifliang.

Flidscherl, das = leichtlebiges, liederliches Mädchen, junge Frau (Flittchen); mittelhochd. vlittern = flüstern, kichern, schmeicheln, liebkosen; Mehrz. bFlidscherln.

Flinserl, Regensburg: **Feserl,** das = winziges Stück, kaum sichtbarer Abfall.

Geld macht nicht selig
Der Girgl von Draxlham, der ewig durstige Einödbauer, fährt am Morgen ins Dorf; er will beim Pfarrer den Jahrtag (Jahresmesse) für sein verstorbenes Weib bestellen, stärkt sich aber zuvor beim Sonnenwirt mit ein »paar Maß«. Erst am späten Nachmittag erscheint er im Pfarrhof. Als es ans Zahlen geht, fehlt dem Girgl ein Fuchzgerl zur Begleichung seines frommen Wunsches. Der Geistliche, den der Bierdunst anwidert und der dem Süffling eins auswischen will, lehnt es ab, die Bestellung anzunehmen. »Wissn S' was, Herr Pfarrer«, lallt der Girgl, »wega dem Flinserl Geld is' ned aus. Da lesn S' halt dö Mess, soweit dös Geld glangt!«

Floch, der = Floh; Mehrz. bFlech.

Fastnachtsspott auf ein vermummtes Paar
Er und sie und sie und er,
er hod Lais und sie hod Flech,
er hod Wanzn, und sie möcht glei verranzn (krepieren).

Flori = Koseform von Florian, christlicher Heiliger, Schutzpatron von Oberösterreich und Nothelfer in Feuer-, Wasser- und Kriegsgefahr, 304 unter Diokletian in der Enns ertränkt; Fest: 4. Mai.
Spöttelei: Da Flori is a Zipfigori.

Stoßgebet
O heiliger Sankt Florian,
beschütze unser Haus,
zünd andre an!

Flugga, die = ähnliche Bedeutung wie Flidscherl (s. d.), doch abwertiger; Mehrz. bFluggana. Herkunft vielleicht von Flocken, flattern, wie Schneeflocken, Bettfedern umherwirbeln.

Foam, der = Feim, Schaum; mittelhochd. veim, engl. foam. Schlechtes Bier ist ohne Foam.
Ein Abgefeimter = Mensch ohne Schaum, ein Halunke, Spitzbube.

foast = feist, fett, zumeist vom Wild (Feisthirsch), doch auch von anderen Tieren und vom Menschen.
Dös is a ganz a Foaster.
Das Wort Fett wurde erst von Luther statt Feist eingeführt.
Steigerung: foast, feasta, an feastan;
ähnlich: hoaß (heiß), heassa, an heassan;
oder: kloa (klein), kleana, an kleanan;
oder: broad (breit), breada, an breadan.

fobbm = foppen, necken, zum Narren halten; engl. fob. Rotwelsch seit 15. Jh. und bedeutet ursprünglich lügen, betrügen.

foiad, fojad = fiele, Konjunktiv von fallen; Mehrz. fojadn; vgl. sogad.
Mahnung: »Bua, wennsd ins Wasser fojadst, kunntst dasaufa!«

Foid, Fejd, Fölld, das = Feld, Acker; Mehrz. bFoida; Foiddl = Feldchen.

»An Sundda geht ma min Graiz ums Foid«, d. h. es findet die Flurprozession statt. Auf dem Rundgang durch die Fluren wird an vier Schauerkreuzen (Schauer = Hagel) je ein Evangelium gelesen und dann mit der Kreuzpartikel über die Äcker der Segen gesprochen.

Vergebliches Ansinnen
Am Vorabend eines Flurumgangs kommt der Keanzlbauer von Hinterwimm in den Pfarrhof. »Herr Pfarra, i hätt a große Bitt: bein zwoatn Schauergraiz is mei Howernbroaddn, und da Howern, der Sackradi, laßt schwar aus. As Wei hods aa gsagt und hod mir an Brogga Gselchts mitgem. Volleicht kinna S' morng ebbas macha, an bsundern Seng hoid – as Gselchte is guad, es is a schöns Trumm.« Einige Tage später trifft der Pfarrherr den Bittsteller: »Ja mei, Keanzlbauer, bei dem Habern hilft kein Christus, da fehlt der Mistus!«

foin = fallen; zammfoin = zusammenfallen; dafoin = zerfallen, tödlich vom Berg stürzen. Der hod as Hifojads = wörtlich: das Hinfallende = Fallsucht, Epilepsie.
Peinliche Frage der Frau auf dem Berggipfel: »Wenn iatz i do owefojad, wos dadadst du nacha?« (Wenn ich jetzt da hinunterfiele, was tätest du dann?)
Spruch: Do foid dir koa Perl aus da Kron (... wenn du um eine Gefälligkeit bittest, einen einfachen Mann heiratest, ausnahmsweise im Saustall tätig bist).

Foin, die = Falle; Mehrz. bFoina.
bMausfoin = die Mausfalle; dRatznfoin = die Rattenfalle; bModafoin = die Marderfalle.

Foing, die = Felge, ganzer oder Teil des Radkranzes; Mehrz. bFoinga.

foisch = falsch; mittelhochd. valsch, latein. falsus, französ. faux.
Der Ausgeschmierte wütend: »So a foischa Fux, a foischa!«
Bei Thoma häufig für verschlagenen Menschen: Falschhauser.

Fon, der (o offen) = Faden; althochd. fadam = beide ausgestreckte Arme als Maß, noch jetzt seemännisch.
Nahfon (a hell) = Nähfaden; Faderl (a bell) = Fädchen; eifallan (beide a hell) = einfädeln.
Spruch: Do beißt bMaus koan Fon o. (Die Sache ist unabänderlich.)

Foos, das (o offen) = Faß; Mehrz. bFessa.
Wassafoos = Wasserfaß; Graudfoos = Krautfaß; Olfoos = Odel-, Adel-, Jauchefaß; vgl. Faßl.

Zärtliche Liebeserklärung
Deandl, i ho di gern,
zaundürre Stoiladdern,
rinnaugads Wassafoos –
mi läggst am Arsch!
(Sammlung Böck)
(Stoiladdern = Stallaterne; rinnaugad = tränende Augen.)

Fotzn, die (nasal) = Mund, Maul, Schnauze; Ohrfeige, Backpfeife; Mehrz. bFotzna.
Fotzhowe = Fotzhobel = Mundharmonika; a Broatgfotzada = ein Weitmauliger; Fotzmai = Fotzmaul, Flotzmaul = Nasenspiegel beim Rindvieh (für Ochsenmaulsalat); Fotznschbangler = abwertend für Zahnarzt; vgl. zahna.
»Der hod dar a Fotzn!« (Der hat dir ein Maul!) lobt man einen wortgewaltigen Redner, Politiker, Rechtsanwalt. (dar = dir = ethischer Dativ.)

Fragg, der (a hell) = Frack; Mehrz. bFraggn. Fragg heißt jede Männerjoppe; Feirddafragg = Feiertags-, Sonntagsjoppe; Werdafragg = Werktagsjoppe; a Schdoodfrack = ein vornehm tuender Städter. Das Wort Frack ist erst im 18. Jh. aufgekommen, von engl. frock = Kittel, Bluse; vgl. Kill.

Fratz, der (a dunkel) = kleines unartiges, eigensinniges Kind, besonders Mädchen. Fratz von Fratze = verzerrtes, entstelltes Gesicht; Fratzen schneiden.
Vergröberungen: Lausfratz, Saufratz.
Verstecktes Lob der Eltern über besondere Ei-

genschaften eines Kindes: »Wo nur da Fratz dees herhod?«

fredi = überhaupt, gar (doch immer nur mit gleich).
Vater raunzt über die dürftige Bekleidung seiner Tochter: »Du kunntatst glei fredi naggad rumlaffa, du Sau, du!«

Freida = Freitag; althochd. friatag, nach der germanischen Liebesgöttin Fria, Freia, latein. Veneris dies – Tag der Liebesgöttin Venus; vgl. Wochentage.

Freidabell, der = Freitagsbettel. Reine Bettelei war stets verboten. Wandergesellen, die beim Meister um Arbeit vorsprachen, bekamen einen Zehrpfennig, bettelten sie (als Handwerksburschen), kamen sie ins Karewerl. Nur Ortsarme (Alte, Bresthafte, oft sogar Lehrerwaisen) durften mit obrigkeitlicher Erlaubnis am Freitag von Haus zu Haus betteln gehen; ihre kaum geschätzte Gegenleistung: ein abgeleiertes Vaterunser im Hausflur.

Frein, die = Fräulein (Lehrerin), auf dem Land oft die einzige Lehrkraft, ihr Familienname kaum bekannt, hieß eben nur: bFrain.
Beleidigter Bub: »bFrain, dees grobe Luada, dees grobe, hod ma haind vier Datzn und zwoa Arschbriegl gem!«
Mittelhochd. vrouwelin = adeliges Mädchen, Edelfräulein; erst im 19. Jh. auch bürgerliches Mädchen, zuvor Jungfer.

fressads Gschäft = wörtlich: fressendes Geschäft = Bäckerei, Metzgerei, Lebensmittelgeschäft, beliebt und beneidet, weil täglich Bargeld einging, während die Handwerker nur an Neujahr ihre Rechnung präsentieren durften.
A fressads Gschäft kimmt niar auf gGant (macht nie pleite).

Fretter, der, die = Häusler (Einz. u. Mehrz.) = kleiner Mann, Störhandwerker, der sich müht und abplagt und doch nichts erreicht; er bleibt der arme Schlucker, der Hungerleider, der sich kümmerlich durchs Leben bringt.

Abraham a Santa Clara (1644–1709) faßte den Begriff noch weiter auf:

Ein Sünder ohne Reu,
ein Musketierer ohne Blei,
ein Karten ohne Säu,
ein schwäbisch Frühstück ohne Brei,
ein Soldat ohne Treu,
sind ein pur lautere Fretterei.

friah, fruah = früh; althochd. fruoji.
In da Friah, Fruah = in der Frühe; friahraszeitn = in früheren Zeiten.
Der Baier sagt zwar: Gobmorng (Guten Morgen), steht aber nicht am Morgen auf, sondern in da Friah (Fruah), oft sogar in oja Herrgodsfriah.
Der Friahmesser = Geistlicher, der die erste Morgenmesse liest.

Friasln, die = Masern = ansteckende Kinderkrankheit.
sMarerl hod in da Schui bFriasln dawischt.

Froasn, die = Fraisen, Kinderkrankheiten mit Krampferscheinungen, fälschlich auch für Fallsucht, Epilepsie; auch Erwachsene können (bildlich) in bFroasn fallen vor schreckhafter Überraschung; althochd. freison = in Gefahr und Schrecken sein; fraislich = schreckhaft (von Richard Wagner neubelebt).
Mutter zur Tochter: »Haind schaugst wieder aus, als wenn di bFroas gmartert hätt.«

Fronga, der = Fragner = Kleinkrämer; Bezeichnung besonders nördl. der Donau üblich; südl. Kramer.

Froos, der = Fraß, miserables Essen; man kann aber auch am Körper an Froos hom (Ekzem).
Vuifroos = Vielfraß.
Mahnung an Kinder: »Wenn da Vogl im Froos is, singt er ned!« (Beim Essen darf nicht gesprochen werden.)

Froosch, der (nasal) = Frosch; althochd. frosc = Hüpfender; Mehrz. bFresch.
A Laabfroosch (a hell) = ein Laubfrosch; bFrooschhaxn = die Froschschenkel; a Frooschloach = ein Froschlaich.

Familiennamen: Frosch, Froschauer, Froscher, Froschermeier, Fröschl, Fröschle, Frohschammer.
Ortsname: Froschhausen.

frotzln = necken, hänseln, aufziehen, utzen; vielleicht von Fratz.

Fuada, das = Fuder, Wagenlast; althochd. fuodar; Fuder = auch Weinmaß von verschiedener Größe (900–1500 Liter).

Kindervers (das kleine Kind ist das Rößlein)
Rösserl bschlong, Rösserl bschlong,
weil ma morng auf Minga fohrn,
um a Fuada Hai,
um a Fuada Stroh,
um a Fuada Mandlkern,
frißt mei Rösserl gor so gern.
Hom aran Nogl ztiaf neigschlong,
müass man' wieder aussagrom –
kitzi, kitzi, kitzi!
(Das kleine Kind wird im Takt mit der Faust auf die nackte Fußsohle geschlagen, bei kitzi gekitzelt.)

Fuadda, das = Futter, Menschen- und Tiernahrung; althochd. fuotar. Futter = auch Kleiderunterstoff, Überzug (Futteral).
Vom Trinker heißt es: »Der fuaddat a wengl znaß!« (Der füttert ein wenig zu naß.)

Fuaß, der = Fuß; althochd. fuoz; Mehrz. bFiaß.
In Baiern reicht der Fuß von den Zehen bis zum Hüftgelenk; Bein ist nur bekannt als Knochen; vgl. Boa.
Fuassln = mit den Füßen unter dem Tisch sich heimlich verständigen: beim Spiel, über Anwesende, in Liebessachen.
Klage eines mißhandelten Eheweibes: »Der Loadschwanz, der graislinge, hod mi mid Fuaßnan dren.« (hat mich mit Füßen getreten.)

fuchde = fuchtig, wütend, zornig, aufgebracht. Ein Schlag mit Stock oder unscharfem Degen war eine Fuchtel; daher: unter der Fuchtel stehen; fuchtig von Fuchtel.

Fuchzgerl, das = Fünfzigpfennigstück; fälschlich Fufzgerl (in »besseren« Kreisen); sogar Thoma läßt in einem Anfangswerk (Nachbarsleute: Volkslied) den gschertn Matheiser unbairisch »Fufzgerl« sagen. Vgl. Goid.

Fud, die = schlechtes Weibsbild, Mensch, doch auch weibliche Scham, Vagina.

Füllei, das = Füllen, Fohlen; mittelhochd. vol; vgl. Heiß.

Fürdda, der, das = Schürze, Fürtuch, Vortuch, Fürfleck; althochd. furi = für, vor.
Heute noch: fürnehm, vornehm; Fürwitz, Vorwitz; Fürddabandl = Schürzenband; Fürddahangerl = Schürzenlatz; Kuchifürdda = Küchenschürze.
Familiennamen: Fürbach, Fürbaß, Fürbeck, Fürbringer, Fürholzer, Fürleger, Fürmaier.

füre = vor; vgl. Fürdda.
Du muaßt deine Hoor besser fürekambben (nach vorne kämmen).
Fahr a Stückl füre!

Freundliche Aufforderung
Marie, boogstarre,
zaundürre, geh füre,
saudumme, schaug ume!

Fuizn, die = Filze, kleines Moor.
Dagegen: fuizn = filzen, durchsuchen, durchschnüffeln.

fuxdaifeswuid = höchster Grad von Wut, Zorn; fux jedoch kaum von Fuchs, vielleicht von fuchtig; vgl. fuchde.

Vorbemerkung

Das gestutzte bestimmte Geschlechtswort der weiblichen G-Wörter assimiliert in der Einzahl und Mehrzahl zu g, das der männlichen und sächlichen G-Wörter nur in der Mehrzahl zu g. Also nicht: dGans, dGoaß, dGäns, dGoaßn, dGockln;
sondern: gGans, gGoaß, gGäns, gGoaßn, gGockln.
Selbstverständlich ist dieses vorgesetzte g nur eine optische Hilfe, um dem Laien das Lesen zu erleichtern; gesprochen wird gG nur als G.
Weiterhin: Der Baier spricht manche k wie g; darum sind hier Wörter mit dem schriftdeutschen Anfangsbuchtaben K aufgeführt. Es gibt jedoch auch Grenzfälle; werden K-Wörter hier vermißt, sind sie vielleicht unter K zu finden.

gach (a hell) = jach, jäh; mittelhochd. gache; es gibt einen gachen Tod, ein gaches Glück, einen gachen Weg, einen gachen Steig, einen gachen Bach (Jachen, Jachenau).
Ein gachzoarniga Binkl = ein jähzorniger Mensch (Binkl = Bulle).
Mid dem Mo is' gach dahinganga. (Er ist jäh gestorben.)
Familiennamen: Gasteiger, Gastager.
Straßennamen: Gasteig (München, Gmund/Teg.)
Ortsnamen: Gachenbach, Gachenhäusl, Gachensolden, 7 Gastag, 16 Gasteig, Gastein.

Gaffschdui, der, die (a dunkel) = Gaffstuhl (Einz. u. Mehrz.), Kirchenstuhl an der Tür; von hier aus kann man jeden Kirchgänger begaffen.

Gaggerl, das (a hell) = Ei; Mehrz. gGaggerln; lautmalerisch vom »gagag« der Henne abgeleitet.

Gai, das = Gau, Bezirk, Land.
Der Metzger fährt ins Gai (zum Viehkauf).
Der Hiasl geht dem Xaverl ins Gai. (Er schnappt ihm sein Dirndl weg.)

Mit Schneid und Geld
Traunstoaner Metzger,
dee hom a groß Gai,
hom überall Menscha
und Kinder dabei.
(Schmeller)

Gai, der = Gaul; mittelhochd. gül = Ungetüm. Ein Gespann besteht aus Sollgai (Sattelgaul) und Handgai (Handgaul, rechter Hand vom Reiter, der auf dem linken Gaul saß).

Spruch
An gschenktn Gai schaugt ma ned ins Mai.
An gschenktn Barsch schaugt ma ned in Arsch.

gambsi = flink wie eine Gambs (Gemse), auch geil (besonders Mädchen).

Gamsbart, der (erstes a hell, zweites a dunkel) = nicht der Bart, sondern die Rückenhaare der Gemse, als Wachler auf dem »Sepplhut« getragen, neben der Kurzen erstes Ausstattungsstück der Zuagroastn, die damit komisch bairisch aussehen; vgl. Kurze, Seppl, Wachler.

Gamsbleamal, das = Gamsblümchen, Bergaurikel, Bärohr, Felsprimel, mit dem unvergleichlichen Duft und Silbertau; im Allgäu: Wildpartengen.

Gang, der (a dunkel) = Hausgang, Fletz; als Umgang ringsumlaufender Balkon an Bauernhäusern, auch auf Petersturm in München; Mehrz. gGang (a hell); a Gangerl (a hell) = ein Gänglein.

Der Gang des Herrn Pfarrer
»So genga dee Gang«, hod da Pfarra gsagt – dawei hod er bloß oan Gang ghabt zon Hausknecht hinddere, und der hod Annamirl ghoaßn. *(Sammlung Böck)*

gangad (beide a hell) = ginge, Möglichkeitsform von gehen; kurz: gang; auch: geh dad (täte); vgl. sogad.
Einleuchtender Rat eines Erfahrenen: »Wenn as Kammerfensta zuar is, gangad i hoid bei da Dür eine, du Blödl, du!«

Ganggerl, der (a hell) = gleichbedeutend mit Fanggerl; der Geschwänzte von guter Art, nur als Kinderschreck erfunden; vgl. Fanggerl.
Etz kimmt na glei da Ganggerl!

Ganserer, der (a dunkel) = Gänserich; auch Schimpfwort für einen Blödian.
A Ganserl (a hell) = ein Gänslein, zarter Braten, auch: einfältiges Mädchen; Ganserlkraut = Wasserlinse, grünes Unkraut auf stehenden Gewässern, Teichen.

Gansjung, das = Gänseklein, Kirchweihnachessen in dunklem Eibrennads; s. d.

Gant, die (a hell) = gerichtliche Zwangsversteigerung eines Anwesens.

Wie man auf die Gant kommt
Er hod sGoid versuffa,
si hods vergwandt,
iatz kemas mitananda
ins Elend und auf gGant.
(vergwandt = für Kleider ausgegeben, Putzsucht.)

Ganter, der (a hell) = Lagerplatz für Baumstämme, den Winter hindurch vom Berg gebracht (zur Gant, Versteigerung bereit).

Gardderl, Garddl, das (a hell) = Gärtlein; Mehrz. gGarddln.
A sauwers Garddl host beinanda, Goribairin!

Gart, die (a hell) = Gerte, Rute; althochd. garti (sinnverwandt: junge Pflanze, aufwachsend: Armgard, Irmingard, Hildegard); Mehrz. gGarddn.

Gassnbua, der (a dunkel) = Bub, der sich immer auf der Gasse oder sonstwo herumtreibt, ein Streuner, der sogar das Betlaiddn (s. d.), das letzte Mahnzeichen zur Heimkehr, überhört.

Gaudi, die = Spaß, Vergnügen, Ausgelassenheit; von Gaudium.
Steigerung: Mordsgaudi, Pfundsgaudi. In Baiern nur: die Gaudi.

gawad (beide a hell) = gäbe, Konjunktiv von geben; vgl. sogad.
Der alte Mann sinniert: »Grod schö waars auf dera Woid, wenns koane Fliaga ned gawad.« (Grad schön wäre es auf dieser Welt, wenn es keine Flugzeuge gäbe.)

Geblüad, das = monatliche Regel der Frau; von bluten.
»Wia gehts nachad an Reserl?« – »Ja mei, am Geblüad feits eahm halt allerweil.« (unregelmäßig)

Gelte, Goiddn, die = Kübel; althochd. gelitta, von mittellatein. galleta.
Gefäß für Milch = Milligoiddn.
Familienname: Geldenhauer.

Geltgoaß, die = unfruchtbare Rehgeiß.
Geltkuah = nichttragende Kuh; Gelt-, Galtalpen für Jungvieh und unfruchtbare Kühe; vgl. menz.

gem = geben; althochd. geban; vogem = vergiften, von Gabe.
Gemhausen und Koitsell sind erfundene Ortsnamen für die indirekte Kennzeichnung eines Geizigen: »Da Keanzlbauer is ned vo Gemhausn, der is vo Koitsell.« (Gemhausen = er gibt gern; Koitsell = er behält selber, sell.)

genga (nasal) = gehen; ähnlich: stenga für stehen.
Wos stengama do lang rum? Iatz gengama! (Was stehen wir da lange herum? Jetzt gehen wir!)

Germ, der, die = Hefe, von gären; vgl. Häpfa.
Während des Ersten Weltkriegs brachte der »Germbua« (etwa 50, mit Stelzfuß) auf Eselwägelchen von der Ramsau b. Berchtesgaden in die hochgelegene Einöde Trümbach Lebensmittel: Brot, Salz, Zucker, Mehl, Grünzeug und Germ. Sein Ankunftssignal: ein schriller Pfiff auf den Fingern.

Geromedda, der = Geometer, Landvermesser. (Geo = nicht flüssig genug für die bairische Zunge.)

Gerstl, das = Geld; vgl. Goid, Diridari, Buifa, Ruaß.

Zahltag am Bau
Der Kaunzer Bartl von Schlaipfering war ein Hausmaurer nach dem Herzen der Bauern: Seine Hofmauern hielten den Posaunen von Jericho stand, seinen Sauställen konnte das wildeste Gerumpel nichts anhaben, und seine herzbetürlten Erleichterungskammern am Rande der Mistgruben waren dem stärksten Donnergrollen gewachsen. Als der Bartl beim Schnepfer ein neues Austragshäusl errichtete, ein bißchen luftig und leicht und billig, weil die Alten sowieso nicht zu lange leben brauchten, fing der Kamin zu schwanken an, ehe der letzte Stein aufgesetzt war; es war Samstag mittag, und der Bartl wollte soeben Feierabend machen. »Varreck!« schrie er den Lenz, seinen Handlanger, an, »heb den Sackradi, bis daß i unsern Wochalohn gholt hab!« Als der Bartl aus der Bauernstube zurückkam, lachte er fröhlich zum Lenz hinauf: »So, laßn iatz aus, den Sauhund, unser Gerstl hab i!« Nun stürzte das kunstvolle Bauwerk in sich zusammen.

gfeirads Goid = feierndes, liegendes Geld (im Schrank, auf der Bank, zum Unterschied von Realbesitz); vgl. Goid.

Gfotzada = ein Mensch mit häßlichem, abstoßendem Gesicht oder mit frechem, unverschämtem Mundwerk; vgl. Fotzn.

gfragt, gfragg, gfrogt = gefragt; ähnlich: gsagt, gsagg, gsogt = gesagt; gfragt, gsagt = am weitesten verbreitet; gfragg, gsagg = Aichacher Mundart; gfrogt, gsogt = heimisch am Gebirgsrand.

Gfraß, das (a hell) = miserables Essen; auch Sägmehl mit Werkstattstaub vermischt, zum Räuchern von Fleisch und Wurst.

gfressn, gfrässn = gefressen.
Ärger über einen Nachbarn: »Wenn i den Kerl, den zwidern, bloß siech, hon i schon gfressn!« (vergeht mir der Appetit.)

Gfreundschaft, die = Freundschaft, Verwandtschaft, nicht Freunde an sich.
Bei Gedenkgottesdiensten hieß es oft: Für Familie Huber und Gfreundschaft.

Gfrier, der, das = winterliche Kälte; auch der gefrorene Boden.
Da Gfrier geht haier tiaf nundda.

Gfrieß, das = mürrisches, widerwärtiges, beleidigtes Gesicht; Mehrz. gGfrießa.
dNandl macht haind a Gfrieß wiar a gfrorns Handtuach.

Gfui, Gfüll, das = Gefühl; vgl. vui.

gfüre, gführi = brauchbar, angenehm; von führen.
A gführigs Wagerl; a gführiga Schnee, juchhe!

gfunna = gefunden.
Hoscht dein Goidbail no ned gfunna? Nacha muascht hoid zon heilinga Anddane bäddn. Vgl. Anddane.

ghatt, ghod = gehabt (Assimilation: b wird zu t)

Bairischer Bumerang
Beim Langholzfahren kommen Vater und Sohn in Streit; der Vater lenkt die Pferde, der halbwüchsige Sohn ist Starzreiber (vgl. Schdarz). Der Vater schreit zurück: »Hott reib ume, hott, hott!« Sohn: »Dees woaß i besser, wos i macha muaß!« Vater: »Varreck, sog i, hott reib ume.« Sohn: »Am Arsch lägg mi.« Vater: »Dees wenn i zu mein Vodern gsagt hätt.« Sohn: »Du werscht scho so an Vodern ghatt hom.« Vater: »An andern scho als wia du.«

gherad = gehörte, Konjunktiv von gehören.
Der Saubazi gherad sched (bloß) amoi richtig durchbrieglt, nacha dad eahm sei Lumperei scho vageh!

ghunga (g der zweiten Silbe leise hörbar) = gehunken, gehinkt. Noch starke Form des Verbs hinken; vgl. gloffa (gelaufen), gschniem (geschneit), gschumpfn (geschimpft), gwunga (gewinkt).

Gifthaferl, das = fast immer kleiner Mensch, der leicht aufbraust, jähzornig ist; vgl. Haferl.

Giftnudl, Giftnull, die = Giftnudel; vgl. Gifthaferl; doch mehr auf kleine dicke Frau angewendet.

Gigerl, der = Geck, Modenarr, Stutzer; mittelhochd. giegel = geck; vielleicht auch von Giggerl (s. Goggl), Hahn, der sich auch so eitel benimmt auf seinem Misthaufen; Gigerl kam um 1890 von Wien.

Giggas, der = billiger Alkohol, Anislikör, Handwerksburschenschnaps.
Der Vater, ein kleiner Mann, will sich nach einem dürftigen Abendessen ein wenig aufputschen; er schickt seinen Buben mit einer großen Tasse und einem Zehnerl zum Kramer um einen Giggas mit dem Spruch: »Guad messn, da Vaddar is krank, er hod as Bauchzwigga!« (s. d.)

Gimbbe, der = Gimpel, Blutfink, Dompfaff; früher Gumpel, von gumpen = hüpfen; heute auch einfältiger, vertrauensseliger Mensch, der leicht zu fangen ist wie ein Gimpel, der jede Rede für Wahrheit hält.
Familiennamen: Gimpel, Gimpl, Gimple, Gimbl, Gimperlein.
Ortsnamen: Gimpel, Gimpl.

Girgl = Georg, einst beliebter Taufname der ländlichen Bevölkerung wegen des legendären kappadozischen Ritters und Nothelfers Sankt Georg, der auf vielen Altären thronte. Girgl = heute durchwegs zu Schorsch, Schorschl, Schorscherl »verfeinert«, sogar der preißische Jürgen taucht unter Baiern schon auf. »Pfuy dich der Schand!« sagte schon Moscherosch (1601–1669).

Lied
Wo is denn da Girgl?
Is da Girgl no ned do?
Da Girgl is im Wirtshaus,
hod an Fetzn Rausch.

Glaam, der (a hell) = Glaube; glaam = glauben; glaabt = geglaubt; mittelhochd. geloube = gutheißen, Vertrauen haben.
Pfarrer X. von Hinterwimm, ein Unikum, sagte einmal am Biertisch: »Lacha müassad i, bal mir den falschn Glaam hättn!«
ABC-Schützen über einen Aufschneider, Angeber in ihren Reihen: »Herr Lehrer, an Maxl därfa S' nix glaam, sei Vaddar is a Boda!« (Friseure werden gern als Sonntagslügner hingestellt.)

Glachda, das (a hell) = Gelächter.
Dees Weiberts hod a huizas Glachda. (huizas = hölzernes, nicht melodisch.)

A huizas Glachda nennt man auch das Xylophon. (Schlaginstrument aus 36 abgestimmten Holzstäbchen, mit Holzklöppeln zu schlagen.)

Glache, der (a hell) = Nasenschleim, eitriger Rachenauswurf; auch Schimpfwort für groben, ungehobelten Kerl; mittelhochd. klachel, kleckel = eigentlich Glockenschwengel; vgl. Rooz.

Glara (erstes a dunkel, zweites a hell, unbetont) = Klara, latein. »die Helle, Glänzende«, christliche Heilige, geb. 1194 in Assisi, gest. 1253, stiftete als Jüngerin des Franz v. Assissi den Orden der Klarissen.
Glarl (a hell) = Klärchen, Kosename.
Hausname: Glaraglarlverl = Klaraklärchenxaverl (Großmutter hieß Klara, Mutter Klärchen, Sohn Xaver, Kosename: Verl; vgl. Xaverl).

glaum = klauben, lesen, sammeln; ausglaum = ausklauben, sondieren.
Nebenform: klieben (gliam); von althochd. klioban = spalten.
Familienname: Kluibenschädel.
Buam, haind gehts zon Erdebbfeglaum, nacha därfts a Faierl macha und Erdebbfe bron!

Glega, das, die = Unterleger (Einz, u. Mehrz.), Unterlage aus Holzstücken für Baumstämme, Bretterstapel, auch unter Räder, wenn Fuhrwerk im Morast zu versinken droht.

Gleim, die = Kleie, Müllereiabfall, auch Sägmehl (Seegleim).

Aus Neujahrsgruß
Und Kronadaler solls dir schneim,
sovui wia jedn Müller Gleim,
daßd mitn Zammglaum host a Plog,
zon Neitoa brauchst an Hopfasoog.

Gletzn, der, die = Dörrobst, in der Hauptsache gedörrte Birnen.
Gletznbrot = Früchtebrot.
Schimpfnamen für langweilige, läppische, schneidlose Mannsbilder: »Du lahmarschade Gletzn, du lahmarschade!« – »Du Gletznbäbbe!« – »Du Gletznbene!« – »Du Gletznsäbberl!«

Glinglbail, der = Klingelbeutel, Sack mit Klingel an langer Stange, den der Mesner während des Gottesdienstes von Bank zu Bank trägt und so von den Gläubigen einen Obolus erheischt.
Der Lohmeier Girgl (Kgl. Bayerisches Amtsgericht) meint dazu: »Laudabuntur omnes recti corde: weil die jungen Bauern wissen, warum es wachst auf den Feldern, nämlich nicht mehr wegen der Geldspende in den Klingelklangelbeutel der Heiligen Kirche, sondern wegen des reichlich angewandten Kunstdüngers.«

glittn = geläutet, dulden, erleiden; althochd. hlüten = tönen; zammglittn = zusammengeläutet.
As Zinggleggerl hod glittn, wer is denn gstorm? (Das Zügenglöcklein hat geläutet, wer ist denn gestorben?)
Glittn als Vergangenheitsform von leiden kaum gebraucht, nur durch Gebetswendungen bekannt (gelitten unter Pontius Pilatus); dagegen echt: Er hod lein müassn. (Er hat leiden müssen.) Vgl. lein.

Glinsl, die = Klingel; glinsln = klingeln.
As Telefon hod glinslt.
Der Fahrradhändler empfiehlt: »Mid dera Rallgloggn kinna S' an doaradn Daife aus da Hoi glinsln.« (Mit dieser Fahrradglocke können Sie einen tauben Teufel aus der Hölle klingeln.)

gloa = klein; althochd. kleini = sauber, zierlich, gering; gloaleizi = besonders klein.
Ein Kind, das nicht wachsen will, is a gloana Gribbe, a gloana.
Steigerung: gloa, gleana, an gleanern.
Enka Kircha is no gleana ois wia dee unser.
(als oder wie allein verwendet der Baier nie, er sagt immer: ois wia = als wie.)

gloam = kleiben, verkleben, klebenbleiben.
Klei = fetter, zäher Boden; Kleiber = Lehmarbeiter, Vogel (Sprechtsmeise).
Den Riß im Kachelofen vergloam.

gloffa = gelaufen.
An Hias homs vom Kammerfenster wegbrieglt, nachar is a gloffa wiar a gstutzta Hund.

Gloiffe, der = ungeschliffener, derber Kerl. Aman meint, Gloiffe komme von Kleophas. Eine andere Meinung: von Agilolfinger, den bairischen Herzögen im 7. und 8. Jh., die sich in derber Form gegen die Machtansprüche der fränkischen Könige gewehrt haben. (Tassilo III., der letzte Agilolfinger, wurde 788 durch Karl d. Großen abgesetzt und in ein Kloster gesteckt; vgl. Daddi.)

Gloschda, Gloaschda, Glouschda, das = Kloster; von latein. claustrum = verschlossener Raum.
A Gloschdamuggerl = eine Klosterfrau (Muggerl = verschrumpfte, verhutzelte Semmel; vgl. Muggerl.)

Ehrliche Haut
Die alte Hutzlbäuerin von Draxlfing trifft nach 50 Jahren eine Schulkameradin, eine Nonne, und fragt sie: »Kaddl, worum bischt iatzad du as Gloaschda ganga? Bischt allweil a Luschtige gwen.« – »Ja mei, Res: Zerscht hon i deand, a harts Brot. Nachar is mir da Girgl in Weg kema, der Saukerl hod mi sitzn lassn. Und nachar is mei daspards Goid radebutz higwen. Und nacha hon i ma deicht (gedacht): Iatz läggts mi allsamm an Arsch, und bi as Gloaschda ganga.«
(Sammlung Böck)

Glosschermhandler, der, die = Glasscherbenhändler (Einz. u. Mehrz.); heute verächtlich für notigen Teufel; früher Bezeichnung für arme böhmische Glaswarenhausierer.

Glubberl, das = Wäscheklammer; althochd. chluppa = Zange, Klemme; kluppen = einzwängen. Auch die Finger sind Glubberln.
Das Mädchen zum Tappenden: »Tua deine Glubberln wegga!«

Glufa, die = Glufe, Stecknadel; Mehrz. gGlufan; Glufal = Stecknadelchen.

Glump, das = Gelumpe, Lumpenzeug, schlechte Ware, Minderwertiges; auch monatliche Regel der Frau.
Der Xide heimlich zum Girgl: »Bei der Emmerenz geht grod nix am Kammerfenster – dee hod as Glump!«

Ein Amiglump
Die Schierghofer-Zenz von Hinterkotz bekam von Verwandten in USA nach dem Krieg ein Care-Paket, das eine Büchse (ohne Aufschrift) mit schwerem grauen Pulver enthielt. Die Zenz roch tagelang daran, ließ auch ihren Alisi schnuppern, und der meinte, das werde schon wieder so ein Amiglump sein. Um das merkwürdige Zeug zu verwenden, nahm es die Zenz als Suppenwürze her. Als die Dose fast leer war, kam die Erklärung aus USA: das Pulver war die Asche der verstorbenen Großmutter, sie wollte in der Heimat beerdigt werden. »Ihr werdet schon ein stilles Platzerl für sie finden», hieß es bittend.

Glustn, der = Gelüste haben; gluste = auf etwas lüstern sein.
Iatz häd i an richtinga Glustn auf a schweinas Bral (Schweinsbraten).

Gmacht, das (a hell) = Gemächte, männliches Geschlechtsteil, womit man »macht«. Beim Raffads (s. d.) packt man den Gegner beim Gmacht, um ihn kampfunfähig zu machen.

gmatzt (a hell) = verflucht, verhext.
Wenn eine Sache, eine Arbeit, ein Vorhaben nicht gelingen will, immer wieder Hindernisse auftreten, heißt es: »Dees is grod wia gmatzt!« Vgl. Matz.

gmigt = gemocht, mögen.
Der abgewiesene Freier: »Dees Luada, dees ausgstochane, hod mi ned gmigt.«
Spott über den hereingefallenen Hochzeiter: »Koana hods gmigt, bloß er hods kriagt.« (Keiner hat sie mögen, bloß er hat sie bekommen.)

Gmirk, das = Gemerk, Gedächtnis.
Bein Ahndl laßt as Gmirk schwar aus; er ko si gor nix mehr mirgga.
Bundespräsident Heinemann, schon a. D., witzelte über sich selbst: »Zuerst merkt man es

selber, dann merken es auch die andern, zuletzt merken es nur noch die andern.«

Gmoa, die = Gemeinde, Land-, Kirchengemeinde; mittelhochd. gemeine = zusammengehörig.
Gmoadeana = Gemeindediener; Gmoadäbb = Gemeindedepp; Gmoalump = Gemeindelump; Gmoastier = Gemeindestier, Mann, der wie ein Zuchtstier die Frauen der Gemeinde belegt.

gmua, gnua = genug; althochd. ginuog.
Der Satte: »Na, i mog nix mehr, i ho scho gmua.«

Gmüad, das = Gemüt; mittelhochd. gemüete.
Bei behaglicher Stimmung in Gesellschaft: »Grod gmüaddle is' bei uns!«

Gnack, das (a hell) = Genick; althochd. nack.
Mancher hat ein Stiergnack. Geizige Frau wird als Gnack beschimpft.

gnasche (a hell) = genäschig, naschhaft. Ziegen sind gnaschig, zupfen gern an feinen Blättern herum.
Bei einem Mädchen, dem kein Hochzeiter gut genug ist, heißt es: »A so a gnaschigs Luadar, a gnaschigs.«

gnaunzn (nasal) = quengeln, nörgeln, in kläglichem Ton, besonders Kinder.
Du gnaunzada Gribbe, du gnaunzada! (Gribbe = Krüppel.)

Gnell, Gnedl, der (nasal) = Knödel, Kloß; mittelhochd. knödel = Knoten; Mehrz. gGnellan.
A Semmignell = ein Semmelknödel; a Lewagnell = ein Leberknödel; an Erdebbfegnell = ein Kartoffelknödel.
Zum Redefaulen: »Host an Gnell im Mai?«
Ortsname: Knödlsederhof b. Passau.

gnelld = geknötelt; vgl. Gnell. Knödel = Knoten. Derbe Strümpfe werden zwoamoi gnelld und zwoamoi glatt gestrickt (geknötelt = links, glatt = rechts.)

Gnia, das, die = Knie (Einz. u. Mehrz.); mittelhochd. knui.
Gniastrimpf = Kniestrümpfe; Gniaschnaggla = Knacks in den Knien von weitem Marsch; Gniabiesler = Bub, der seine Knie mit Urin benäßt, doch auch Schimpfwort für unreifes Bürschchen.
Der mit Arbeit Überhäufte, Bedrängte: »I kon aa nix iwas Gnia obrächa!«
Ortsname: Knieschlag b. Regensburg.

gniagln = knien.
Dua di higniagln (hinknien)!
In der Kirche gibt es Gniaglbenk (Kniebänke).

Gnigga, der = Knicker, Stilett = Hirschfänger der Jäger, mit dem man den Todesstoß ins Genick gibt. Gnigga = auch Schimpfwort für Knauser, Geizhals: »A so a gniggada Boog, a gniggada!«

Gnobf, der = Knopf, Knoten, Blütenknospen; Mehrz. gGnebf.
Zum Ungeduldigen: »Zeit lassn – erst kema gGnebf und nacha dRosna!«

Goaß, die = Geiß, Ziege; althochd. geiz; Mehrz. gGoaßn.
Goaßerl = Geißlein (auch schmächtige Frau); da Goaßboog = der Ziegenbock; as Goaßgschau hom = vor sich hinstieren.
Der hod allweil sGlück vom Goaßpeterl (immer Pech).
Schimpfwort: »Du Goaßhiadda!« (Ziegenhirt)
Der Jäger kennt noch die Goiddgoaß = Geltgeiß, unfruchtbares Reh.

Goaßl, die = Geißel, Peitsche; althochd. geisala.
Goaßlschdägga = Geißelstecken, Peitschenstiel; vgl. schnoizn.
Zu Mann mit schlechtem Haarschnitt: »Host da du deine Hoor runddagoaßln lassn?« (Wie mit der Peitsche abgehauen.)
Bei Aufregung über Unsitten der Summafrischler: »Wenn mar as Goid ned brauchadn, dadn mir dees Gschwerl zon Darf aussegoaßln.« (brauchadn = bräuchten, Konjunktiv von brauchen.)

Langes, dünnes, unmusikalisches Mädchen wird verspottet:

Du konnst ja ned singa,
du dürre Lägga,
taugatst a Minga
für an Goaßlstägga.
(Sammlung Böck)

Godern, der = Gatter; Goderl = Gatterchen; althochd. gataro; ausgattern = heimlich durch ein Gatter spähen.
Rooßgodern = Gatter an der Pferdeweide.
Familiennamen: Roßgoderer, Roßgotterer, Gaderhuber.

Göd, Geed, der = Pate (im südl. Bayern).
Firmgöd, Firmgeed = Firmpate; Firmgodl, Firmgoll = Firmpatin; vgl. Död.

Goggalore, der = etwas verächtlich für langweiliges, einfältiges Mannsbild, ähnlich wie Lahmarsch. Herkunft nicht deutbar.

Goggl, der (nasal) = Gockel, Hahn; von französ. coq = Hahn, coquard = alter Hahn, engl. Cocktail = Hahnenschwanz; Mehrz. gGoggln; Giggerl, Geggerl = Göckelchen.
Abwertend für dummen, geckenhaften Burschen: »Du Goggl, du spinnada!«
Familienname: Wiesgickl.
Ortsnamen: Giggerlsöd, Giggelsberg.

goi, gej, göi, göja, gell, gelt = nicht wahr? Es gelte!
In der Höflichkeitsform: »Gelten S', Frau Nachberin!« – »Gejn S', Herr Nachba!« Vgl. Nachba.

Goid, das (nasal) = Gold; vagoidt = vergoldet.
Da Lenz kafft seiner Zenz aufn Ma-igg a goidas Kell (auf dem Markt ein goldenes Kettchen).

Goid (o offen), **Göid, Gölld, Gejd** = Geld; mittelhochd. gelt = Vergeltung, Ersatz, später das, was als Zahlung dient (t noch in Entgelt).
A Goidbroz = ein Geldprotz, der sich vor Stolz aufbläht wie eine Kröte; auch Neureicher, der mit Geld großtut, um andere zu beeindrucken; vgl. Broz.

Der Berechnende: »I heirad bloß a Geldige.« (Eine, die Geld und Besitz hat.)
Die kleine Krämersfrau stolz: »Unser Urschi kunnt an Regierungsrat heiradn – mir hammad a Gölld.«
Unsere Geldsorten: A Pfenning, a Zwoaring, a Fimferl, a Zehnerl, a Fuchzgerl, a Markl, a Zehner (auch Zehnerstutzen = Zehnmarkschein), a Zwanzger, a Hunderter, a Tausender.
Die goldenen Zehn- und Zwanzigmarkstücke der goldenen Zeit hießen Goidfuxn.
Die Verkleinerungsendung erl wird vielfach auch nur als al gesprochen, z. B. Fimfal, Zehnal, wie bei allen ähnlichen Wörtern; besondere Erwähnung verdient die Regensburger rrrl-Endung, die selbst Baiern nicht nachzusprechen vermögen.

Das Markl als Maßstab des Gewinns
Zum Dorfkrämer kommt ein Vertreter. »Nana«, schreit der Kramer-Verl, »von enk nimm i nix mehr, i habs scho ghört, ös seids ja Wuachara! Zwanzg Prozent schlagts ös drauf, zwanzig Prozent, dös is ja himmischreiad, i tat mi Sündn ferchtn!« Der überraschte Vertreter: »Aber, Herr Wurmkampler, das ist doch die übliche Gewinnspanne. Wieviel schlagt denn Ihr darauf?« – »I – i bin a ehrlicher Christ: i schlag bloß oa Prozent drauf, ein einziges, ein lausiges Prozenterl: wos i um a Markl einkauf, dös verkauf i wieder um zwoa Markl!«

Goiruam, die (o offen) = gelbe Rübe(n); mittelhochd. gel.
Safran macht den Kuchen gel. (Kinderreim)
Jedoch: A goiwe Briah = eine gelbe Brühe; a goibs Hendl = ein gelbes Hühnchen.

Goistara, der (o offen) = Salbader, Schwafler, der seinen Redeschwall fortdauernd mit »goi« unterbricht; vgl. goi.

Goschn, die (nasal) = etwas abwertend für Mund; Mehrz. gGoschna.
Hoid dei Goschn, dei freche!
Doch kann ein Mädchen auch a siaß Goscherl hom, a siaß (ein süßes Mündchen).

Gowas, der (o offen) = Gabis = nicht eingezäuntes gemeinsames Gemüseland eines ganzen Dorfes; vielleicht von engl. cabbage = Kohlkopf.
Schimpfwort: »Du Gowaskopf, du letschada!«

Gowe, die (o fast a) = Gabel; althochd. gabala = ursprünglich nur landwirtschaftliches, später auch Eßgerät; Mehrz. gGowen (Endung nasal, unbetont).
A Haigowe = eine Heugabel; a Mischtgowe = eine Mistgabel; a Troadgowe = eine Getreidegabel.
Zum Freund, der mit neuem Gschbusi daherkommt: »Ja mei, wo host denn dees Drum aufgowed?«
Gawerl (a hell) = Gäbelchen; auch Kosename für Gabriel: der Gawerl.

Gozzagga, der = Gottesacker, Friedhof.

Gozzeidank! = Gott sei Dank!

Gozznam = Gottes Namen.
Zur unnachgiebigen Tochter: »A Gozznam heiradst hoid den Hiasl, den damischen!«

graab (a hell) = grau, schimmelig; mittelhochd. gra. Brot, Heu, Haar kann graab werden; graaweln = muffig, moderig.
Da Mich is über Nacht graab worn vor Schracka.
Ortsnamen: Grahbruck b. Dorfen; davon Familienname: Grahbrucker, Grabrucker.

Gracherl, das (a hell) = Limonade, Sprudel, die bei Öffnung der Flasche krachten, wenn sie (wie früher) mit der üblichen Glaskugel verschlossen waren (Gracherl also Kracherl); vgl. Schbringerl.

graddaliern (beide a hell) = gratulieren.

> Standardformel zum Namenstag
> *I wünsch dir, daßd gsund bleibst*
> *und lang lebst*
> *und kimmst in' Himme nauf –*
> *wennsd rofallst,*
> *na kimmst nimma nauf!*

Grado, der (a fast o, Betonung auf o) = Gradan, einer, der alles geradeheraus, rücksichtslos, taktlos sagt, was er denkt.

> Er weiß, was er will
> *Der Wurzer von Starzlreuth zeigt beim Dorfpfarrer an, daß er nächstens zum dritten Mal heiraten wolle. Als der Geistliche über die Person der Hochzeiterin unterrichtet ist, meint er beschwörend: »Nein, Wurzerbauer, das kann wieder nicht gut gehen. Nun nehmt Ihr es auch noch mit der dritten Schwester auf. Die ersten zwei hatten Euch schon die Hölle heiß gemacht; die dritte ist ja noch rasser, das wißt Ihr selber. Laßt die Hände davon!« – »Dös woaß i alles selm, Herr Pfarrer«, sagt der standhafte Wittiber, »dö Gschicht hab i guad überlegt – den Stamm, den rott i aus!«*

Grätzn, der = Kretzen, Spankorb, Wanne, auch Henkelkorb; Grätzerl = Körbchen.
Bei vorsichtiger Ladung: »So, a so hebt ma dOar in' Grätzn!« (Oar = Eier.)

Graffe, das (a hell) = Geraffel, Gerümpel, Plunder, altes, verwahrlostes Anwesen.
Dee hom dar a Graffe beinandd (dar = ethischer Dativ).

> Immer fest jammern
> *Miethausbesitzer klagt am Stammtisch über Steuern, sonstige Abgaben, über Zerstörungen durch Mieter, Reparaturen: »Jeds Monat zahl i an Hauffa drauf, es is zon Varregga!« Spezi: »Worum vakaffst nacha dees Graffe ned?« Der Arme: »Du Rindviech, du blöds, vo was leb i nacha?«*

Graigodern, der = Krallengatter = Zither; vgl. Godern, ziedern, woisln. Grailler = Krallen; vgl. grain.

grain = kratzen; althochd. chrazzon, mittelhochd. krellen = kratzen; französ. gratter, italien. grattare. Krätze, Ausschlag; kritzeln.
Der Sauhund hod mi graid.

graisle = gräuslich, abstoßend, widerlich, schrecklich, Universalwort für alle nicht ge-

wöhnlichen Erscheinungen; von grausen; mittelhochd. gruwesam = grausam.
Graisle kann sein: ein Gesicht, eine Nase, ein Kleid, ein Schmerz, eine Wohnung, ein Haus, das Wetter, eine Untat.

Graiz, das = Kreuz; althochd. cruci; Mehrz. gGraiza; Graizl = Kreuzchen.
A Schauergraiz = ein Feldkreuz, errichtet zur Abwendung von Hagelschauern; die Bigotten reißen den Herrgott glei von Graiz rundda.
Steigerungen mit graiz: graizbrav, graizungliggle (kreuzunglücklich), graizfidoi (kreuzfidel).
Flüche: Kruzinesn! Kruzitürkn! Kruzifimferl! Graizbirnbaamhollerstaun!
I ho Graizweh (Rückenschmerzen). – Du konnst mi graizweis (= doppelter Götz). – Da Hiasl hod si as Graiz brocha (Wirbelsäule gebrochen).

Alte Weisheit
Kloane Kinder – kloans Graiz,
große Kinder – groß Graiz!

Graizerl, das = Verkleinerung zu Kreuzer, Münze; mittelhochd. kriuzere, weil ursprünglich Kreuz eingeprägt war. Graizerl = heute noch Bezeichnung für kleine Münzen verschiedenen Werts.
Graizerstiggln = Kreuzerstücke, kleines Gebäck. Kleinen Kindern verspricht man ein Graizerl als Belohnung für irgendeine Artigkeit, auch, damit sie die Suppe essen.

Grampf, der (a dunkel) = Krampf; althochd. chrampho, engl. cramp = eigentlich Gekrümmtes: man krümmt sich vor Schmerz; Mehrz. gGrampf (a hell).
A Grampf = aber auch ein dummes, ungeschicktes Vorhaben, ein unausführbarer Plan: Dees san Grampf! Der Planer heißt darum Grampfgoggl, Grampfhenna.

grampfen (a hell, e nasal), **grampfln** = kleine Dinge mitgehen lassen, ähnlich wie stibitzen; sicher von Krampf, gekrümmten Fingern, vgl. Grampf.
Da Grampfla = der Krampfler, gewohnheitsmäßiger Dieb.

Granawittstaun, die (beide a hell) = Kranawittstaude, Wacholder; althochd. kranawitu, plattd. Machandelboom; Mehrz. Granawittstauna (-stauern)
Granawittbirln = Kranawittbeeren, nordd. Krammetsbeeren.
Familiennamen: Kranawetter, Kronawitter, Kranebitter.
Ortsnamen: Kranewitt, Kronawitt, Kranebitt.

grandde (a hell) = grantig, mißmutig, verdrossen, schlechter Laune sein; althochd. grinen = knurren, murren, den Mund verziehen.
Das Grantigsein ist häufig eine Besessenheit alter Männer; ein Granddler ist immer grandde, ob nüchtern oder biervoll, er haßt geradezu die Heiterkeit. Um diesen Grandd erträglicher zu machen, kommen Frauen auf die unmöglichsten Einfälle: sie verstopfen absichtlich Wasch- und Spülbecken, damit der Granddler einen wirklichen Grund zum Schimpfen hat; die Instandsetzung macht den Granddler zahmer, weil er als »König in seinem Reich« anerkannt wird.
Schimpfnamen: Granddlhaua! – Granddlhuawa!

Grasslt, das (a dunkel) = Nadelholzäste; sie werden mit dem Schnoadda (s. d.) zerhackt, stärkeres Gezweig zu Bauschn (Büscheln) gebunden, getrocknet und zum Anfeuern verwendet; die Ästchen dienen als Stallstreu.

Grattla, der, die (beide a hell) = Krattler (Einz. u. Mehrz.), ärmlicher, oft heruntergekommener Mensch, noch weniger als Fretter (s. d.), fast schon Schimpfname.
Der Kratten, italien. caretta = zweiräderiger Karren; mit dem Hirschkratten wird das tote Wild zu Tal gebracht. Grattlalaid = Krattlerleute; grattln = (scherzhaft) Wohnung wechseln.
Ein Grattler erzählte, daß er seine Geiß auf Sparfutter gewöhnen wollte, weil sie ihn sonst arm gefressen hätte. »Und wias dees Luada, dees gnaschige, gwohnt gwen waar, is' varreggt.«

Gratza, der, die (erstes a dunkel, zweites a hell) = Kratzer (Einz. u. Mehrz.), Ritzstrich auf Haut, im Glas, auf poliertem Holz, im Autolack; vgl. grain.

A Mischtgratzerl = eine Henne.
Familienname: Kratzer (oft auch von Pankratius, einem Eisheiligen).
Ortsname: Kratzerimbach b. Moosburg.

Graud, das = Kraut, Kohl; mittelhochd. chrut, davon französ. choucroute.
Blaugraud = preißisch Rotkohl; Graudwiggerln = preißisch Weißkohlrouladen; a kloans Graud = Rübenkraut.
Über eine Gegnerin: »Dö Matz, dö bratige, dö hod mir as Graud ausgschütt!« (die hat es sich mit mir verdorben.)

Der Genügsame
Besser a Laus aufn Graud
ois wia gor koa Fleisch. *(Sammlung Böck)*

Graudara, der, die = Krauterer (Einz. u. Mehrz.), ärmlicher, gebrechlicher, hinfälliger Mann (der sich ausschließlich von Kraut ernährt).
Du oida Graudara, du oida!

grea (nasal) = grün, Farbe der Hoffnung: wie im Frühling alles grünt; mittelhochd. grüene; grosgrea = grasgrün.
Greadonnerstag = Gründonnerstag; vgl. greina.
Bei Streit mit Gendarm in grüner Uniform: »Wos wuist denn, du greana Hund, du greana?«
Ortsnamen: In Bayern 20 Grün. Etwa 150 Zusammensetzungen mit »grün« als erste oder letzte Silbe. Kreenheinstetten (Grünheimstetten) in Baden: Geburtsort von Abraham a Santa Clara (Ulrich Megerle), des polternden Barfüßermönchs von Wien, 1644–1709.

Grebbm, die (nasal) = Kreppe (nicht von Krepp) = ein vom Wasser ausgewaschener Graben, Durchbruch durch steilen Hang, der auch als Fahrweg dient; häufig in der Nähe von Mühlen, die ja im Tal liegen: Muigrebbm.
Straßenname in München: An der Kreppe.

Gred, die (nasal) = Vorplatz vor dem Haus mit Ratschbank; vgl. Ratschn.
In Freising: Gasthaus zur Gred.
Das Gred = Gerede, Geschwätz.
A so a saudumms Gred, a saudumms.

gredt (nasal) = geredet; vgl. ren, Gred.
Tiefsinniges Gespräch: »Er hod nix gredt.« – »Worum redt a nacha nix?« – »Weil a nix redt.«

Gree, der (nasal) = Kren, Meerrettich; mittelhochd. chren.
Greeweiwerl = Krenweibchen; Greemo = Krenmann: Gewürzhändler aus der Bamberger Gegend, die mit der Kirm (Rückenkorb) im südlichen Bayern hausieren gehen.
Gree = aber auch Stolz, Überheblichkeit, Eingebildetsein: »Worum hod denn der schiache Kerl, der schiache, an söttern Gree?«

Greim, Grein, die = Kreide, Tafelkreide; althochd. krida, französ. craie, crayon = Bleistift.
Der Wolf im Märchen hod a Greim gfressn.

greina = weinen, zanken; mittelhochd. grinen = knirschen, den Mund verziehen, davon: grinsen.
Gründonnerstag = Greindonnerstag (von weinen), Name seit etwa 1200. Nach Wasserzieher Gründonnerstag von grün, »weil Tag der öffentlichen Büßer, die an diesem Tag wieder in die Kirchengemeinschaft aufgenommen, aus dürren wieder grüne Zweige wurden.«
In vielen Orten Niederbayerns gibt es noch die Greimess (ei nasal) = das Leichenmahl.

Grell = Gretel, Koseform von Margarete; griech.-latein. Margerita = Perle; andere Formen: Meta, Marga, Margot, Margherita, Marguerite; auch vier heilige Margareten.
Als Grell bezeichnet man oft auch ein einfältiges, begriffsstutziges, nicht ganz zurechnungsfähiges Weiberleut.

Kinderspiel
Hansl und Grell
sitzn aufn Brell,
sBrell bricht o,
und da Hansl foid no.

Grembbe, der (nasal) = Gerümpel, Speicherkram; mittelhochd. grempen = Kleinhandel treiben; latein. comparare = erwerben.
Grembbemarkt = Trödelmarkt; preißisch: Flohmarkt.

grennt (nasal) = gerannt.
A Rennads = ein Rennen.
Wemmar an Esl nennt, kimmt a grennt. (Nur gute Freunde dürfen so höflich empfangen werden.)

grewen, growln = krabbeln. Kloane Kinda grewen gern aufn Bon rum.

griacha = kriechen; althochd. chriechan, chriachan.

Griacherln, die = minderwertige Pflaumensorte, kleinwüchsig.

griagad, Regensburg: **griachad** = kriegte, bekäme, Konjunktiv von kriegen, bekommen.
Das arme Dirndl seufzt: »Wenn i nur grod a neuchs Gwand griagad!«

griasgrama = frostklirren, eisiges Winterwetter; wohl von Griesgram.
Wenns daußt griasgrama duad, is' in da warma Schdum schee.

Griaß Good! = Grüß Gott! Höflichkeitsform: Griaß Eahna Good!
Spezl begrüßen sich: »Griaß di Good, oide Hiddn!« Heute zumeist abgekürzt: »Grüaß di!« Vgl. Pfüa Good!

Gribbe, der = Krüppel; mittelhochd. krüpel = gekrümmt; Mehrz. gGribben. Kleine unartige Kinder werden mit Gribbe beschimpft.
Steigerung: Hundsgribbe, Saugribbe, Bluadsgribbe; vgl. Bankert. Auch junger frecher, vorlauter Bursche = ein Gribbe, ein raunziger.

grichtsmasse (a hell) = gerichtsmäßig, reif zur Klage vor Gericht.
Bei Streit: »Iatz hon i di, Bürscherl, iatz bist grichtsmasse!« (von Thoma gern verwendet.)

Grimma, das = Grimmen, starkes Bauchweh. Grimmdarm = Dickdarm. Auch Pferde werden häufig vom Grimmen befallen = ein gefährliches Aufblähen, das zur Darmverschlingung führen kann; vgl. schderm.

Grindd, der = Grind, schorfiger Ausschlag, Krusten am Kopf; auch Kopf selbst; althochd. grint.
Der Kerl, der graislige, is auf und auf voller Grindd.
Auch Wäsche ist oft vergrinddt.
Bergname: Hornisgrinde.

Grindl, der = Grindel, Grendel.
Pflugbaum: Pfluaggrindl.

gripsn = klauen, Kleinigkeit stehlen; französ. gripper; vgl. grampfen, stibitzn.
Pfarrer Gollinger in Willprechtszell b. Aichach schreibt: »Crispinus und Crispinianus sind 2 Brüder, Martyrer der diokletianischen Verfolgung. Ihre vita ist wertlos; sie sollen Schuster gewesen sein und in der Gegend von Soissons gelebt haben. Von Crispinus sagt ein Spruch: Er macht den Leuten Schuh und stallt (stellte) das Leder dazu. (Im Volksmund stallt = stahl, der Heilige also ein Dieb.) Gripsen heißt demnach: es machen wie der heilige Crispinus: stehlen. Die Umstellung von sp zu ps haben wir auch in dem Wort Wespe zu Weps. Das französ. gripper könnte ebenfalls von Crispin kommen.«
Meyers Lexikon (1925) meint dagegen: »Crispinus und Crispinianus, christliche Heilige und Martyrer, Patrone der Schuhmacher, Brüder (?), sollen die Schuhmacherei betrieben und, um den Armen die Schuhe umsonst liefern zu können, das Leder gestohlen haben; daher Crispinaden svw. Wohltaten auf Kosten andrer. Fest: 25. Oktober; Attribut: Schuhmachergeräte.«
Die Ebersberger Schuhmacher haben eine alte Zunftfahne mit dem Bild des hl. Crispinus.

Grischberl, das = schwächlicher, schmächtiger, kleingeratener Mensch, besonders Kind; vielleicht Verkleinerung von Gruschbe = Knorpel. Aman deutet auch auf Crispin hin; vgl. gripsn.
Spott: »Du Grischbemanndl!«

Grischtkindl, das = Verkleinerung zu Christkind, auch Weihnachtsgeschenk selbst.
Wos mogstn haier zon Grischtkindl?
Abwertend: »Du gschlamperts Grischtkindl!« (= unordentlich gekleidetes Mädchen.) Vgl. Gschlamps.

Grischtl = Kosename von Christian und Christine; griech.-latein. Christianus = der Christliche.

Griß, das = Gereiße. Ein schönes, ein reiches Mädchen hod as Griß (man reißt sich um es). Auch ein fescher Bursche, ein guter Tänzer hod as Griß.
Das Geschiebe in einem Flußbett heißt dagegen Grias (Grieß), daher Lenggries (Lenggrias).

Groamad, das = Grummet, letzter, oft dritter Heuschnitt, von abgeräumt, das Abgeräumte. Nach Wasserzieher von mittelhochd. gruonmat = grüne Mahd; vgl. Dreiling.

groast = gereist, schnell gelaufen.
A Roas = eine Reise.
Die Schneggnbäuerin teilt den Tod ihres Mannes der Base mit: »Der Hiasl is gestern umigroast zun himmlischn Vadda.«

groaß, grouß = groß; althochd. groz.
Grovvadda, Gromuadda (Großvater, Großmutter) erst um 1500 in Deutschland nach französ. grandpére, grandmére gebildet.
A Groaßduddade = Frau mit großen Brüsten; vgl. Duddn; a Groaßfotzada = Mann mit losem Mundwerk; a Groaßkopfada = Mann mit Geld, Einfluß, Politiker, Wirtschaftshyäne; a Groaßschellada = Mann mit großem Schädel.
Der kleine Mann: »I hobs ned mit de Groaßkopfadn.«

grohna (nasal) = grohnen, knurren, lautmalerisch wie knirschen, knarren.
Zum Kind: »Wenn da Hund grohnt, nacha laßtn in Ruah, sunst beißt a di! Host ned gheert, ha?«

Grom, der (o fast a) = Graben; ebenso: grom = graben; althochd. graban.
Zum Unentschlossenen, Feigling, Zögernden: »Geh zua, laß di eigrom!« (ei nasal; eingraben = beerdigen.)
Im Litaneiton: »Grom man' ei – oda grom man' ned ei – eigrom dean man', weil mar a Gölld kriang!«

gron (o fast a) = geraten; Ernte, Tiere, Kinder san guad gron (sie sind wohl geraten, etwas geworden). Man kann aber auch einen Gegenstand ned gron (nicht entbehren), oder ein Laster, eine Leidenschaft ned gron (nicht davon lassen).

Grong, der (o fast a) = Kragen; mittelhochd. krage = Hals, Nacken, später auch Bekleidung des Halses; Mehrz. gGrang (a hell).
A Neiggrong = ein Neidkragen, Geizhals.
Verliebter Spott: »Du Gansgrogade.« (Mädchen mit langem, dünnem Hals.)

Strenge Bräuche
Madln, dee wo pfeifa,
Henna, dee wo krahn,
soll ma glei an Grong umdrahn.

gropfad = kropfig; a Gropfada = ein Kropfiger, Mann mit Kropf. Ein gropfads Deandl gibt es nicht: es hat nur a Binggerl am Hals; vgl. Binggl.

Gros, das (o fast a) = Gras; engl. grass, preißisch Grass; Graserl (a hell) = Gräslein; grosgrea = grasgrün.
Auf ara Hoazat ko ma si ogrosn. (Auf einer Hochzeit kann man sich vollstopfen, so wie ein Ochs mit Gras.)

A bläggads Gstanzl
Und dResl vo Reitham,
dö hod an schön Gang:
mid oan Hax mahts Küahgros,
min andern rächts zamm.

growad = grübe, Konjunktiv von graben; Mehrz. growadn; vgl. sogad.
Für den Baze, den dräggadn, growad i gern a Gruam (das Grab).

Gruam, die = Grube; mittelhochd. gruobe; Mehrz. gGruama; Griawerl = Grübchen.
A Baggagriawerl = ein Wangengrübchen.
Gruam = auch Grab.
Wennsd so weidasaufst, nachad fallst bald in gGruam eine.

grüawe = grübig, gemütlich, geborgen wie in einer schützenden Grube.
Die Zufriedenen: »Bei uns is' grüawe, ha?«
Warnung an Störenfriede: »Mir mächtn unsern Grüawinga hom!« (Laßt uns in Ruhe!)

Grugga, die = Krücke; althochd. chruckia = eigentlich Gekrümmtes, verwandt mit kriechen, Krampf, Kropf, Krüppel; Mehrz. gGruggana.
A Gamsgriggerl = ein Gemsgehörn (kleine Krücke).
Schimpfwort für bösartiges altes Weib: »Du Grugga, du hinterfotzige!«

Gruim, Gruin, die = Grille; althochd. grillo; Mehrz. gGruima.
A Gruimhaisl = ein Grillenhäuschen.
Gruim = auch Grieben, Grammeln, Gremmeln, ausgelassene Fettwürfelchen; althochd. griobo. Grieben-, Griefenwurst.

grumln = Gewittergrollen, ferner Kanonen-, Bombendonner.

Grundl, die = Fisch, Gründling; andere Namen: Schmerle, Schlammbeißer, Bißgurrn; kann in ausgetrockneten Bächen lange Zeit im Schlamm weiterleben, »Wetterfisch«, darum auch gern im Zimmer gehalten.

grunna = geronnen; althochd. rinnan = laufen.
Haind is bMilli zammgrunna.

Gruzefix! = Fluch, auch in den ausgefallensten Zusammensetzungen: Gruzefixalleluja, Graizgruzefix, Graizgruzefixsakrament, oft kurz: Zefix.
Gruzefix = häufig auch Schimpfwort für einen schlechten Kerl: »Du Gruzefix, du sauschlächda!«

Gsatzl, das (a hell) = Teilstück, Gesetzchen, Verkleinerung von Gesetz, Absatz, Satz. Der Rosenkranz hat fünf Gsatzln. Der Fuhrmann schnalzt mit der Peitsche etliche Gsatzln.
Die Schläfrigen: »Iatz schlaff ma no a Gsatzl.« (ein Weilchen.)

gschäggad = scheckig. Es gibt: a gschäggads Gwand, a gschäggads Hemad, a gschäggads Rooß, a gschäggade Kuah, an gschäggadn Hund.
Über ein auffallend gekleidetes Mädchen: »Dee Henna, dee narrische, kimmt daher wiar a gschäggada Babbagei.«

Gschaftlhuawa, der, die = Wichtigtuer (Einz. u. Mehrz.), ein Geschäftiger, einer, der sich in jedes Geschäft, in alle Vorkommnisse, Verhandlungen einmischt, hineindrängt; vgl. Huawa.

gschame (a hell) = verschämt.
Zudringlicher Bursche zum zögernden Mädchen: »Wos duast denn so gschame?«

Gschbaß, der (al hell) = Spaß; erst im 17. Jh. in Deutschland üblich; italien. spasso = Zeitvertreib, Vergnügen.
Gschbasseddln = Späßchen.
Entsetzlich für bairische Ohren = das preißische: Spaß an der Freud (Tautologie wie weißer Schimmel, hölzernes Holz).
Zum Widersetzlichen: »Mirk dirs, Hundsbua, rotziger, mit dir mach i ned lang Gschbasseddln!« (mache ich kurzen Prozeß.)

gschbreizt = gespreizt; vornehmes Getu eines weniger Vornehmen; er spreizt (bildlich) die Arme von sich, damit man ihm nicht zu nahe kommt; vgl. Schbreizn.
Wos tuast denn auf amoi so gschbreizt?
Der geht so gschbreizt, als wenn er an Gowistui verschlickt häd.

Gschbui, Gschbill, das = Spiel; althochd. spil = eigentlich Tanz, der spiliman = Schautänzer.
A Keglgschbui = ein Kegelspiel; a Kamedigschbui = ein Komödienspiel, Mehrz. kKamedigschbuila.

Gschbusi, das = Freundin, Geliebte; vgl. Kuferl. Ein männliches Gschbusi gibt es kaum, Gschbusi als Bezeichnung für Liebschaft überhaupt nicht (= preißische Erfindung).

gschdaabd (a hell) = gestaubt; da Schdaab = der Staub.
Da Girgl hod sei beeß Wei davogschdaabd.
Bein Dräschn hods da gschdaabd (da = dir = ethischer Dativ).

gschdeggld = gestöckelt, gewürfelt, kariert; Stoff, Pflaster, Tapeten können gschdeggld sein; a gschdegglde Milli = gestockte, saure, dicke Milch, die in Würfel, Stücke zerfällt.

gschdessn = gestoßen.
Bub beschwert sich: »Da Michi hod mi min Fuaßnan gschdessn.« (mit den Füßen gestoßen.)
In einem bekannten König-Ludwig-Lied heißt es:

Und geheime Meuchelmörder,
deren Namen man nicht kennt,
habens ihn in See neigstessen,
indem sie ihn von hint angrennt.
(Aus: Daniel, Bairische . . . Geschichten)

gschdoin = gestohlen.
A gschdoina Lump = ein Dieb; a gschdoina Dache = eine diebische Dohle, auch Mädchen; vgl. Dache.
Als ein Professor vom Kaiser-Wilhelm-Institut zu Studienzwecken sich von einer ganzen Dorfgemeinschaft Fingerabdrücke holt, ruft ein altes Weib: »Na na, i laß nix macha, do bringt ma ja raus, wenn oana gschdoin hod.«

gschdorm = gestorben.
dZeit vageht und sLiacht vabrinnt – und as Wei is no ned gschdorm. (Selten wörtlich gemeint, Ausspruch bei hinhaltender Arbeit.)

Gscheiderl, das = Mädchen, das sich wichtig macht, alles besser wissen, gescheiter sein will.
Familienname: Gscheider; schwäbisch Gscheidle.

gschenggda = geschenkt.
Dirndl zum andern, geheimnisvoll: »Dees Suiwakell hon i haind nocht von Steffe geschenggda griagd.« (Dieses Silberkettchen habe ich heute nacht vom Steffe geschenkt bekommen.)

gschert = geschoren; gewöhnlich, ungehobelt, taktlos.
Morng wern dSchof gschert.
Früher durften nur die freien Männer Bart und langes Haar tragen; Untergebene, Unfreie, Leibeigene mußten zur Erkennung bartlos und geschoren sein und in Gasthäusern an Sondertischen sitzen: Abdecker, Müller, Totengräber, Scharfrichter, Wandergesellen, sogar der Schulmeister eines Dorfes, sie waren die Geschorenen, die Gscherten, die Hefe, der Abschaum.
Aus dieser Zeit stammen die freundlichen Begrüßungswörter unter Spezln: »Du gscherte Nuß!« »Du gscherts Doch!« – »Du gscherte Ruam!« – »Du Dreckhamme, du gscherta!« »Gscherta, morng is' Werda.« (Werktag)

Lied aus dem Dauchauer Hinterland
Griaßd enk Good, iatz san ma doda,
san so gschert wiar unsa Voda,
der is gscherta no ois mia,
Gscherte san mar und dees wia . . .

gschicha = gescheut, noch alte Form des Verbs scheuen, in Vogelscheuche erhalten; vgl. schaicha.
I waar scho kema, awar as Weda hon i gschicha.

gschiecht, gschiacht = geschieht.
Guter Rat: »Bein Raffa packst den andern bein Gmacht, do gschiacht da gor nix.«(Gmacht s. d.)

Gschieß, Gescheiß, das = Getu, Umstände machen bei besonderen Anlässen: Verlobung, Hochzeit, Geburt, Taufe, Firmung, Krankheit, Tod.

gschissn = geschissen; vgl. Scheiße.
Auf dei Red is gschissn!

Begreiflicher Schrecken
Der Dorfpfarrer begegnet zwei kleinen Buben, von denen einer entsetzlich brüllt. Der Dorfpfarrer will den Unglücklichen trösten;

da alle guten Worte nichts nützen, droht er zuletzt: »Wennsd ned glei stad bist, nacha friß i di!« Der andere Bub entsetzt: »Na, Herr Pfarra, dees deana S' ned – da Maxl hod in dHosn gschissn!«

(Sammlung Böck)

Gschlacht, das (a hell) = Geschlecht (nicht körperlich), Sippe, Familienmerkmale.
Zu einem Buben oder Mädchen: »An Gschlacht noch bist du von Huawabaurn.«

gschläggad = schleckig, naschhaft, scharf auf süße Sachen, doch auch wählerisch, anspruchsvoll, ausgestochen.
Soso, den geldign Müllner-Micherl mägst du angln, du waarst (wärest) ja ned gschläggad.

Gschlambbs, das (a hell) = zerlumpte Kleidung, auch auffallendes, leichtes Frauengewand; gschlambbad = schlampig.
Schimpfwort für leichtlebiges Weiberleut: »Du Schlambbm, du dräggada!«
Es gibt auch a gschlambbads Frässn (unsauber, brockig gekochtes Essen); das schlägt an: Gschlambbad macht wampert (dick).

gschlocht = glattes, astreines Holz, feines, gutes Wollentuch im Gegensatz zu Loden; mittelhochd. geslaht.
Verneinung: Ungschlochter Kerl = Grobian, vierschrötiger Bursche; ungschlocht nennt man astiges, maseriges Holz.

Gschmaaz, das (a hell) = leeres Gerede, Unsinn, Blödsinn; vgl. Schmarrn.
Wos du daherredst, is ja a dumms Gschmaaz, a dumms.

gschmeazt = geschmerzt, empfindlich, zimperlich, oft auch nur Schmerz vortäuschend.
Jessas na, hod dös Weibsbild gschmerzt to an Grab soi, dawei homs oiwei grafft wia Katz und Hund, wiar a no glebt hod.

Gschmoaß, das = Geschmeiß; Bedeutung wie Pack, Bagage, minderwertiges Volk, ähnlich den Schmeißfliegen; von schmeißen, althochd. smizan = schlagen, werfen; ursprünglich Kot der Raubvögel = das Heruntergeschmissene.

gschmoch (o fast a) = lieb, nett, zutraulich, süß; Gegenteil: ogschmoch. Gschmoch wohl von Geschmack; vgl. Schmanggerl.
Man sagt: »Dees Brall hod awar an guadn Gschmoch.«
Oder: wer eine schöne Hochzeiterin fand, bewies an guadn Gschmoch.
Der Verliebte: »Du Gschmocherl, du dantschigs!«

gschmoizn = geschmalzen; nicht nur die Suppe, auch die Preise können geschmalzen sein.
Der Kritische: »Schmied, do host mir awar an gschmoizna Kundda zammgschriem«. (Kundda = Rechnung.)

gschnabbe (a hell) = geschnäppig, geschwätzig, redselig, vorlaut; von schnappen, mittelhochd. snappen.
Nur Frauen gelten als gschnabbad; es heißt dann: Dees is a Gschnabbige.
Kleine geschwätzige Mädchen nennt man Gschnabberln.
Buben basteln aus Heftdeckeln Schnapper, faustgroße schnabelähnliche Gebilde, die kräftig zwicken, kneifen können.

gschnäggld = geschneckelt; es gibt gschnäggelde Hoor (Locken, Schnäggerln), zum Spott auch gschnäggelde Fiaß (krumme Beine) und sonstiges gschnäggldes Zeug (an Möbeln, Altären); kraushaarige Burschen heißen gschnäggelde Pariser; gschnäggld kommt sicher von Schnecken, althochd. snecko, verwandt zu Schnörkel.

gschniegld = geschniegelt, zumeist: gschniegld und biegld (gebügelt) = Bursche, Mann, der gut angezogen und sorgfältig frisiert ist; mittelhochd. snegel = Schnecke, also ähnliche Herkunft wie gschnäggld; s. d.

gschniem = geschneit; alte starke Form des Verbs schneien; doch auch: gschneibt.
Seufzer: »Wenns nur grod rang und schnieb!« (Möglichkeitsformen: regnete und schneite.)

Lied
Draußn im Woid
hods a kloans Schneewerl gschneibt,
drum is' so koid
draußn im Woid.
(Schneewerl = Verkleinerung zu Schnee.)

gschnien = geschnitten.
Da Lenz hod si min Schnagglmesser in' Finger gschnien.
Auch bildlich, wenn einem ein Vorhaben vereitelt wird: »Do host di schee gschnien, ha, du Däbb!«

Gschnier, das = Geschnür am Trachtenmieder: Silberketten mit Talern; vgl. Dala; gschniert = geschnürt, von Schnur; der Fuchs schnürt (im Schnee besonders sichtbar); vgl. Schnierleiwe. Von einem Mädchen, das seine wachsenden neun Monate verheimlichen will, heißt es: »Des Luada hod sein Bankert im Bauch gleich an Schnauferer ogschniert.«

Gschoserl, das = leichtes Mädchen, auch weibliche Scham, (von französ. chose, meint Schmeller, chose bedeutet jedoch: Sache, unangenehmes, peinliches Vorkommnis); vielleicht von Schoß, leibliche, innere Mitte.

Gschroa, das = Geschrei.
A Kindergschroa = ein Kindergeschrei; a Gschroamai = ein Schreimaul; a Gschroamaiada = ein Schreimauliger; vgl. Mai.

gschrobbad = schroppig, rauh, holperig, vielleicht von schroff; eine Holzfläche, ein Weg, die Denkart kann gschrobbad sein; gefriert eine Wasserfläche bei starkem Wind, so bildet sich a gschrobbads Eis.
A Schrobbhowe = ein Schropphobel, rauher Hobel zur Erstbearbeitung eines rohen Brettes.

gschumpfn = geschimpft, alte starke Form des Verbs schimpfen; vgl. ghunga, gwunga, gloffa, gschniem, rang.

gschupft = in unansehnlicher, minderwertiger Kleidung, auch zerzaust daherkommen; schupfen = schieben, stoßen; a gschupfte Henna = vom Bussard, Habicht gestoßen, zerzaust worden.
bMari hod ausgschaugt wiar a gschupfte Henn.

Gschwerl, das = Pack, Gesindel, Bagage; vgl. Gschmoaß; vielleicht von mittelhochd. geswehere = angeheiratete Verwandtschaft.
Nana, zo den Gschwerl, zo den gschupftn, setz i mi ned hi, do bin i mir scho zguad.

gschwoin = geschwollen; althochd. swellan = schwellen, Geschwulst.
Gschwoine = geschwollene Würste, Wollwürste.

Gschwoischell, der = geschwollener, aufgedunsener Schädel, Wanst, Freßsack.
A so a Gschwoischellada!

Gsetza, die = Gesetze; mittelhochd. gesetzede = Festgesetztes.
Immerwährender Volksspruch: »Laß mi aus mid dene Gsetza! Dös han ja Schinddagsetza für dö kloan Laid, dö Groußkopfadn findn allweil a Loch.«

gsohn = gesotten; vgl. sian.
Die alte Stanglin jammert: »Es is a Graiz mid mein kranka Mo. Ned amoi gsohne Bin frißt a ma.« (Nicht einmal gekochte Birnen ißt er mir.)

Gsoi, Gsej, Gsöll, der = Geselle, Gehilfe des Meisters; althochd. gisello = eigentlich ein Mann, der mit einem andern denselben Saal, dasselbe Haus bewohnt; im Wort Kamerad (von Kammer) besonders deutlich; Mehrz. gGsoin.
Wörter von ähnlicher Bedeutung: Gefährte, Genosse, Kumpan, Kompagnon, Kollege.

Gsoichts, Gsejchts, das = Geselchtes, geräuchertes Schweinefleisch; geräuchertes Pferdefleisch vgl. Bane.
A Luftgselchter = ein dürrer, abgemagerter Mensch, schon abwertig.
Dagegen ehrliches Schimpfwort: »Du Aff, du gselchter!«

Gsood, das (nasal) = Häcksel, Viehfutter, gehacktes Heu und Stroh.
Gsood = eigentlich Gesött, Gesottenes, weil zuweilen Häcksel mit Getreideabfällen abgesotten, abgebrüht wird.
Gsooschnein = Gsoodschneiden.
Schimpfwort: »Du gsoodwamperter Bummerl, du gsoodwamperter!« (Bummerl = Rindvieh, bekommt vom übermäßigen Gsoodfressen eine Wampe; vgl. Wambbm, Bummerl.)

Gsoons und Brons = Gesottenes und Gebratenes, dös gibts auf ara Houzat und auf ara Leich grod gmua. (Das gibt es auf einer Hochzeit und auf einer Beerdigung gerade genug.)

Gstanzl, das (a hell) = vierzeiliger lustiger oder frotzelnder Liedvers (Schnaderhüpferl hat denselben Sinn); vielleicht von italien. stanza = ursprünglich Wohnung, Zimmer (vgl. Schdanz), dann achtzeilige Strophe.
Berühmter bairischer Gstanzlsänger, der als meisterlicher Dablägga (s. d.) mit Vorliebe die politischen Größen und Scheingrößen aller Farben aufs Korn nahm, war der Roider Jackl (1906–1975) von Freising.

Gsund, der = Gesundheit; gsund = gesund. Der Gerissene macht sich mit fremdem Gut gsund.
Bischof Buchberger von Regensburg (1874–1961) war zeitlebens kränklich; von ihm sagte man: »Er is ned gsund, wenn er ned krank sein kann.« (Lohmeier).

guad = gut.
Vater zur unnachgiebigen Tochter: »Meintsweng konnst an Draxler-Sima heiradn – er is a guader Kerl, awar a Däbb.«

Guaddl, Guatsl, Gutti, das = Bonbon; vgl. auch Fischln, Seidnkissal. Das Wort Zuckerl ist durch Bazillus aus Wien eingeschleppt worden.

Guggerl, Guggserl, das = Guckfensterchen im Straßenwinkel der Stube, auch kleiner Flügel im Fenster selbst; guggsn = gucken; preißisch: kucken, kieken.

Guggn, die = Tüte, Stranitze, vgl. Schdarizn. A Starlguggn = ein Starenhäuschen; a Raachguggn = eine dunkelhaarige Frau mit Bartanflug (wie angeräuchert; vgl. Raach).

Guggu, der = Kuckuck, lautmalerisch vom Kuckucksruf; ähnlich französ. coucou, latein. cuculus; althochd. gouch (Gauch); verhüllendes Wort für Teufel, ihn mit Namen zu nennen war gefährlich, weil er sonst erscheinen konnte.
Auch heute noch: »Zum Kuckuck!« – »Hol dich der Kuckuck!«
Guggu-Uar = Kuckucksuhr.
Kinderspiel: Gugguberng (wie der Kuckuck sich verbergen).
Zum unordentlich gekleideten Buben sagt man: »Hint schaugt dir as Lambbe und vorn da Guggu raus!« Vgl. Lambbe.

Gugumara, Gumgumara, die = Gurke(n), von latein. cucumis, davon engl. cucumber.

guidd scho (o nasal) = gilt schon; der Handel, das Geschäft ist mit diesem Wort rechtskräftig, zumeist mit Handschlag.

Gullopf, Gollopf, der = Guglhopf, Gugelhupf, Formkuchen aus Hefeteig; vielleicht von Gugel = eine Art Kapuze (Gugelmänner).
Ein Kuchen in der gleichen Form gebacken, doch aus Eiern, Mehl, Zucker, Fett und Backpulver, heißt Gsundheitskuacha.

Gumbbm, die = Gumpe, Wasserloch, tiefe Stelle in Wasserläufen und Seen.
Ist die Leiche eines Ertrunkenen nicht zu finden, wirft man einen Laib Brot, den man zuvor bekreuzt, in die vermutete Stelle: wo er kreist, ist ein Sog, der die Leiche nicht freigibt.

gwabbed (a hell) = gerissen, ausgekocht, in allen Wassern gewaschen; auch: bevorzugt durch einflußreiche, auf Umwegen erreichte Stellung.
Dös is a ganz a Gwabbada!
Herkunft des Wortes unsicher, vielleicht von Wappen, das der Bevorzugte führen durfte; vgl. Wabbe.

Gwaff, das (a hell) = übergroßer Mund mit wuchtigem Gebiß; von Gewaffen, Eberzähne, Hauer; vgl. Waffe.
Bedauern: »O mei, dees Weiberts is aa gschlong mid sein Gwaff!«

Gwand, das (a dunkel) = Gewand, Kleid, Anzug; Mehrz. gGwandda (a hell).
As Werdagwand = das Werktagsgewand (Gwand gilt immer für Mann und Frau); a Sunddagwand = ein Sonntagsgewand; as Feirddagwand = das Feiertagsgewand.

Gwax, das (a hell) = Gewächs, Pflanze, Blume; doch auch Geschwür, Tumor, Myom.
dNanni werd goperiert, dee hod a Gwax in Bauch.
Gwax gilt auch abwertend für verkommenen Burschen, leichtes Mädchen: dees hand sauwerne Gwaxa.

gwen = gewesen. Das Wort spielt eine große Rolle, da der Baier keine 1. Vergangenheit (Imperfekt) gebraucht. Nicht: Wir waren in der Kirche, im Wirtshaus, beim Tanzen, beim Fensterln, sondern: Mir san (han) in da Kircha, in Wirtshaus, bein Danzn, bein Fensterln gwen.

Gwichtl, das = kleines Geweih. Gwichtl nicht von Gewicht; Geweiherl als Verkleinerung zu Geweih nicht zungengerecht, darum Gwichtl.
A Rechgwichtl = ein Rehbockgeweih.

gwisndewohr, gwieswohr = gewiß und wahr; ausdrückliche Beteuerung der Wahrheit einer Aussage.
Dös därfst ma glaam, dös is gwisndewohr!

gwißt = gewußt.
Wiedersehn nach 50 Jahren: Er verschmitzt: »Daß i bei dir amoi gfensterlt ho, dees hätt i nimmer gwißt. Du host a guads Gmirk, Lena.« Sie im Nachgenuß noch schwelgend: »Du werst a so a Bazi gwen sei, a wuida. Du hättst ja sovui Fenster braucht wia da Fatikan, 365 im Johr, du Wuidling, du!«

gwoand = geweint.
Dö hod Roz und Wasser gwoand, sovui hods da Mo umanandaghaut.
Auf die Frage, wie es gehe, kann man oft die Antwort hören: »Guad, hod da Bua gsagt und hod gwoand, weil sein Deandl da Roog z'eng worn is.« (der Rock zu eng geworden ist.)

Gwoid, die = Gewalt; gwoiddaddi (a hell) = gewalttätig.

> Nichts übertreiben
> *Steinbrucharbeiter sind vorsichtige, bedächtige Menschen, die aus Erfahrung nichts übereilen – Steine sind schwer. So sind einmal zwei damit beschäftigt, einen großen Stein von der Stelle zu rücken, immer wieder setzen sie Hebeisen an – der Stein rührt sich nicht. Ein Mann sieht dem vergeblichen Bemühen eine Zeitlang zu und ruft: »Ös seids so Schuaster, so traurige!« Die Arbeiter: »Nachher probierst es du, du Grasaff!« Dem Mann gelingt die Arbeit allein. »No«, sagt er stolz. Die Arbeiter vorwurfsvoll: »Ja, mit Gwoid!«*

gwunna = gewonnen, im Spiel, Krieg, Prozeß; althochd. gawinnan = soviel wie anstrengen, besonders im Krieg; vogwunna, vagwunna = verspielt.
Beim Neujahrswunsch dem andern zuvorkommen = er hat ihm das Neujahr ogwunna, abgewonnen, was Glück für sich selber bedeutet.

Gwurl, das = Gewühle, Gewimmel, Gedränge; vgl. wurlan.

ha? (hell, nasal) = die höflichste bairische Form von: Wie bitte? Was meinen Sie? Ich habe Sie leider nicht verstanden.
Einem Bessern, einem Hochstehenden gegenüber verwendet man vorsichtshalber: Han S'?

Hache, Hachl, der (a hell) = grobes, ungeschliffenes, rüpelhaftes Mannsbild; vielleicht von Hachl = grober Kamm zur Flachsbearbeitung.

Hacht, Hack, der (a dunkel) = Habicht, Bussard, Stößer, Falke, auch habgieriger Mensch, Raffer; engl. hawk.
Familienname: Bußjäger = Bussardjäger.

Häbberl, das = Zicklein, Geißlein (lautmalerisch); vgl. Kitzl.

Häbbern, die = Kröte(n), Unke; vgl. Broz.

Häbfa, die = Hefe, Back- und Bierhefe; vgl. Germ. Häbfa = auch gewöhnliches Volk, Gesindel, vgl. Gschwerl; althochd. hevo = eigentlich das Hebende, das Gärende, das selbst als wertloser Bodensatz bleibt.

Haferl, Hafä, das (a hell) = Häflein, kleiner Topf; Mehrz. dHaferln;
Nachthaferl, Leimhaferl, Millihaferl, a Haferl Kaffee.
Zum Anspruchsvollen: »Du brauchst ja bloß song: Haferl – nachher is dWurst aa scho drin!«
Über Steitsüchtige, besonders Ehepaar: »Bei dene zwoa drahr i dHändd ned um: dar oane hod as Haferl brocha, dar anderne as Schisserl.« (Haferl und Schüsserl sind ähnliche Dinge.)
In einem Ort am Tegernsee hieß seit urdenklichen Zeiten ein kleiner Wasserlauf: Hafäboch, weil die zerbrochenen Töpfe (Haferln, Hafän) hineingeworfen wurden; ein preißischer Ortsredakteur machte daraus den Havelbach – au!

Haferlgugga, der = neugieriges Mannsbild, das sich zum Leidwesen der Weiberleut in der Küche herumtreibt, sich um alles kümmert und in jedes Haferl, jeden Topf hineinguckt; vgl. Guggerl.

Haftlmacher, der (a hell) = heute nur noch geflügeltes Wort. Der Haftlmacher fertigte Haftln (von haften, festhalten) und Schlingerln = Häkchen und Ösen für Kleider; bei bodenlangen Roben waren oft »tausend« nötig, wie die verzweifelten Männer behaupteten, die den Frauenrücken zu verschließen hatten.
Heute noch Redensart bei sehr kitzliger Arbeit: »Do muaßt aufpassn wiar a Haftlmacher.«

Hagglschdägga, der (a hell) = Wanderstock (Haggl = Haken, Schdägga = Stecken) mit

Naturkrücke oder mit wuchtigem Hirschhorngriff, dem im Streit kaum eine Schädeldecke standhält.
Junge Burschen ziehen für das Raffads (s. d.) den Hoslnussan (Haselnußstecken) vor; ältere Männer lieben den Weixlschdägga (Weichsel = Sauerkirsche), weil der Griffbogen sich bei Gebrauch erwärmt und dadurch süß duftet.

Haibbe, Haibbl, das = Häuptl, Verkleinerung zu Haupt, Kopf; mittelhochd. houbet = Haupt.
Ortsname: Roßhaupten.
A scheens Silodhaibbe = ein schöner Salatkopf.

Haidda, der, die = Häuter (Einz. u. Mehrz.), Mähre, abgeschundenes Roß (nur Haut und Knochen); auch alter, verkommener Mensch.
Spott: »An dein Haidda, dein dürrn, ko ma ja glei sein Huad aufhänga.«
Alter Landstreicher beim langsamen Sterben zu sich selbst: »Kannst ned verrecka, oida Haidda?«

Haigeing, die = Heugeige = Holzgestell zum Trocknen von Gras und Klee; Mehrz. Haigeinga.
Auch Spottwort für langes, knochiges Weiberleut, besonders für hochaufgeschossenes Mädchen:
»A so a Haigeing, a dürrlochade!«

haind = heute, der heutige Tag; althochd. hinaht = vergangene oder kommende Nacht; haidzdog = heutzutage.
Der Hiasl mit Augenzwinkern zur Lisl: »Daßd mi fei hörst haind auf dNocht!«
»Haind hod da Bräu awa wieder schlächt eingschenkt«, klagte die Ahndl; derweil hatte der Enkel Sepperl, der Bierholer, schon heimlich einen nahrhaften Schluck aus dem Maßkrug getan.

Haindl, Haierl, das = Verkleinerung zu Haue, Hacke, Gerät für Feld- und Gartenarbeit.
A Garddnhaindl = ein Gartenhäuerchen.

Haiox, der = Heuochse, Schimpfwort (so dumm wie heufressender Ochse); mittelhochd. höu, hou = eigentlich hauen, abgehauenes Gras.
A Haihupfer = Heuschrecke, auch Spottwort für jungen, langbeinigen Burschen.

hair = heuer, in diesem Jahr.
Zum Besserwisser, Anmaßenden: »Du konnst mir nix vormacha, i bi koa hairinga Hos!«

Haiseu, das = Heuseil, Tau, mit dem die Enden des Wiesbaums über dem Heufuder festgebunden werden.

Haisl, das = der verschwiegene Ort mit Herzausschnitt am Misthaufen; vgl. Abbdrid.
Gruimhaisl = Grillenhäuschen.
Voglhaisl = Vogelhäuschen; Schnäggnhaisl = Schneckenhäuschen; Wurmhaisl = kleines Zuckerhäuschen für Kinder gegen Würmer.
Hausname: Haislmo (kleines Anwesen); sein Weib heißt Haislwei.
Ortsnamen: Häuslmad b. Burghausen; Häuslöd b. Amberg.

Haislschleicha, der = scheinheiliger, heuchlerischer Mensch, der dem andern stets schöntut, vielleicht auch nachts um die Häuser (Haisln) schleicht und an den Fensterläden horcht.

Hallodri, der (a hell) = arbeitsscheuer, unzuverlässiger, leichtsinniger Mensch, der in den Tag hinein lebt, auch junger Bursche, der immer zu Unfug, Streichen, zu Allotria aufgelegt ist. Allotria von griech. allotrios = fremd, nicht zur Sache gehörig.
In München Künstlergesellschaft »Allotria« seit 1873. Mitglieder bisher u. a.: Kaulbach, Stuck, Dreher, Defregger, Lenbach, Gabriel von Seidl; Lenbach war 25 Jahre Vorsitzender und führte auch Bismarck ein.

Hambbara, der, die (a dunkel) = verschliffen aus Handwerksbursche (Einz. u. Mehrz.), schon verächtlich, eigentlich Bettler, Landstreicher, die von den Ortspolizisten ins Karewerl (s. d.) gesperrt wurden, da Bettelei verboten war; den wandernden Handwerksgesellen war es jedoch erlaubt, bei den Meistern um einen Zehrpfennig zu bitten, wenn sie nicht eingestellt werden konnten.

Hampfl, die (a dunkel) = verschliffen aus Handvoll, eigentlich Menge, die zwei hohle Hände nebeneinandergelegt fassen konnten. Wird Getreide in Säcke abgefüllt, fehlt oft noch eine Hampfl an Gewicht.

Hamur, der = Humor. Was bairischer Hamur ist, hat der Lohmeier Girgl (Kgl. bayer. Amtsgericht) saftig anschaulich dargestellt:
»Und da sind wir wieder beim Hamur. (Humor = Feuchtigkeit!) Te Deum lauda-a-a-mus, daß es ihn noch gibt. Wenn mich was druckt, dann suche ich mir schon einen Platz, wo noch niemand hingeschissen hat. Freilich kann ich nicht immer gleich dichten, meistens wird es halt auch bloß ein Geseichtes. Das ist schlimm, weil ich ein Bayer bin und weil in Bayern wegen des Biertrinkens überall fast nur geseicht wird. Bei den hohen Herrn noch mehr, weil ja die genug Geld zum Versaufen haben. Dadurch gibt es bei uns fast keinen jungfräulichen Platz mehr zum Seichen. Aber es ist doch auch wieder gut, wenn öfters auf den gleichen Fleck geseicht wird: es wachst das Unkraut, und man fällt nicht auf.«

han (a hell) = sind; hamma (Assimilation) = sind wir; vgl. san.
Dagegen: homma = haben wir.
A Hamma (erstes a dunkel) = ein Hammer; Mehrz. dHamma (erstes a hell).
Gesting hammar a Minga naugfohrn. (Gestern sind wir nach München hinaufgefahren; r bei hammar = Hiatustrennung.)
Die Aufgebrachten: »Wos han denn mir für Laid? Han mir volleicht Zigaina, daß ma mid uns aso umspringa ko, ha?«

handde (a hell) = bitter, herb; ungesüßter Kaffee, Galle = handde. Auch unfreundliche, üble Laune wird als handde bezeichnet.
Wos bist denn haind gor aso hanndde?

Handdiache, das (a dunkel) = kleines Handtuch, das verschiedenen Zwecken dienen kann.
Die Üppigen über die Magere: »Na hod sa se vorn a Handdiache einegschobbt, daß' nach wos herschaugt.« (einegschobbt = heingestopft; vgl. schobbm.)

handdln (a hell) = sich langsam zu einer Gesellschaft, sich mühsam durchs Leben schlagen, durchhanddln. Als es noch keine Aufzüge gab, wurden die Dachziegel über Leitern von Hand zu Hand hinaufgegeben, ghanddlt.

handsam = leicht an der Hand zu führen, gut zu haben; eine anständige Sache, ein Tier, ein Mensch kann handsam sein.

Handscha, Handschdara, der, die (alle a hell) = Handschuh(e).;

Hanskaschberl, der = weniger böse als Hanswurst oder Hansdampf; mehr fröhlich, unbekümmert wie der Kaschberl (schwäbisch: das Käsperle), der Wurstl im Kindertheater; vgl. Schbringginggerl.

Hardl = Kosename für Leonhard; vgl. Learl.

Haring, der (a hell) = Hering.
Soizharing = Salzhering; Brodharing = Brathering; Suizharing = Sulzhering; a Haring, a dühra = ein langer dürrer Mensch.
Beim Ausspucken eines schlechten Bissens: »Pfui Daife, scheiß Haring!«

Haringsöll = Heringsseele = leichter Fluch, wenn etwas mißlingt.
Die Haringsöll (getrocknete Luftblase vom Brathering) wird von angeheiterten Gästen im Dorfwirtshaus auf die Weißdecke geschleudert, wo sie hängenbleibt; am Karfreitag soll der angesammelte Unrat wieder herunterfallen, beim »Mittagläuten«, das es nicht gibt.

harpfa (a hell) = humpeln, mühsam gehen, behindert durch Schmerzen, Alterserscheinungen.
Gor nimma rächt konn i harpfa.

Haserl, das (a hell) = Verkleinerung zu Hase; vgl. Hos. Kleine Kinder werden gern Haserl, Hasi genannt; nähern sich die Mädchen den 1000 Wochen und rutschen im Schnee auf Brettln oder dem Hintern, liebkost man sie als Skihaserln.

Billiger geistlicher Trost für arme, kinderreiche Familie, der wieder Zuwachs droht: »Nur ned verzang: Gibt Gott a Haserl, gibt er aa-r-a Graserl.«

hatschn (a hell) = schleifender, schlurfender Gang, ähnlich wie harpfa (s. d.), doch mehr durch Müdigkeit verursacht.

Treffend bezeichnet durch das Stumpfsinnlied:

Zwei Knaben stiegen auf einen Gletscher,
der eine wurde matsch, der andre metscher;
da sprach der Metsche zu dem Matschn:
iatz dean ma wieder owehatschn.

Haudara, der = durch schwere Arbeit, Krankheit, Hunger abgemagerter Mensch, nur Haut und Knochen.
Mid den oidn Haudara is nimmer vui los. (Er ist zu keiner Arbeit mehr fähig.)

haude = hautig. Ein Mensch kann haude beieinander sein; vgl. Haudara. Auch dünner, wertloser Stoff, eine anrüchige, verdächtige Sache, Arbeit kann haude sein.

Hauffa, der = Haufen; Mehrz. dHaiffa; Haifferl = Häuflein. Das Wort Hauffa ist vielfach verwendbar, wenn es eine Menge bezeichnet: a Hauffa Holz, Geschirr, Papier, Stoff, Nägel, Kartoffeln, Fleisch, Arbeit, Dreck, Mist; auch die Radnabe ist als dicker Mittelpunkt a Hauffa.
Zusammensetzungen: Dreeghauffa, Misthauffa, Scheißhauffa, Scherhauffa (= Maulwurfshügel; vgl. Schermaus), Bruadhauffa (= Komposthaufen, er brütet), Haihauffa.
Bei manchen Backwaren (Makronen-, Nußplätzchen) muß man Haifferl machen. Die Erdebbfe brauchen von Zeit zu Zeit aufhaiffln (die Erde nach oben hauen oder ackern).

Haum, die = Haube; Mehrz. dHauma; Haiwerl = ein Häubchen.
A Winddahaum = eine Winterhaube; as Nochthaiwerl = das Nachthäubchen.
Die Haube gehörte früher zur Tracht der verheirateten Frauen, daher heute noch: unter dHaum kema.
A Gliggshaum = eine Glückshaube, »die Reste der Eihäute auf dem Kopf Neugeborener, schon nach altrömischem Glauben als glückbringend betrachtet und noch im Mittelalter als Glücksfetisch gekauft«. (Meyers Lexikon)

Haumstoog, der = Haubenstock, ein kopfähnliches Gebilde aus Holz zur Ablage der Perücke über Nacht – wieder modern geworden.
Warnung: »I fahr dir glei oane an dein Haumstoog one.« (Du bekommst eine an den Kopf.)
Familienname: Haubenstock-Ramati (internat. bekannter Komponist).

Haun, die (nasal) = Haue, Gerät für Feld- und Gartenarbeit; Mehrz. dHauna; vgl. Haindl.

Hauserin, die = Haushälterin, besonders Pfarrerköchin.
Insa Pfarra hod fei a sauwerne Hauserin.

Ja, nacha . . .
In Hintermondschein wetterte der Pfarrer auf der Kanzel gegen die Ehe der evangelischen Geistlichen. Diese himmelschreiende Sünde sei von Luther eingeführt worden, und der sei der größte Bazi gewesen, der je auf Gottes Erdboden herumgelaufen sei. Nach dem Gottesdienst, im Wirtshaus, fragte der Rumpl-Hiasl seinen Nachbarn: »Wiar is iatza dees, Jackl: hom dee hürtbrenndn Sackra koa Hauserin ned?« – »Na!« Der Hiasl, nach einer bedächtigen Weile: »Ja, nacha – nacha brauchas ja a Wei, bein Hirn kinnas as aa ned ausseschwitzn.«

Hausgraiz, das = Hauskreuz, soviel wie Hausdrache = zänkisches Weiberleut, das seinem »braven« Mann Tag und Nacht Ungemach bereitet.

Hausl, der = Hausknecht, Hausdiener in Wirtschaften und Gasthäusern, auch Vize genannt, weil er mit starken Fäusten und grobem Mundwerk die Rechte des Besitzers gegen ungebührliches Verhalten und Verlangen zu verteidigen hatte. Wird oft beschimpft: »Du gscherta Hamme, du gscherta!«

Spottlied
Wos braucht denn da Wirt an Hausl?
Der soll zo dee Wegmacher geh.
Dee loahna se auffi auf dSchaufe,
dee wern ja zahlt fürs Hinsteh.

Hax, der (a hell) = Bein; Mehrz. dHaxn; beim Menschen von der Zehe bis zum Hüftgelenk; vgl. Fuaß.
A Langhaxada = ein Mensch mit langen Beinen; a Krumphaxada = einer mit krummen Beinen oder mit einem kurzen Bein, auch Hupfada genannt (Hinkender); a Hupfada ist jedoch auch ein Mensch, der ständig seine Gesinnung wechselt.
Die Haxn als Speise (von Hachse, Hechse, Unterbein) kann man sich als Kalbshaxn oder als Schweinshaxn, gebraten, gegrillt, gesotten, mit Sauerkraut servieren lassen; preißisch: Eisbein.
A Guadghaxde = ein Mädchen mit schönen oder strammen Beinen.

Fröhlicher Spruch, wenn man kleine Kinder auf einen Wagen setzt
Huraxdax, packs bei der Hax,
packs bein Grong und nauf an Wong!
(Grong = Kragen, Wong = Wagen.)

Heana, die (nasal) = Hörner.
Zum jungen Aufbegehrer: »Du werst da deine Heana scho no osteßn.«

heana (nasal) = weinen; vgl. blägga, woana.

Heandl, das (nasal) = Hörnchen, Gebäck.
A Boxheandl = kleine Entzündung, Abszeß.
Lob beim Frühstück: »dHeandln san haind wieder resch – a so mog i's.« (resch = knusprig.)

Hebbmas ned, debbmas ned = abwertender Spruch der Habenichtse, wenn Wohlhabende oder Angeber großtun. (Verschliffen, assimiliert aus: Hätte man es nicht, täte man es nicht.)

Hech, die = Höhe, Obergeschoß, auch Höhe allgemein; hecha = höher.
Da Hechkill = der Sonntagskittel, der wochentags im Obergeschoß aufbewahrt wird; vgl. Kill.

Hecha, der = Häher, Eichel-, Tannenhäher; mittelhochd. hecher.
Am Tegernsee: Nußgratschä, von gratschen, krächzen.

Die beste Medizin
bMarl, dee hod an wecha Zecha,
iatz plärrts ois wiar an oida Hecha.
Sagt da Hans: »Wos bist so fad?«
Er legt si zuawa – iatz is' stad.

hei = glatt, schlüpfrig.
Bei Glatteis: »Haind is' hei daußd; paß fei auf!«

Heiddam, das = verschliffen aus Heilthumb. Fast alle christlichen Wallfahrtsorte besitzen ein Heilthumb, Heiligtum: Reliquien, häufig ganze Skelette von Heiligen oder Seligen oder sagenhaft frommen Menschen, mit Flor überzogen und farbigen Glassplittern und Talmigold geschmückt. Im Frühjahr und Herbst wird zumeist das Heiligtumsfest gefeiert, mit großer Dult, einem Jahrmarktsaufgebot, man sagt: »Haind is Heiddam!« Die Kinder bekommen ihr Duidd- oder Heiddamsgraizerl; vgl. Graizerl.

Heilinga = (mit entsprechender Beifügung) ein Sonderling.
Dees is a gschbassiga, a bsundana (besonderer) Heilinga (Heiliger).

Heilinga Geischt = unsichtbarer Bewirker von Überraschungen.
Kommt z. B. ungelegener Besuch oder ein unbequemer Beobachter, sagt man: »Den hod da heilinge Geischt hergfirt.« (hergeführt)

Bittere Enttäuschung
In Dorfkirchen wurde früher am Pfingstfest den Gläubigen ein kleines Schauspiel in der Art bereitet, daß man eine weiße Taube aus dem »Heilig-Geist-Loch« an der Decke in das Gotteshaus flattern ließ. Als in Draxlfing der Pfarrer einmal rief: »Komm, heiliger Geist, auf uns herab«, kam keine Taube aus dem Loch. Der Geistliche rief ein zweites Mal: es blieb wieder alles still. Beim dritten Ruf streckte der Mesner seinen struppigen Kopf aus

dem Loch und schrie in die wartende Stille hinab: »An heilinga Geischt hod kKatz gfressn!«

Heimeran = Emmeram (Emmeran), christlicher Heiliger, Märtyrer, missionierte um 700 unter Herzog Theodo in Bayern.
In München Heimeranplatz, Heimeranstraße, benannt nach dem Stadtzimmermeister Heimeran oder Heinrich von Straubing; er stellte 1477/78 den Dachstuhl der Frauenkirche auf, wozu er 2100 Bäume benötigte, die mit 140 Flößen auf der Isar aus den Bergen nach München kamen.

Heiß, der = Füllen, Fohlen; mittelhochd. vol; vgl. Füllei.
Heißerl = kleines Fohlen; a Heißnwoa = eine Fohlenweide.

Helfgood! = Segenswunsch, den man ausspricht, wenn einer niest (andere Art: »Gesundheit!«).
Die Antwort auf Helfgood: »Daß' wohr is.«

hem, (nasal) = heben in dreifacher Bedeutung: heben, halten, aufbewahren.
Zum Kind: »Heb dein Boim auf.« (Ball vom Boden.)
Mädchen sagten früher: »Dean ma Boimschutzen.« (Ballspielen)
Zu einem Begleiter: »Geh, heb dees Packerl a bisserl!« (halte es.)
Man hebt (bewahrt) seine Ersparnisse im Strumpf auf.

Altes Gstanzl
Und wennst ma koan Wein net zahlst,
ums Bier is mar aa net viel,
und wennst mi nacha halsn willst,
heb i dir aa net still.

(Schmeller)

Hemad, Heimad, das = Hemd; vgl. Pfoad; althochd. hemidi, italien. camicia, span. camisa, französ. chemise, Chemisett (bairisch: Schmiseddl = gestärkte Hemdbrust); Mehrz. dHemada; Hemal, Hemadl = Hemdchen.
A Hemadlenz, a Hemadstutzl = ein Hemdenmatz; a Hemadürwe = ein Hemdenärmel.
Bei zerrissener Hose schaugt da Hemadzipfe aussa.
Verächtlich: Hemadbiesla, Hemadbrunza, Hemadscheißa, Hemadsoacha.
Kinder spötteln gern über das weiße Chorhemd der Geistlichen: »Dominus fobiskum – da Pfarra lafft im Hemad rum!«

Hen, Hein, die (nasal) = Henne; althochd. henna; Mehrz. (oft auch Einz.): dHena, dHeina; Henal, Heinal, Hendl = Hühnchen.
Schimpfwort für etwas verwahrloste Frau: »Du Hena, du gschupfte!«
Auf dem Oktoberfest gibt es viele Hendlbroderein (Hühnerbratereien), dee vokaffa brone Hendln (verkaufen gebratene Hühnchen).
Brahms sagte bei einem abendlichen Hendlschmaus: »Sonst geht der Händel über Brahms – heut geht der Brahms über dHendln.«

Kindersang
Henal bibi, Henal bobo,
wennsd ma koa Oar ned legst,
stich i di o!

Hendd, die (nasal) = Hand, Hände.
Aus volkstümlichem Lied zur Münchner Fronleichnamsprozession:
. . . und da Prinzregent
mid da Kürzn in da Hendd . . .
(mit der Kerze in der Hand.)

hera (a hell) = her; nur als Schlußwort gebraucht mit besonderer Betonung des a.
Kimm hera!
Hock di hera, du Matz, du bratige!
Vgl. auch: doda, iatza, neda, wegga, woruma.

Herrschaftseiddn! = harmloser Fluch.
Herrschaftsgribbe! = Schimpfwort für ungezogenes Kind (Gribbe = Krüppel).

Herzerl, das = Herzlein; Kosename für Kinder, auch fürs Gschbusi.
Auf Lebkuchenherzen zum Umhängen: A Herzerl fürs Herzerl.

Herzibobberl, das =Herzenspüppchen; Kosename für Puppen und Kinder; vgl. Bobberl.

Herzkaschtn, der = Herzkasten, großer Busen; vgl. Duddn, Herzzaig.
Dees Weiberts hod dar an Drumm Herzkaschtn. (dar = dir = ethischer Dativ.)

Herzzaig, Herzzaich, der = Herzzeug, großer Busen; vgl. Herzkaschtn, Duddn.
Deandln unter sich: »Min Ramser-Hiasl tanz i ned gern; der Hamme flaggt se oiwei so fest auf mein Herzzaig auffe.«

Hetscha, der = Schluckauf, krampfhaftes Aufstoßen; vgl. Schnaggla.

hi (nasal) = hin.
Zusammensetzungen: hischmuggln = hinkuscheln; hikeiln = hinwerfen; hiblosn = hinblasen; hifohrn = hinfahren (einen Bekannten besuchen); hihaun = hinhauen, gelingen, klappen.
Dös haut hi (es klappt, es gelingt).
Soll i dir oane hifahrn (eine Ohrfeige geben)?
Hi bedeutet aber auch: zerstört, unbrauchbar, erledigt, tot sein. Ein Spielzeug, ein Auto, ein Tier, eine Liebschaft, ein Mensch kann hi sein.
Der Verzweifelte: »Oiß is hi – i häng mi auf!«

Hiadda, der = Hüter, Hirte; althochd. hirti, von Herde; latein. pastor.
A Schofhiadda = ein Schafhirte; a Foidhiadda = ein Feldhüter; ein Sauhiadda (auch Schimpfwort) = ein Schweinehirt.
Familiennamen: Feldhütter; Herder = Hirt.

Tanzlied
Koa Hiaddamadl mog i ned,
dös hod koane dickn Wadln ned,
halli, hallo . . .

Hiasl, Hias = Kurzform, kaum Koseform von Matthias, auch frotzelnd für dummen, einfältigen Burschen; Mehrz. dHiasln.
Du Hiasl, du damischer!
Matthias war Jünger Jesu, wurde durch das Los Nachfolger von Judas Ischariot und nach der Sage in Jerusalem gekreuzigt.

Hiazagl, der = beschränkter, einfältiger Kerl, vielleicht lautmalerische Verlängerung von Hiasl; s. d.

Spott
Gscherta Hiazagl,
friß a Roßfleisch,
is guad fürn Fuaßschweiß,
reib dir an Bauch ein mit Salmiak,
daßd mehra Hirn kriagst
und weniger Gnack.
(Sammlung Böck)

Hiddn, die = Hütte; althochd. hüttna; Mehrz. dHiddna.
Zusammensetzungen: Berghiddn, Sennhiddn, Oimhiddn, Hundshiddn, Haihiddn. Auch kleines heruntergekommenes Anwesen = a Hiddn, a zammgfoine.
Freundliche Begrüßung: »Servus, oide Hiddn!« Hoiz bei da Hiddn; vgl. Duddn.

Hiesiger = einer vom Ort, von der Gegend, von hier; vgl. Dasiger, Zuagroasta.

Hifojads, das = wörtlich: das Hinfallende, die hinfallende Krankheit = Epilepsie, weil der Kranke plötzlich bewußtlos hinfällt.
Warnung: »Da Schuasta-Sima hod as Hifojads, den därfst ned zon Mörtlrührn hernehma; do kunnt er in' Koich neifoin.« (Koich = Kalk.)
Schutzpatronin gegen Epilepsie ist Bibiana, christliche Heilige, römische Jungfrau, Märtyrerin unter Julian Apostata 363. Fest: 2. Dezember.

Himmibabba, der = Gottvater in der Kindersprache; vgl. Daddi.

Himmifahrtsnosn, die = aufwärtsgebogene Nase(n) (Stupsnase wie die Fromme Helene bei Busch).

Himmilanger = sehr großer, dürrer Mensch, der (bildlich) bis zum Himmel reicht.

himmilitzn = wetterleuchten, auch: Himmi oküahln = Himmel abkühlen. Himmilitzn vielleicht verschliffen aus Himmiblitzn (Himmelblitzen); vgl. Weda.

Himmischmeggerl, das = Mädchen mit aufgebogener Nase, die zum Himmel hinaufschmeckt (hinaufriecht); vgl. Himmifahrtsnosn.

hindd, hinddn = hinten; mittelhochd. hinden. Dir hängt hindd as Lambbe raus. (Hemdzipfel aus zerrissener Hose.)

hinddafotze, hinddafotzad = hinterhältig, verschlagen, heuchlerisch.
Du hinddafotzada Saukerl, du hinddafotzada!

hinddare = hinter, zurück.
Nacha san mar ins Eck hinddareganga (hintergegangen).
Gehsthinddare (der) = Bratenrock, Frack, Cut, so genannt wegen der hinten herabhängenden Schößе.

Hirgst, der = Herbst; althochd. herbist; niederd. und engl. harvest; in Hamburg Stadtteil Harvestehude = Herbsthut, Herbstweide; ursprünglich = Herbst die Tätigkeit des Erntens, noch erhalten in Traubenherbst.

Lied auf das Altern
Na kimmt da Hirgst, Hirgst, Hirgst,
daßd as fei mirkst, mirkst, mirkst.

Hirgstkatzln, die (a hell) = Herbstkätzchen, im Herbst geboren, nicht beliebt, da sie zumeist schwach und anfällig sind, keine klaren Augen haben.

Hirmon = Hermann, Vorname; altd. Herimann, von heri = Heer.

Hirnbatzerl, das (a hell) = mit Daumen und einem Finger auf die Stirn eines andern (besonders Mädchen) knipsen, zumeist freundliche Geste.

hirndabbe (a hell) = Steigerung von dabbe (s. d.), saudumm, närrisch, verrückt. Weitere Freundlichkeiten: hirnrissi, hirnvobrennd.
Da Hirndabbige schaugt ois wiar an ogstochas Kaiwe (abgestochenes Kalb).

hoadda = heiter, sonniges Wetter.

Hoaddastaun, die = heitere Staude, wegen der leuchtenden gelben Blüten = Gemeiner Ginster, dorniger Strauch; latein. genista, französ. genet, daher Plantagenet als Beiname für das Haus Anjou, weil Ginsterpflanze im Wappen; Mehrz. dHoaddastauna.

Hoagarddn, der = Heimgarten; abendliches Treffen, zumeist Jugendlicher, in einem Haus zu Ratsch und Tratsch, zu Musik und Tanz.
Haind nocht dean ma bein Michibaurn hoagarddln.

hoaggle, hoagl = heikel, wählerisch, anspruchsvoll, ausgestochen, nicht nur beim Essen; erst im 16. Jh. aufgekommen.
Zur Ausgestochenen: »Schee ned, aber hoaggle!«

hoallous = heillos; bei Kindern: ungezogen, böse; bei Erwachsenen: hinterhältig, gerissen.
Zum quengelnden Kind: »Gibst koa Ruah ned, du Gribbe, du hoallousa!« (Gribbe = Krüppel.)

hoach, houch = hoch.
Unser Zugspitz is a houcha Berg.
Ortsnamen: Homburg = zur hohen Burg; Hannover = am hohen Ufer.
Markt Hohenwart, früher Marckh Hochenwart = römischen Ursprungs (Alta specula = Hohe Sicht, Hohe Warte); wegen der anmutigen Lage von den nahen Städten Pfaffenhofen und Schrobenhausen beneidet, scheel angesehen und gedemütigt.
In Pfaffenhofen heißt es: »Wer Vaddar und Muadda ned ehrt, kimmt nach Hoachawart!« Die Hohenwarter wehren sich: »Ös gscherte Uimbrunza, ös gscherte!« (Uim = Ilm – Pfaffenhofen liegt an der Ilm.) Noch derber: Bei einem heftigen Streit sagt ein Schrobenhausener: »Wos wuist denn? Hoachawart is as Arschloch der Welt.« Der Hohenwarter schlagfertig: »Und Schromhausn is da Dreeg davo.«

Hoamat, die = Heimat; von mittelhochd. heim = Haus, Wohnsitz, daraus heimuoti = Heimat.
Etwa 2000 Ortsnamen mit heim, dazu gehören auch Bachem, Dahlem, Kochem, Böhmen = Beheim, Bojerheim, Bajuwaren, Baiern.
Zum Geschwätzigen: »Dei Red is a Schmarrn, dee hod koa Hoamat ned.«

Hoamatl, das = Verkleinerung zu Heimat und bedeutet das kleine Zuhause, eine Liebesansage an das Gemütliche, Geborgensein in bescheidenen häuslichen Verhältnissen.
Der vergessene große bairische Dichter Franz Stelzhamer (1802–1874) mahnt:

Dahoam is dahoam,
und wer bleim ko, der bleib;
dHoamat is,
glaabts mas gwiß,
da zwoate Muaddaleib.

Hoazat, Houzat, die = Hochzeit; mittelhochd. hochzit = ursprünglich jede hohe, jede Festzeit.
Personen: Hoazatschmuser (= Makler, der das Paar zusammenbringt), Hoachzeida, Hoachzeidarin, Hoazatloda = Hochzeitlader, in Niederbayern Progoder genannt (von Prokurator = bevollmächtigter Vertreter), ging mit geschmücktem Hut und Stock zum Einladen, oft zu 150 Teilnehmern.

Abschied von der freien Welt
Hoachzeiderin host gheirat,
du werst as ned moana,
werst oft in a Eck steh,
und werst da gnua woana.
Hoachzeiderin host gheirat,
du werst as ned denka,
du konnst iatz dei Herz
koan andern mehr schenka.
(Sammlung Böck)

hoazn = heizen; althochd. heizan = heiß machen; da Hoaza = der Heizer; ohoazn (o nasal) = anheizen.
Drohung an Nichtsnutz: »Wart nur, Birscherl, i hoaz dir scho ei, daß dir dar Arsch brinnt.«

Hock, der = leichter Zorn, Mißstimmung, Abneigung.
Mit Fingerzeig zum Nachbarn: »Auf den hon i an Hock.«

hocka = sitzen, ursprünglich kauern.
Hock di zuawa (setz dich her).
Ein Senn erzählte: »Wiar i do so hock, und wiar i do so schaug – siech i, daß i schlaf!«

Hockableiber, der, die = einer, der von der Wirtsbank schwer hochkommt (Einz. u. Mehrz.), auch Kind, das in der Schule sitzenbleiben, die Klasse wiederholen mußte; es wird mitleidlos verspottet: »Hockableiber, Schoaßauftreiber!«

hod = hat; ghod = gehabt; hed i = hätte ich.
Gern gebrauchte Wendung bei erhitztem Gespräch über einen Dritten: »Dees hon i ned gsagt, sagt a, hod a gsagt.«

Hodern, der, die (o fast a) = Hadern (Einz. u. Mehrz.), Putzlumpen, Scheuertuch, preißisch: Feul, Feudel; auch Kleidung aus minderwertigem Stoff; ein leichtes Mädchen, an dem sich jeder die Hände abwischen kann, is a Hodern.
A Hodalump = ein durchtriebenes, ehrloses, innerlich und äußerlich heruntergekommenes Mannsbild. Schmeller unterscheidet noch: Da Fotzhodern = das Schnupftuch; der Handhodern = das Handtuch; der Pranghodern = die Manschette; der Rüaßlhodern = die Serviette; der Hoderlatsch = untüchtiger Mensch.

Hörg, Höni, Hani, der = Honig.
Ortsnamen: Hönighausen, Hönigsbach, Hönigsgrub, Hörgenau, Hörgenbach.

Hofa, der = Hafen, Topf; mittelhochd. haven = in sich fassen, daher auch vielleicht Hafen für Schiffe; Mehrz. dHefa.
Köbenhavn = Kaufmannshafen, Kopenhagen; a Drangghofa = Trankhafen, Gefäß zur Schweinefütterung, auch Schimpfwort für plumpes, unsauberes Mädchen; vgl. Haferl.
Familiennamen: Hafner; schwäb. Hefele; fränk. Töpfer, Döpfner.

hoi (o offen), **hej** = hell; althochd. hel = laut, tönend; später nur Gesichtseindruck, doch heute noch: helle Stimme, einhellig, in hellen Haufen.

Hoi, Höi, die (beide Wörter nasal) = Hölle; althochd. helan = verbergen; Hel = Todesgöttin; vgl. Hull.

hoiddn = halten; althochd. haltan = bewahren, hüten.
Heute noch ist der Hoiddabua (Halterbub) kleiner Gehilfe der Sennerin; A Fischghoidda = wörtlich ein Fischgehalter, Fischbehälter, Vorratsbehälter, den die Fischer im Bach vor ihrem Hause schwimmen haben.
Hoidd mi ned auf!

hoiffa, höiffa, hejffa = helfen; althochd. helfan; huif = hilf.
A Hoiffashoiffa = ein Helfershelfer, früher ein Genosse, Mitkämpfer des Helfers, heute nur noch in schlechtem Sinn.
I huif da scho für dHuastn! – I huif da scho in d Schuach nei! (Beides: Dir werde ich schon kommen! Du hast es mit mir zu tun!)
Familiennamen: Helfer, Helferich, Hilbrig, Hilperich.

hoiwa, hoiwad = halb.
A hoiwada Loab Brot, a hoiwads Pfünderl Fleisch.
Do host mi grod hoiwad (da tu ich nicht mit).
Iatz is' aggradd hoiwa sieme, hoiwar achde. (Das Endungs-e bei sieme, achde bedeutet Uhr, das Wort Uhr setzt der Baier nicht dazu.)

Hoiwe, die = Halbe (Bier) = eine halbe Maß, ein halber Liter; vielleicht auch noch: a Hoiwe Milli.
Die Kellnerin, die nach preißischen Vorstellungen nur Zenzi heißen kann, rechnet: »Siem Hoiwe hamma ghabt, Herr Dirbrigl, dös macht . . .« – Die neue Preißn-Hoiwe (0,4 l) lehnen die Baiern ab. In der »guten alten Zeit« holte man beim Brai (Bräu): drei Hoiwe Bier, drei Hoiwe Schäbbs. (Nur in diesem Fall wurde zur Unterscheidung »Bier« dazugesetzt; vgl. Schäbbs.)

Hoiz, Hulz, das = Holz schlechthin, doch auch der Wald; mittelhochd. holz = Wald.
A Hoizl = ein kleiner Wald, auch kleines Stück Holz, z. B. a Zindhoizl (= Zündholz). Es gibt a buachas, a birkas, a linddas, an eschas, a faichtas, a menddligs (föhrenes) Holz; Hoizebbfe und Hoizbirn. Hoiz bei da Hiddn; vgl. Duddn.
Ortsnamen: In Bayern allein 29 Holz, 41 Holzen, 354 Zusammensetzungen mit Holz, natürlich auch Holzwege.

Hoizfux, der = Holzfuchs; Mehrz. dHoizfuxn; zumeist etwas scheue Kinder, vielleicht aus der Einöde, aus dem Wald stammend, doch auch abwertige Bezeichnung für verschlagenen, hinterhältigen Menschen.
Do hod a herzahnt ois wiar a Hoizfux (vgl. zahna).

Hoizgnecht, der, die = Holzfäller (Einz. und Mehrz.).
Knecht war zumeist Bezeichnung für Helfer gewöhnlicher Dienste: Braignecht = Bräuknecht, Braugehilfe; Muignecht, Moignecht = Mühlknecht, Mahlknecht. Das Wort Gehilfe war »besseren« Helfern vorbehalten, z. B. allen Handwerksgesellen, es gab sogar einen Schuighuif = Schulgehilfe, Hilfslehrer.

Holla, der = Holunder; mittelhochd. holder.
Holladauch = Holundermus (preißisch: Fliederbeersuppe); Hollaküachln = Holunderblüten als ganze Dolde in Teig und Schmalz gebakken; a Hollabix = eine Holunderbüchse, aus Stück Holunderholz Mark entnommen, gibt mit Stößel und Pfropfen aus Werg einen Knall (von Buben selbst gebastelt).
Der Hollabusch war den Alten heilig. Er schützte den Hof vor Blitz und Feuersglut, er nahm Vieh und Feld in Hut, und jedes Stück an ihm, von der Wurzel bis zum letzten Blatt, besaß irgendeine Heilkraft, sogar die Schelf (Schale, Rinde) lieferte einen Tee gegen den Reißmathis (Rheumatismus).

hom, homd, homad (o überall fast a) = haben.
Redensarten:
Wia hommas denn? (Was soll das sein?)

Iatz hommas wieda! (Die Arbeit ist beendet.)
Mir san ebba – mir hommad a Gejd!
Hom, song dSchwom. (Haben, sagen die Schwaben – wenn ein Wunsch, ein Verlangen, eine Bitte nicht erfüllt werden kann.)
Nach dem Raufen: »Do hommada zuaghaut!« (»Da haben wir dir zugehauen; dir = ethischer Dativ).

hoore = haarig; Hoor = Haare; althochd. här (härene Decke, härenes Bußkleid).
A hoorige Sach = kitzlige, zweifelhafte Angelegenheit; a Roadhoorade = eine Rothaarige; ihr haftete früher ein Hauch von sexueller Verruchtheit an – heute trügt der Schein auch hier seit der Erfindung der Haarfärbekunst.
A Flachshoorade oder a Weißgschopfade (s. d.) = blondes Mädchen.

Für die Blonde
Du flachshoorads Deandl,
i ho di so gern,
i kunnt glei zweng deiner
a Spinnradl wern.

Gegen die Schwarze
Göi, du Schwarzaugade,
göi, für di taugad i,
göi, für di waar i rächt –
wenn i di mächt!

Ortsneckerei: »Du langhoorada Degabegga!« (Tegernbacher; im Ort gab es keinen Bader, der den Dörflern die Haare rechtzeitig schnitt.)

Hoorwax, das = Haarwachs, das sehnige Ende der Muskeln, minderwertiges Stück Fleisch.
»Es war dem Übersetzer des Paré vorbehalten, den anatomischen Sprachschatz mit diesem höchst sonderbaren Wort zu schmücken. Dasselbe wurde aus den Fleischbänken hergeholt, wo schon seit uralter Zeit das Ligamentum nuchae als Haarwachs behandelt wurde.« (Nabil Osman)
Das Hoorwax setzte der Vater am mageren Mittagstisch seiner Kinderschar mit besonderen Lobesworten vor, damit für ihn das genießbarere Häppchen Fleisch übrigblieb.

Hopfaschdanga, Hopfastang, die = Hopfenstange; althochd. hopfo, vielleicht von hüpfen, althochd. stanga, auch italien. stanga, verwandt zu Stengel = Stänglein. Der Hopfen wurde früher nicht auf Draht und Schbogad (Bindfaden) gezogen, es gab für jede einzelne Rebe eine eigene bis zu 5 m hohe Fichtenstange; heute nur noch vereinzelt für jungen Hopfen verwendet.
Für die Ernte, die früher von Hand vor sich ging, brauchte man viele Hopfazupfa.
A langhaxads, mageres Weibsbild wird gern beschimpft: »Du zaundürre Hopfastanga, du zaundürre!«

Hos, der (o fast a) = allgemeine Bezeichnung für Feld- und Stallhase; Mehrz. dHosn; Haserl (a hell) = Häslein.
Der gebräuchliche Name Kinihos, Kinigl für Kaninchen kommt nicht von König, sondern von Karnickel; latein. Lepus cuniculus.
Gedämpfter Schimpf: »Du saubleeda Hos, du saubleeda.«
Abwehr: »I bi koa hairinga Hos, dees mirkst da!« (Ich bin kein diesjähriger Hase, das merkst du dir! = Ich lasse mir nichts vormachen, du kannst mich nicht für dumm verkaufen.)

Hoslnuß, die (o fast a) = Haselnuß; althochd. hasala.
A Hoslnußstaun = eine Haselnußstaude.
Der oide Nusserer kam auf jede Musi (Tanzmusik) mit einem blauen Säcklein voll Hoslniß, und jeder Bursche kaufte davon für seine Liebste um a Zehnerl (eine Handvoll); neben ihm auf der Bank lag allerdings auch schon der Hoslnussane (Stecken), wenn es a Raffads geben sollte.
Spruch: Herbstln duads, dHoslnuß wern zeide (reif).
Ortsnamen: Haßloch, Hesselohe (Lohe = Gebüsch, Niederwald).

Hosn (nasal) **Housn, Husn, Husa,** die = Hose; althochd. hosa = eigentlich das Verhüllende; Mehrz. dHosna; Heserln = Höschen.
Schimpfwörter: Hosnbiesler, Hosnbrunzer, Hosnscheißer, Hosnsoacher.
Wie Hose landschaftlich verschieden gesprochen wird, so besonders auch Vornamen, z. B.

München	Tegernsee	Berchtesgaden	Holledau
Marerl	Marä	Marei	Marl
Bäbberl	Sebbä	Sebbei	Säbb
Reserl	Resä	Resei	Res
Kadderl	Kaddä	Kaddei	Kadd (Kall)
Micherl	Michä	Michei	Mich
Schorscherl	Schorschä	Schorschei	Schoos (Schossi)

(Betonung stets auf der ersten Silbe.)

Hosndrädrä, der = kleiner Bub, dem der warme Darminhalt in den Hosenboden gerutscht ist; doch auch Spottwort für kleinen feigen Kerl, sogar für zwergwüchsige Erwachsene; mittelhochd. dredan = sich beschmutzen.

Host mi, hoscht mi? (o fast a) = Kürzel von: Hast du mich verstanden? Ist alles klar? Bist du im Bild?

hott! (o offen) = Zuruf an Zugtiere, auch: hott umi = rechts; vgl. wüst.

Howe, der (o nasal) = Hobel; Mehrz. dHewe; Hewerl = Hobelchen; howen (Betonung erste Silbe) = hobeln.
Schimpf: »Du ughoweda Laggl, du ughoweda!« (Du ungehobelter Kerl, du ungehobelter; vgl. Laggl.)
Aus dem Hobellied, dem Leiblied von Gustl Waldau (Künstlername für Gustav Reichsfreiherr v. Rummel, Staatsschauspieler, 1871–1958; zuerst Offizier; Grab im Prominentenfriedhof Bogenhausen; Gustl-Waldau-Steig in Bogenhausen):

Das Schicksal setzt den Howe an
und howed alle gleich.

Howern, der (o fast a) = Haber, Hafer = Getreide; mittelhochd. haber; Hafer vom Plattdeutschen übernommen.
Familiennamen: Haber, Haberer, Häberle, Habermann, Haberl, Haberstumpf, Haberthaler.

Howerfoiddreim, das = Haberfeldtreiben. Heimisch gewesen zwischen Isar und Inn; Volksjustiz für Vergehen, besonders geschlechtlicher Art, bei denen die Rechtspflege versagt hat: Unter dem Befehl ihrer »Haberermeister« zogen die rußgeschwärzten »Haberer« johlend, pfeifend, rasselnd nächtens vor das Haus des Sünders, der unter die Tür zu treten hatte, und hielten ihm in derben, holperigen Reimen seine Untaten vor; mit Katzenmusik zogen sie wieder ab. Da das Haberfeldtreiben um 1900 ausartete, wurde es von der Justiz als Landfriedensbruch geahndet und die Treiber mit Freiheitsstrafen bedacht.

Howeschoaddn, die (erstes o nasal) = wörtlich Hobelscheiten (von Scheit, Span), Hobelspäne, Abfälle beim Hobeln; vgl. Howe; mittelhochd. schit, griech. schiza = Scheit, schisma = Schisma, Spaltung.

Huadara, der = Huterer, Hutmacher; althochd. huot; Mehrz. dHuadara. In manchen Gebirgsorten (Tegernsee) noch Berufsbezeichnung; bei Aman auch Schimpfwort: »Mann, der verschlagen, hinterlistig, heimlichtuerisch ist.«

Huawa = Huber; einer der häufigsten Familiennamen in Bayern, ursprünglich Hofbesitzer. Um 1000 noch wurde der Besitz nach Hufen gezählt (20 Pferde-, 100 Rinderhufe); aus Hufe wurde Hube, der Besitzer war der Huber. Der Lautwandel von f zu b ist häufig: Schrauf (Schraube), Zwiefe (Zwiebel), Knofe (Knoblauch), schnaufen (schnauben).
In einem Pergament aus dem Jahre 996 (Staatsarchiv München) schenkt Kaiser Otto III. der bischöflichen Kirche von Freising »30 Königshufen« in der Gegend, die »im Volksmund Ostarrichi« genannt wird, das ist die Babenbergermark Österreich: Geburtsstunde Österreichs; vgl. Estareicha.

hudrewudre, hudrehudre (lautmalerisch) = hastig, flüchtig, hudlerisch, schlampig arbeiten.
Bei Eile oft auch: »Dees muaß hobbade, hobbade geh!« (von hopphopp.)

hürdd = hart; mittelhochd. herte.
A hürdde Nuß, a hürdds Gschäft.

In katholischen Gegenden hieß man einen Andersgläubigen an hürddbrenndn (hartgebrannten) Sackra.

Hürwa, die = Herberge, von bergen, Geborgensein; dHürwa = das Zuhause, im engsten Sinn die Stube.
Aus der koidn Hürwa entstand der Ortsname Kaltenherberg (b. Schrobenhausen).

Huiß, die = Schwein, Sau, lautmalerisch von grunzen: oi oi oi; Mehrz. dHuißna; Hutzifaggerl = kleines Schwein, auch kleines Kind, das sich beschmutzt hat.
Familienname: Huiß.
Höher gehts nimmer, hod dHuiß gsagt, und is aufn Stutzl gstanna (auf dem Schwänzlein gestanden). (Sammlung Böck)

Hull, die = Höhle, kleine Grube zum Schusser-, Marmelspielen; mittelhochd. hule = Höhlung, Loch.

Hunaus, der = Hornisse, die am meisten gefürchtete einheimische Wespe; althochd. hornaz; nistet in hohlen Baumstämmen.
Der Volksmund sagt: Zwoa Hunausnstich kinnar an Mensch dettn, sexe bringan a Rooß um.

Hundd, die = Hunde; althochd. hunt; Hundderl = Hündchen.
Anerkennende, freundliche Begrüßung: »Seids da, ös Hundd!«
Dagegen unfreundlich: »Ös Sauhundd!« »Ös Bluadshundd!«
A Hundling, a Hundlinger = ein Durchtriebener, Gauner, Spitzbube; hunzen = wie einen Hund behandeln; verhunzen = etwas verunstalten, verschandeln: Arbeit, Bau, Wort, Buch; hundshaidern = minderwertig wie Hundehaut.
Schmeller: »In dem Haus steckt noch ein alter Hund«, d. h. es ist noch Geld von den Voreltern vorhanden. Die Bedeutung eines verborgenen Geldvorrates hat Hund wohl auch in der bekannten Redensart: »Da liegt der Hund begraben.«

Hunddsdabbara, der, die = Hundstapper (Einz. u. Mehrz.), wie ein Hund schwimmen.
Der Anfänger wird verspottet: »Uijegerl, der Konixl ko ja sched an Hundsdabbara!« Vgl. Konixl, sched.

hupfad = hüpfte, Konjunktiv von hüpfen; Mehrz. hupfadn; vgl. sogad.
Faules Versprechen an breitem Bach: »Wennsd do nüberhupfadst, kriagadst a Markl.«

Hur, die = Hure; althochd. huora = ursprünglich jede Ehebrecherin; heute Prostituierte; aus USA: Callgirl = vornehme, elegante Liebesdienerin, die Verabredungen nur telefonisch erledigt; Mehrz. dHurna.

Verzwickte Abiturfrage
Der Wurmdobler-Girgl von Hintermondschein sollte beim Abitur der Hohen Kommission das Goethe-Gedicht »Der König von Thule« erklären. Er machte seine Sache gut. Zuletzt jedoch fragte der Regierungsmann: »Wie sagen wir heute anstatt Buhle?« Der Girgl lief rot an und schwieg, auch auf die zweite und dritte Aufforderung. Da wurde der Gewaltige zornig: »In Dreiteufelsnamen, als junger Mensch werden Sie wohl ein anderes Wort für Buhle kennen!« Da stotterte der Girgl in seiner Prüfungsangst: »Die Buhle . . . die Buhle, das war dem König . . . dem König seine Hure.« – »So ein Barbar«, rief der Regierungsmann entsetzt, »kennt der Holzfuchs, der grobe, das zarte Wort Geliebte nicht!«

Hutzln, die = Dörrobst, auch geschrumpfte Früchte: Zwetschgen, Birnen, Apfelspalten; vgl. Gletzn.
Hutzlbrot, Gletznbrot = Früchtebrot; Hutzlbrüah = Absud von Hutzln. Ein altes, mageres, verschrumpeltes Weib is a Hutzl.

i = ich.
Der Fensterlbua ohne Schneid: »I ho mi ned weida zuaridraud zo da Resl.«
Der verunglückte Mopedfahrer: »Do hon i da ned schlächd gschaugt, wiar i middn an Schdraßgrom dringflaggt bi!« (da = dir = ethischer Dativ.)

iatz = jetzt; mittelhochd. ieze, ietzund, itzunder; vgl. etz, öitz.
Zu Kranken oder Kindern nach Beseitigung eines kleinen Übels: iatzada, ötzala, sodala (so, nun ist es gut).
Iatz gehts dahi min Silod in dSchdood, hod da Spotz gsagt, wiar an kKatz gfressn hod. (Spruch, wenn einer verhaftet wird oder vom Berg fällt.)
Wenn einer endlich begreift: »Iatz kimmts eahm wiar an Boog bMilli.«

Ibidumm = ich bin dumm. Am 1. April wird ein Kind oder ein einfältiger Erwachsener mit großem Korb oder Gefäß zum Krämer geschickt: »Da holst um a Fimferl einen Ibidumm!« (Kam dem Gefoppten im Kramerladen die Erleuchtung, durfte er sich mit einem Kauf für persönliche Zwecke entschädigen auf Kosten des Auftraggebers.)

Imbb, der = Biene; vgl. Angl; mittelhochd. imbe; Mehrz. dImbbm.
An Imbbmhaisl = ein Bienenhaus; Impler, Immler = Imker.
Implerstraße in München nach altem Patriziergeschlecht benannt. In Niederbayern heißen die Bienen Zeidln.
Familiennamen: Zeidler, Zeitler.

Bauernregel
Schwarm im Mai, schreit der Impler juchhei!
Schwarm im Jul, ein Federspul.

Imoaschoaa! (aa hell) = Ich meine schon auch! Erlösender Ausruf, wenn ein anderer endlich seine Zustimmung gibt zu einer Meinung, einem Vorschlag, einer Verabredung, einem Abkommen. Echt gesprochen, klingt die Redensart wie Bairisches aus Paris.

Infaulenza, die = Influenza, Grippe = beliebte Schulkrankheit, vermeintlich von faul.

Ingraisch, das = inneres Geräusche = Eingeweide, Gekröse von Tieren, scherzhaft auch von Menschen; mittelhochd. geriusche = Geräusch; vgl. Voressen.

ins, insa, insane (nur am Gebirgsrand heimisch) = uns, unser, unsere.
Aus Zeitungsbericht: »Bei insane Gemeinderät san glei drei Judassn.« (Judasse, Verräter.)

ins Gebet nehmen = einen andern (besonders ein Kind, einen Jugendlichen) verhören, eindringlich befragen.
Den hon i orndle (ordentlich) as Gebet gnomma, nachad hod a sei Lumperei eibschdanna (eingestanden).

Irch, das = gegerbte Gems- oder Rehdecke.
Die Ledererstraße in München hieß früher Irchergaß.
Gamslederhosen, von den »Säcklern« angefertigt und bestickt, sind weicher, angenehmer zu tragen als die Hirschledernen; vgl. Krachlederne.

Irda = Dienstag, auch Erchtag, von german. Gott Eri oder Ziu; beliebter Hochzeitstag; mittelhochd. dinstac. Bei den Römern ist Dienstag der »Martis dies« = Tag des Mars, davon französ. mardi, italien. martedi; vgl. Wochentage.

irdan = irden; mittelhochd. irdin, aus Erde.
An irdas Gschiir = ein irdenes Geschirr, Töpferware, nicht Porzellan.

Irga, der = Ärger.
An Irga hom (einen Ärger haben).

Irxn, die = Achsel, Schulter.
Irxnschmoiz = Achselschmalz, Kraft haben.
Laß di mid den Kerl ned ei: der tragt auf zwoa Irxn! (Er ist ein zwielichtiger Mensch.) Vgl. Axl.

I scho i = Ich schon ich; gern gebrauchte Wendung bei besonderer Betonung einer Zusage oder auch Abwehr.
I mächad scho aar a Drumm vo dera Erbschaft, i scho i!

Is ja wohr aa = Ist ja wahr auch. Ärgerlicher Nachsatz zu einem häuslichen Donnerwetter, auch bei Streit am Biertisch.
Der erboste Vater: »Da soi ma nacha koan Krach ned macha, wenn sDeandl a so rumhurt. Is ja wohr aa!«

iwadiwa, iwadiwasche = über und drüber, oder: drüber und drunter, durcheinander, umeinander.
Gedämpfter Fluch: Graiz iwadiwa!
Der Gewalttätige: »Geh nur grod hera, du aufgstellta Mausdreeg, na haun i di iwadiwasche, daßd Öl brunzt!«

Iwagangl, das (beide a hell) = wörtlich: Übergänglein, eine vorübergehende Erkrankung von längerer Dauer; auch gebräuchlich für kurzfristige Wetterbesserung.
Die alte Zeitlerin klagt: »Mir hom gmoant ghatt, dees is sched an Iwagangl – und iatz is da Mo doch hoamganga zon himmlischn Vadda.«

iwagem = übergeben (in Baiern für erbrechen kaum gebraucht); gewichtiges Wort, bezieht sich auf die Hofübergabe, die von hartnäckigen Besitzern oft bis zum höchsten Greisenalter und unter unerfreulichen Auseinandersetzungen mit dem Nachfolger (Sohn, Erben) hinausgezögert wird; – Spruch: Iwagem nimma lem! – Es kam vor, daß der Wartende oft schon 40 und älter war und mit seiner festen Hochzeiterin drei bis vier Kinder hatte, die mit ihrer ledigen Mutter nicht auf dem zukünftigen Hof wohnen durften. Aus dieser Sicht heraus muß man Verständnis für den saftigen Vers haben:

Graiz iwadiwa!
Gibt ma da Vodar as Scheißhaisl iwa –
putz i's sauwar aus,
hon i aar a schöns Haus!

(Sammlung Böck)

iwa Hirn = über Hirn, von Hirnholz, Stirnholz = Querschnitt von Stämmen, Balken, Brettern, Bohlen. Iwa Hirn obagga (o nasal, anpacken) = etwas wie hartes Hirnholz bearbeiten, ein unangenehmes, lästiges, schwieriges Vorhaben erledigen.
Will sich einer Mut machen, sagt er: »I pack dee Sach gleich iwa Hirn o, wia da Pfarra dAuferstehung.« (österliche Andacht.)

iwaleng = überlegen; bei Betonung auf legen = nachdenken, dem andern überlegen sein; bei Betonung auf iwa = Hiebe auf den Hintern geben.
Iwaglegde = Übergelegte, gleichbedeutend: Arschbriegl = Prügel auf den Hintern.

iwanachde (beide a hell) = übernächtig.
Wenn ein junger Bursche am Morgen schon müde ist, mitgenommen aussieht, nicht ausgeschlafen hat, bekommt er den Vorwurf zu hören: »Bist wieda dee ganze Nacht bei aran Mensch gflaggt, ha?«

iwaschdandde (beide a hell) = überständig, über die Jahre hinaus, alterndes Mädchen; eigentlich verdorrender Baum.

iwaschlong = überschlagen: Temperatur, Wasser kann iwaschlong (lauwarm) sein; mit Rad, Auto sich iwaschlong, einen Purzelbaum machen.

iwawinddern = überwintern, gut durch den Winter kommen.
Zum Gemästeten: »Mid dein Speeg konnst guad iwawinddern.«
Andere wieder wollen ihren Winddaspeeg loshaben.

Iwaziach, die = Überzug, besonders von Oberbett und Kissen; vgl. Ziach.

Iwaziaga, nördlich der Donau: **Iwaziacha,** der = Überzieher, Männermantel.

iwazwerch = überzwerch, gekreuzt, quer, schräg; mittelhochd. twerch = quer, schräg, verkehrt, zornig. Einen widerlichen, widerspenstigen Kerl, eine schwierige Arbeit, Sache muß man iwazwerch obagga (anpacken), d. h. mit besondern Handgriffen, Listen, Tücken; vgl. iwa Hirn.

Jaaga, Holledau, Oberpfalz: **Jaacha,** der (aa hell) = Jäger.
An Aasjaaga = ein schlechter Schütze, der das Wild weidwund schießt; a Schdauernjaaga = ein Staudenjäger, ein Sonntagsjäger, auch Schürzenjäger, der sich in den Stauden herumtreibt.

Rezept gegen Liebeskummer
An Rausch her, grod mid Fleiß,
weil i auf olles scheiß,
weils mid da Jaagalies
aa nix mehr is.

Jaggl (a dunkel) = Jakob (französ. Jacques, engl. James, italien. Giacomo, hebr. »Fersenhalter«, weil er bei der Geburt seinen erstgeborenen Zwillingsbruder Esau an der Ferse gehalten haben soll); christlicher Heiliger, Fest: 25. Juli; einst beliebter bairischer Taufname. Kosename: Jaggerl.
Der Jagglhammer = schwerer Schmiedehammer mit langem Stiel. In Garmisch-Partenkirchen und Mittenwald findet alljährlich am Unsinnigen Donnerstag das Jagglschutzen statt: eine ausgestopfte Schmiedegestalt wird mittels eines Leintuchs hochgeworfen und wieder aufgefangen, dazu ein langes Lied gesungen; Schlußvers:

Der Jackl machts wia dee groaßn Herrn,
er hod dee schöna Menscha gern. *(Schmeller)*

Ja mei, Mo! (ei und o nasal) = gängiger Ausruf des Bedauerns, des Mitleids, des Verstehens bei Unglück oder Dummheit oder Eselei eines andern, auch im Selbstgespräch zu eigenem Mißgeschick; vgl. Mo.

Janker, der (a hell) = kurze Joppe, an alter Tracht mit zwei Reihen Silberknöpfen verziert; heute vielfach aus Walkstoff, auch Name für dicke, derbgestrickte Weste.

Jasager, der = ängstlicher Mann, der keine eigene Meinung hat, auch erbärmlicher Wicht.

Jessas! = Jesus, Ausruf bei Überraschung, Erschrecken, Enttäuschung; auch: Jessasna! Höchste Steigerung: Jeßmariandjosäff! = Jesus, Maria und Josef. (Heilige Familie.)

Jobbn, die = Joppe; italien. giuppa = Jacke, mittelhochd. schope; im Allgäu heute noch Schobba zum Männerrock. Jebberl (erstes e nasal) = Jöpplein.

Jochgeier, der = Raubvogel (Adler, Geier), der in der Nähe eines Jochs (Bergsattel) horstet und schrille Schreie ausstößt, wenn Gefahr droht; Bezeichnung für einen Menschen, der sich ebenso laut und schrill gebärdet.
Der Kerl plärrt als wiar a Jochgeier.

Johr, das (o fast a) = Jahr.
Einer meint: »I wünsch dir a glückseligs Johr, a bessers als dees letzte war!«

Josäffe = Josefstag, Gedenktag an den Zimmermann Joseph, den Nähr- und Pflegevater Jesu, Schutzpatron der Zimmerleute, hebr. »Mehrer«, Fest: 19. März. Ehedem weitest verbreiteter Taufname für beide Geschlechter: Knaben hießen Säbb, Säbberl, Bäbberl (Säbb, Sepp wohl der Endung »seph« entnommen); Mädchen rief man Säbbi, Bäbbi, Seffa, Säfferl, Schossefin, Finerl (nach Josephine, Kaiserin der Franzosen, Mutter des Herzogs von Leuchtenberg, 1781–1824, der die bayerische Prinzessin Amalie Auguste, Tochter König Max I., ehelichte – in München darum Augustenstraße, Leuchtenbergpalais).
Einen bairischen Seppl gibt es nicht, ist reine preißische Erfindung und für jeden Baiern eine Beleidigung; ebenso die Bezeichnungen Seppl-hose, Sepplhut, Sepplstrümpfe. Daß sich Architekt Josef Ruf, des ehemaligen Kanzlers Erhard Leibbaumeister, das verschandelnde Kürzel »Sep« zugelegt hat, dürfte wohl seiner unbairischen Abstammung zuzuschreiben sein: Ruf ist fränkischer Herkunft.
An Josäffi beginnt auf dem Münchner Nockherberg der berühmte Starkbierausschank (»Salvator«, von Sanct Salvator = Heilig-Vater-Bier).

Juchhe, der = oberster Balkon, Rang, höchste Galerie, Empore in Theater, Tanzsaal, Kirche; häufig auch hoch angebrachte Musikloge für Tanzmusikanten. Juchhe! = fröhlicher Ausruf; vgl. juxn.

Judas, der = verräterischer, treuloser, heimtükkischer Mensch; Mehrz. dJudassn.

Jügad, die = Jugend; althochd. jugund.
Die alte Zanglin jammert: »Dee junga Weibsbilder han scho glei so grundschlächt haitzutag: a jede ziagt scho mid dreizecha Johr mid aran Loder rum und han ausgschaamt vor dee oidn Laid am helliachtn Doog. So ebbas hätts in insana Jügad ned gem – mir hom dees auf dNocht bein Kammerfensterl gmacht.«

juxn = juchzen, jauchzen, einen Jubelschrei ausstoßen (beim Tanz, Hochzeitszug, auf dem Berggipfel) = Abwehrzauber; mittelhochd. juchezen, verwandt zu juchhe, Jubel.

Die Vorbemerkung bei G trifft auch hier sinngemäß zu:
Also nicht: dKatz, dKuah, dKambben, dKaiwen; sondern: kKatz, kKatzna, kKuah, kKiah, kKambben, kKaiwen.
Werden K-Wörter hier vermißt, sind sie vielleicht unter G zu finden, da der Baier vielfach k wie g spricht.

kaam (a hell) = kaum.
Verworrene Absage: »Bal i kimm, na kimm i – awar i moan, i kimm kaam.« (Wenn ich komme, dann komme ich – aber ich meine, ich komme kaum.)

Kabbe, das (a hell) = eigentlich schon Käppchen; eine Kappe = a Kabbm (a dunkel); althochd. kappa = Mantel, der zugleich Kopf bedeckt, Tarnkappe; Kabberl, das (a hell) = Käppchen.
Käppi = Soldatenmütze, davon französ. képi.
A Weißkabbade = Nonne mit weißem Kopfschleier; vgl. auch Kabboin.

Kabboin, Kabbejn, Kabbeln, die (a dunkel Betonung zweite Silbe) = Kapelle; Mehrz. kKabboina; Kabbojerl (Oberpfalz: Kabbellerl) = Kappellchen.
A Kobbegassn = eine Kapellengasse (noch in Hohenwart); da die Straße früher sehr schmutzig war, frotzelte man: Kobbegaßler, Dreegauffaßler!
Wasserzieher: »Kapelle v. mlt. capella = kleiner Mantel, Kappe. Der Mantel des hl. Martin v. Tours wurde i. einem Raum d. fränk. Königspfalz aufbewahrt, der daher d. Namen Kapelle erhielt; später dehnte sich dieser auf kirchliche Gebäude überh. aus; dann nannte man K. auch die Gesamtheit der i. d. Kirche wirkenden Musiker, endlich auch eine weltliche Musikerschar.«
Ortsnamen in Bayern: 3 Kapell, 4 Kapelle, 2 Kapellen, 2 Kappelle, 6 Kappel, 1 Kappelschuster.
Familiennamen: Kappler, Kapeller.

Kache, die (a dunkel) = Kachel, Ofenkachel, Wandfliese; Topf; althochd. chachala = irdenes Gefäß.
A Kaffeekacherl (a hell) = ein Kaffeetöpfchen, auch nur Tasse; a Brunzkache = ein Nachttopf.
A Kache = auch Geschlechtsteil der Frau.
Familiennamen: Kachelriß, Kachler (Töpfer).

Kaddl, Holledau: **Katt, Kall** (a hell) = Katharina v. Alexandria, christliche Heilige, gelehrte Jungfrau, 307 gerädert und enthauptet, Patronin der Philosophen, Fest: 25. November. Ehedem häufiger Taufname in Baiern. Kadderl (a hell) = Käthchen; Keddi = Käthe.
Bauernregel: Kathrein hat den Winter im Schrein.

Altes kirchliches Gebot: Kathrein stellt den Tanz ein. (Es begann die tanzlose Adventszeit.)

Derbe Liebkosung
Kaddl hod an Arsch hint a Plattl,
hod an Hirn am an Stern,
drum mogs da Hiasl gar so gern.

kaffa (beide a hell) = kaufen; kaaf (hell) = kauf.
Zum Maulenden: »Red di nur aus, wennsd aa nix kaffst!«
Alle kaufen etwas Schönes:
I kaaf mir ebbas Schöns.
Du kaffst dar ebbas Schöns.
Er kafft se ebbas Schöns.
Sie kafft mir ebbas Schöns.
Es kafft uns ebbas Schöns.
Mir (wir) kaffan uns ebbas Schöns.
Ees (ihr) kaffts enk ebbas Schöns.
Sie kaffan se ebbas Schöns.

kaffad = kaufte, Konjunktiv von kaufen; Mehrz. kaffadn; vgl. sogad.
Bei schlechtem Geschäftsgang: »Wenn nur dLaid mehra kaffadn!«

Kaiwe, das = Kalb; Kaiwerl = Kälbchen. Kaiwe ist ähnliche Wortbildung wie Aiwe, Daiwe, Schwaiwe; s. d.
Kaiweziang = wörtlich: Kälbchenziehen, aus der Mutterkuh (tatkräftige menschliche Hilfe mit Stricken).
Spott: »Da Benadikt hod as Kaiwe daschrickt.« (erschreckt)
Spiel mit kleinen Kindern (bei »mäh« mit dem Finger in den Bauch stechen): »Metzga, Metzga, Kaiwestächa, Bluadrauslasser, mäh!«

kam, kamad, kemad (nasal) = käme, Möglichkeitsform.
Wenn er nur grod kam (kamad, kemad)! Mehrz.: Wenns nur grod kamadn (kemadn)!

Kambbe, der (a hell) = Kamm; auch junger (vielleicht ungekämmter, stachliger) Bursche.
A narrischer Kambbe = ein aufbrausender, jähzorniger Bursche; a Lauskambbe = ein Läusekamm.
Berge: Kampenwand im Chiemgau (Grat gezackt wie Kamm); Ochsenkampen, Spitzkampen zwischen Tegernsee und Lenggries.

Kamedi, die = Komödie.
A Kamedigschpieler = ein Komödiant; Kamediwong = Schaustellerwagen. Auch fröhlicher oder ärgerlicher Vorfall ist eine Kamedi (z. B. Gerichtsverhandlung, Rauferei).

Kammerfenster, das = »das Fenster an der Kammer, worin ein unverheiratetes, mannbares Mädchen schläft, sie sei nun die Dirne oder die Tochter vom Hause. An diesem Fenster seufzen die noch unerhörten ländlichen Liebhaber, freuen sich ihres Glückes die erhörten, jammern und verzweifeln oder trotzen und schelten die verschmähten«. (Schmeller)
Der Lohmeier Girgl (Kgl. Bayer. Amtsgericht) meint 100 Jahre später: »Also das Bayerische ist von vornherein ekelhaft. Es stinkt das Milieu! Von Thoma bis Lutz und Fitz wurden schon tausendmal dieselben Witze gemacht, dieselben Mieder angezogen, dieselben Lederhosen, dieselben Deppen! Es ist verfault, was früher roch, ist dreimal verwest, was einmal stank. Gottseidank existiert das nicht mehr in der Wirklichkeit! Alleluja und Te deum laudamus, weil heute nicht mehr gekammerfensterlt wird in Greagiabing! Magnificat anima mea, weil die Gruabhofer Marie fließend warmes und kaltes Wasser im weißgekachelten Badezimmer täglich zur Verfügung hat! Höchstens Kyrie eleison, weil jetzt die Stanglmoar Gusti auch werktags einen Nylonschlüpfer trägt und nicht mehr wie ihre Großmutter gar keinen! Aber das macht nichts, weil ich mir den Zeitverlust durch meine Horex 300 zehnmal hereinhole!«

Lied
Geh, mach dei Fensterl auf,
i wart scho so lang drauf.
An oanzigs Busserl mächt i nur,
valleicht laß i dir dann dei Ruah!

Kammertwong, Kuchlwong der = Kammerwagen, andernorts: Kuchelwagen. Auf ihm wurde die Aussteuer der Hochzeiterin in das

Haus des Hochzeiters gebracht: die Pferde prachtvoll aufgezäumt, hoch oben, auf einem Bett sitzend, die Nohderin (Näherin), hinten angehängt die Brautkuh, das schönste Stück aus dem Stall des Brautvaters.

Kamobbe, das = abgeschwächt: Kamel. Zu einem unbeholfenen, ungeschickten Mädchen: »Bist halt a Kamobbe, a bodschads!«

kamodd = kommod, bequem, angenehm; latein. commodus = das rechte Maß.
A so a Haiaufzug is recht kamodd.

Kamokkaschtn, der = wörtlich: Kommodekasten, Kommode, Schiebkastenschrank (kk = gutes Beispiel für Assimilation, Angleichung).

Kanabee, das (erstes a dunkel, zweites a hell) = Kanapee, Sofa; griech.-latein.-italien. Wort; französ. canapé = eigentlich Liege mit Vorhang gegen Mücken. Häufig nur hartes Holzgestell mit Schiebladen unter dem Sitz; bei »besseren« Leuten war es mit Stahlfedern und derbem Rindslederbezug ausgestattet.
Tratzvers auf ein eingebildetes Mädchen (Körperhaltung anatomisch allerdings unmöglich):
Das Fräulein Sizzibee
sitzt auf dem Kanabee
und reckt sei Loch in dHöh.

Kanafass, der, (erstes und drittes a dunkel, zweites a hell) = Kanevas, leinwandbindiges Gewebe, Stramin, Gitterleinwand; latein.-italien.-französ.; griech.: kannabis = Hanf.

Kanndl, Kannderl, das (a hell) = Verkleinerung zu Kanne
A Millikanndl = ein Milchkännchen; an Oikannderl = ein Ölkännchen.

Karddl, Kardderl, das (a hell) = Verkleinerung zu Karte.
Schreibst ma hoid a Kardderl vo da Rifira (Riviera).

Kare und Luggi = Karl und Ludwig. Bezeichnung für alle Nichtstuer, mehr harmlose Gauner, die in den Tag hineinlebten; in Köln heißen sie: Tünnes und Schäl.
Über Kare und Luggi gab es unzählige Witze:
Kare, begegnet Luggi: »Wos rennst denn aso?«
Luggi: »Hoidd mi ned auf. Mei Oide hod Geburtstag, i kaaf ihr an Renngai.«
Kare: »Du spinnst ja! An Renngai?«
Luggi: »Ah wos – bloß a paar Pfund.«

Kas, der (a hell) = Käse; althochd. chasi.
A Backschdoakas = ein Backsteinkäse; Fuaßkas = staubigranziger Zehenschweiß (Kasernenmief); a Kasloawe = ein Käselaibchen (runde Form).
Red koan Kas (Unsinn) ned!
Höfliche Frage: »Oide, mogst an Kas?« Antwort: »Na, der is ma zraß!« (zu scharf.)
Vor Schrecken kann einer kasweiß werden. Oder: »Haind schaugst awa wieder kase aus.«

Kaschberl, der (a hell) = Kasperchen, Hanswurst, von Kaspar, pers. »Schatzmeister« (Name eines Dreikönigs der Weihnachtskrippe); Jahrmarkts- und Fastnachtsfigur; Kaschberltheater. Auch einfältiger Mann, den man nicht ernst nimmt.
Zu einem verqueren Buben: »Du bist a so a Hanskaschberl!« Vgl. Schbringginggerl.
Kinder fordern den Fastnachtskaschberl heraus:
Hanskaschberl, Hanskaschberl, wia gehts denn deiner Frau?
Sie wäscht sich nicht, sie kämmt sich nicht, sie is a rächde Sau!

Kaschdn, Kastn, Kaschn, der (a dunkel) = Kasten. Kaschdn wohl am weitesten verbreitet; Kastn in der Holledau, Kaschn im Holzland (Aichach/Schrobenhausen); a Milli-, a Wergzaigkaschdl; vgl. Wuusch.
Da Kaschnbon = der Kastenboden, Speicher, auf dem alte Kästen, altes Gerümpel steht. Eine große, starke Frau ist auch ein Kaschdn, in Übermaßen ein Mordskaschdn.
A Kaschdl (a hell) = ein Kästchen; es gibt a Nocht-, a Schuach-, a Wand-, a Millikaschdl.

Katz, die (a dunkel) = Katze; althochd. kazza; Mehrz. kKatzna.

A Goidkatz = eine Geldkatze; a Katznschell = ein Mensch mit katzenähnlichem Schädel; eine schleichende, hinterhältige Frau = a hinterfotzige Katz, a hinterfotzige.

Auszählvers beim Katzfangen (Fangermandl)
Edlmo – Bettlmo – a Burger – a Bauer – a Wirtin – a Gräfin – a Zuchtl – a Sau.

Katzl, Katzerl, das (a hell) = Verkleinerung zu Katze.
A Hirgstkatzl = ein Herbstkätzchen (im Herbst geboren, bleibt im Wachstum zurück, hat meist verklebte Augen). Katzerl = auch Kosewort für zierliches Gschbusi, auch für weiblichen Schampelz. Katzlmacher = Schimpfwort für Italiener; Schmeller meint dazu: »Etwa auf den italienischen Lieblingsruf und gewöhnlichen Fluch cazzo! (penis) bezüglich?«

Kea, der (nasal) = Kienholz, harzreiches Kiefernholz zum Anfeuern; (Kiefer = zusammengezogen aus Kienföhre); althochd. kean.
A Keaschbah (a nasal) = ein Kienspan.

Keawe, Keawal, das = Körbchen.
A Broadkeawal = ein Brotkörbchen; a Spahkeawe (Spah nasal) = ein Körbchen aus Spänen geflochten. Der umherziehende Korbflechter hieß Keawezainer, auch Kirmzainer, von zäunen, weil der Korb wie ein Zaun geflochten wird; vgl. Kirm.

Kei, der = Keil, Spaltwerkzeug, auch ein Stück Brot; althochd. chil = eigentlich schmale Bucht (Kiel); kein = keilen, werfen; donikein = hinwerfen, in eine Ecke schleudern.

kema, keima, nördl. der Donau: **kuma** = kommen, gekommen; kemts, keimts, kumts = kommt ihr.
Dee zwoa han ned zamkema (die zwei sind nicht zusammengekommen).
Kemts fei ned dschbad (zu spät)!

kemad = käme, Konjunktiv von kommen; Mehrz. kemadn; vgl. sogad; oft auch nur: kam; s. d.

Ken, die (nasal) = Kette; latein. catena, französ. chaine, span. cadena.
A Kuaken = eine Kuhkette; an Uarken = eine Uhrkette; a Hoisken = eine Halskette; a Wongken = eine Wagenkette. Durften Landkinder zum ersten Mal in die Schanz (Ingolstadt) fahren, mußten sie (zum Spaß) die Donauken abbeißen, ehe sie in die Stadt eingelassen wurden.

kena, keina, kinna, kinnt = können, gekonnt.
Letzter Ausweg bei waghalsiger Klettertour: »Iatz kena mir nix mehr doa ois wiar in dHosn scheißn.«
Er hod sei Sach (Schulaufgabe, Rede, Arbeit) kena.
Der lebenslang Geprellte: »Wenn i gschdorm bi, nacha legts mi verkehrt in dDruchar eine – nacha kinnts mi alle mitanander!« (abgekürzter Götz – nicht strafbar.)

kend, (nasal) = gekannt.
Mann zu einer Bekannten, der er nach überstandener Krankheit begegnet: »I hätt di pfeilgrod nimmer kend, a so hods di zammgrissn.« (zusammengerissen)

Kentscheill, das = Zündholz, Streichholz (Scheill = Scheitl, Span); okentn (o nasal) = anzünden.
Ein bairischer Kapuzinerpater in Altötting, der die »Kardinaltugenden« seiner Landsleute kannte, machte es im Beichtstuhl kurz, wenn er draußen eine Schlange Büßer stehen sah: »Brauchst nix redn, Hiasl, i frog di scho: Hast schon amal a Rech gschossn? Oder a Haus okent? Oder an Menschn umbracht? Oder an Meineid gschworn? So – ned? Nachher bist ja a ganz a braver Kerl! Mein Seng hast!«

Kerlan, die = Kerle; althochd. karal = Mann, Geliebter. Kerlan heute abwertig für Taugenichtse, Zwielichtige, doch auch anerkennend für gut geratene Tiere (Schweine, Ferkel), Früchte (Äpfel, Rüben).

Kersch, die = Kirsche(n); Kerschl = Kirschlein.
Boiz- oder Bejzkersch = gepelzte, veredelte

Kirschen; a Kerschbaam = ein Kirschbaum. Familiennamen: Kerscher, Kerschl, Kerschensteiner, Kerschenbrocker, Kerschenbaumer, Kerschenbauer, Kerschhagel.
Ortsnamen: Kerschberg, Kerschbaum, Kerschhof, Kerschbichl, Kerschl, Kerschöd, Kerschreuth.

Kiacha, die = Kirche; Mehrz. kKirchan; Kiachal = Kirchlein.
A Kiachaschwanza = ein Kirchenschwänzer; a Kiacharutschn = bigottes altes Weib, das ständig in die Kirche läuft, auf dem Kiachaschdui herumrutscht; Mehrz. kKiacharutschna.

Kiache, Kiachl, der = Küchel, kleiner Kuchen; Mehrz. kKiachen, kKichaln; in schwimmendem Schmalz gebackener runder Hefeteig, als Fensterküache oder Ausgezogener wichtiger Bestandteil des Kirchweihfraßes: die glasdünne Innenhaut, das Fenster, entsteht dadurch, daß die Köchin den zähen Teig über das nackte Knie zieht.
Abarten: Hollakiache, vgl. Holler; Abbfekiache = Apfelscheiben in Teig getaucht, dann in schwimmendem Schmalz gebacken.

kiefln = mit wenigen Zähnen, fast nur mit dem Kiefer mühsam kauen; vgl. murfln.

kihrn, kührn = kehren.
dSchdum auskihrn = die Stube auskehren; a Kamikühra (i nasal, betont) = ein Kaminkehrer.
Awa haind homs auf da Bor wieder kührt! (Aber heute haben sie auf der Empore wieder kehrend = hoch und hinausgezogen, schleppend gesungen.)

Kill, Kiddl, der = Kittel, Weiberrock, Männerjoppe.
Unterkill = Unterrock; Sunnddakill = Sonntagsjoppe; der Hechkill = die Feiertagsjoppe; vgl. Fragg.

Recht muß Recht bleiben
Auf einer Treibjagd hatte sich ein verschreckter Hase unter den bodenlangen Rock einer Bäuerin geflüchtet und blieb dort sitzen. Der Jäger kam und verlangte die Herausgabe seiner vermeintlichen Beute. »Nix da«, tat der Bauer erbost, »untern Kill vo mein Wei is mei Jagd!«

kimmt, nördl. der Donau: **kummt** = kommt.
Dees kimmt mi awa hart o (das ist ein hartes Verlangen).

Tanzlied zur Erlernung des Rheinländers
Siegst as ned, do kimmt a,
lange Schritte nimmt a,
siegst es ned, do kimmt a schon,
der versuffne Schwiegersohn!

Rätsel
Es is nix und werd nix, und wenns auf dWelt kimmt, na plärrts?
(Der Furz, vgl. Schoaß.)

Kindl, Kinderl, das = Kindlein; Mehrz. kKindln, kKinderln.
sMingara Kindl = das Münchner Kindl; as Grischtkindl = das Christkind; as Reutberger Fatschnkindl = heiliges Wickelkind im Kloster Reutberg b. Bad Tölz, vgl. Fatschn; a Kindlwiang = eine Kinderwiege; Kindlbier = Taufschmaus.
Ortsnamen: Kindlbach, Kindlbuch, Kindleinsberg, Kindlmühle, Kindlthal, Kinsegg.

Kini, der = König, Monarch, beim Kegelspiel.
Der Kinihos = kein Königshase, vgl. Hos.

Kinnsara, Kinnsbagga, der = Kinn, Kinnbacken.
A Weiberts mid an spitzinga Kinnsara hod an Daife im Leib; dHänd weg davo!

Kipferl, das = Verkleinerung zu Kipf = Seitenstütze am Wagen, auch Brotform: Wecken; althochd. chipf = Runge.
Nuß-, Mohnkipferln; a Vanuikipferl = ein Vanillekipferl.

Kirda, der = Kirchtag (da bedeutet in allen Wochentagen tag, Tag = männlich; vgl. Wochentage); nicht nur der ADAC feierte jahr-

zehntelang »die« Autlerkirta, sogar viele Baiern selbst übernahmen längst das falsche die, das von der fränkischen Kirwa (Kirchweih) stammt und dort richtig ist.
Der Kirda ist das allgemeine Kirchweihfest der katholischen Kirche am 3. Sonntag im Oktober. Der Kleine Kirda = das Fest des örtlichen Kirchenpatrons (Patrozinium), daher verschiedene Festzeiten. Der Kirda, nach Beendigung der Ernte gefeiert, ist das große bairische Schlemmerfest: es wird eine Sau gestochen, ein Faß Bier liegt im Keller, es wird gesotten, gebraten, gebacken (Kirdanudln), getanzt, geschmust, gesoffen, gerauft, gefensterlt. Auf dem Kirchturm flattert das Kirdafahndl, auch Zachäus genannt, weil der Zöllner Zachäus auf Geheiß Jesu vom Feigenbaum gestiegen ist und dabei seine Hose zerrissen haben soll: es hing ihm die Fahne heraus.
Schmeller sagt: »A guada Kirda dauert bis zon Irda (Dienstag), es ko si schicka, aa bis zon Migga (Mittwoch).« Im wohlhabenden niederbayerischen Rottal wird der Kirda eine Woche lang gefeiert.
Umschriebener Götz: Jemanden in den Kirda laden.
Weiberleut haben den Kirda, wenn ihre Regel eingetreten ist.
Derber Spruch: »Mi beißt der Arsch – iatz werds bald Kirda.«
Kirtaweg in München-Trudering, zur Erinnerung an die Truderinger Kirchweih und den damit verbundenen Keferloher Roßmarkt, der wegen seiner Urwüchsigkeit berühmt war.

Kirm, die = großer Rückenkorb, aus Spänen geflochten.
Besonders große Ausführung = Hopfakirm; a Kirmzainer = ein Korbflechter, vgl. Keawe. Schmellers Vater war ein Kirmzainer, und Schmeller, der Sohn, zählte darum dieses Handwerk zu den edelsten Berufen.

Kitz, Kitzl, das = Geißlein, Zicklein.
A Kitzlbron (Zickleinbraten) = begehrter Osterschmaus.
Freundliches Schimpfwort: »Du Arschkitz!« = etwa: Du Dummerchen!

Kiwe, der = Kübel, Eimer, auch Holzbottich; mittelhochd. kübel.
Der Saukiwe dient zum Schweinefüttern.
Familienname: Kübler (Böttcher, Küfer).

Kladerl, das (a hell) = Kleidchen.
bMaderl mid de scheena Kladerl.

kliam = klieben, spalten; althochd. klioban = spalten.
As Schteggkliam = Wurzelstücke klein machen.
Familienname: Kluibenschädel (Klieb den Schädel), beliebter Förstername im Film.

knen, (nasal) = kneten; althochd. knetan = drücken.
»Siegst«, sagte die Stallmagd nach dem Brotteigkneten, »vom Knen kriag i allweil sauwerne Hendd und Arm.«

Knofe, Knofia, der = Knoblauch (f wandelte sich häufig zu b; vgl. Huawa, Schrauf, Zwiefe.) Knoblauch zählt schon seit Hippokrates (um 400 v. Chr.) beim Volk zu den geschätzten Heilpflanzen, soll gegen Altersgebrechen wirken und verjüngen.

ko, (nasal) = kann; konnschd, koschd, kosch = kannst du.
Do ko ma nix macha = da kann man nichts machen.
Do koschd nix macha = da kannst du nichts machen.
Do kona nix macha = da kann er nichts machen (Hiatus).
Der Götz im Wechselgespräch (nicht strafbar): »Du konnschd mi!« – »Du mi aa!«

koa = kein; koana = keiner.
Da Hartherzige hod koa kloans bisserl Mitleid ned.
Den Weg koschd ganz guad neifohrn, aa bals vabon i, da fragt koar oide Sau danach (koar = Hiatus).

kobbm (nasal) = rülpsen, aufstoßen, aufbegehren. Das Kobbm während der Mahlzeit ist eine Ehrenbezeugung für den Gastgeber, die Köchin.

Die Wendung »Mägst kobbm?« = Herausforderung zum Raufen; die beiden Streithansln stoßen sich dabei mehrmals mit den Schultern gegenseitig kräftig an, bis die erste Watschn fällt, dann das große Dreschen beginnt.

Kobl, Kowe, der (nasal) = Hütte, Häuschen; vielleicht von Koben = Holzverschlag (besonders für Schweine), ursprünglich Kammer, Erdhöhle, wo man geborgen war.
A Daumkowe = ein Taubenhaus, das im Hof auf einem Mast steht; a Schdarnkowe = ein Starenhäuschen; a Hoizakowe = Rindenhütte der Holzarbeiter, die auf dem Berg wochentags darin hausten; ein zu schmal und zu hoch geratenes Haus = ein Pfuscherkowe. Daum in den Kowe jong (Tauben in den Kobel jagen) = beliebtes Haschespiel.

Kobbradda, der (beide a hell) = Kooperator = »Mitarbeiter«, katholischer Hilfsgeistlicher, in anderen Diözesen Kaplan genannt; französ. Chapelain = Geistlicher, der einer Kapelle vorstand, in England = chaplain ein Hausgeistlicher oder Hausprediger bei Standespersonen.
Stolze Gemeinde: »Mir hom an schneidinga Kobbradda!«

Kocherl, das = Verkleinerung zu Köchin, allgewaltiger Küchengeist in Offiziers- und Herrschaftshäusern, bei wuchtigen Ausladungen an allen wertvollen Körperteilen auch Küchendragoner genannt; zum Kocherl gehörte früher unbedingt der Schware Reidda (Schwerer Reiter = bayerischer Kürassier), der als Gschbusi breit in der Küche saß und die »Brosamen« vom Herrschaftsmahl vertilgte.

Koda, Koll (o offen), der = Kater; Koll (o nasal) = Kürzel von Katerchen.

Koich, der = Kalk; althochd. calch.
A Koichofa = ein Kalkofen; a Koichbrenna = ein Kalkbrenner; a Koichgruam = eine Kalkgrube; an Koich auslassn = den Kalk löschen.
Familiennamen: Kalch, Kalcher, Kalchgruber, Kalchreuter, Kalchschmied.
Ortsnamen: Kalchöd, Kalchsreuth.

koid (o fast a) = kalt; das Wetter kann eiskoid, hundskoid, saukoid sein.
Vom Wagemutigen, Verwegenen sagt man: »Dees is an eiskoida Brogga!« (Brocken)
Beim Schäfflertanz heißt es: Awa haid is' koid, awa haid is' koid (vgl. Schafflerdanz).

Koiddn, die (nasal) = Kälte.
Bei dera Saukoiddn jagt ma koan Hund ned naus.

Koin, die = Kohle(n); althochd. kolo.
Koimoaserl = Meise mit kohlschwarzem Kopf.
Dee Boliddigga deanar uns schee vakoin. (Die Politiker tun uns schön verkohlen).

Koirawe, der (a hell) = Kohlrabi, Gemüsepflanze; erst um 1600 aus Italien eingeführt als cavoli rape = zusammengezogen: Kohlrabe, Kohlrabi.
Koirawe-Apostl = Rohköstler; Kohlrabi = auch liebenswürdige Bezeichnung für Kopf.
Zum Kriegslüsternen: »Im Kriag schiaßns dir dein Koirawe owa, na host an Dreeg.«

Konixl, der = einer, der nichts kann (nix ko), in der Schule, beim Sport, in der Werkstatt.

Kotzn, die (nasal) = Kotze; althochd. kozza = grobes Wollzeug, daher auch: Kutte; Mehrz. kKotzna. Die Kotzn (im Gebirge heute noch getragen) = ein mantelartiger Überwurf, ohne Verschlüsse, Ärmel oder Ärmelschlitze, nur mit rundem Kopfloch; was dem leichtgläubigen Weibervolk heute als neueste »Kreation« unter der Bezeichnung Kotze angepriesen wird (mit Knopfverschluß und Ärmelschlitz) trug man zu Urgroßmutters Zeiten als Umhang oder Wettermantel oder Pelerine.

Krachlederne, die = Lederhose, abgetragen, abgewetzt, zerschunden, sie muß stehen und krachen können vor Dreck; vgl. Irch, Lederne.

Krambbm, der = u-förmig gebogener kleiner Haken, besonders zur Befestigung von Maschendraht; auch ungezogenes, böses Kind; vgl. Krawadd.
Du blärrada Krambb, du blärrada!

Krawadd, der = Kroate; Kroaten, Chorwaten = »Gebirgsbewohner«. Mehrz. kKrawaddn; Krawadd als bairisches Schimpfwort geht bis auf den 30jährigen Krieg zurück, als – auch später – fremde Horden das Land ausraubten und verwüsteten; Krawadd heute nur noch für ungezogene Kinder gebraucht; vgl. Krambbm.

kraxln (a hell) = klettern, mühsam steigen; man kraxlt auf den Baum, auf den Berg, ins Kammerfenster.

Kraxn, die (a hell) = hölzernes Traggestell für den Rücken, besonders von Hüttenträgern benützt, als es noch keine Berglifte gab. Die Kraxndroga = Kraxenträger, waren stämmige Hausierer, die ihre kunterbunten Waren in schweren Holzkästen von Dorf zu Dorf trugen; da sie häufig aus Krain (Jugoslawien) stammten, hieß man sie auch kurz Krainer oder (in ihrer Mundart) Graner.
Ortsnamen: Kraxen, Kraxennest.

Kriagl, das = Krüglein; dagegen Krugl (die) = bauchiger Krug, heute Modegegenstand.
A Hoiwekriagl = ein Halbekrüglein, faßt einen halben Liter, früher Seidl genannt; a Maßkruag = ein Maßkrug, faßt eine Maß = ein ganzer Liter; vgl. Maß.

Weiberarbeit gilt nichts
Hansgirgl min Bierkriagl,
wo hostn dei Wei? –
An Bon am duads schbinna,
dös Luada, dös fai!
(Bon = Boden, am = oben, fai = faul)

krump = krumm, hinken; althochd. chrump.
Die krumpe Paar = gewundenes Stück des Flusses.
Da Kaschba geht scho seit seiner Jügad krump (er hinkt).
A Krummhaxada = ein Krummbeiniger; Schimpfwort
Michael Sailer, 1751–1832, bekannter Pädagoge, Bischof von Regensburg, war ein Sohn des »krumpen Schusters« von Aresing bei Schrobenhausen.
Hans Krumper, Hofbossler, Bildhauer und Erzgießer, am Bau der Residenz beteiligt, gest. 1634 in München, nach ihm benannt Krumpterstraße in Giesing (besser: Krumperstraße wie in Dachau).
Familienname: Krumbholz. Ein bekannter tschechischer Dirigent heißt Jaroslav Krombholz.

Kua, die = Kuh; althochd. chuo; Mehrz. kKia.
Der freundliche Hausmeister: »Du bleede Kua, du bleede.«
Familiennamen: Kuhbandner, Kuhfuß; der Schriftsteller Heinz Kuhbier nennt sich lieber: Coubier.

Kuabritschla, der = verächtliche Bezeichnung für Gütler, Kätner, der zumeist nur eine Kuh besitzt; britschla von Britschn = Vulva, Vagina einer Kuh; vgl. Britschn.

Kuche, Kuchl, die = Küche; althochd. kuchina.
A Kuchebenk = eine Küchenbank; a Kuchlratz = eine Küchenratte, abwertende Bezeichnung für Kocherl, Köchin; noch derber: Kuchlmensch.

Kuddlflägg, die = Kuttelflecke, Kaldaunen, Gekröse, Eßbares vom Eingeweide des Schlachttieres; vgl. Voressen.
Auf dem Viktualienmarkt in München gibt es noch Kuttlereien = Verkaufsstände für Innereien.
Familienname: Kuttler.

kudern = kichern, unterdrückt lachen.
Dee junga Deandln kudern über jedn Dreeg.

Küassl, das = neugeborenes Kalb weiblichen Geschlechts; Verkleinerung zu Kuh.
Das männliche Gegenstück heißt Schdierl = Stierlein.

Kürzn, die = Kerze; mittelhochd. kerza; Mehrz. kKürzna.
A Kürznlaichda = ein Kerzenleuchter, auch Bezeichnung für Arbeiter, der mehr zuschaut als mittut.

Kuferl, das = Köfferchen; plattd. Kuffert.
A Roaskuferl = ein Reiseköfferchen; Kuferl = auch Kosename für zierliche Freundin.
Morng fohr i mid mein Kuferl auf dWiesn (Oktoberfest); na heng i eahm an Rausch o.

Kumpf, der = Behälter aus Holz, Horn oder Blech für Wetzstein, an Leibgurt getragen; mittelhochd. kump, kumpf = eigentlich Schale. Kumpf ist auch freundliche Bezeichnung für menschliche Nase von überrömischen Ausmaßen; vgl. Zinggn.

Kundd, der = Kunde, Bursche, abwertende Bezeichnung für zwielichtiges Mannsbild; Mehrz. kKunddn.
Dees is a so a faier Kundd, a faier (fauler).

Kundda, der = Rechnung (für den Kunden).
Wollte der Bauer beim Handwerker seine Rechnung bezahlen, fragte er: »Wonga, hoscht mein Kundda rausgschriem?« (Wagner, hast du meine Rechnung herausgeschrieben?)

kunnt = könnte, Konjunktiv von können; kunnschd = könntest du.
Do kunnschd ja glei in' Huad neischdeing und dSchdiefe aufsetzn! (Hoher Grad von Verwunderung, Überraschung, Verärgerung.)

Kurwe, Kurwä = Kosename von Korbinian, früher beliebter bairischer Männername.
Corbinianus, Franke, Diözesanheiliger von Freising-München, gest. um 730, erst Einsiedler, missionierte vom Hof des Freisinger Herzogs Grimoald aus bis nach Meran, ständig auf der Flucht vor der bösen Herzogin Piltrud, die er ein männerwildes Weibsstück genannt hatte; in Kuens heute noch Erinnerungsstätten. Auf einem Heimritt nach Freising zerriß ein Bär Korbinians Pferd; der Heilige band dem wilden Tier seine Habe auf und kam auf diese Weise ungefährdet in Freising an. Seither führen die Freisinger einen aufgebundenen Bären im Stadtwappen. Korbiniansfest: 20 November.

Kurze, die = Lederhose; vgl. Lederne, Wix.

Laam, die (a hell) = Laube, Altane, Balkon; mittelhochd. loube.
Baunalaam = Bohnenlaube; a Fürlaam = eine Vorlaube, Altane, äußerer Umgang auf oberem Stockwerk.

laar (a hell) = leer; althochd. lari.
A laara Goidbail (Geldbeutel), a laara Maßkruag, dös han elendige Sachan.
Höfliche Meinung über Wohlbeleibte: »A laara Soog steht ned.« (Soog = Sack; man muß schon allerhand hineintun.)

Laawa, die (a hell) = Laub (Mehrz.); althochd. loub; Einz. sLaab.
Laab rächan = Laub zusammenrechen; Waxlaawa = waxes, stechendes Laub, Ilex, Stechpalme; vgl. wax.

Lacha, Lagga, die (erstes a jeweils dunkel) = Pfütze, auch kleiner Teich, z. B. die Lippenlache bei Kirchseeon; althochd. lahda, niederd. Lake, vielleicht von leck.
A Dreeglacha = eine Dreckpfütze; a »unschuidigs Laggerl« macht das Kleinkind, wenn es auf dem Tisch sitzt und das Wasser laufen läßt.
Familiennamen: Lacherbauer, Lachermeier, Lackner, Lachenschmied.
Ortsnamen: Lachen, Lacken, Lackerau, Maria Laach, Dinslaken a. Rhein.

lack (a hell) = abgestanden, fad; Bier, das lange herumsteht oder zu wenig kühl ist, schmeckt lack. Allerdings nannte man das oft zu dunkel geratene Bier der Landbrauereien einen Schesnlack, nach dem tiefschwarzen Lack, der früher für das Kutschen- (Chaisen-) Dach verwendet wurde.
Auch ein überständiges Mädchen konnte lack schmecken.

Laddern, die (Betonung zweite Silbe) = Laterne.
A Schdoiladdern = eine Stallaterne; a Schdurmladdern = eine Sturmlaterne; vgl. auch Loaddern (Betonung erste Silbe) = Leiter.

Laddirl, der (a dunkel) = etwas einfältiger, beschränkter Bursche.
A so a Laddirl, a damischer!
Aman: Laddirl »vielleicht entstanden durch Abschleifung von ›Ladinderl‹ = Latiner (Volksgruppe in Südtirol), bei denen es durch Inzest viele Schwachsinnige gegeben haben soll.«

Laddn, die (a dunkel) = Latte, Stabholz; im Volksmund: Gewehr; auch spöttische Bezeichnung für langes, dünnes Frauenzimmer; Mehrz. dLaddna.
A so a zaudühre Laddn, a zaudühre, und ganz brello (ohne Busen).

Laderl, Ladl, Lall, das (a hell) = Lädchen, kleiner Laden, auch Fensterladen; mittelhochd. lade = Fenster.
A Gramalall = ein Krämerlädchen; a Millilall = ein Milchlädchen, auch Mädchenbusen; vgl. Lon.

Das unvorsichtige Mädchen
Huscherl, huscherl, haid is' koid,
saust da Wind vom Böhmerwoid.
Maderl, mach dei Laderl zua,
sunst kimmt da Zigainabua,
packt di bei der rechtn Hand,
zarrt di ins Zigainaland.

Huscherl, huscherl, haid is' koid,
saust da Wind vom Böhmerwoid.
sMaderl macht koa Laderl zua,
kimmt da bös Zigainabua,
schneidt eahm sdumme Herzerl raus,
macht si a Paar Handscher draus.

laffa (a hell) = laufen; althochd. lauffan.
Ähnlich: kaffa, raffa, sauffa; dazu: kaffma (kaufen wir), laffma (laufen wir), raffma (raufen wir), remma (rennen wir), gemma (gehen wir), stemma (stehen wir), hemma (heben wir), lemma (leben wir), wemma (wenn wir).
Spott auf umfangreichen Busen: »Dir lafft ja bMilli über.«
Ortsnamen: Laufen, Lauffen, Laufenberg, Laufersöd.

Laggl, der (a hell) = ungehobelter, wüster Mensch, Rüpel. Früher auch Name von Metzgerhunden; vielleicht von Melackel nach dem französ. General Melac, gest. 1709, der im Auftrag Ludwigs XIV die Pfalz verwüstete, Mannheim und Heidelberg niederbrannte. Schmeller: »Als Commandant von Landau hatte Melac immer ein Cortege von grimmigen Hunden um sich, es unterhielt ihn sehr, sie die Leute anfallen zu sehen. Er selbst soll soldatisch ausgesehen haben, daß die Leute von seinem Anblick die Flucht nahmen.«

Lagl (a hell), **Legl,** das = Lägel = Traggefäß, Fäßchen, hauptsächlich für Fische; althochd. lagilla; Mehrz. dLagln.

Lah, die (a hell, nasal) = Lahn, Lawine, doch auch, sagt Schmeller, »lichter, gewöhnlich baumloser Streifen, der an einem Berge von oben nach unten herabzieht und in der Regel der Weg der herabrutschenden Schneemassen ist (Oberlan und Lana bei Meran).«

Lahmarsch, der = wörtlich: Kerl mit lahmem Arsch, schüchterner, unbeholfener Bursche, Feigling, Traumichnicht, stärkere Abwertung als Laddirl (s. d.), er steht da, als hätten ihm die Hennen das Brot genommen.

Laid, die = Leute; mittelhochd. liute = Volk.
Beim Ausverkauf: »dLaid san ja narrisch, dee kaffan ois Glump!«
Busfahrer (Ziegleder, Rottach) bei Gedränge: »Trets ma dee arma Laid ned oisamm zamm, es gibt aso koa auf da Woid.«
Personennamen: Luitpold, Leopold, Liebhold.

laiddn = läuten; mittelhochd. liuten = tönen, hörbar machen; vgl. Betlaiddn.

Lalle, Lalledudde, der (a dunkel) = ähnliches Schimpfwort wie Laddirl, Lahmarsch (s. d.), vielleicht von slowak. lalo = Dummkopf; dudde womöglich von Duddn (noch nicht lange der Mutterbrust entwöhnt).

Lambbe, Lambberl, das (a hell) = Lämpchen, Lämmlein; scherzhaft auch Hemdenzipfel, der hinten bei zerrissener Hose oder vorn beim Schlitz heraushängt; auch Kosewort für Mädchen; mittelhochd. lamb = Lamm; Mehrz. dLambben, dLambberln.
Glambblt oder gfischlt ist der Himmel, wenn er mit weißen Lämmleinwolken bedeckt ist: »Is da Himmi wiar a Fiisch, rengts in 24 Stundn gwisch (gewiß).«
Ortsnamen: Lambelhof, Lamplhof, Lamplmühle, Lamplstätt.

Langwie, die (i nasal) = Langwied, Verbindungsstück zwischen Vorder- und Hinterwagenteile; Wied = Weidenrute, Gerte; vgl. Wie.
Ortsnamen: Langwied, Langwieden, Langwiedmühle.

Lapp, der (a dunkel) = ähnliches Schimpfwort wie Laddirl, Lahmarsch, Lalle (s. d.); Mehrz. dLappm; früher (nach Schmeller) »blödsinnige, taubstumme Person, unter den gemeinen Leuten bestens gepflegt, weil sie, als keiner Sünde fähig, von Mund auf gen Himmel fahre und für sie bitten könne; vgl. das ›Lappenspital‹ in Reichenhall«.

Latschn, die (a hell) =Krummholzföhre(n) an hochgelegenen Berghängen.
A Latschnoi = ein Latschenöl. Ebenso heißen große ausgetretene Schuhe Latschn; vgl. Datscher.

Lausa, Lausbua, der = eigentlich Knabe, der Läuse auf dem Kopf hat; doch Schimpfwort für jeden frechen, aufsässigen, unreifen Kerl; Mehrz. dLausbuam, dLausbuama.
Das Gegenstück = Lausdeandl, das ähnliche Eigenschaften aufweist.
Lausbua kann auch Anerkennung bedeuten, ein Lobspruch sein; Eltern, stolz auf besondere Leistungen ihres (oft schon erwachsenen) Sohnes, sagen unter sich: »I mächt nur grod wissn, wo der Lausa dees herhod.«

lause = lausig; eigentlich bildlicher Ausdruck (als ob man von Läusen geplagt werde) für erbärmliche, miserable Zeiten, Ergebnisse beim Spiel, im Geschäft.
Von einem Kranken sagt man: »Der is awa lause beinandd.« (Oder auch: haude beinandd, von Haut.)

Learl, Leahardl, = Kosename für Leonhard, Lewenhart = der Löwenstarke, christlicher Heiliger aus altfränk. Adelsgeschlecht, gestorben 559 als Abt des Klosters Noblac bei Limoges, Patron der Wöchnerinnen, Kranken und Gefangenen; Leonhardikapellen darum außen mit schweren Ketten umzogen. Am Leonharditag (6. November) wird mit geschmückten Gespannen und Truhenwagen, auf denen Dirndln in der Tracht sitzen, dreimal in vollem Rennen um die Kapelle gefahren, ein Geistlicher segnet dabei die Teilnehmer; berühmt im Oberland: die Tölzer Leonhardifahrt; vgl. wax.
Schmeller: »Zu Aigen am Inn, wo St. Leonhard rastet, liegen in den drei goldenen Samstagsnächten oder Dulten oft Tausende von Wallfahrtern und Wallfahrterinnen, besonders aus dem Innviertel in den Wirtshäusern, Schupfen und Ställen durcheinander.«
Familiennamen: Lehrl, Lienhard, Hartl.
Ortsnamen: Leonhardsbuch, Leonhardshaun, Leonhardsmühle, Leonhardspfunzen.

lebfrisch = lebhaft, frohsinnig.
An lebfrischn Buam, a lebfrischs Deandl hod a jeder gern.

Leddn, Läddn, der = Letten, Lehm, Tonerde, bester Boden für Weizen- und Hopfenanbau.

Lederne, die = Lederhose(n).
A Bundlederne = eine Bundhose aus Leder; vgl. Krachlederne, Wix, Irch.
Als die heimische Tracht um 1870 im Oberland fast verschwunden war, wurde sie von einem Lehrer Vogl in Bayrischzell wieder zum Leben erweckt: mit einigen beherzten Männern wagte er es, in der Lederhose aufzutreten, was von den Geistlichen wegen der nackten Knie geradezu verboten war; Beginn der Trachtenvereine; vgl. Josäffe.

Lefiddn lesn = einem die Leviten lesen, ihn abkanzeln, derb verweisen, zusammenputzen, zusammenstauchen, nach dem »liber Leviticus« = Buch der geistlichen Pflichten.

Leich, Leicht, die = Beerdigung.
A Leichteinsager = ein Leichenbitter; mit der Leicht geh = an Beerdigung teilnehmen; vgl. Soi.

Der Totgesagte
Als der alte Zwicklbräu von Hohenwart eines Tages aus dem Haus trat, prallte er unter der Tür mit einem Bekannten aus einem fernen Dorf zusammen. Der Mann trug Trauerkleidung, starrte den Bräu eine Zeitlang entgeistert an und stotterte dann heraus: »Ja . . . ja . . . bist as du . . . oder bist as ned . . . oder bist du dei Geist?« Eine Leichteinsagerin hatte

in der fernen Umgebung zur Beerdigung des Zwicklbräus geladen, der frisch und munter herumlief. Da es üblich war, den Leichenbittern eine kleine Gabe zu verabreichen, kam es öfter vor, daß sie einen Lebenden zum Tode beförderten, um den begehrten Obolus empfangen zu können.

leicha = leihen; althochd. lihan; zleicha nehma = zu leihen nehmen.
Spiel: Schneider, Schneider, leich ma dei Schar.

Leiddn, die = Leite; althochd. hlita = sanfter Bergabhang, Halde.
Familiennamen: Leitner, Sonnleitner, Leitl.
Ortsnamen: in Bayern etwa 25 Leithen.

Leim, der = Knochenleim für Schreiner, auch Kaltleim und jede Art von Klebstoff; althochd. lim.
A Loamsiada (fälschlich für Leimsieder) = langweiliger, ängstlicher Bursche; vgl. Loam.

lein = leiden; althochd. lidan = erdulden, ergehen.
»Ja mei«, sagt die alte Draxlerin, »Arterienerkaltung hod a ghatt, da Mo, er hod arg lein müassn.«

Leiwerl, das = Leibchen, Spenser.
A Schnürleiwe = ein Schnürleibchen, das den Busen zusammenpressen mußte, weil die sichtbare Ausbuchtung als unschamhaft galt. Der Spenzer, nach dem Erfinder Lord Spenzer (1758–1834) benannt, gehört heute zur Dirndltracht; vgl. auch Loawerl.

leize = winzig, zumeist in Verbindung mit kloa.
A kloa leizigs Bröggerl (Stückerl) Brot hods ma gschenkt.

Lem, das = Leben; lewendde = lebendig.
Mei Lädda ned = mein Lebtag nicht.
A Lem wia Gott in Frankreich. (Richtig: ein Leben wie die Goten in Frankreich).

Lena, Leina, Lenerl, Leinerl, Lenchen = Koseformen von Magdalena (= hebr. Name: »die von Magdala«), ganzer Name: Maria Magdalena, Jüngerin Jesu, wusch ihm die Füße und trocknete sie mit ihrem Haar, Büßerin, Fest: 22. Juli; einst in Baiern beliebter Mädchenname, von Thoma häufig verwendet; in Literatur und Kunst hervorragend gestaltete Frauenfigur (Paul Heyse, Maeterlinck, Tizian, Rubens, Battoni).
Die Magdalenerinnen = Frauenorden zur Bekehrung gefallener Mädchen.
Lena Christ, geb. 1881 in Glonn, Freitod 1920 in München, größte bairische Dichterin.

leng (nasal) = legen = eigentlich liegen machen; voleng = verlegen; iwaleng = überlegen; unddaleng = unterlegen; as Gwand oleng = sich anziehen.
Der drängende Bursche nach der Musi zum Gschbusi: »Geh weida, Leina, mach koane Pflanz – leng mar ins in Schdraßgrom (Straßengraben) eine!«
Als Hauptwort bedeutet Leng natürlich Länge.
Über ein himmellanges Mannsbild heißt es: »Um Gozzwuin, hod da der Kerl a Leng!« (da = dir = ethischer Dativ.)

lesna = lesen; althochd. lesan.
Oiwei lesna = allweil, immer lesen.

Letschn, die = ein etwas auffallend gebildeter, herabhängender Mund (bekannt: Habsburger Unterlippe, Margarete Maultasch von Tirol), auch mürrisch oder weinerlich verzogenes Gesicht.
Wos schaugst denn so letscherd, du Letschnbeni, du Letschnbäbbe?

letz = übermütig, ausgelassen.
Ees Hundsgribben, wos heids (seid ihr) denn so letz?

Lewa, Lewern, die = Leber; althochd. lebara.
A Saulewern = eine Schweinsleber; Lewanoggerln = Lebernockerln; Lewaschbazzln = Leberspätzle; a Lewawuusch = eine Leberwurst; a Lewakas = ein Leberkäse; vgl. Lewakas.

Lewakas, der (beide a hell) = Leberkäse, in der Bratreine gebackenes feingehacktes Rind- oder

Schweinefleisch, ohne Leber, geheimnisumwitterte bairische Brotzeitspezialität, bei jedem Metzger (früher Schaggadee = Charcutier) warm, mit Senf und Semmel, gleich zum Verzehr zu haben; vgl. Kas.

Lezoiddn, Lebzelten, der = Lebkuchen; mittelhochd. lebezelte, lebekouche, wohl von Laib (Brot).
Da Lezoidda = der Lebzelter, Lebküchler, Konditor.
Personennamen: Lezelter, Lebzelter, Zelter.
Straßennamen: Lebzelterstraße in München-Waldtrudering; früher gab es in der Innenstadt eine Lebzeltergasse – die Großstadt München (Weltstadt ohne Herz) hat die Gassen abgemurkst; selbst die kleine Küchelbäckergasse beim Tal wurde größenwahnsinnig und heißt heute Küchelbäckerstraße.

Liab, die = Liebe; althochd. liop, latein. libido = Lust; liab als Eigenschaftswort häufig gebraucht für süß, nett, reizvoll, lieblich; ein Kind, Stoff, Kleid, Lied, Vers, eine Blume, ein Vorhang, eine Einrichtung kann liab sein; liawa = lieber; an liawan = am liebsten.
»Liab is süaß, bis ihr wachsn Händ und Füaß.« (Schmeller)

Liacht, das = Licht.
Liachtzeiddn = Lichtzeiten = Morgen- und Abenddämmerung; bei alten Handwerkern, die noch die Ölfunzel kannten, die Stunde für grobe, weniger genaue Arbeiten. Der Wanderer beeilt sich, er möchte noch bei Liachtzeiddn hoamkema.

liadre = liederlich, verkommen, leichtlebig, unordentlich; althochd. liodre. In Baiern wird das Wort zumeist im Sinne von schwächlich, kraftlos, untauglich gebraucht; ein Gespann, ein Nagel, eine Schraube, ein Rad kann liadre sein.
Nachbarinnenzungen: »dResl hod a so a liadrigs Mannsbild derwischt, der Kerl hod koa Kraft und koan Saft ned.«

Liamäß = Lichtmeßtag (2. Februar), so genannt wegen der an diesem Tag stattfindenden Kerzenweihe; im 7. Jh. von der Morgenländischen Kirche übernommen; als »Frauentag« Mariä Reinigung genannt zur Erinnerung an die Darstellung Jesu im Tempel; nach anderer Auslegung heißt Liamäß: man kann das Tageslicht schon wieder messen. Im Volksmund auch Schlenkltag, weil an diesem Tag die bäuerlichen Dienstboten für ein Jahr schlenkelten (wechselten).

Der Tag wächst:
an Weihnachten um an Hahnatritt,
an Neujahr um an Mannaschritt,
an Dreikini um an Hirschnsprung,
an Liamäß um a ganze Stund.

liang = lügen; althochd. liogan.
A Liangbail = ein Lügenbeutel; a Liangschibbe = ein Lügenschüppel.
Der Hund, der nackert, liagt wia druckt.

Kinderspruch
Wer liagt, der stuit (stiehlt), der kimmt in dHoi, der werd an Daife sei Räubersgsoi.

Libbe, Libbl, der = Kosename von Philipp = »Pferdefreund«; auch Schimpfname für ungeschickten, dümmlichen, unmanierlichen Burschen.
A so a gscherda Libbe, a gscherda!
Familiennamen: Lipp, Lippl, Lippert, Lippold, Lipperer.
Ortsnamen: Lippach, Lippeck, Lipphof, Lippertskirchen.

Kinderspott
Libbe, labbe,
scheiß ins Kabbe,
sKabbe rinnt,
da Libbe stinkt.

liegerhaft = bettlägerig.
A liegerhafts Wei is a groß Unglück.

Liesl, die, **Lisä, Lieserl,** das = Kosenamen von Elisabeth, ehedem häufiger Mädchenname in Baiern; hebr. elischewa = Gottesehrerin, Mutter Johannes d. Täufers; als christliche Heilige: Elisabeth, Landgräfin von Thüringen, Fest 19.

November, in Sage und Kunst oft dargestellte Gestalt; Oratorium von Liszt: Legende v. d. hl. Elisabeth.
In Baiern als »Kaiser-Lisä« besonders verehrt: Elisabeth, Kaiserin von Österreich 1837–1898 (Gemahl Franz Joseph I.), Tochter des Herzogs Max Joseph in Bayern, eine schöne, majestätische Erscheinung von umfassender literarischer Bildung. (Sohn: Rudolf, der sich mit seiner Geliebten Mary v. Vetsera 1889 auf dem Jagdschlößchen Mayerling das Leben nahm.) Film: Sissy.

Limme, der = Lümmel, grober, frecher, ungezogener Bursche; althochd. luomi; Mehrz. dLimmen.
Steigerung: Pfingstlimme = ähnlich wie Pfingstox.

linsn = lauern, spähen, genau beobachten.
Man kann heimlich um die Ecke linsn.
Ein Handwerksgeselle zum andern: »Geh, lins amoi aufs Bladde, obs ned scho Feiramd is!« (Bladde = Plättlein, Zifferblatt; schau einmal auf die Uhr.)

loa, load = leid, abgeneigt, Angst haben; erhalten noch in: leider Gottes.
Vor dera Aussprach is mir richtig load (habe ich Angst).

Loach, der = Laich, Froschlaich.
Bildlich: Haind duads Schon loacha. (Heute tut es Schatten laichen = wenn Wolkenschatten über Getreidefelder huschen, Schönwetterzeichen.)

Loaddern, die (Betonung erste Silbe) = Leiter; nicht zu verwechseln mit Laddern = Laterne; s. d.
A Faierwehrloaddern = eine Feuerwehrleiter; a Loaddawagerl = ein Leiterwägelchen; a Loaddaschbrizzl = eine Leitersprosse.

loaddn = leiten, lenken, führen; vgl. weisn.
A schlechta Fuhrmo ko seine Rooß net loaddn.

Loadschwanz, der = Rüpel, wilder Kerl, Saufaus, der sogar seine Frau schlägt. Herkunft des Wortes nicht erklärbar; vielleicht Mann, vor dem man load (Angst) haben muß; vgl. loa.

Loam, der = Lehm, ähnlich Letten, bester Getreideboden, auch für Ofen- und Ziegelherstellung; althochd. leimo.
Daher die Namen der Lehmdörfer (heute Stadtbezirke) um München: Laim, Berg am Laim, schon vor 1000 urkundlich bezeugt, um 1300 bereits Lehmabbau und Ziegeleien, Steinhäuser in München, Frauenkirche (1468).
Familienname: Lenbach.
Ortsnamen: Lehmberg, Lembach, Lettenberg, Lettengrube, Lettenmühle.
Fälschlich: Loamsiada = Leimsieder, nicht: Lehmsieder = Bursche, zäh und langweilig und ohne Schneid; vgl. Leim.

loan, loana = lehnen; a Loan = eine Lehne; oloana = anlehnen; hiloana = hinlehnen.
Da Hiasl mid sein Saurausch hod nimma steh kena, na hod a se oafach a bMaur higloant.

Loas, die = Mutterschwein; derbes Schimpfwort für unordentliche, dreckige Weiberleut.
Steigerungen: Dreegloas, Drewanloas (von Treber = Brauereiabfall zur Fütterung); vgl. Zuchtl.

Loawedoag, der = wörtlich: Laibchenteig; Laibchen = Verkleinerung zu Laib = rundes Brötchen aus dunklem Mehl, mit Kümmel oder Koriander gewürzt.
Besondere Spezialität: Maurerloawe.
Das Wort Loawedoag dient der strengen Prüfung Zuagroasta, ob sie die bairische Aussprache beherrschen; vgl. Fiddrioioi, Oachkatzlschwoaf.

Loch, das = After; althochd. loh (im Allgäu noch so gesprochen); Löchl, Löcherl = Löchlein.
Schimpfwort: »Du Dreegloch, du dräggads!«
Der Biervertilger sauft ois wiar a Loch.
Familiennamen: Loch, Lochbichler, Lochbrunner, Lochmüller, Locher, Locherer, Lochner.
Ortsnamen: Loch, Lohham, Lochhausen, Lochmühle.

Erlauchte Vornamen
Kindern lediger Mütter durfte nur der Dorfpfarrer Taufnamen geben. Zur Abschreckung kamen da die erlauchtesten Heiligen aufs Tapet: Cyriakus, Damian, Narzissus, Jesaias, Scholastika, Euphrosine usw.; die auf diese Weise »Verunglimpften« wurden dann schon als Kinder wie Aussätzige verspottet: »Was, Bibiana hoaßt du? Dös is ja grod als wia ma dö Henna schreit!« (Ludwig Thoma, Ruepp). Oder: »Elias, scheiß dir was!« Oder: »Adam, zwick sLoch zamm, scheiß Haring, bist narring!« (Söhne lediger Mütter konnten keine Geistlichen werden.)

loda = loder, locker, ledig. Der ledige Bursche, Mann ist ein Loder (Tegernsee), Mehrz. dLöder. Ein leichtes Mädchen hat einen loderen Fensterriegel (es läßt jeden herein).
Auch eine Schraube, ein Band, ein Rad kann loder sein.

Loferl, die = kurze Trachtenstrümpfe, die nur die Waden bedecken.
Dazu gehören die Füßlinge, die nur bis zu den Knöcheln reichen, Knie und Knöchel sind also unbedeckt. Der Name Loferl vielleicht vom Markt Lofer am Fuß der Loferer Steinberge, weil dort zuerst getragen.

Loggamadiff, die = Lokomotive.
Ein Roß kann ziehen, eine Frau so unförmig sein wiar a Loggamadiff.

Loh, der (nasal) = Lohn, Entgelt für Arbeit.
Da Huawabaur zoid an guadn Loh.

lom (nasal) = loben; mittelhochd. lop.
Dei Arwad kon i grod ned lom.

Lon, der (o fast a) = Laden, Verkaufsraum, auch Fensterladen oder dicke Holzbohle; Mehrz. dLan (a hell). Laden kommt von Latte, Brett.
A Lonerin = eine Ladnerin, Verkäuferin; a Lonbull = eine Ladenbudel, Verkaufstisch, Theke; a Lonhiadda = ein Ladenhüter, Ware, die nicht geht.
Lied: Iwaroi san dLan zua = überall sind die Läden zu.

lon (o fast a) = laden; eilon (ei nasal) = einladen; auflon, aulon = aufladen; dagegen abladen = olaarn (a hell) = ableeren.
A Fuada Hai (Fuder Heu) auflon, a Fuada Hai olaarn.

Luada, das = Luder, schlechtes Mädchen, Weib; mittelhochd. luoder = Aas, Lockspeise der Jäger und Wilderer. Doch auch Anerkennung unter Freunden für durchtriebenen Menschen: »Du werst a so a varreggts Luada sei, a varreggts!«

Luck, das = Zinndeckel auf Krügen; auch als Aufforderung: nicht luck lassen (keine Lücke lassen) = wir lassen nicht aus.

Lugge (nicht ganz zutreffend: Lucki) = Kosename für Ludwig; doch auch allgemeiner Name für verwegenen, nicht bösartigen Münchner Stadtstreicher (bekannt: Lugge in der Au, der gern durch die Finger pfiff), sein »Kompagnon« war der Kare; s. d.
Ludwig war früher ein häufiger bairischer Taufname, zum Andenken an König Ludwig I. (1786–1868), den Städtebauer, der über die Tänzerin Lola Montez stolperte, und dessen Enkel König Ludwig II. (1845–1886), den Schlösserbauer (Herrenchiemsee, Linderhof, Neuschwanstein) und Wagnerfreund, ertrunken im Starnberger See; vgl. Wiggerl.

Königlicher Reim
Als auf dem Höhepunkt der Liaison König Ludwigs I. mit der Tänzerin Lola Montez der Unwille des Volkes kaum mehr zu zügeln war, wagte auch ein hoher geistlicher Würdenträger dem Landesherrn ins Gewissen zu reden. Gereizt antwortete der König: »Bleib du bei deiner Stola, ich bleibe bei meiner Lola!«

Lumbb, der = Lump, schlechter Kerl, von Lumpen = Lappen, zerfetzte Kleidung; mittelhochd. lampen = welken, hängen lassen.

Haind nocht ham ma glumbbt = es gab eine Sauferei, ein Gelage.
Mir lassn uns ned lumbbm = sich nicht für einen Lumpen ansehen lassen, wir tun groß, wir entschädigen gut.
Lumbbm und Ehebrecher wern grau. Wos no schlächter is, varreggt samtn Balg. (Sammlung Böck)

lurn = luren, lauern, lauschen; mittelhochd. luren; Lorelei = die auf dem Felsen (Lei) Lauernde.
Der Lurer = ein Mensch, der im Wald oder in Anlagen an den Zärtlichkeiten Verliebter heimlich teilnehmen will.
Vom Lurer an den geschlossenen Fensterläden heißt es: »Der Lurer an der Wand hört seine eigne Schand.«

Lusa, der, die = Luser (Einz. u. Mehrz.), Lauscher, Ohren, besonders beim Wild.
Der strenge Meister zum Lehrbuben: »I pack di glei bei deine Lusa, wennsd ned parierst, du Malefitzbua!«

lusn, losn, = horchen.
Lusts auf, i sing enk ebbas für! (Horcht, ich singe euch etwas vor!)

Luß, Lüß, die = Sumpfwiese mit saurem Graswuchs.
Straßenname in München: In der Heuluß; Maisacher Lüß.

Luzi = Kosename für Lucia = »die am Tag Geborene«, christliche Heilige, vornehme Jungfrau aus Syrakus, von ihrem Bräutigam als Christin angeklagt und unter Diokletian hingerichtet; Fest: 13. Dezember.
Die Luzinacht gilt im Volksglauben als die längste und finsterste Nacht des Jahres; so wurde die »Schwarze Luzi« zum Schreckgespenst. Schmeller: »Luzi, eine mythische Person, die in der ersten Rauchnacht bösen Kindern den Bauch aufschneidet und Kieselsteine hineinsteckt. Anderwärts hat man dieses, wenn man sich nicht recht satt ißt, am Luzientag selbst zu gewärtigen ... Bier-Luz, Weibsperson, die gerne trinkt.«

Die Vorbemerkung bei G trifft auch hier sinngemäß zum Teil zu:
Also nicht: dMaus, dMuadda, dMais, dMuaddern, dMaurer; sondern: bMaus, bMuadda, bMais, bMuaddern, bMaurer, bMaschgara, bMenscha.

ma (hell, nasal) = man, mir, wir.
Do homma glacht = da haben wir gelacht. (Verschmelzung).
Do samma gsaust = da sind wir gesaust.
Do hodmar ins ghaut = da hat man uns gehauen (Hiatus).
Pack ma's = packen wir es, fangen wir an!
Der koma ned o = der kann mir nicht an, ich bin ihm überlegen.

Mabbe, das (a hell) = Marke; Brief-, Steuer-, Stempelmarke.
Bigg a Mabbe drauf = kleb eine Marke auf.

Madderi, das (a hell, Betonung auf e) = Eiter (Materie); mittelhochd. materge = Stoff, aus dem etwas hervorgeht (Mater, Mutter), portug. Madeira = Holzinsel.
Adelung: Im gemeinen Leben für den Eiter bekannt.
Gern gebrauchtes Schimpfwort: »Du ausgsuzelter Madderikopf!« (ausgesaugter Eiterkopf, also Hohlkopf.)

Maderl, Madl, Mall, Mederl, das (a hell) = Mädchen.

Zur Hochmütigen
Maderl, Maderl, ned so stoiz,
deine Schuach, dee san aus Hoiz,
waarns mid laudda Goid beschlong,
kunntst dein Kopf zon Himmi trong.

mächadsd, mägsd = möchtest du, Konjunktiv von mögen.
»Mägsd mi?« fragt der Vorsichtige den Gegner und bietet ihm damit indirekt den Götz an.
»Mächadsd awengl?« fragt das nachgiebige Mädchen den drängenden Liebhaber.

Mährn, die = Mähre, altes, abgeschundenes Roß (Stute); althochd. marah = Pferd, Streitroß, daher Marstall (Pferdestall), Marschall (Pferdeknecht).
Schimpfwort (auch für alte böse Frau): »Du Schinddamährn!« (nur noch tauglich für den Schinder, Abdecker.)

Mäss, die = Messe, Gottesdienst; von latein. missa.
A dreispannige Mäss (von Dreigespann) = eine Levitenmesse mit Zelebrant, Diakon, Subdiakon; da Friamässa = der Frühmesser, Geistlicher, der die erste Morgenmesse liest.

Nach Ludwig Thoma über Geistlichen, der hauptsächlich weltlichen Obliegenheiten nachgeht: »Freile, Mässlesn duad ar aa!«

Maggler, Manggla, der (a hell) = eigentlich Makler, Unterhändler; doch im Volksmund eine zwielichtige Person, die nicht ganz ehrliche, fast betrügerische Dinge treibt; »etwas außerhalb der Legalität« heißt es heute beschönigend.
Werden Buben bei Heimlichkeiten ertappt, sagt man: »Wos mangglts ees scho wieder?«

magiern = ein eifriges Tun vortäuschen, sich von der Arbeit drücken, so tun, als ob; von markieren.
Da Kare vasteht as Magiern ois wiar a Prälat.

Mahda (erstes a nasal) = Montag; mittelhochd. mantac = Mondtag; vgl. Wochentage.

mahn (a hell) = mähen; althochd. maen; von mähen: Matte, Andermatt, Zermatt.
A gmahts Wiesl = ein gemähtes Wieslein, d. h. ein vorteilhaftes kleines Geschäft, man kauft sozusagen eine Wiese, die noch dazu schon gemäht ist.

Mahna, Mauna, die (a dunkel) = Männer.
Früher strenge Ordnung in Dorfkirchen: bMahnaseiddn = die Männerseite = rechte Bankreihe, dWeiwaseiddn = linke Bankreihe. Beim Brotlaib ist bMahnaseiddn oben, dWeiwaseiddn unten.

Mai, das = alles was mit Mund und Maul zusammenhängt; althochd. mula; noch bei Lessing Maul statt Mund.
Andere Ausdrücke: Goschn, Fotzn, Gfrieß, Fressn, Waffe, Letschn, Rüaßl, Gwaff (Gewaffen wie Eberzähne).
Mahnungen: »Halt sMai!« – »Vo dir laß i mir ned as Mai ohenga!« (anhängen.) Zu einem Aufdringlichen: »Der redt si as Mai gfransert.« (in Fransen.)
»A groß Hauswesn reißt a groß Mai auf.« (bereitet Ausgaben.)
Der kleine Mann zum Wohlhabenden: »Du konnst leicht lacha; du hast as Mai no voller Zähn, i hob an Arsch hint scho koa mehr.«
Mehlspeise: Maidaschn = Maultaschen.

Maiaff, der = Maiaffe, nicht von Maul; ähnliches Schimpfwort wie Abbruinarr; vgl. Abbrui.
Kinder frozzeln am 1. Mai: »Schaug, do fliagt an Ox!« Schaut der andere zum Himmel, heißt es: »Maiaff, giffgaff, hättsd ned gafft, na waarst koar Aff!«

Maiblüah, die = Maiblüte, Flieder; mittelhochd. blüejen = blühen, davon Blüte.
A Boschn Maiblüah is ebbas Schöns.

Maigram, der = Majoran, Meiran, Gewürz- und Heilpflanze.

Mais, die = Mäuse.
Mahnung: »Mach koane Mais!« (Umstände) Vgl. Pflanz macha.
Vergebliches Bemühen: »Dös is ja grod wia wenn i dö Mais pfeif.«
Zum wenig wählerischen Schürzenjäger: »kKatz frißt Mais, i mags ned.«

Mal, das (a hell, nasal) = Männchen; hauptsächlich bei Tierpaaren (Hasen, Mardern, Mäusen) gebraucht: a Mal und a Weiwe = ein Männchen und ein Weibchen; vgl. Manndl, Mantschgerl, Berl.

mambsn (a hell) = schimpfen, meckern, nörgeln. A Mambsa = ein nörgelndes, meckerndes, unbeliebtes Mannsbild.
Haind mambst bMuadda wieder an ganzn Doog.

Mandderl, das (a hell) = Mäntelchen. Mantel von vulgärlatein. mantellum = Decke, Hülle, französ. manteau, italien. mantello, span. mantilla.
Resei, do host awar a sauwers Mandderl o!

Manddl, die (a dunkel) = Föhre, Kiefer. Name auch für Mantel, Kleidungsstück (= der).
A Sammanddl = ein Samenbaum, Überhälter, oft alleinstehende Kiefer in Waldstück, die Samen ausstreuen soll; a menddligs Hoiz = Kiefernholz.

Manddor, der (a dunkel, Betonung zweite Silbe) = Motor.
A Manddorrall = ein Motorrad; vgl. Rall, Schnauferl.

Manndl, Manderl, das (a hell) = Männchen, kleiner Mann.
Hasen, Hunde, Murmeltiere machen ein Manndl; das Getreide aufmanndln = Garben aufstellen zur Nachreife; sich aufmanndln = frech sein.
Schimpfwort beim Menschen: »A so a Gribbemanndl!« (Krüppelmännchen)
Bei höchstem Grad von Überraschung, Erregung, Enttäuschung: »Iatz woaß i nimmer – bin i a Manndl oder a Weiwe.«

Mantschgerl (a hell) = Lautmalerei, vielleicht von Manndl, Mannskerl, ist jedoch weniger Schimpfwort als mütterliche Liebkosung, wenn der Bub den strafenden Händen entwischt: »Wart, Mantschgerl, i derwisch di scho!«

March, das (a dunkel) = Grenze, Ackerrain, eigentlich Grenzpfahl (Marchpfai), Grenzstein (Grenzstoa). March von Mark = das alte deutsche Wort für Grenze (Markscheide, Markstein, Grenzstein), später Grenzbezirk: Ostmark, Westmark, Uckermark, Neumark; Gemeindeflur = Gemarkung, Dorfmark, Flurgemarkung; Markomannen = Grenzleute; mittelhochd. marcgrave = Verwalter eines Grenzlandes, französ. marquis, italien. marchese.
Familiennamen: Bismarck = Bischofsmark; Marquardt = Markwart, Grenzwächter.
Ortsname: Marquartstein.
Heute noch amtieren in vielen bairischen Gemeinden die Feldgeschworenen, etwa sechs vereidigte Vertrauensmänner, die alljährlich durch Stichproben an Grenzpfählen und -steinen den unverletzten Standort prüfen; das Wissen um die geheimen Kennzeichen nehmen sie mit ins Grab.

Der erlöste Geist
Der Ruachbauer von Draxlöd hatte einmal einen Marchpfai heimlich versetzt, um seine Wiese auf Kosten des Nachbarn zu vergrößern; zur Strafe mußte er nach seinem Tod umgehen. Wanderte man nachts über die Mißwiesen, sah man in der Ferne ein flackerndes Lichtlein, und eine flehende Geisterstimme rief: »Wo soll i'n hintoa? Wo soll i'n hintoa?« Dieses schreckliche Schauerspiel dauerte Jahre um Jahre, bis ein Beherzter einmal zurückrief: »Wo du ihn weggnomma host!« Von da ab war der Geist erlöst.

Marddl (a hell und dunkel) = Martin, von spätlat. Martinus, zu Mars gehörig. Als christlicher Heiliger bekannt: Martin von Tours, zuerst Soldat, dann Bischof, Schutzpatron Frankreichs, soll einem Armen die Hälfte seines Mantels gegeben haben; sein Fest (11. November) ist mit vielen Bräuchen aus dem heidnischen Herbstdankfest verbunden, z. B. Martinsgans, Martinstrunk.

Marggl, das (a hell) = Verkleinerung zu Mark, Münze; Marggl bezeichnet einen geringen Betrag, z. B. billigen Einkauf, ist auch abschätzig gemeint für schäbiges Trinkgeld.

Marggn, die (a dunkel) = Marke = durchtriebener, leichtlebiger, wurschtiger Mensch, weiblich und männlich verwendbar.

Mariandl = Kosename aus Maria und Anna; Umkehrung: Annamirl.
Anna, christliche Heilige, Gattin des hl. Joachim und Mutter der Jungfrau Maria, Beschützerin des Bergbaus, Fest: 26. Juli. Künstlerisch häufig in Kirchen dargestellt: Anna selbdritt = Anna, Maria, Jesusknabe (Großmutter, Mutter und Kind).

marode = matt, unpäßlich, kränkelnd, körperlich heruntergekommen; französ. maraud = Schurke, maraudeur = plündernder Nachzügler; vgl. maßleide.

Marwä, die = Marmel, Murmel, Schusser; vgl. Hull, Schdoa.

Maschansker, der = Apfelsorte = Borsdorfer Renette, gezüchtet im Dorf Borsdorf bei Leipzig, kleine schmackhafte Sorte, heute abgebaut.

Mascherl, das (a hell) = Verkleinerung zu Masche; Mehrz. bMascherln.
Vater schimpft eitle Tochter: »Dös ganze Goid geht bei dir für Mascherln und Bandderln drauf.«

Maschgara, Maschkerer, der (a hell) = Maskierter, Vermummter; das Wort ist eine ähnliche Mundartbildung wie Hamsterer, Hamperer (Handwerksbursche), Husterer, Maunzerer, Donderer, Pumpserer, Deuterer; bei Familiennamen: Donderer, Ederer, Reiserer, Reiterer.
Beliebte Maschgara waren Haremsdamen, Rotkäppchen, Feen, Hexen, Rittersleut. Sie trugen eine Larve, um völlig unkenntlich zu sein, sprachen kein Wort, und so zogen sie allein, auch zu zweit und dritt, von Haus zu Haus; die Bewunderer ließen sie aus einem Schächtelchen, das billige Guaddln enthielt, »schnupfen«. Der Maschgara ist ein Maskierter schlechthin, auch wenn es sich um eine weibliche Gestalt handelt. »Geh, gemma Maschgara!« heißt es.
Preißn haben das Wort zu Maskerade umgemünzt, sie veranstalten (fälschlich) »eine Maschgara«, eine Faschingsgaudi. Ganz neu wieder: »Weiße Überkniestrümpfe geben **der** Maschkara den letzten Pfiff.« Richtig jedoch: ». . . geben **dem** Maschkara den letzten Pfiff« (auch wenn es ein Mädchen ist), oder gleich schriftdeutsch: ». . . geben der Maske den letzten Pfiff.«
Maschgara (Maschkara, Maschkerer) kommt sehr wohl von **(die)** Maske, Maske jedoch wiederum von Maskerill **(der)** = in der älteren spanischen Komödie Bedienter, der sich als Marquis verkleidet; auch gibt es in der Baukunst **den** Maskeron = Menschen- oder Fratzengesicht als Ornament.

Maß, die (a dunkel, gesprochen wie Faß, naß) = ein Liter (Bier, vielleicht auch noch Milli); vgl. Hoiwe; Mehrz. bMaß und bMaßn; Verkleinerung: Maßerl.
Das Wort bedeutet nur den Inhalt, niemals das Gefäß selbst, wie die Preißn meinen, dafür gibt es den Maßkruag und das Hoiwekrüagl. Ganz schlimm sind Ausdrücke wie Maas, Mossl, Moassl; für diese Todsünden kann einer auf der Wiesn (Oktoberfest) schon an Maßkruag aufn Schell kriang, wie der amerikanische Schriftsteller Thomas Wolfe (1900–1938).
Das Mekka der bairischen Bierdimpfeln war einmal die Wirtschaft in Stachet (Stachöd) bei Grafing/Ebersberg: bloß für die erste Maß mußte dort der volle Preis bezahlt werden, für jede weitere nur der halbe; diese menschliche Stacheter-Maß sollten sich die Zuständigen heutzutag beim Festsetzen des Wiesnbierpreises einmal zum Vorbild nehmen. Prost!

Bier-Befund
Um die Jahrhundertwende war der Vizebraumeister Domberger vom Spatenbräu in München ein gemachter bairischer Mann: täglich standen ihm 10 Maß Freibier zu, für jede weitere Maß hatte er 10 Pfennig zu berappen. Als er in die Jahre kam, begann es doch zu zwicken und zu zwacken in seinem Wanst. Dr. Seidl, ein stadtbekanntes Unikum, hatte seinen Pappenheimer nach einigen Fragen durchschaut. »Wieviel Maß bringen Sie denn zusammen?« forschte er weiter. Der Delinquent: »Ja mei, so a zwanzg Masserl werns scho im Tag, mehra gwis ned, i halt mi scho zruck.« Der Arzt: »Wissen Sie was, Sie durstiger Kropf, Sie? Hätten Sie gesagt, Sie trinken an jedem Tag zehn Maß Bier, dann hätte ich Ihnen geraten: in Gottes Namen, trinken Sie von heute an nur noch fünf Maß. Aber zwanzig Maß – hm hm – saufen S' ruhig weiter, jetzt ist es schon Wurscht!«

Maßl, das (a hell) = Glück; vgl. Dusl.
Do host dar awar a Maßl ghatt, daß bei den Unfall sched oa Hax higwen is. (Da hast dir aber ein Glück gehabt, daß bei dem Unfall nur ein Bein kaputt gewesen ist; dir = ethischer Dativ, Gemütsdativ.)

maßleide (a dunkel) = maßleidig, erschöpft vor Arbeit, Hunger oder Krankheit; vgl. marode.

massln (a hell) = schimpfen, nörgeln; vgl. mambsn.

matsch (a hell) = müde, zerschlagen, unentschlossen. Auch: »I bi ganz damatscht.«

Matz, die (a hell) = bairisches Universalwort, anwendbar bei Mensch, Tier, Sache, Gedanken; Mehrz. bMatzna.
Eine Matz ist vor allem ein schlechtes Weibsbild, auch ein Hundeweibchen, Schimpfwort für störrische Tiere; dann ein ausgekochtes, in allen Wassern gewaschenes Mannsbild, als Auszeichnung, Anerkennung die Steigerung: »Du Matz, du bratige!«
Eine Sache, ein Gedanke, ein Geschäft kann gmatzt sein, verzwickt, verhext.
Zum Unterschied gibt es noch die Motzn; s. d. Ortsnamen: Matzberg, Matzenöd, Matzenau, Matzenhof.

Der Ausgschaamte am Kammerfenster
Geh, mach dei Fensterl zua,
i ho scho so lang gmua.
Dei Schmatzn geht mir üwa dSchnur,
du Schlambbm, du Fetzn, du Matz, du Hur.

maudern = schmollen.
Mauderbett = drittes Bett in abseitiger Kammer als Ausweichlager bei Ehestreit.

Bescheidene Zeiten
Herztausiga Schatz, und wennst mauderst mit mir,
i führ di am Sonntag halt aa ned zum Bier.
(Schmeller)

Maurerklavier = Ziehharmonika; vgl. Zugharmonie.

maustot = (etwas lieblos) es ist aus, ganz und gar; doch auch: bis zur Erschöpfung arbeiten.
Da Schreiner macht an Kammertwong, iatz arwad er auf maustot. (Auch: Er arwad si zTod.)
Steigerung: tot, maustot, mausdräggerltot (tot wie ein Mausdreck).

Medda, der = Meter, Maß.
A Meddaschdab = ein Meterstab; a Sandimedda (erstes a hell, nasal) = ein Zentimeter.

Meddn, die = Mette, nächtlicher Gottesdienst, Christmette am 24. Dezember; althochd. mettina, von latein. matutinae = Morgengebete.
Damit die durchfrorenen Kirchgänger bei der Heimkehr eine warme Stube vorfanden, kam der Meddnschdoog (Mettenstock), der größte Holzblock, in den Kachelofen; außerdem gab es dann als Belohnung für das nächtliche Opfer einen ausgiebigen Fraß: die Meddnwurscht von der Meddnsau.
Schmeller: »Vor, während, und nach dieser mitternächtlichen Christmetten glaubte der große Haufe die Geister- und Hexenwelt ganz besonders in Alarm gesetzt und den Sterblichen zugänglich. Wer z. B., auf einem Stühlchen aus neunerlei Holz knieend, während der Wandlung sich umsah, erkannte unter den Anwesenden alle diejenigen, die mit dem Teufel im Bunde stunden.«
Früher waren diese kirchlichen Nachtfeiern (besonders Ostermetten) mit großem Lärm verbunden: die Gläubigen schlugen mit Hämmern, Steinen, Stöcken an Bänke und Wände, um dem Verräter Judas die Verachtung zu zeigen; daher heute noch der Ausdruck Mette für jede Art von Lärm und Getöse.
Mahnung an tobende Kinder: »Machts ned gor a so a Meddn!«

mei, dei (beide ei nasal) = mein, dein, meine, deine = besitzanzeigende Fürwörter (mei, dei Ox, mei, dei Frau, mei, dei Haus), doch auch alte Form von dir und mir, wenn es sich ebenfalls um Besitz handelt (ähnlich: du bist min, ich bin din ...); es heißt zwar: Dees Drumm is vo dir und dees vo mir; aber: Dees Drumm ghört dei, dees ghört mei.

Das umstrittene Kriegerdenkmal
Um den Entwurf eines Kriegerdenkmals in Hintermondschein wurde lange gestritten; endlich fand er die Zustimmung der Mehrheit: Da stand ein fast nackter Krieger mit wehender Fahne, neben ihm eine prallbusige Bavaria, das Vaterland darstellend, das der junge Mann zu verteidigen hatte. Bei der Enthüllung gab es ein großes Gelächter: Ein verbitterter Gegner hatte zu Füßen des Jünglings ein kleines Plakat gestellt, Inschrift: bFahna könnts vo mir aus hom, awar as Mensch ghört mei! (Frei nach Helmut Seitz, AZ)

Mellern, die = Sommersprossen; vgl. Summamirl.
Der Bua: »A Gmellerde mog i ned, dö hod a Sieb im Gfrieß.« (Gfrieß = Gesicht.)

Mengl, die = Mängel, Nachteile.
Zur Entschuldigung, wenn man über einen Verstorbenen Unfreundliches sagt: »Es werd eahm koane Mengl bringa.«

Mensch, das = Dirne, Hure; auch Schimpfwort für unverschämte, liederliche Weibsperson; Mehrz. bMenscha; Menscherl = »ehrbare Dirne«, Mädchen, das ein Mensch werden will. Mahnung: »Bua, steig ned eine in ara Menschakammer!«
Noch um die Jahrhundertwende wurden in vielen bairischen Orten die weiblichen Dienstboten nach ihrer Tätigkeit benannt: das Kuchlmensch (in der Küche beschäftigt), das Stallmensch, Saumensch (hatte die Kühe, die Schweine zu versorgen), das Stummensch = das Stubenmensch (war im Haus beschäftigt).

mentisch = sehr, außerordentlich; Kürzel von sakramentisch, doch kein Fluch mehr, einfach Steigerung; vgl. saggrisch.

menz = unfruchtbar. A Kuah geht menz, wenn sie nicht aufnimmt, kein Kalb bekommt.

Merddl, der = Mörtel; merddln = mörteln. bMerddltrucha = die Mörteltruhe, wo da Koich und da Sambb grirt wern (wo Kalk und Sand gerührt werden).

Mesma, der, die = Mesner (Einz. u. Mehrz.), Küster; mittelhochd. mesnaere, von mittellatein. mansionarius = Haushüter; also nicht von Messe.

mi = mich (manchenorts – Alpenrand – auch: wir).
Du koscht mi gern hom! (Du kannst mich gern haben = laß mir meine Ruh!)
Mi hom nix zlacha mid insern Burgamoasta. (Wir haben nichts zu lachen mit unserem Bürgermeister.)

Miadä = alpenländ. Koseform von Maria, oft auch: Mirl.
Miada, Miadä, das = auch kleines Mieder, Miederchen; althochd. muodar = Bauch, vielleicht zu Mutter.

Miaschba (letztes a fast o) = Miesbach = Stadt. Die Einwohner sind bMiaschbegga. Alle Einwohner von Orten mit bach-Endung heißen ... begga, z. B. Langenbach – dLangabegga; Koppenbach – kKobbmbegga; Tegernbach – dDegabegga; Arnbach – dArnbegga.

middana (Betonung erste Silbe) = mittlerer; bMiddn = die Mitte.
»Sie san halt a middana Schütz«, sagte der Maler Karl Haider zu Ludwig Thoma beim Schlierseer Eisstockschießen.

middanandd, middananda = miteinder.
Der Ergrimmte: »Ös könnts mi alle middanandd . . .!« Mehr zu sagen, ist nicht nötig, reicht für einen nichtklagbaren Götz.

Migga = Mittwoch; mittelhochd. mittewoche; andere germanische Sprachen sind bei Mittwoch vom Götternamen Wodan, Odin nicht abgewichen; z. B. dänisch: Onsdag; altnordisch: Odinsdagr; vgl. Wochentage.

Unliebsame Tage
»An Migga mog si nix schicka, und da Freida hot gern weida!« das sagte meine Mutter mit bedeutsamem Kopfnicken, und der Vater widersprach dann: »Pfh, des is a koar andana Tog wiar an andana«, hielt sich aber doch an diesen Aberglauben, kaufte keine Kuh am Mittwoch und ließ am Freitag kein Stück Vieh aus dem Stall holen. Begann ein Monat mit einem verregneten Mittwoch, dann wurde gejammert: »Oh, a Miggamonat, do rengts des ganz Monat. Und hert nimma auf.« Der Todestag meiner Mutter war ein Mittwoch, ihr Beerdigungstag der Freitag. Als wir den Kirchhof verließen, sagte der Vater: »Jetzt hot sie's hoit do a so hibrocht: An Migga mog sie nix schicka, da Freida hot gern weida.«
(Barbara Haltmair)

Milli, Muich, Möich, Mülch, die = Milch; althochd. miluh.
A Millimadl, Millimal = ein Milchmädchen; a Milliladl, Millilal = ein Milchlädchen; a Millistitzn = Gefäß für Milch; a Millischlägga = ein Milchschlecker; a gschdegglde Milli = eine gestockte, saure Milch; a Millibitschn = eine Milchkanne.

Lied
Mei Schotz, dees is a Millimadl,
dee hod a saftigs Milliladl . . .

min = mit dem; vgl. bein, zun.
Das brave Dirndl: »I geh bloß min Lenz as Bett, und sunst kimmt koar andana Loder in mei Kammer.«

Minga (g leise hörbar, »Minka« ist viel zu hart) = München.
Munichen = »Bei den Mönchen«, als Dorf seit 1102 urkundlich bekannt. Der Welfenherzog Heinrich der Löwe, 1156 von Kaiser Friedrich Barbarossa auch mit Baiern belehnt, zerstörte die Oberföhringer Salzbrücke, die dem Bischof von Freising gehörte, weil er selbst am Salzzoll teilhaben wollte, und baute bei den »Mönchen« eine neue Brücke über die Isar. 1158 wurde München durch den Augsburger Schied als Zoll- und Münzstätte bestätigt: Gründungsjahr der Stadt. Zuerst Mönch als Wappen, der sich allmählich zum »Mingara Kindl« verniedlichte.
Mingara Strizzi = Gassenbub, leichtsinniger Mensch, Strolch, Zuhälter; bMingara Schdood = die Münchner Stadt.
Nicht nur Wien, auch München war stets die »Stadt der Träume« für die Landbevölkerung; diese Träume waren für manches Mannsbild von handfester verlangender Art. Die Umschreibung: »He, wo aus denn?« fragte der eine. Der andere mit Augenzwinkern: »A Minga nau – zon Hoorschnein!« (zum Haarschneiden.)
Von Mädchen, die das kostenlose Fensterln verabscheuten (vgl. Ludwig Thoma: Magdalena) und sich für ständig in München »niederließen«, sang der Spottvers:
. . . fohr ma da Schdood Minga zua,
Göjd griang mas gnua!

Mist, Mischt, Misch, der = Mist.
Misch fohrn = Mist fahren; Misch broaddn = Mist breiten, ausbreiten; a Mischwong = ein Mistwagen.
Schimpfwörter: Du Mischthamme, du dräggada! Du Mischtbua, du mischtiga! Du Mischtdeandl, du roozigs! Mischtfiech! Mischtschlambbm!

Mo, der (nasal) = Mann; althochd. man = eigentlich Mensch; Mehrz. bMahna; s. d.
A brava, a guada Mo, a gstandna Mo = ein rechtschaffenes, anständiges Mannsbild, das sich ohne Scheu herstellen kann; der Soimo = der Seelenmann, Leichenmann, sein Weib = das Soiwei; vgl. Soi.
Mo als Nachwort in Hausnamen (Besitzer ursprünglich kleine Leute, im Gegensatz zum »Bauern«): Schmiemo = Schmiedmann; Wewermo = Webermann; Gorimo = Gregormann; Anddnmo = Entenmann; Hiaddamo = Hütermann; Bochmo = Bachmann.
Der alte abgeklärte Mann auf dem Krankenlager zu sich selbst: »So, Mo, iatz gehts dahi!« (Es ist aus.)

moana = meinen; bMoanigung = die Meinung.
Im Streit: »Du koscht ja mi ned moana!« (Ich fühle mich nicht betroffen.)
Zustimmung: »I moa scho aa.« (Ich meine schon auch = Bairisches aus Paris.)

Moar = Meier; wohl von maior domus = der Größere des Hauses, der fränk. »Hausmeier« unter den Merowingern (486–751); latein. major, französ. maire, engl. mayor = Bürgermeister.
Der bairische Moar = ursprünglich der erste unter den Dienstboten. Heute ist der Moar noch der Bevorzugte, der Tonangebende beim Eisstockschießen, beim Karteln, beim Fensterln, beim Raffads (der oberste Raufer).

Moda, der, die (o offen, fast a) = Marder (Einz. u. Mehrz.), Hausmarder, gefürchtetes Raubtier im Taubenschlag und Hühnerstall; althochd. mardar.
bModafoin = die Marderfalle; as Modafoi = das Marderfell; a Modaboig = ein Marderbalg.

Moi, Mej, Möll, das = Mehl.
A roggas Moi = ein Roggenmehl; a woazas Moi = ein Weizenmehl; a Moisoog = ein Mehlsack; bMoidrucha = die Mehltruhe.

Moibiir, die (oi nasal) = Mollbeere(n), Himbeere(n), von mollig, weich; mittelhochd. hindber = Beere der Hindin (Hirschkuh); vgl. Daubiir, Brabiir.

Moin, die (nasal) = Molle; italien. molle, latein. mollis = weich; Mehrz. bMoina; a Moin = das Innere, Weiche einer Semmel, eines Brotlaibs, doch auch Schimpfwort für unfreundliches muffiges, langweiliges Weiberleut, das zudem etwas füllig geraten ist; vgl. Noggn.
Geh, druck di, du fade Moin, du fade!

Monddur, die (o fast a) = Uniform, Dienstkleidung, jede Art von Anzug.
Weadamonddur = Werktagskleidung; Erdebbfe in da Monddur = Kartoffeln in der Schale.

Mong, der (o fast a) = Magen; althochd. mago; Mehrz. bMang (a hell).
A Mongdratzerl = eine winzige Mahlzeit, man ärgert damit nur den Magen; vgl. dratzn.
Bei unangenehmer Nachricht zum Überbringer: »Du kaamst mir in' Mong!« (Du kämest mir in den Magen; die Nachricht schlägt sich auf den empfindlichen Magen und bleibt dort liegen.)

Moraggl, der (Betonung erste Silbe) = dunkelhaariger, etwas unmanierlicher Bursche; vielleicht von Mohr.
Doppelung: »A so a schwarza Moraggl, a schwarza!«

Mords = Wortteil zur Steigerung, Verstärkung, überall anwendbar: a Mordskerl, a Mordsgauner, a Mordsgaudi, a Mordsviecherei, a Mordsglump, a Mordssauerei, a Mordsschlauch, a Mordshitz, a Mordskältn, a Mordsüberschwemmung usw.

morng = morgen; eigentlich nur im Gruß: Gobmorng (Guten Morgen) enthalten und als Zeitangabe für den nächsten Tag (Morng fahrn mar a Minga nei!), sonst zumeist: in da Friah, Fruah; vgl. friah.

Moschei, der (o und ei nasal) = Mondschein; Mond allein ist nicht gebräuchlich.
Chinesisches Probesprechen: »Da Moschei scheint schee.«

Moß, das = Maß, nicht mit Maß (Bier) zu verwechseln, doch haben beide Wörter den gleichen Sinn: von messen; althochd. maza.
A Meddamoß = ein Metermaß; gmäßn = gemessen.
Bei miserabler Handwerkerarbeit: »Dem Pfuscher hod da Hund as Moß vazong.« (verzogen)
Der Schreiner Gamperl klagt: »Varregg, varregg! Dreimoi gmäßn und viermoi ogschnien – und sBrell is no zkurz!« (Dreimal gemessen und viermal abgeschnitten – und das Brett ist noch zu kurz.)

Motzn, die (nasal) = verdrießliches, mürrisches, liebloses Weiberleut.
Schimpf: »Du Motzn, du motzade!«

Muadda, die = Mutter; althochd. muoter, von latein. mater (Matrize im Druckwesen); Mehrz. bMuaddern.
In vielen german. Sprachen ähnlich: moder, modor, mauder, mother, modir; griech. Demeter = Erdmutter; Mater dolorosa = schmerzhafte Mutter. Bairisch ganz derb: bMuada (= häufig die Großmutter); dagegen: bMuadern = die Schraubenmutter. Ein altes fremdes Weiblein wird gern mit Muadderl angesprochen.

Muas, das = Mus, Brei; althochd. muos, von got. mats = Speise.
Es gibt a Kindsmuas, a Mehlmuas, an Erdebbfemuas, a Howernmuas (Habermus). Manches Mannsbild hod a Muasgsicht = ein langweiliges, letschertes Gesicht; vgl. Letschn.

müassadd, müadd = müßte, Konjunktiv von müssen.
Do müadd i lüang.
Da Pfarra hod gsagt:
I müassadd beichtn,

du müassaddst beichtn,
er müassadd beichtn,
mir (wir) müassaddn beichtn,
ös (ihr) müassadds beichtn,
sie müassaddn beichtn.

Mürz = März, von latein. Martius, dem Kriegsgott Mars geweihter Monat, ursprünglich Beginn des römischen Jahres.
bMürznsunn macht a Far. (Die Märzsonne macht eine Farbe, bräunt.)

Bauernregeln
Geht da Mürz ei wiar a Lamm, geht er aus wiar a Wolf;
geht er ei wiar a Wolf, geht er aus wiar a Lamm.

Mürznstaab bringt Gros und Laab. (Märzenstaub bringt Gras und Laub.)

Muggerl, das = Vorschußsemmel, älteren Leuten als Pfenningmuggerl bekannt: weniger wertvolle kleine Semmeln, in Stangen von 5 Stück, die als erstes Backgut »eingeschossen« wurden, um den Backofen auf die Hitze zu prüfen; war sie noch zu groß, kamen die Brötchen etwas schwarz und verschrumpelt zurück; diese Schrumpelstange kostete 5 Pfennig.
Weil Nonnen auch schwarz gekleidet sind, oft verschrumpelt aussehen, heißt man sie Klostermuggerln.

Muggl = Koseform von Johann von Nepomuk (Schutzpatron Böhmens), 1383 in der Moldau ertränkt, weil er ein Beichtgeheimnis der Königin Johanna nicht preisgeben wollte; darum auch Brückenheiliger. Muggl abschätzig auch für Tornister.

Muggn, die = Mücken (Einz. u. Mehrz.), Schnaken, Gelsen, Fliegen; auch: Launen.
Bei schönen Frauen und rassigen Pferden nimmt man Muggn in Kauf.
Mit Geduld und Spucke fängt man eine Mucke.

muggsn = aufmucken, halblaut aufbegehren; mittelhochd. mugen = brüllen; vgl. aufmugga.
Die Mutter zum kleinen Sünder: »Mantschgerl, iatz bleibst do hocka, und tua i di ja ned muggsn, sischt krachts!« (Mantschgerl, s. d.)

Muhaggl, Muhagl, der (Betonung erste Silbe) = grobes, ungehobeltes, geistig beschränktes Mannsbild; wahrscheinlich vom »Muh« eines Stieres, Haggl vielleicht der geistige Haken.
Mancher Baier: »Alle Preissn san Muhaggl!«

Mui, nördl. d. Donau: **Müll,** die = Mühle; althochd. mulin; Mehrz. bMuina; Muial, Muierl, Müllerl = Mühlchen; da Muia (nördl. d. Donau: Müllna) = der Müller.
A Muischdoa = ein Mühlstein; da Muischuuß = der Mühlschuß, das Wasserwehr; as Muirall = das Mühlrad; da Muischdambberl = der Mühlknecht (schdambberl vom Stampfen der Mühle); Muifohrn = Mühlespiel; vgl. figgln.

murfln = mit schlechten oder wenigen Zähnen mühsam kauen; vgl. kiefln.

murksn = murksen, pfuschen, schlampig arbeiten.
Dees is a so a Murksa, a gschlambbada!

Musi, die (Betonung erste Silbe) = Musik; Musikkapelle; im Volksmund ursprünglich nur eine Mundharmonika; althochd. musica, von den griech. Musen (zuerst Quellnymphen, dann die Göttinnen des Gesangs, später die der Künste und der Wissenschaften, Töchter des Zeus und der Mnemosyne).
Lob: »gGachabegga hom a sauwerne Musi beinandd.« (Die Gachenbacher haben eine saubere – gute – Musikkapelle beisammen; vgl. Miaschba.)
Klage des armen alten Mannes, der sich zeitlebens eine Ziehharmonika gewünscht hatte, doch nicht kaufen konnte: »Grod a Musi wenn i kannt!« (könnte)

Muxl, der = Kosewort für kleines pfiffiges, verschmitztes Kerlchen, das sich zu muggsn traut; vgl. muggsn.
Die verärgerte, doch stolze Mutter: »Du bist a so a Muxl, an odrahda!« Vgl. odraht.

na (hell, nasal) = nein.
Bei heftiger Abwehr: nana, nanananana = neinnein.

na (dunkel, offen) = dann, hernach.
Na hon i gsagg = dann habe ich gesagt.

nacha, nachad (erstes a dunkel, zweites a hell) = nachher, auch: dann.

Nachba, der (erstes a dunkel, zweites a hell und kurz) = Nachbar; althochd. nahgiburo = naher Bauer, Mitbewohner; Mehrz. dNachban; dNachberin = die Nachbarin.
Als Nachbar wird auch gern jedes unbekannte Gegenüber am Biertisch, in der Bahn usw. bezeichnet.

> Verständigungsschwierigkeit
> *Die alte Zanglin ist eine kreuzbrave Frau: Witwe, kleine Rente, allem Tratsch und allem weltlichen Zinnober abgewandt. Nur der Kramer Krampfl, der gute Nachbar, gibt ihr manchmal einen Deuterer über die wichtigsten Ereignisse des Tages. Einmal kommt die Zanglin in den Laden: »Zwoa Pfund Sauerkraut, kriaget i, Herr Nachba.« Der Krampfl: »Kilogramm hoaßts iatz, Frau Nachberin, Kilogramm!« Die Zanglin: »Soso, nimmer Sauerkraut?«*

nacherd (a hell, Betonung erste Silbe) = nah; nachada, nahada (alle a hell) = näher.
Der Erfolgreiche erzählt stolz vom Fensterln: »Na hon i mi ganz nacherd zu ihra zuaweglegt.«

nacht (a hell) = gestern; voarnacht = vorgestern.

Nachtigoi, die (a fast o) = Nachtigall; althochd. nahtigala, von german. galan = singen.

> Lied
> *A Nachtigoi singt auf koan Dannabaam,*
> *dee schlagt in ara Hoslnußstaun . . .*
> *(Eine Nachtigall singt auf keinem Tannenbaum,*
> *die schlägt in einer Haselnußstaude . . .)*

näddn = nötigen, quälen.
Die Kinder beim Essen näddn.

Nagerl, Nagei, Nagä, das (a hell) = kleiner Nagel, Nelke.
A Schdoanagerl = eine Steinnelke; a Nagerlschdoog = ein Nelkenstock.

> Brahms-Lied
> *Guten Abend, gut Nacht,*
> *mit Rosen bedacht,*
> *mit Näglein besteckt . . .*

naggad (erstes a dunkel, zweites a hell, kurz) = nackt.
Heute noch geflügeltes Wort: »Mi friert wiar an naggadn Schuilehrer«, obgleich der Spottsang vom »armen Dorfschulmeisterlein« längst Legende geworden ist.

naggln (a hell und dunkel) = sich hin und her bewegen, locker sein, wackeln; vgl. waggln.
Ein schlechter Zahn nagglt. Am Fensterladen nagglt der Wind.

nahm (hell, nasal), **nehmad** = nähme, Konjunktiv von nehmen.
Der geldgierige Freier zum Hochzeitsschmuser: »Wenn dös Weiberts wirkli achtzgtausad Markl hod, nacha nahm i's ungschaugda.« (nähme ich sie, ohne sie zuvor anzuschauen.)

nahn (hell, nasal) = nähen.
dNahderin (dNohderin) naht an Gnopf o; vgl. Nohderin.

Namidog, der = Nachmittag.
An Sunnda-Namidog gehts auf min Keglscheim (Kegeln).

Nandl, Nanni, Nannä (alle a hell) = Koseformen von Anna; vgl. Mariandl.
Ortsname: Nandlstadt (in der Holledau).

narrad (erstes a dunkel, zweites a hell, kurz) = närrisch, verrückt; althochd. narro; a Narrada = ein Närrischer, Verrückter.
Mach mi ned narrad = ärgere mich nicht noch mehr!
Dee fohrn mid eahnern Audderl wia narrad.
Über eine auffallend Gekleidete: »Dö kimmt daher wiar a Narrade.«

narrisch (a hell) = närrisch, verrückt, wie: narrad; doch zumeist nur in Verbindung mit Verb oder Adjektiv als Steigerung.
I freu mi narrisch.
Dees schmeckt narrisch guad.

natzn (a dunkel und hell) = einnicken, dösen; vgl. dusln.

nauf, auch bloß: **nau** = hinauf; vgl. auf.
Der echte Baier haßt die verwaschenen Allerweltswörter, die Fließbandwörter der Zuagroastn: rauf, raus, rüber, runter usw., die hinauf, hinaus, hinunter usw. unterschlagen. Der Baier unterscheidet noch genau: nauf heißt es, wenn ich unten stehe und hinauf will; dagegen: rauf, wenn ich von oben einem zurufe, er soll heraufkommen. Ebenso bei: hinein (ich gehe nei), sage jedoch von drinnen: kimm rei (komm herein). Ich springe hinüber (nüber), sage aber von drüben: kimm rüber. (komm herüber). Vgl. auffa. Warum die Sprache verarmen lassen?

Nausseng, das = das Hinaussehen, das Ende absehen, meist negativ gebraucht.
Bei dera Arwad is koa Nausseng ned.
Iatz seng mir uns nimma naus.

neamad, neamads = niemand; althochd. nioman = kein Mann.
Doppelt: Neamads ned is kema = niemand ist gekommen.

ned (nasal), oft auch nur: ed = nicht; vgl. nix.
Als Schlußwort häufig auch: neda (Betonung erste Silbe) = verschmolzenes nicht auch; vgl. wegga, woruma.
Die Zweifler: »Mir glaam ned oiß.« (Wir glauben nicht alles.)

nede (nasal) = nötig.
Auch abwertend: »Dee homs nede!« (Die haben es nötig – z. B. ihren aufwendigen Lebenswandel bei ihren Schulden.)

nei (nasal) = hinein (preißisch: rein).
Mir gengan ins Haus, ins Wasser, schliaffan ins Gwand, in dSchuach nei. Vgl. nauf, no, nundda.

neibacha (erstes a dunkel) = neu-, frischgebacken.
Oidbacha = altgebacken; an oidbachane Drudschn = ein angejahrtes Mädchen.

neidoa (ei nasal) = hineintun (falsch: etwas ins Glas reintun; vgl. nauf).
Neischbeim = hineinspeien; neihupfa = hinein-

hüpfen; neisoacha = hineinseichen, die Hose, das Bett naß machen.

nehma, neihma = nehmen; althochd. neman. Zu den Ängstlichen: »Machts nur grod auf, mir nehman enk nix wegg.« Oder: ». . . mir nehmar enk nix wegga.« – n und r sind Hiatustrenner; wegga = besondere Betonung; vgl. ned, woruma.

nem = neben; neman (Betonung erste Silbe) = neben einem (Baum); nemara (Betonung erste Silbe) = neben einer (Kuh); nemsoi (Betonung zweite Silbe) = neben dort, daneben; vgl. soi.

Niggalos, der = Nikolaus; nicht der Namensträger gemeint (der mit Niggerl, Niggi, Nigä gerufen wird), sondern der Heilige, der »brave Niggalos«, der am Abend des 5. oder 6. Dezember zur Bescherung oder Bestrafung ins Haus kommt; der »böse Niggalos«, der mit Rute und Sack erscheint, heißt auch Knecht Ruprecht, weil er oft Begleiter des Heiligen ist. (»Klaubauf« wurde erst durch Zuagroaste in Baiern eingeführt.)

Nikolaus, der Heilige, Bischof von Myra (um 350), ist Hauptheiliger der russischen Kirche und Schutzheiliger der Schiffahrt. Der Brauch der Bescherung an seinem Fest, auch in nichtkatholischen Ländern, geht auf die Legende zurück, »daß N. einem armen Edelmann nachts Geld zur Aussteuer seiner Töchter ins Haus geworfen habe, um diese vor Unzucht zu bewahren«. In abgelegenen Orten Baierns fand bis vor kurzer Zeit noch die Bescherung am Nikolausabend statt und nicht an Weihnachten, und da gab es zumeist nur Äpfel, Nüsse und Lebkuchen, einen Christbaum kannte man nicht.

nimm = nicht nur Imperativ (Befehlsform), sondern auch Nennform: nehmen.
Na, dees Gschenk nimm i ned o! (. . . nehme ich nicht an.) Vgl. stirb, wirf.
Familienname: Nimsgern.

ninderscht, nördl. der Donau: **niachats** = nirgends.
An söttern Saustoi gibts gor ninderscht. (Einen solchen Saustall gibt es gar nirgends.)

nix = nichts.
Schnupfer unter sich: »Hau her a saftige Pris, weils mit da Lies aa nix mehr is!«
Spruch: As Haus valiert nix. (Was im Haus verloren gegangen ist, ist sicher wieder aufzufinden.)
Nix für unguad = bitte, nicht beleidigt sein, weil ich die Wahrheit gesagt habe.

no (dunkel, offen) = hinab, hinunter; vgl. nauf, nundda.
Do gehts awa gach no!

no (nasal) = noch.
Auf der Wiesn (Oktoberfest): »Geh weida, sauff ma no a Maß!«

no (o fast a), **nunnda** = hinab, hinunter; vgl. achi, oiche.

Noagerl, nördl. der Donau: **Noacherl,** das = Neigerl, was zur Neige geht: der letzte Rest von Bier im Glas oder Maßkrug.
Da Noagerlsauffa = einer, der im Gasthaus oder Bierzelt heimlich die Reste austrinkt.

nochanandd, nocharanandd = nacheinander, oft auch für: hintereinander (hinddaranandd).

Nodern, die = Natter(n); althochd. natara; vgl. Odern.

nodwendde, noudwendde, noadweindde = notwendig.
»Der hods awa nodwendde«, heißt es, wenn es einen Mann, einen Burschen herumtreibt vor Arbeit, vor Gier nach einem Geschäft, Mädchen, Unterhaltung; vgl. dick eingehen.

Noggerl, das = kleiner Knödel, auch in Löffelform, in der Suppe, Soße; Mehrz. dNoggerln; vielleicht von italien. gnocco = Mehlkloß.
Es gibt: Griaßnoggerln, Fleischnoggerln, Lewanoggerln (= Lebernoggerln); Salzburger Noggerln (= flaumige Eiernachspeise).

Noggn, die = langweiliges, träges, launenhaftes, nicht immer geistvolles Mädchen; vgl. Moin.
Du fade Noggn, du fade!

Nohderin, die =Näherin; mittelhochd. nätaerin = Näherin, nätaere = Schneider.
dStehrnohderin = die Störnäherin, die ins Haus kommt; vgl. nahn.

Nosn, die = Nase; althochd. nasa; plattd. nes (Blankenese); Mehrz. dNosna.
A Nosada (Betonung erste Silbe) = Mann mit unförmigem Zinken.
Zu nicht ganz hasenreinem Ankläger: »Du koscht di selm bei da Nosn nehma.«

Nosnbobberl, das = wörtlich: Nasenpüppchen, vertrockneter Nasenschleim.
Anderswo: Nosnramme, Nosnrammerl; vgl. Ramme; Nosnwuzzerl, Nosnwuzzä; vgl. Wuzzerl; preißisch: Buhmann.

noude, noade = notig, arm, notleidend.
A Noudniggl = ein armer Teufel, ein Hungerleider, mitunter auch ein Geiziger.
Spott bei wenig aufwendiger Feier – Hochzeit, Taufe, Firmung, Beerdigung: »Dees is a so a noudige Gsoischaft, a noudige.«

Nowe, der (o offen, fast a) = Nabel, auch Schraiferl genannt, von Schraube, Schräuflein.

nowe (o nasal) = nobel, französ. noble, latein. nobilis = bekannt, berühmt, edel.
Zum feingekleideten Mädchen: »Haind schaugst awa nowe aus, Reserl!«
Wer eine Maß, eine Brotzeit stiftet, ein gutes Trinkgeld gibt = nowe, a nowliga Hund.

Null, Nudl, die = Nudel, Hefe-, Kartoffelgebäck; Mehrz. dNullan, dNudln; vgl. Brell, Gnell.
A Dampfnull = Hefenudel in Milchdampf gekocht; a Rohrnull = eine Hefenudel im Backrohr gebacken; a Kirdanull = eine Hefenudel in schwimmendem Schmalz gebacken; vgl. Kirda; an Erdebbfenull = eine Kartoffelnudel in der Pfanne gebraten. Gänse werden gnullt, gnudlt = mit Kartoffelnudeln gestopft (auch heute immer noch, trotz amtlichen Verbots wegen Tierquälerei).
Schimpfwort für gut gefülltes Frauenzimmer: »Du wambbade Null!« (wambbad von Wampe; vgl. Wambbm.)

num und rum = hinüber und herüber; vgl. nauf.
Kinder springen gern iwar an Grom num (über einen Graben hinüber).

nundda = hinunter, hinab; vgl. nauf.

nunddaschwimma = hinunterschwimmen, unter den Hammer, auf die Gant kommen; Zwangsversteigerung; vgl. Gant, Ganter.

Nuß, die = im Gebrauch mit Schimpfwort: du gscherte Nuß; vgl gschert.
A Hoslnuß = eine Haselnuß; a Welschnuß = eine Walnuß; a Nußgratschä = ein Nußhäher (eigentlich Eichelhäher), von gratschen = krächzen.

o (offen, fast a) = Vorsilbe ab. Beispiele:
obeerlan = abbeeren (Holunder, Johannisbeeren);
obrunna = abgebrannt (Gebäude);
odaggln (a hell) = abtakeln (Mensch oder Tier umbringen);
ohoin = abholen (vom Zug, von Wohnung);
ohoizn = abholzen (Waldstück);
olaarn (a hell) = ableeren (Christbaum);
oluxn = abluchsen (Vorteil ablauern);
omurxn = abmurksen (umbringen);
oraggern (a hell) = abrackern, sich plagen;
oramma (a hell) = abräumen (Tisch, Christbaum);
oschbuin = abspülen, Geschirr abwaschen;
owimmen = abwimmeln (unfreundlich abweisen).
Der Geiger klagt: »As e is eh o, und as a is aa o!« (Die E-Saite ist eh ab, und die A-Saite ist auch ab.)

o (nasal) = Vorsilbe an. Beispiele:
o-angln = es lockt mich, wie von Angel angezogen;
obagga = anpacken, überfallen, mit Arbeit beginnen;
odampfln = Hefeteig anrühren, Kind zeugen;
odaucha = antauchen, anschieben, sich sputen;
ogrennt = angerannt (an Baum, Haus, Berg);
ohabisch = anbiederisch, aufdrängend;
okentn = anzünden;
oleng = anlegen, sich anziehen;
olüang = anlügen;
omacha = etwas anmachen, anbringen;
omoidn = anmelden (ein Verstorbener gibt ein Zeichen);
omoin = anmalen;
onagln (a hell) = Nagelschmerz bei Frost;
owandln = die Kegelkugel an die Seitenwand schieben;
oweing = ein Ding, eine Sache gelüstet mich;
ozapfa = anzapfen, Bierfaß anstechen;
ozunddn = angezündet;
ozwidern = jemanden gehässig ansprechen.
Wörter, bei denen beide Vorsilben gleich geschrieben, doch verschieden gesprochen werden (o offen oder nasal):
obrächa = abbrechen; anbrechen;
obrian = abbrühen; anbrühen;
odraht = abgedreht; angedreht;
odrugga = abdrücken; andrücken;
ofohrn = abfahren; anfahren;
oganga = abgehen; angehen;
ogrosn = abgrasen; angrasen (sich vollessen);
okocha = abkochen; ankochen;
oschnein = abschneiden; anschneiden;
ostaam = abstauben; anstauben.

oa = ein, eine (Zahlwort); oa Mo = ein Mann, oa Frau = eine Frau.

Der Fretter hod bloß oa Kuah (eine einzige). Dagegen: »I siech a Kuah.« (Ich sehe eine Kuh.) Hier ist a das unbestimmte Geschlechtswort. Ebenso bei: »I siech an Mo.«

Oacha, die = Eiche; engl. oak; Oachln = Eicheln.
An Oachkatzl = ein Eichkätzchen, Eichhörnchen; oacherne Stöck = Wurzelstöcke von Eichen; oacherne Böck = eigensinnige Böcke, Menschen, hart wie Eichenholz.
Ortsnamen: Aicha, Aichach (gesprochen: Oacha).

Oachkatzlschwoaf, der = Eichhörnchenschwanz.
Das Wort Oachkatzlschwoaf dient als drittes Idiom der strengen Prüfung Zuagroaster, ob sie die bairische Aussprache beherrschen; vgl. Fiddrioioi, Loawedoag.

Oadaxl, das (zweites a hell, Betonung erste Silbe) = Eidechslein.

oamahdigs Wiesl, ein (zweites a hell) = ein einmahdiges Wieslein; zumeist hochgelegen, kann nur einmal im Jahr gemäht werden.

oamoi (Betonung erste Silbe) = einmal (Zahlwort); nicht zu verwechseln mit amoi (Betonung zweite Silbe) = einmal (Zeit); vgl. amoi.
Oamoi neidappt, dees glangt! (Einmal in die Falle gegangen, hineingetappt, das reicht.)

oana = einer.
Die Überfallene klagt: »Mi hod oanar opackt.« (angepackt; r bei oana = Hiatustrenner.)

oanaggad (zweites und drittes a sehr hell, Betonung auf oa) = einäugig; an Oanaggada = ein Einäugiger.

Oar, das, die = Ei, Eier.
Oarbägga = Eierpecken (Osterbrauch); Oarschell = Eierschädel (Schell = immer Schädel); Oaraschmoiz = Ei in Schmalz, Ochsenauge, Spiegelei; gweichte Oar = geweihte Eier (Osterbrauch); a schdingads Oar = ein stinkendes Ei. (Vor 1914 bekam man auf dem Land für eine Mark 33 Oar.)

Oaschichtiga = Einschichtiger, ein für sich allein lebender Mann, Junggeselle, Witwer.

Oaschpanniga (zweites und drittes a hell) = Einspänniger, Junggeselle, Witwer; vgl. Oaschichtiga. Vergleich mit Zugtier, das allein ziehen muß; verheiratet sein = zwoaspannig ziehen im Joch.

Oasiedl, der = Einsiedler, Klausner, scherzhaft auch: Junggeselle; althochd. sedal = Sitz, daraus sidilo = einer, der sich ansiedelt, ansässig macht.

Lied
Dar Oasiedl vo Bong (Dorf Bogen)
hod sich an Schiefing in dNosn neizong;
da Mesma vo Greiling, a kreuzbraver Mo,
hod eahm den Schiefing aus da Nosn rausdo.
(Schiefing, Schiefling = Holzsplitter.)

Oaß, das = Geschwür, Furunkel, Abszeß.
Ein ständiges Dutzend Oaßn am Gnack (Genick) ist die Plage vieler Metzger.

ochazn (o offen, fast a) = ächzen.
Eine schwere Wagenfuhre kann ochazn.
Über einen Sterbenden: »Iatz gehts pfeigrod dahi min Jackl: er duad scho ochazn.«

Odalassn, das (o fast a) = zur Ader lassen, schröpfen, Blutegel ansetzen; früher oft Roßkur der Dorfbader und der Eisenbärte; doch heute fachgerechte Blutentnahme bei Lungenödem, Bleichsucht, Urämie; Aderlaß bei Pferden und Bäumen sind selten geworden. Zeitgemäßer Olympia-Trick (Montreal 1976): Sportler ließen sich vor dem Wiegen eineinhalb Liter Blut abzapfen, um eine Gewichtsklasse tiefer starten zu können.

Odern, die (o fast a) = Otter(n).
A Graizodern = eine Kreuzotter; vgl. Nodern.

odo (beide o nasal) = angetan; odoa (antun) = einem andern etwas Böses zufügen.

An Resä hod a Hex ebbas odo, iatz is' krank.
Mädchen, das sich Mutter fühlt: »Ja mei, Bua, wos hoscht du mir odo!«
Mutter lebt in Angst, daß mißratener Sohn zuletzt im Gefängnis landet: »Bua, dee Schand werscht ma dengerscht ned odoa!«

ös = ihr (als Ihr früher auch bäuerliche Höflichkeitsform den Eltern oder Höhergestellten gegenüber; das Sie war unbekannt); vgl. ees.

öitz = jetzt; vgl. iatz, etz.

oganga (o offen, fast a) = abgegangen.
Beim zufälligen Auffinden eines Gegenstandes: »Der is mir scho lang oganga.«
Bei unangenehmer Nachricht: »Dees gang mir no o!« (Das ginge mir noch ab, das fehlte mir gerade noch.)

Ogschdoi, das (beide o nasal) = wörtlich: Angestell = sich ungeschickt anstellen, sich dumm benehmen bei der Arbeit, bei Besuchen, beim Tanz, sich zieren bei der Liebe.
Wos hoscht denn für an Ogschdoi?

ogschmoch (beide o offen, fast a) = fad, ekelhaft, unausstehlich, lieblos; zumeist nur Mädchen nachgesagt; vgl. gschmoch.

ohaun (o nasal) = anhauen, sich anstoßen, anfressen. Dagegen: ohaun (o offen) = abhauen (Baum, Stock, auch: sich aus dem Staub machen).

oherrisch (o nasal) = wörtlich: anherrisch = barsch, befehlerisch, gebieterisch.
Dees is an oherrischs Weiberts.

Ohrflinserl, das = kleines Goldplättchen im linken Ohrläppchen, zumeist von Männern getragen, schützt gegen Krankheit (besonders Augen) und böse Geister; vgl. Flinserl.

Ohrwaschl, Oarwaschl, Ourwaschl, das (a hell) = Ohrmuschel; althochd. ora = Ohr.
Bubenohrwaschln waren beliebte Anhaltspunkte für Meister- und Lehrerfäuste: es gab ein Ohrwaschlrennads; vgl. Rennads; beim Raffads im Wirtshaus werden sie oft vom Gegner mit Fäusten oder Zähnen blutgierig entfernt.

oi, nördl. der Donau: **olle** = alle.
Oi Daamalang = alle Daumenlang = häufig.

oibod = alle Gebote, alle Augenblicke; vgl. allbot.

oiche, owi (alle o offen, fast a) = hinunter, hinab; vgl. achi, no.
Kleines Mädchen klagt beim Essen: »Muadda, i mächad a Fleisch aa, sischt bring i an Silod ned oiche.« (Mutter, ich möchte ein Fleisch auch, sonst bringe ich den Salat nicht hinunter.)

oid, nördl. der Donau: **old** = alt; latein. altus = hoch.
Oida Haidda = alter Häuter (Pferd; vgl. Haidda); oida Schnee = keine Neuigkeit; Männer reden gern von ihrer Oidn (Alten), was diese als saure Schmeichelei betrachten; doch nur »gewöhnliche Frauen«, Weiber, sagen zu ihren Männern: Oida (Alter).

Oim, die = Alm, bairische Umformung von Alpe; indogerman. alb = Berg, hoch.
An Oimhiddn = eine Almhütte; dOimarin = die Sennerin; vgl. Aiwe.

ois = als; zumeist nur in Verbindung mit »wie« bei Steigerung:
Der is grössa, schena, länger ois wia dar ander.

oisamm, oisamm middanandd = alle zusammen.
Bei einer gefräßigen Feierlichkeit heißt es: »Do kema bVegl oisamm zamm und da Schbooz aa.« (Da kommen die Vögel alle zusammen und der Spatz auch.)

oiß = alles.
Da Lehrer moant, er woaß oiß, daweil woaß a gor nix.
»Oiß geht zu End«, hod da Pfarrer bein Leichnschmaus gsagt und hod an letztn Fleischbrogga vo da Schissl raus. (Sammlung Böck)

oiwei, ollaweil = allweil, alle Weile, immer. Zum maulenden Bengel: »Tua ned oiwei mambsn, sunst haun i dir dein Arsch voll!«

Oll, Odl, Adl, der = Jauche (Allgäu: Bschütt), hat also mit Adel kaum etwas zu tun; von poln. jucha = Brühe, Suppe, latein. jus = Brühe; odln = mit Jauche düngen.

opfiffa (o nasal) = angepfiffen, von einem Gegner, Vorgesetzten Vorwürfe erhalten.
Doch der Kleinhäusler klagt: »Mei Goaß hod a Wiesl opfiffa.« (Er glaubt, die unförmige Eutergeschwulst seiner Ziege sei durch das Anfauchen eines Wiesels hervorgerufen worden.)

oroana (erstes o nasal) = anrainen, die Kartoffelbifänge hinaufackern; vgl. Bifang.

Oschdauwa, der (o offen, fast a) = Abstauber = Schürzenjäger.

Oschdern, Oaschdern, Ouschdern = Ostern; mittelhochd. osteren, altes german. Frühlingsfest; Frühlingsgöttin Ostara.
Nach dem Vormittagsgottesdienst wird in jedem Haus das Gweichte gegessen (was zuvor in der Kirche geweiht worden war): Schinken, Eier, Brot, Fladen, Kren, Salz.
Am Ostermorgen macht dSunn einen großen Sprung.

oscheissn (o nasal) = anscheißen, ähnliche Bedeutung wie anpfeifen; vgl. opfiffa.
Ortsname: Anschießing b. Tittling/Paussau.

Owapfoiza, der, die = Oberpfälzer (Einz. u. Mehrz.). Die Oberpfalz = bayerischer Regierungsbezirk, nördl. der Donau, Hauptstadt Regensburg; die Unterpfalz war die Rheinpfalz (Hauptstadt Heidelberg, dann Speyer), die ebenfalls zu Bayern gehörte; beide Gebiete waren ursprünglich Besitz der Pfalzgrafen, daher der Name Pfalz.
Die Oberpfalz, auch Steinpfalz genannt, gehört zu den ärmsten Landstrichen Bayerns (Böhmerwald, Bayerischer Wald), und darum schreibt Schmeller (selbst gebürtiger Oberpfälzer): »Sie hat nach einer scherzhaften Volksetymologie ihren Namen von dem Ausruf: pfalts! (behalts), mit welchem der Teufel gegen ihren Besitz protestierte, als Gott der Herr bei Verteilung der Länder der Erde diesen unfruchtbaren Erdstrich ihm zuweisen wollte.« Viele Oberpfälzer wandern darum aus; es heißt deshalb: »Jeder echte Münchner ist ein Oberpfälzer.«
Die Oberpfälzer brachten jedoch dem Land von jeher einen wertvollen geistigen und künstlerischen Zuwachs. Einige Namen: Erasmus Grasser, Ignaz Günther, Johann Michael Fischer, Christoph Willibald von Gluck, Emanuel Schikaneder, Max Reger, Andreas Schmeller, Karl Hocheder.

oweschlindn (o offen, fast a) = hinunterwürgen, von Schlund; althochd. slinden = schlingen.

Oxnfiesl, der = Ochsenziemer, Ochsenzwiesel, ursprüngliche Wortbedeutung Sehne, später Zeugungsglied des Ochsen, Bullen; gedörrt gern als Zuchtrute verwendet; vgl. Fiesl.

ozapfa (o nasal, beide a hell, kurz) = anzapfen, ein Bierfaß, einen Banzen anstechen. Hahn = Zapfen.
»Ozapft is!« = Jubelruf des Oberbürgermeisters der Bierstadt München, wenn er auf der Wiesn (Oktoberfest) mehr oder minder kunstgerecht den Hahn in den ersten Banzen getrieben und damit das größte Sauf- und Freßfest der Welt eröffnet hat; das Ozapfa gehört zu den anstrengendsten Pflichten eines Münchner Oberbürgermeisters; vgl. Wiesn, Xuffa.

Die Vorbemerkung zum Buchstaben B gilt sinngemäß auch beim Buchstaben P.
Also nicht: dPfoad, dPlocha, dPemsln, sondern: bPfoad, bPlocha, bPemsln.
Wörter, die unter P vermißt werden, sind vielleicht unter B zu finden.

Pack, die (a hell) = wörtlich: Päcke = eine Menge von Dingen.
Do gibts ganze Pack von Blumen, Beeren, Pilzen, Kastanien, Nägeln.

pack mas! (erstes a dunkel, zweites a hell) = packen wir es, fangen wir an (eine schwierige Arbeit, eine gewagte Bergfahrt, eine abenteuerliche Fensterlnacht).
Nach Verschnaufpause: »Pack mas wieder!«

Parablui, das = Regenschirm, französ. parapluie (parer = abwehren, pluie = Regen).
Parasoi = Sonnenschirm; latein.-italien.-französ. parasol (sol = Sonne); eßbarer Parasolpilz.

Deutsch-französische Verständigung
Ein Franzose, kaum deutsch sprechend, kam bei strömendem Regen zu einem Landkrämer. »Ich brauchen Recken ... Recken ... pardon ... brauchen ... brauchen ...« – »Ja mei, Mo«, sagt der Baier, »dees versteht koa Sau ned, was du möchst.« Da ruft der Franzose erfreut: »Ah, cela, Recken!« und holt in einer Ecke einen Schirm vom Nagel. »Ja so, a Parablui host gmoant, hättst es glei daitsch gsagt, Parablui hoaßt dees!«

Paris zoang = Paris zeigen: Man legt einem kleinen Kind von hinten die Hände an die Ohren, hebt es so in die Höhe und fragt dabei: »Siegst Paris?« (Siehst du Paris?)

passn (a hell) = passen, abwarten (besonders beim Kartenspiel).
Zum Mitspieler: »Tua besser aufpassn!«

Paunggerln, die = Schmalzgebäck aus Mehl- oder Kartoffelteig.

pelzn, pejzn, poizn = pelzen, sich von der Arbeit drücken; aber auch Obstbäume veredeln, alte Gegenstände flicken; vgl. belzn, Boizkersch.

Pemsl, der = Pinsel; ein großer Malerpemsl heißt Waschl; mittelhochd. pensel, latein. penicillus = Schwänzchen; unordentlicher kurzer Haarzopf ist auch ein Pemsl; wer gern trinkt, der pemslt.

Perschbeggdif, das = Fernglas, Feldstecher, auch: Spekuliereisen, vielfach ist damit die Brille gemeint.

Pfandschaab (aa hell), Gäuboden, Straubinger Becken: bFandschaab, das = kleiner Strohwisch auf Pflock: Verbotszeichen für Durchgang; oft noch zu sehen an Wiesenrändern, Ersatz für geschriebenen Text; althochd. scoub = Schaub, von Luther durch Garbe ersetzt.

Pfannakuacha, der, die = Pfannenkuchen (Einz. u. Mehrz.), dünner Fladen aus Mehl, Eiern, Milch in der Pfanne gebacken, fälschlich: Omelette; nicht zu verwechseln mit Berliner Pfannkuchen = Krapfen. Pfannakuacha = schwäbisch: Flädle, wienerisch: Fridatten; Pfanne = althochd. pfanna.
A Pfannakuachasubbm = Festtagssuppe.

Pfarzaberg, der (a dunkel) = Hintern; pfarzn = furzen, schoassln; vgl. Schoaß.

Appetitliches Rätsel
Zehne ziang, zehne schiam und fohrn übern Pfarzaberg nauf?
(10 Finger ziehen, 10 Zehen schieben, wenn man eine lange Hose anzieht.)

Pfarzn, die (a dunkel) = kleines Blasrohr (Bubenbastelei) aus Löwenzahnstengel oder Weidenrinde, das furzähnliche Töne hervorbringt; ein Fagott (Holzblasinstrument) ist darum a Pfarznbriegl (Briegl = Prügel); umgekehrt nennt man den Hintern ein Naturfagott.

pfeigrod = gerade wie Pfeilschuß; schwäbisch: bolzagrad.
Do gehts pfeigrod auf Minga zua!

Pfenning = Pfennig; althochd. pfenning, engl. penny.
Ein Zweipfennigstück = a Zwoaring; vgl. Goid.
A Pfenningfuxa = ein Pfennigfuchser = sparsames, geiziges, knickeriges Mannsbild.

Pfiffkas, der (a hell) = ein Nichts, eine Niete.
Frage: »Wos host denn nacher kriagt für dei Arwad?« – Antwort: »An Pfiffkas!« Vgl. Kas.

Pfingstlimme, Pfingstox = Pfingstlümmel, Pfingstochse; vgl. Limme.
Diese Schimpfnamen gehen auf alte Bräuche zurück: Der Pfingstlümmel war eine Strohpuppe, die an Pfingsten der faulsten Dirn (Magd) eines Dorfes vor das Fenster oder auf das Dach gesetzt wurde. Beim Almauftrieb – um Pfingsten herum – wurde der beste Ochse (Stier) geschmückt und bekränzt, er bekam eine Krone aus Blumen und Flitter; darum wird heute noch ein junger gekkenhaft gekleideter Bursche als Pfingstox beschimpft.

Pfinzda (da, ganz kurz gesprochen, bedeutet in allen Wochentagen tag) = Donnerstag; vgl. Wochentage.
»Pfinstag, ein Wort, das nicht minder ehrwürdig als das Wort ›Pfingsten‹ ist, bezeichnet den fünften Tag der Woche, vom Sabbat – Samstag – an gezählt, den ›quinta sabbati‹, wie Pfingsten den fünfzigsten Tag nach Ostern; also Pfinstag ›der fünfte‹, Pfingsten ›der fünfzigste‹.« (Wolfgang Joh. Bekh)

Pflanzerl, das (a hell) = Pflänzlein, Steckling.
A Silodpflanzerl = ein Salatpflänzchen; a Koirawepflanzerl = ein Kohlrabipflänzchen. A Pflanzerl ist jedoch auch ein liederlicher Bursche, ein leichtlebiges Mädchen; vgl. Mensch.

Pflanz macha = Umstände machen, lügenhafte Ausreden gebrauchen; vgl. Mais.
Mahnung: »Mach koane Pflanz!«

Pfluag, nördl. der Donau: **Pfluach,** der = Pflug; mittelhochd. pfluoc.
Da Pfluaggrindl = der Pflugbaum; bPfluagriasta = die Pflugriester, der Pflugsterz (Handgriffe).

Pfoad, die = Hemd; finn. paida; das Wort Pfoad noch heute im Gebirge und im Bayerischen Wald von alten Leuten gebraucht.
A Pfoadla = ein Weißwarenhändler; a Duddnpfoad = ein kurzes Frauenhemd; vgl. Duddn.

Fensterlpech
Der Baur und da Hund
ham mar as Mensch ned vergunnt,
habs scho ghabt an da Pfoad,
ham mas wieder verjoad. *(Schmeller)*

Pfüad di Good! = Behüt dich Gott! Abschiedsgruß, heute zumeist abgekürzt: Pfüad di! Mehrz. Pfüadd enk! (Nur unter Duzfreunden erlaubt, zu andern: Pfüadd Eahna Good!) »Bessere Kreise« sagen auch zum Abschied den Willkommensgruß: Grüß Gott! Noch »feinere« Leute sagten früher nur: Adjeh! (Französisch: Adieu! = Gott befohlen!, woraus die Rheinländer ihr »Tschüs« fabrizierten, das bereits die Hälfte der Münchner verseucht hat.)

pfunde = pfundig, großartig, von Pfund, Gewicht, schwer.

Pfundhamme, der (a hell) = Pfundhammel = grobes, ungebildetes, ungeschlachtes Mannsbild; Mehrz. bPfundhammen.
Bei unsauberem, derbem Weiberleut heißt es: a Pfundssau.

Poidl = Kosename von Leopold = Luitpold; mittelhochd. Liupolt, aus liut = Volk und palt = tapfer; in Baiern ehedem beliebter Vorname, nach Prinzregent Luitpold (1821-1912), Sohn König Ludwigs I., der gesagt hatte: »Ich will aus München eine Stadt machen, daß niemand Deutschland kennen soll, der München nicht kennt.«

Prangerdoog = Prangertag = Fronleichnamstag (am 2. Donnerstag nach Pfingsten); mittelhochd. brangen = sich zieren, schmücken, besonders bei feierlichen Anlässen, daher auch prahlen, Prunk. Am Prangerdoog, einem Hochfest der katholischen Kirche, prangen Mädchen und (zumeist) die Sonne um die Wette.

pritschln, = mit Flüssigkeiten, besonders Wasser, alles vollspritzen, naß machen; rumpritschln, umanandapritschln. In der Waschküche, im Badezimmer, mit der Gießkanne, beim Umfüllen von Bier, Wein wird viel pritschlt. Wer pritschlt = ein Pritschler.

Prodara, der, die = Praterer (Einz. und Mehrz.), Karussell, nach Wiener Prater (latein. pratum, italien. prato, span. prado = Wiese, Anger), weil dort neben dem berühmten Riesenrad auch Karusselle zur ständigen Einrichtung gehören. Prodara heißt auch minderwertige Uhr, oft geiziges Firmungsangebinde (Du mit dein Firmbrodara!), weil sie so schlecht lief wie häufig ein Karussell, das noch von Menschenkraft angetrieben wurde.

Punktum Schdraisand drauf = Redensart, wenn Brief, Sache, Geschäft abgeschlossen ist, gut oder schlecht, d. h.: wir wollen nicht weiter davon reden! – Früher blieb die Tinte auf dem Papier lange feucht; man trocknete sie mit Streusand, als es noch keine Löschwiegen gab. Mittelhochd. punct, latein. punctum = Stich; ursprünglich wurden die Buchstaben in die Wachstafel gestochen, geritzt; heute medizinisch: punktieren.
Familienname: Streisand, Barbra.

Quacksoiwa, der = Quacksalber, Kurpfuscher, auch: Schwätzer. Das Wort ist abgeleitet von der Quecksilbersalbe, die »Eisenbärte« beim ersten Auftreten von Syphilis anpriesen.

Quadembba = Quatember, strenger kathol. Fasttag (Mittwoch) zu Beginn der vier Jahreszeiten: nach dem 3. Advent, dem Aschermittwoch, nach Pfingsten und Kreuzerhöhung (14. Sept.); Merkspruch für die Gläubigen: »Aschn, Pfingstn, Graiz, Luzei: Migga drauf Quadembba sei.«

Quadratratschn, die (alle a hell) = geschwätzige, klatschsüchtige Frau (Ratschn ins Quadrat, in die Potenz erhoben), die mit Vorliebe das Anvertraute weitererzählt; Mehrz. dQuadratratschna; vgl. Ratschn, Doogblall.

Quadratschell, der = eigensinniger, widerspenstiger, sturer Schädel (Schell), der sich häufig gegen Gemeinschaftspläne stellt.

quaggln = wackelnder Gang eines kleinen untersetzten Menschen, auch Faggetrabb genannt, s. Fack.

Quarddoisaiffa, der = Quartalssäufer, Dipsomane (Dipsomanie = periodisches Auftreten von Trinksucht).

Quartl, das (a hell) = Viertelliter (Bier). Dreiquartl = Dreiviertelliter; vgl. Dreiquartlbrifaddje, Schobbm.

Quecksuiwa, das = Quecksilber. Zu lebhaftem Buben: »Du bist a so a Quecksuiwa!«

Quirl, Quirä = Koseform von Quirinus, vergöttlichter Romulus, christlicher Heiliger, 269 in Rom enthauptet, Patron von Tegernsee, wird bei Gichtleiden angerufen; Fest: 16. Juni. Name des Tegernseer Starkbieres: Sankt Quirinusöl (früher: Erdöl).
Ortsname: St. Quirin am Tegernsee.

quixn = kreischen, quietschen, (lautmalerisch); ein schlecht geöltes Rad, ein hungriges Schwein, ein verzücktes Mädchen kann quixn.

Quoigeischt, Regensburg: **Quöllgeist,** der = Quälgeist; engl. to kill = töten.
Mutter zu bettelnden, quengelnden Kindern: »Ees seids mar awa so Quoigeischta!« (mar = mir = ethischer Dativ.)

Quoin, Regensburg: **Quölln,** die = Quelle; Mehrz. Quoina; althochd. quellan = schwellen, aufwallen, quellen.

quoin, Regensburg: **quölln** = quälen.

Raach, der (a hell) = Rauch; althochd. rouh, engl. reek.
Reykjavik = Rauchbucht; a Raachguggn vgl. Guggn.
Bei Verärgerung: »Mir raacht a!« (Ähnlich: Mir stinkt a!)

Radi, der (a hell) = Rettich; althochd. ratih, latein. radix = Wurzel.
Radiwasserl gibt es, wenn der gesalzene Rettich »weint«. »Kaffts Radi!« (Kauft Rettiche!) heißt es bei einer Verhaftung, wenn dem Verbrecher »der Achter hineingehaut« wird. (Der Achter = die Handschellen.)

radibutz (a hell) = eigentlich: den Rettich bis zum Butzen aufessen = ratzekahl essen, fressen; doch auch: mit Stumpf und Stiel vernichten.
Bei Hunger: »Mir hom oiß radibutz zammgfressn.«
Bei Unfall: »An Auddofahra hods an Kopf radibutz runddagrissn.«

Rächa, der = Rechen; auch bei bairischen Schriftstellern schon preißisch zu lesen: Harke; zammrächa = zusammenrechen; Laab rächa = Laub rechen (im Herbst, für Stallstreu).

Raffads, das (beide a hell) = Rauferei; vgl. auch: Rennads, Schiaßads.
Treffende Neuschöpfungen: a Singads, a Gaffads, von gaffen; vgl. Gaffschdui.

»Harmlose« Rauferei
Alarm beim Arzt von Hintermondschein: »Herr Doggda, Ös sollts glei kema. Dö Degabegga Buam haun bein Unterwirt dö unsern recht her!« Der Arzt: »Fehlts scho weit?« – »No ned. Sched da Michibauern-Lenz hod a Messer im Schell.«

Raffe, die (a dunkel) = Raufe, Heuraufe, Futterraufe, auch alte zanksüchtige Frau.
Bergname: Heuraffler.
Roman von Cramer-Klett: Die Heuraffler.

Rahm, die (a dunkel) = Rahmen, Fenster-, Bilderrahmen; althochd. rama; Rahmerl (a hell) = Rähmchen.
A Foddagrafierahmerl = ein Fotorähmchen; dSchisslrahm gehörte in jede bäuerliche Küche (für Schüsseln und Teller); ein besonders unerfreuliches Mannsbild ghert eigrahmt (eingerahmt, in einen Rahmen).

Rahm, der (a hell) = Rahm, preißisch: Sahne, österreichisch: Schlagobers.
A Rahmkaserl (beide a hell) = ein Rahmkäslein; a Rahmschissl = eine Rahmschüssel; a Rahmschdrull = ein Rahmstrudel; vgl. Schdrull.

rain = reuen.
Du raist mi gor ned (tust mir nicht leid).

Raiwar und Schandi = Räuber und Gendarm (Polizist) = ein aufregendes Bubenspiel; ausraiwern = ausrauben; althochd. roubon.
Der Gewissenlose raiwert den Anständigen aus.

Rall, das (a hell) = Rad, Wagenrad, Fahrrad, Spinnrad.
Der hod a Rall zvui! (Der hat ein Rad zuviel = er ist nicht ganz richtig im Kopf).
Als das Fahrrad noch eine Seltenheit war, wurde der eitle Besitzer gefrotzelt:

Allheil auf Pump,
dei Rall is a Glump,
wer dromsitzt is a Lump!

rama, ramma (alle a hell) = räumen; ausrama, eirama, auframa, zammrama. Assimilation: ramarauf = räumen wir auf.

Ramadama, das (alle a hell) = wörtlich: räumen tun wir; wurde als Ramadama = »Das große Aufräumen«, zum geflügelten Wort, als im Oktober 1949 der damalige Münchner Oberbürgermeister Thomas Wimmer (Wimmer Dammerl) mit Schaufel und Pickel eigenhändig begann, den Bombenschutt in den Straßen zu beseitigen. Der amerikanische Stadtkommandant George H. Godfrey leistete Beihilfe mit »Mann und Roß und Wagen«, fand dabei soviel Gefallen an der Stadt, daß er nach Beendigung seiner Dienstzeit blieb; er konnte hier 1976 seinen 75. Geburtstag feiern.

Ramasure, Remassori, der (a hell) = ausgelassenes Spiel der Kinder und Dienstboten, Lärm auf Tanzböden, in Wirtsgärten, turbulente Gerichtsverhandlungen.

Rambbas, der (beide a hell) = ungehobelter Mensch, Rüpel; vgl. Ramme.

Ramme, der (a hell) = Rammel = unhöfliches, grobes Mannsbild, ähnlich wie Hammel, Lackl; althochd. rammil = Bock; heute: Rowdy.
Du gscherta Ramme, du gscherta!

Rammerln, die = Krusten an Röstkartoffeln, Dampfnudeln, am Semmelschmarrn, verhärteter Nasenschleim (Nosnrammerln), Schmutzränder an ungewaschenem Hals (Dreegrammerln).

rang (a hell) = regnete, Konjunktiv von regnen, auch: renga dad, darad = regnen täte.
Seufzer: »Wenns nur grod rang und schnieb!« (regnete und schneite.) Vgl. sogad.

rankln (a hell) = im Scherz raufen (Ranklertage); daher: Range = mutwilliger Knabe; rankln bedeutet auch: es bahnt sich etwas an: ein Geschäft, eine Liebschaft (do ranklt sich ebbas!); althochd. renken = drehen, sich winden.

Rankn, der (a dunkel) = Hang an Straße, Bahndamm; auch: a Rankn Gselchts = ein Brocken Geräuchertes; a Broudrankn = eine dicke Brotschnitte.
Ortsname: Sachrang.

Ranna, die (a dunkel) = roude Ruam, rote Rübe(n), preißisch: rote Beete, von latein. beta, französ. bette, engl. beet.
Familienname (flämisch): van Beethoven = der vom Rübenhof; bairisch: da Ruamhofa.

Ranzn, der (a dunkel) = große Ledertasche; Ranzerl (a hell) = Ränzlein.
A Schuiranzn = eine Schultasche; Ranzn ist auch großer Bauch; varanzn = verranzen, krepieren, mit Ranzen, Bauch, Körper zugrunde gehen.
Verwunderung: »Wia da Posthalter üwahaupts no geh ko mid sein Ranzn!«

Rass, die (a hell) = Rasse, abwertend für eine Gruppe zwielichtiger Menschen; vgl. Bagasch.

raß (a hell) = scharf gewürzt; auch eine Frau kann raß sein (scharfes Mundwerk).
In Partenkirchen »Gasthof zum Rassen«, nicht von raß, von Graf Rasso, Ratho von Andechs, Grafrath.

Ratschn, die (a hell) = eine Art Rassel, Kinderspielzeug, Fastnachtsgegenstand, auch Ersatz für

Glockengeläute (Karfreidaratschn); abwertender Name auch für redselige, klatschsüchtige Weiberleut (Ratschkaddl, Regimentsratschn).
Können sich zwei Ratschna auf der Straße gar nicht trennen, stellt man ihnen Stühle an den Hintern.

Ratz, der (a dunkel) = Ratte; mittelhochd. ratze; Mehrz. dRatzn.
Muiratz = Mühlratte; Schbuiratz = Spielratte (leidenschaftlicher Spieler); Schdöiratz = Stehlratte (kleiner Dieb); Mummelratz = Iltis; böse Kinder sperrt man ins Ratznkammerl (finsteres Loch).

rauch = rauh; mittelhochd. ruch; Holz, Papier, Weg, Stimme kann rauch sein.
Früher: Rauchnächte = rauhe, kalte Nächte; Rauchwaren, Rauchwerk (Pelze) von rauh, weil mit Haaren bewachsen.
Schmeller: »Die Rauchnächte sind die zwölf Nächte zwischen Christi Geburt und Dreikönig, die der Volksglaube für besonders geeignet hält, sich mit der Geisterwelt in Verbindung zu setzen . . . Die Erklärung der Benennung dieser Nächte aus dem um Dreikönig üblichen kirchlichen Beräuchern, Besprengen und Beschreiben der Wohnungen ist natürlich genug.«

Rech, das, die = Reh(e); mittelhochd. rech.
A Rechbiagl = ein Rehbug (Schulter); a Rechkitz = ein junges Rehlein; Rechböllerl = Rehböllchen, Losung.
Ortsnamen: Rechberg, Recheldorf.
(Andere Wörter, in denen das mittelhochd. ch noch erhalten ist: gschiacht = geschieht, leicha = leihen, schaich = scheu, schlauch = schlau, Schlech = Schlehe, Schuach = Schuh, wech = weh, Weich = Weihe, zach = zäh, Zecha = Zehe, zecha = zehn, Weach = Werg; vgl. auch Drucha = Truhe.)

Recherl, das = Pfifferling, Eierschwamm; Name wohl von Farbe wie Reh.

Rehrl, das = Röhrchen, kleines Rohr.
A Rehrlhosn = eine enge, ungebügelte Hose, rund wie ein Rohr.
Spott
Da Kare is a zerma Kerl,
hod hint a Loch und vorn a Rehrl.
(zerm = zünftig, gemütlich.)

Reiddern, die = großes Sieb (Einz. und Mehrz.), besonders für Getreide; althochd. ritra, verwandt zu reiten = fortbewegen, hin und her bewegen.
Hopfenreiddern (als es noch keine Darren gab) waren große rechteckige Gestelle mit Böden aus Spangeflecht zum Trocknen des Hopfens, auch von Pilzen.
»Da Petrus hod dWasserreiddern aufgrieglt« (die Wasserreiddern aufgeriegelt), heißt es, wenn es fest regnet.

Reigschmeggda (ei nasal) = wörtlich: ein Hereingeschmeckter, einer, der noch nicht lange im Ort ansässig ist, er hat kaum hereingerochen (schmecken = riechen).

Reim, Rieb, die = Reibe = Kurve; auf einer Straße kann es scharf um dReim, um dRieb gehen.
A Kaffeereim (auch spöttisch zu kleiner Mühle) = eine Kaffeereibe, Kaffeemühle.
Der Starzreiber (vgl. Starz) = der Schlußmann beim Langholzfuhrwerk: er hat den Hinterwagen um die Kurven zu »reiben«.
Reib di wieder amoi zuawa (komm wieder einmal her)!
Ortsnamen: Große Reibe (b. Landshut); Rieb (b. Hemau/Opf.).

Rein, die (nasal) = Bratreine, rechteckiges Bratgeschirr, besonders für Geflügel; die kleine Ausgabe heißt Reindl; früher: Bratscherm, weil aus Ton (alle Tongefäße hießen Scherm, Scherben; vgl. Bleame).

rein, reiddn (ei offen) = reiten; mittelhochd. riten; reita = Wagen.
Auf oan rumrein = ihn schikanieren.
Ein Regensburger bemängelt die Schärfe einer Messerklinge: »Auf dem Messer ko ma ja bis auf Karah rein.« (Karah = nahegelegenes Dorf Kareth.)

reissad = risse, Konjunktiv von reißen; Mehrz. reissadn; vgl. sogad.
Die Bergsteiger: »Wenn iatz unser Seil reissad, nacha gangs dahi mid uns.«

Reissn, das, **Reißmatthis,** der = Rheumatismus.
Da Voda hod as Reissn.
Eine Reissn = auch steile Bergrinne, mit Sand oder Geröll gefüllt, vom Berg heruntergerissen.

Reiwadatsch, der (zweites a dunkel) = in der Schmalzpfanne gebratene dünne Laibchen aus geriebenen rohen Kartoffeln; reiwa von reiben, nicht von Räuber; preißisch: Kartoffelpuffer.
Reiwagnell = Kartoffelknödel, Kartoffelklöße; vgl. Gnell.

Reiwerl, das = Geschirrputzmittel aus Stahlspänen, auch um die Achse drehbarer Fensterriegel.
Paß auf, dNandl hod a loders (lockeres) Fensterreiwerl (läßt jeden hinein).

ren (nasal) = reden.
Ma muaß dLaid ren lassn, gGäns kinnas ned.

Reng, der (nasal) = Regen; althochd. regan; renga = regnen.
A Rengdache = ein Regendach, Regenschirm; a Rengbong = ein Regenbogen.
Beim Platzregen rengts, daß dRoßboin hupfa.
Lacht in den Regen die Sonne hinein, nacha haut da Deife sei Wei.

Rennads, das = Rennen = Preisveranstaltung; rennen = eigentlich rinnen machen.
Verschiedene Rennen: a Rooßrennads (mit Rennpferden); a Haiddarennads (mit Ackergäulen); an Oxnrennads (mit Zugochsen); a Saurennads; a Schofkopfrennads (Kartenspiel); an Oarwaschlrennads (heftig an den Ohren ziehen; Erziehungsmittel für Lehrbuben, Schulkinder).
»Das erste Rennen in München wurde im Jahre 1448 während der Jakobidult gegeben. Das ›vordrist Pferd gewann ein Scharlachtuch, das ander darnach ein Sperber mit seiner Zuegehörung, das dritt ein Armbrust und das letzt Pferd ein Sau‹.« (Schmeller)

Rennsau, die = ursprünglich Preis bei Rennveranstaltungen (vgl. Rennads), heute abwertend für Frau, die sich dauernd im Ort herumtreibt, den Haushalt vernachlässigt; Mehrz. dRennsai.

resch, rösch = knusprig (Brot, Braten); preißisch: kroß. Ein resches Weibsbild ist nicht auf den Mund gefallen.

Resl, Resi, Resä, Resei, Reserl = Koseformen von Theresia, Therese v. hl. Kinde Jesu, christliche Heilige; einst in Baiern beliebter Mädchenname, nach Therese v. Bayern (1850–1925), unvermählte Tochter des Prinzregenten Luitpold, schrieb Reisebücher über Rußland, Brasilien, den Polarkreis.

Strenge Bräuche
Resl min Besl, kühr sOfaloch aus,
wennsd as ned sauwa machst,
na haun i di naus!

Riabbe, der = Rüpel, grober, ungeschliffener Kerl; Herkunft vielleicht von Rupilo = Knecht Ruprecht; mittelhochd. ribalt.

riacha = riechen; althochd. riochan.
Bei Zufallserfolg: »Do hoscht awar an guadn Riachara ghatt.«
Über einen Widerwärtigen: »Den Kerl, den konn i ned riacha!«

Riassl, der = Rüssel; vgl. Fotzn; mittelhochd. rüezel, althochd. ruozzan = Erde aufwühlen.
Spott: »Du Schmiiriassl!« (Du Schmiedrüssel, vom schmutzigen Gesicht; Riassl könnte hier allerdings auch von Ruß kommen.)
Zum Neugierigen: »Muaßt du iwaroi dein Riassl neistecka, ha?«

Ridda, damischa = Ritter, damischer (blöder), Schimpfwort; vgl. damisch. In München gibt es einen Verein der damischen Ritter, tritt besonders im Fasching an die Öffentlichkeit.

Riddakill, der = fälschlich: Ritterkittel; französ. réticule, ridikül = lächerlich; Ridikül, Retikül = Arbeitsbeutel, Handtasche für Damen.

riddern = rittern; bei unentschiedenem Spiel, bei Wahl, bei Lotterie müssen die Gegner noch einmal antreten: Stichentscheid, Stichwahl, Zweikampf wie mittelalterliche Ritter.

Rimbfich, das = Rindvieh; Mehrz. dRimbficha.
Schimpf: »Du Rimbfich, du saubleeds!«
Vor dem Amtsgericht München (beim BMW-Pavillon an der Maxburg) kauert ein steingewordenes Untier, das von vielen als Ochse gedeutet wird; Kenner jedoch verraten, es handle sich hier um das letzte Rimbfich in Bayern, das noch an Gerechtigkeit glaubt.

rinnaugad = rinnäugig, tränende, verschleimte Augen.
Schimpf: »Du rinnaugade Kuah, du rinnaugade!«

Rixn, die = kleine Streunerin, Gassenmädchen; Mehrz. dRixna.
dRixn kriagt Strixn (Schläge), wenn sie spät nach Hause kommt.
Familienname: Rixner.

Roa, der = Rain, Ackergrenze, auch höhergelegene Abgrenzung gegen Moor, Flußufer: der Moosrain von Moosinning bei Moosburg, der Isarrain, der Lechrain; der Rennstieg, Rennsteig (Grenzweg) im Thüringer Wald.

roalan = bei schwerer Fuhre (Kies, Sand) die Wagenbretter in der Mitte mit einer Kette umspannen.
Der Volksmund: »Siegst, da Kabbuzina hod sei Wambbm mid aran Strick groalt, daß'n ned zreißt.«

Roas, die = Reise; althochd. reisa = Aufbruch, Zug, Kriegszug, Heerfahrt; roasn = reisen; althochd. risan = steigen, fallen, sich erheben.
Roasn im Volksmund: schnell laufen. Der Verstorbene »is umigroast zon himmlischn Vadda.«

Schlechte Mitbringsel
Um Jakobi (25. Juli) herum lag der alte Bauernfröschl-Girgl von Draxlfing im Sterben. Es war heißester Sommer. Zu den weitoffenen Fenstern herein schwirrten die Fliegen vom Misthaufen und vom Stall und belästigten summend den Girgl in seiner Todesnot. Er fuchtelte mit den Händen verärgert im Gesicht herum und schimpfte: »Graizdaifenei . . . dö Hundsficha do . . . dö varreggdn . . . dö bringa mi no pfeilgrod um.« – »Aber, Vadderl«, mahnte das erschreckte Weib, »denk do dro, daßd umiroasn muaßt; dö Plag muaßt halt insern Herrgood aufopfern.« – »Ha, daß i ned lach . . . daß i ned lach«, lästerte der Girgl, »da Herrgood tat ned schlecht schaung . . . wenn i . . . wenn i mit dem Haufa Fliang daherkema tat.«

Rochus, der = Zorn, Ärger; vielleicht von Rache oder riechen.
Auf den Kerl hon i an Rochus. Vgl. auch schdinga.

röhrn, rern = laut weinen; mittelhochd. reren; auch die Hirsche röhren (der Brunftschrei kommt wie durch ein Rohr).
Alter Mann nach heftigem Streit: »Was röhrst denn a so?« – Weib: »Weilsd so garschdi bist zu mir, so ogschmoch. Wia ma jung gwen san, host oiwei gsagt: I ho di so gern, daß i di glei fressn kunt.« – Mann: »Wenn i di nur gfressn hätt!«

roggas = roggenes Mehl, Brot, Stroh.

Rogl, die = spitze Tüte; a Rocherl (Regensburg) = kleine Tüte; Herkunft von Rolle, Geldrolle.
A Eisrocherl = ein Speiseeis in spitzer Waffeltüte.

roglig = locker, mürbe (Erde, Teig). Der Verschwender hat rogliges Geld im Hosensack.

roizn = rolzen = sich im Bett, auf Sofa herumwälzen.
Zu Kindern: »Hörts auf mit dem Rumroizn, da werd as Kanabee kaputt!«

Roog, der = Rock; althochd. roc, latein. roccus; Mehrz. dRegg; Reggal = Röckchen; dUnddaregg = die Unterröcke.
Da Weiwara lafft an jedn Roog nache.

Rooß, das (nasal) = Roß; mittelhochd. ros, französ. rosse = Mähre, italien. rozza; Mehrz. dRooß, dRessa.
A Rooßschdoi = ein Roßstall; a Roßboin = ein Roßbollen; a Rooß Gottes = ein etwas einfältiger, dummer Mensch.
»Benedicite Dominum Angeli ejus, potens virtute, weil der Moar vo Dambo kein Roß mehr hat, sondern nur noch Traktoren und einen Mercedes!« schimpft der Lohmeier Girgl in seinem bairischen Magnificat.

Rooz, der, das (nasal) = Rotz, Nasenschleim, Tierkrankheit; althochd. hroz. »Kinder des Volkes« hatten früher kein Taschentuch. Der Nasenschleim wurde nach Vätersitte durch Fingerdruck auf einen Nasenflügel unter gleichzeitigem Schnauben auf den Boden geschleudert, oft auch in der Stube. Wer das nicht (oder: noch nicht) konnte, ließ den Schleim (in allen Färbungen) an der Oberlippe hängen, leckte ihn gelegentlich mit der Zunge ab oder ließ ihn langsam in den Mund laufen: das hieß man die Rotzglokke. Andere wischten den Schleim am Ärmel ab, wo allmählich der Rotzspiegel = Roozschbiagl entstand (sehr zum Leidwesen der Lehrer). Rotzbua und Rotzdeandl waren also Kinder, denen das Taschentuch fehlte, doch auch Erwachsene, die sich Älteren gegenüber ungebührlich benahmen.
Andere Schimpfnamen: Rotzlöffe (Löffel = Ohren); Rotzbibbm (Pipe = Faßhahn, Mund); Rotzbanggad; vgl. Banggad.
(Rooz, Rotzlöffe usw. = lauttreue Schreibung; ebenso in ähnlichen Fällen wie: Rooß, Roßboin; siass, Siaßä usw.)
Verachtung für das Taschentuch: »Dee reichn Laid steckn eahnern Nosndreeg in' Hosnsack eine.«

Rosn, die (nasal) = Rose; althochd. rosa, latein. rosa, italien. rosa, französ. rose, engl. rose; Mehrz. dRosna; Reserl = Röschen, französ. rosette.
Rosenmontag (Fastnachtsmontag) nicht von Rose, von rasen. Der Rosenkranz = Marienandacht, dazugehörig Perlenschnur mit Gebetseinteilung, auch Rosenkranz genannt; vgl. Bädda.

Rosnkranz bäddn (beten) = im Volksmund: höchste Liebe genießen.
»Haind nocht bädd mar an Rosnkranz middanandd, mogscht, Marä?« (Bursch meldet sich zum Fensterln an.)

roud, road = rot; roudhoorad = rothaarig; roudgfotzad = rotfotzig (Fotzn = Mund, hier jedoch als Gesicht gemeint, rot durch hohen Blutdruck oder Trunksucht).
Schimpf für Frau: »Du roude Matz, du roude!«

Ruach, der = Raffer, Geizkragen, auch: Mann, der sich abschindet um des Vorteils willen; mittelhochd. ruochan = begehren, raffen.
Ruachn = auch Taubenrasse, groß und gefräßig.
Schimpf: »So a ruachada Daife, a ruachada!«

Ruadara, Ruedara, der = Ruderer; ruadern = rudern.
Do därfst ganz schee ruadern = da darfst du dich sehr anstrengen.
Familienname: Ruederer (nicht Rüderer gesprochen), Münchner Schriftsteller, 1861–1915; Bühnenstücke: Fahnenweihe, Morgenröte, Wolkenkuckucksheim; Der Verrückte, Roman, ein Lehrerschicksal, u. a. Die Vaterstadt München hat den mannhaften Dichter und Satiriker mit der Josef-Ruederer-Straße (verbindet die Dachauer- mit der Sandstraße, Blinddarm der Gabelsbergerstr.) schäbig geehrt: sie hat wegen ihrer Kürze keine einzige Hausnummer.

Ruam, die = Rübe(n); mittelhochd. rüebe, latein. rapa, rapum.
A Ruamgraud = ein Rübenkraut; a Goiruam = eine gelbe Rübe; Graud und Ruam durchananda = Kraut und Rüben durcheinander = Verhau, Wirrwarr.
Schimpf: »Du gscherde Ruam, du gscherde!« – »Du Ruamschell!« (Rübenschädel)

Ruaschn, die = Baum (Rüster, Ulme).
A ruaschads Hoiz = ein Rüsternholz; a Ruaschn = auch eine schlampig, schludrig, hastig arbeitende Frau; Mehrz. dRuaschna.
A so a ruaschade Grell, a ruaschade! (Grell = Gretchen).

Ruaß, der = Ruß; althochd. ruoz; Ruaß bedeutet auch Geld.
A Ruaßkoda = Rußkater, Kaminkehrer; ruassln = gut schlafen, schnarchen.

Ruassiga Freida = rußiger Freitag: am Freitag vor Fastnachtssonntag ist es erlaubt, einen Gesprächspartner heimlich, doch sehr sichtbar, im Gesicht mit Ruß zu verschmieren. Ruß bedeutet immer Glück, darum haben viele Frauen eine heimliche Zuneigung zu Schornsteinfegern, obgleich sie ihnen Schmutz ins Haus tragen.

Rufa, die = Wundschorf, Ausschlag, eingetrocknetes Geschwür, besonders im Gesicht; vgl. Schmarrn; Mehrz. dRufan; Verkleinerung: Ruferl.
Zu Kind mit Ausschlag: »Du Ruferbartl!«

rumbben = rumpeln, dumpfes Geräusch machen, z. B. rasch, mit Lärm aus der Stube eilen; mittelhochd. rummeln; die Sau, die Bache rumpeln (mit dem Eber).
Gerumpel, Gerümpel; Rumbbekammer = Kammer mit Gerümpel, Abstellkammer; Rumbbekaschtn = Rumpelkasten = alte, wohlbeleibte Frau.
Bei Rumpelmetten werden statt mit Glocken mit Holzhämmern und Ratschen die Zeichen gegeben (an Kartagen).
Familiennamen: Rumpler, Rummler.
Der Wolf: »Was rumpelt und pumpelt in meinem Bauch herum?«

rumdoa = langsam herumtun, trödeln, keine richtige Arbeit vollbringen.

rundda = herunter.
Kimm rundda = komm herunter (zum Obenstehenden gerufen). Dagegen: gemma nundda = gehen wir hinunter; vgl. nauf.
Bei verblüffender Ähnlichkeit eines Kindes mit einem Elternteil heißt es: »Runddagrissn da Vadda!« (. . . bMuadda)

Russl, der, nicht: das = Hund, kleiner langhaariger Schnauzer; Name wohl von uralter Meinung, daß Russen stärker behaart sind als Deutsche.

Rutschn, die = Rutsche = schiefe Gleitbahn im Bergwerk, in Kellern, auf Eishängen; Mehrz. dRutschna.
Do ko mar owirutschn (hinunterrutschen; auch auf dem Hintern, auf Schulranzen, auf Geigenkasten).
An oide Rutschn = ein ältliches, etwas ungepflegtes Weiberleut; a Kircharutschn = eifrige Kirchgängerin, die viel auf den Kirchenbänken herumrutscht.

Vorbemerkung

Im Rahmen dieses Buches ist es nicht möglich, die in bairischen Gauen verschiedenen Aussprachen von sp und st festzuhalten; es wird z. B. st sowohl spitz (fast wie in Hannover) gesprochen (Stoa, stad, wos mogst), als auch – und zumeist – wie sch (Schdoa, schdad, wos mogscht, sogar: wos mogsch). Wenn im Buch nicht besondere landschaftliche Ausdrücke gekennzeichnet werden sollen, ist für sp und st durchwegs schb und schd eingesetzt. Es sind jedoch auch Stichwörter mit dem Anstab st verzeichnet.

Saam, der (a hell) = Saum, Kleidersaum; althochd. soum; eisaama (ei nasal) = einsäumen. Vom Wohlhabenden heißt es: »Der is guad eigsaamt.«

Sabbrawoid, Sabbrawold! (a hell) = harmloser Fluch, vermanscht aus Sakrament.

Sach, das, die (a dunkel) = Sache.
Der hod a schöns Sach beinandd (einen schönen Hof, ansehnlichen Besitz).
A Sachl (a hell) = kleines Anwesen.
Der hod sei Sach kinnt (in der Schule, beim Spiel).
Dös is a zwiderne Sach (eine zuwidere, unangenehme Angelegenheit).
Mach koane Sachan (keine Umstände, Einwände).

Sachan gibts! = Sachen gibt es! = gesitteter Ausruf bei Verwunderung, Überraschung, Erstaunen, Verärgerung über alle menschlichen und unmenschlichen Ereignisse im Himmel und auf Erden; man entzieht sich durch diesen Ausruf der klaren Stellungnahme, er bedeutet nicht ja und nicht nein und kann darum später nicht als irgendeine Zeugenaussage mißbraucht werden.
Ähnliche »Schlauheiten«: A so mog i's! – Oder: Do legst di nieder! – Oder: Varregg no glei aa!
Beispiele für Rede und Antwort:
Da Mesma hod an Weichbrunna ausgehn lassn. – Sachan gibts!
Da Maxl hod in dHosn gschissn. – Sachan gibts!
Dee oid Gambsreidderin hod dNosn in dTür einezwickt. – Sachan gibts!
Da Russ mächd auf bFenus nauf. – Sachan gibts!
Da Pfarra hod sei Köchin ghaut. – Sachan gibts!
Insar oida Bummerl mog nimma. – Sachan gibts!
Da narrische Schuasta-Säbb hod si min Schnauferl darennt. – Sachan gibts!
(Als Antwortabwechslungen die oben angedeuteten »Schlauheiten«.)

Saggl, das (a hell) = Säcklein, kleiner Sack; auch menschlicher und tierischer Hodensack; auch Sakko; eisaggln (ei nasal) = einsäckeln, einheimsen, einen andern beim Spiel, bei Handelschaft »ausräubern«; vgl. Soog, aussaggln, eisaggln.

Sagglzement! = wörtlich: ein Säcklein Zement, doch (mehrmals rasch hintereinander gesprochen) versteckter Fluch der Gottesfürchtigen (Sakrament); ebenso: Kurzefüßkurzefüßkurzefüß (versteckt: Kruzifix).

Saggrament! = Sakrament = Fluch.
Schmeller sagt dazu: »Sakrament, sehr gangbarer Ausruf des Unwillens, Zorn, auch wohl der Verwunderung. Überall wird bei dem Heiligsten des Kultus beteuert, geschworen, gedroht. (Vergl. ital. Corpo di Christo, span. cuerpo de Dios). Übrigens wird in der Praxis auf diese eigentliche Bedeutung so gut als gar nicht mehr gedacht, und es gibt neben dem Kreuz-, Himmel- auch ein Höll-, ein Tausend-, ein Zentner-, ein Jesuwiten-Sakrament. Um dem Wort um so sicherer alle sündliche Beziehung auf das Heilige zu benehmen, wird weislich das -ment weggelassen und bloß das im Deutschen sinnlose Sackra, Sackradi, Sackramech, Sackrawalt gebraucht.«

Väterliches Vorbild
Zum Hutzlbauern kommt der Ortspfarrer und bittet ihn, er möchte seinem Buben, dem Sepp, doch das Fluchen verbieten; denn wie der fluche, im Wirtshaus, im Stall, auf dem Feld, überall, das sei himmelschreiend. Der Hutzlbauer ist über diese Mitteilung sichtlich betroffen. »Dös wern ma scho kriang, Hochwirdn«, sagt er zuerst ganz ruhig, fährt aber dann fuchsteufelswild fort: »Aber i möcht nur grod wissn, wo der Herrgottsaggramentskerl, der Kruzifixhund, der Kreizhamme, der miserablige, dös Fluacha her hod!«

saggrisch (a hell) = sehr, außerordentlich, ganz groß; Kürzel von sakramentisch, doch ohne jede Flucheigenschaft, einfach Steigerung; ähnlich: mentisch.
Do gehts saggrisch gach owe (den steilen Berg hinunter).

Zur Verführerin
Du saggerischs Deanderl,
bist saggerisch schee,
konnst saggerisch tanzn,
konnst saggerisch geh!

Salbader, Soiboda, der (beide a dunkel) = langweiliger oder frömmelnder Schwätzer; vielleicht von Bader (Friseur), der seine Kunden mit Neuigkeiten unterhielt.

Saleddl, das = Salettl, eigentlich kleiner Saal, offenes größeres Gartenhäuschen vor Wirtschaften für sommerliche Trinkgäste.

Salidda, Saliddara, Salpeterer, der = Mann, gefürchtet wegen seiner Rücksichtslosigkeit, der im amtlichen Auftrag in Häusern, an Mauern, unter Fußböden den Salpeter (Mauerfraß) abkratzte, der zur Pulvergewinnung dringend benötigt wurde; der Salpeter (salpetrae = Felsensalz) wurde in Salinen gekocht, die »Köche« hießen Saliterer.
Heute noch Haus- und Familienname; in München Salpeterstraße.
Eine politisch-religiöse Sekte waren die »Salpeterer« im südlichen Schwarzwald, nach dem Stifter, dem Salpetersieder Johann Fridolin Albiez (gest. 1727) genannt; sie erhoben sich besonders gegen die Leibeigenschaft.

Sama, der = Samen; althochd. samo.
A Gleesama = ein Kleesamen; an Andifisama = ein Endiviensamen.

Sambb, der = Sand; althochd. sant; sambbe = sandig; a Sambbon = ein Sandboden.

Samsda = Samstag, nordd. Sonnabend; althochd. sambazdag, von Sabbat, griech. sambaton, engl. Saturday, von latein. Saturni dies = Saturnstag; vgl. Wochentage.

san, (a hell, nasal) = sind; sans = sind sie (Sie).
Gestern samma auf Tegernsee einegfahrn. (samma = Assimilation: san ma = sind wir.)

Sans, Sangst, Sengst, die (a hell, nasal) = Sense.

Sau, die = Sau; Mehrz. dSai; mittelhochd. su; Sudeten = vielleicht Wildschweingebirge.
Sauhund = erlesener Kosename für Freund und Feind.

An Zusammensetzungen mit Sau zählt Aman auf: Saubail (Saubeutel), Saubande, Saubaze, Saubär, saubled, Saubraiss, Saubritschn, Saubua, Saudeandl, Saudreiwa, saudumm, Saufratz, saufrech, Saugribbe, saugrob, Sauhund, Saukerl, Saukobf, Sauluada, Saumatz, Saumong, Saumensch, Sauriassl.

Lied
dSau, dSau, dee hod an schweinern Kobf
und und und an Schwoaf aa . . .

Frage
So, Susi, do san Sie,
a so san Sie, is dees Sanssouci,
Sie Sau, Sie?

sauffa = saufen.
Zum kleinen Buben: »Geh ned so nacherd ans Wasser hi, sischt dasaufschd!« (nacherd = nah.)

sauffad = söffe, Konjunktiv von saufen; Mehrz. sauffadn; vgl. sogad.
Wenn der Saubär ned gor sovui sauffad, waar er a handsamer Bursch.

sauwa = sauber, schön, gut aussehend.
A sauwana Bursch = gut gewachsen, hat feschgeschnittenes Gesicht.

Ein sauberes Dirndl
Und sDirnei is sauwa
vom Fuaß bis zum Kopf,
grod am Hals hods a Binkei (Beule),
dös hoaßt mar an Kropf.

Schaab, die (a hell) = Schaub, Büschel, Garbe (Stroh). Der Bettler bekommt bei barmherzigen Leuten im Stall ein Nachtlager auf einer Schaab Stroh; vgl. Pfandschaab.

Schaber, Schawa, der (a hell) = Männerschürze.
Mahnung: »Zo dera Dreegarwad legst an Schawar o, goi!« (oleng = anziehen.)

Schachterl, Schachdal, das (a hell) = Schächtelchen, kleine Schachtel; latein. scatula = Geldschrein; italien. scatola.
A Goidschachterl = ein Geldschächtelchen; a Zindhoizlschachterl = ein Zündholzschächtelchen; a Schachterldaife = Teufelchen auf Sprungfeder, der aus der Schachtel fährt, wenn man den Deckel öffnet, auch für leicht explodierenden Menschen gebraucht. An oide Schachtl = eine alte Frau.

Schadahax, die (alle a hell) = Schadenhexe, Elster; als schwatzhafte und diebische Elster bekannt.
Brehm: »Eine im März erlegte und an der Stalltür aufgehangene Elster hält, nach Ansicht abergläubischer Leute, Fliegen und Krankheiten vom Vieh ab; eine in den zwölf Nächten geschossene, verbrannte und zu Pulver gestoßene Elster aber ist ein unfehlbares Mittel gegen die Fallsucht.« (Epilepsie)

Schadduin, die (a hell) = Schatulle; Schmuckkästchen; Brifatschadduin der Fürsten und Herrscher. Herkunft des Wortes vgl. Schachterl.

Schäbbs, der = minderwertiges Bier, aus Nachsud gewonnen: die Maische wurde zum zweiten Mal gesotten; heute unmöglich, da sie durch chemische Zusätze beim ersten Sud schon völlig ausgelaugt wird. Der Schäbbs war steuerfrei, kostete kaum ein Viertel des üblichen Bieres, wurde zumeist in der Erntezeit ausgeschenkt und vom Käufer nach Belieben gemischt: A Hoiwe Bier, zwoa Hoiwe Schäbbs – auch umgekehrt.
Als Schäbbs bezeichnet man heute noch Bier von schlechtem Geschmack. Schäbbs vielleicht von Schöps (Hammel), tschech. skopec = kastrieren, beschneiden.

schäbbs = schief. Ein Bild kann schäbbs hängen, ein Fuder Heu, Stroh, Getreide schäbbs geladen sein, ein Mensch schäbbs gehen (er hat eine schiefe Schulter).

Schaffe, Schafferl, das (a hell) = kleines Schaff, Holzgefäß.
Da Schaffemacher = der Schaffler, Schäffler, Büttner, Böttcher, Küfer, Faßbinder; vgl. Schafflerdanz.

Schafflerdanz = Schäfflertanz; wird alle sieben Jahre im Fasching aufgeführt zur Erinnerung an das Ende der Pestzeit in München (seit 1517): die Schäffler zogen damals in ihrer Tracht mit Trommel- und Pfeifenspiel durch die Stadt, führten Reifentänze auf, um die verschreckte Bevölkerung aufzumuntern.
Auf dem Münchner Rathausturm täglich um 11 Uhr Glockenspiel mit Schäfflertanz und mittelalterlichem Turnier.

Schaggadee, der (alle a hell) = Charcutier, Schweinemetzger; das Wort heute kaum noch gebraucht, früher Kennzeichen für »Bildung«.

schaicha = scheuen; mittelhochd. schiucha.
As Rooß is schaich worn, es hod gschicha (es hat gescheut).

Schaichä, das = Schälchen, Verkleinerung zu Schale (Trinkgefäß), gebräuchlich südlich Holzkirchen bis Gebirgsrand.
Geh weida, trink mar a Schaichä Kaffee! (In München: a Haferl Kaffee; vgl. Haferl.)

schama (a hell) = schämen.
Der schlächde Kerl, der schlächde, schamt si ned amoi.
Mutter zur Tochter: »Ziag di gscheid o, sunst muaßt di ja schama!«

Schamerl, das (a hell) = Schemelchen, Fußschemel; althochd. scamal.
A Boistaschamerl = ein Polsterschemel; aufs Schamerl kniagln = auf den Schemel knien.

Schanzerl, das (a hell) = bequemer, angenehmer, mitunter einträglicher Posten; vielleicht von Chance, mittelhochd. schanze = Fallen der Würfel, Glücksspiel, Vorteil einheimsen; vgl. zuaschanzn.
Do hod a wieder amoi a so a Schanzerl aufgowed (aufgegabelt), der Baze, der schlächd!

Schapfa, die (a dunkel) = Schapfe (von schöpfen), Gefäß an langer Stange zum Schöpfen von Flüssigkeiten (Bier, Wasser, Jauche).
An Olschapfa = ein Odel-, Jaucheschöpfer.

Schapferl (a hell) = kleine Schapfe mit Handgriff, besonders zum Schöpfen von Waschlauge. Familienname: Schapfl.

Schar, die (a hell) = Schere; mittelhochd. schaere; vgl. schleiffa.

scharf sei = begierig sein.
Da Hiasl is auf dUrschi scharf.

Schariwari, der (a hell) = schmückendes Gehänge zur Tracht an der männlichen Uhrkette: Silbertaler, Sauzähne, Hirschgrandln; latein.-französ. charivari = Durcheinander, Katzenmusik.

Scharl, das (a hell) = Kruste; Mehrz. dScharlan; vgl. Rammerln, Rufa.

schauern = hageln.
A Schauergraiz = ein Feldkreuz.
Da Schauer hod gesting an schöna Schon (Schaden) hergmacht.

schaung = schauen.
Mir schaung zon Fenster naus. – I schaug zon Fenster naus. – Ees schaugts zon Fenster naus. – Schaug naus! (Imperativ)
Frau zum kranken Mann: »Haind schaugst wieder aus wiar as Leidn Christi.«
Kinderspaß: »Worum schaugst denn so dumm?« – »Weil i Aung hob.«

schbad (a hell), **schbod** (o fast a) = spät; dschbad = zu spät.
Mädchen am Kammerfenster: »Worum kimmst denn so schbod?«
Wia schbad is'? (Wieviel Uhr ist es?)
Iatz is scho oiß dschbad.

Schbangler, der (a hell) = Spengler, Klempner, Flaschner, Blechschmied; von Spange, althochd. spanga = einspannen (das dünne Blech).

schbanna (erstes a offen, zweites hell) = spannen, merken, erfassen; althochd. spanna.
Bei kurzer Leitung: »Schbannst oiwei no nix, ha?«

Auch dem Fürsten die Wahrheit
Prinzregent Luitpold v. Bayern, damals sehr betagt schon, fragte einen Dorfobristen, ebenfalls betagt und ihm schon seit Jahrzehnten bekannt, anläßlich eines Jagdbesuches: »No, Herr Bürgermeister, wie gehts denn immer?« – »Ja mei, Königliche Hoheit, wir werden halt allweil älter und dümmer.« – »Aber, Herr Bürgermeister«, entrüstete sich der Monarch. »Ja, das Älterwerden spürt man freilich, doch das Dümmerwerden, no no!« Der Obrist zwinkerte listig mit seinen Schweinsäuglein und flüsterte: »Wir spannens selm net, Königliche Hoheit, aber dö andern, dö Füx!«

Schbarifanggerl, der – niemals: das – (beide a hell) = Sparifankerl = höflichste Form für Teufel; Herkunft des Wortes unsicher: mittelhochd. valant = Teufel, italien. Sparifucile = Schurke (in Rigoletto von Verdi); Mehrz. dSchbarifanggerln.
Auch zu kleinem lebhaftem Umtreiber: »Du bist a kloana Schbarifanggerl, a kloana!«

schbechtn = spähen; mittelhochd. spehen; französ. espion = Späher, Spion; latein. speculum = Spiegel.
Ebbas ausschbechtn = etwas ausspionieren.

Schbedaggl, der (a hell) = Spektakel, ursprünglich Schauspiel, später Lärm; von latein. specculari = spähen, beobachten, anschauen; vgl. schbechtn.
Zugehörig: Prospekt, Respekt.
Zu lebhaften Kindern: »Machts koan söttern Schbedaggl!«

Schbeeg, der = Speck.
A Schbeeggnell = ein Speckknödel; ein stark gepolstertes weibliches Wesen is a Schbeegsau.

Schbeibdricherl, das = wörtlich: Speitrüherl, von Truhe = Spucknapf; stand früher in jeder Bauern- und Bürgerstube, in genormter Form aus Holz, mit Seegleim (Sägespänen) gefüllt; durch Druck auf Knopf an tischhoher Stange konnte der Deckel geöffnet und geschlossen werden.

schbeim = speien, spucken, erbrechen; althochd. speiwan; oschbeim (o nasal) = anspeien, anspucken; der Schbeiwara = die Spucke, Speichel, nicht Erbrochenes, das ist das Gschbime = das Gespiene.
Beim Erbrechen nach üppiger Mahlzeit: »Der schbeibt si wiar a Hoazadshund.« (Hochzeitshund)

Schbezi, der = Spezi, Busenfreund, Kumpan; Kürzel von Spezial, der Spezielle; Mehrz. dSchbezen.

Schbiddaler, der, die (Betonung zweite Silbe) = Spitaler (Einz. u. Mehrz.), kränklicher, ärmlicher alter Mann, auch wenn er nicht im Spital wohnt.
Familiennamen: Spittaler; Carl Spitteler (1845–1924), Schweizer Dichter, Nobelpreis 1919.

schbindde = spindig = speckige, klitschige Stellen (Duden: Schlief) in Brot, Kuchen, Dampfnudeln, Knödeln; der Teig ist stellenweise nicht aufgegangen, er is zammghockt, zusammengesessen.

schbinnad (Betonung erste Silbe) = spinnend, leicht verrückt, seltsam, wunderlich; auch: hochnäsig, eingebildet, geckenhaft, überspannt.
A so a schbinnada Daife, a schbinnada!

Schbinod, der (Betonung zweite Silbe) = Spinat; italien. spinace, vielleicht von latein. spina = Dorn (wegen der gezackten Blätter).
Als Schbinodara (Betonung auf o) = Spinaterer, bezeichnet man im Volksmund einen Homosexuellen.
Du Schbinodwachtl = Schimpfwort für aufgetakeltes, leicht verrücktes Weibsbild; vgl. Wachtl.

Schbitzbua, der = Spitzbube, gerissener, betrügerischer Bursche; Mehrz. dSchbitzbuam, dSchbitzbuama.
Mitunter auch Kosewort für kleinen witzigen, schlagfertigen Buben: »Du bist a so a Schbitzbua, a kloana!«

Schbogad, der (Betonung auf o) = Spagat, Bindfaden; italien. Spaghetto = Verkleinerung zu spago = Schnur.
In der Holledau braucht ma vui Hopfaschbogad (Spagat zum Hopfenaufziehen).

Schbooz, der = Spatz; Mehrz. dSchboozn.
Ein Mann mit dünnen Waden hod Schbooznwall; vgl. Wadl. Ein Mann mit zerzaustem Haar schaugt aus wiar a verheirada Schbooz (verheirateter Spatz).

schborn (o offen) = sparen.
Die Verschwender hom nix gschbort.
Wos hilft as Schborn, wenn oan as Finanzamt as Hemad ausziagt.

Schbosau, die (o nasal) = Spansau, Spanferkel (Schbofagge), das noch säugt; vgl. Fack; mittelhochd. spänen = saugen.

Schbreizn, die = Spreize, Stützbalken, Strebholz; althochd. spriuzan; Mehrz. dSchbreizna.
A Hopfaschbreizn = ein Schrägbaum im Hopfengerüst; eischbreizn (erstes ei nasal) = einspreizen, sich in die Arbeit werfen, sich ins Geschirr legen; dazu finden viele eine Zigarette gut, sie heißt darum auch Schbreizn, oft kurz: Schbrei.

Schbrichmacher, Schbruchbail, der, die = Kerl, der Sprüche macht, der verspricht und prahlt und kein Versprechen hält (Einz. u. Mehrz.).

Schbringerl, das = Springerl = kohlensäurehaltige Limonade; Name von Glaskugel als Verschluß in alten Flaschen: sie sprang bei Daumendruck nach unten, die Flüssigkeit heraus; vgl. Gracherl.

Schbringginggerl, der = herumtollender Bub, von springen, auch geckenhafter Bursche; ähnlich Kaschberl.

schbuin, Regensburg: **schbilln** = spielen.
Dagegen: Gschbui, Gschbill = Spiel.
Das Lisä klagt: »Da Hans, der Hallodri, schbuid bloß mit mir.«

Schbuiratz, der = Spielratte = leidenschaftlicher Spieler; Mehrz. dSchbuiratzn; vgl. Ratz.

Schbuizaig, Regensburg: **Schbillzaich,** das = Spielzeug; Schbuisachan = Spielsachen; Verkleinerung: Schbuizaigl, Schbuizaigerl.
Ein großer starker Mann heiratet kleine zierliche Frau: »Do hod se der Saubär bloß a Schbuizaigl ogschafft.« (angeschafft)

Schdaab, der (a hell) = Staub.
Es duad schdaam; do schdaabds ned schlächd; a Gwand is schdaawe.
Da Huawalenz hod sei Wei davogschdaabd.
Gesting hods da gschdaabd bein ins dahoam (gab es einen Krach; da = dir = Gemütsdativ).

schdaad (a hell) = still, leise, ruhig, bedächtig; maiserlschdaad = mäuschenstill.
A schdaads Mannsbild = ein ruhiger, anständiger Kerl, oft auch ein Heimlichtuer.
Iatz dean mir a bisserl schdaad (mit der Arbeit langsam tun, mit dem Bergsteigen, mit dem Trinken).

Singsang der fröhlichen Zecher unter gleichzeitigem Schaukeln des hochgehobenen Biertisches:

Schdaad, schdaad, daß' di ned draht!
Gestern an Rausch, haid an Rausch,
wer woaß' wias morng ausschaut –
schdaad, schdaad, daß' di ned draht!

Schdägga, der = Stecken, Stock.
Schbazierschdägga, Bergschdägga, Hoslnußschdägga; vgl. Hoslnuß.
Freundliche Antwort bei Frage nach der Uhrzeit: »Dreiviertl auf Zaunschdägga, du konnst mi am Arsch lägga!«

Schdaffe, die (a dunkel) = Staffel, Stufe; Mehrz. dSchdaffen (a hell).
Kirchlich: Staffelgebet = Stufengebet.
Der ungeübte Vater schnitt dem Buben beim Haarschneiden mit der Schere Schdaffen in den Schopf.

Schdaiwerl, Schdawerl das = Stäubchen. Ehrliche oder gerissene Hamsterin in Kriegszeiten: »Dabarmts enk, Laid! I ho sex gloane Kinda dahoam und koa Schdaiwerl Moi nimmar in da Drucha.« (Erbarmt euch, Leute! Ich habe sechs kleine Kinder daheim und kein Stäubchen Mehl mehr in der Truhe.)

Schdambberl, das (a hell) = Stamperl = derbes Schnapsglas, auch das Glas Schnaps selbst; vielleicht von stampfen; vgl. schdambbern: man konnte das Glas fest auf den Tisch stellen.

schdambbern (a hell) = davon-, aus dem Haus jagen; italien. stampare = mit Füßen treten. Ein Frechling wird ausn Haus gschdambbert.

Schdanddare, der (a hell) = Schandarm, Gendarm, Polizist.
Schreckschuß beim Raffads: »Buam, hörts auf, da Schdanddare kimmt!«
Schandi = Kürzel von Schandarm; nur noch in der Bubensprache gebräuchlich; vgl. Raiwar und Schandi.

Schdandderl, das (a hell) = Ständchen = Musikstück oder Liedlein (solo oder im Chor) unter dem nächtlichen Kammerfenster; vgl. Schdanz, Gstanzl.

Schdandl, das (a hell) = Verkleinerung zu Stand, Verkaufsbude, Kiosk. Da Schdandlmo = Inhaber des Schdandls.

Schdanz, die (a hell) = Stanz = nachts auf heimlichen Wegen herumstreichen, zur Liebelei, ans Kammerfenster.
Gehst auf dSchdanz, du Bazi, du schlächda?
Ein Liedlein am Kammerfenster gesungen, war ursprünglich ein Gstanzl; vielleicht von italien. stanza = Aufenthalt, Wohnung, Zimmer; vgl. Schdandderl.

Schdarfn, der (a dunkel) = langer dürrer Baum, auch großer magerer Mensch.

Schdarizn, die (a dunkel) = Tüte, Stranitze; vgl. Guggn, Rogl.

Schdarl, der, die – nicht: das (a hell) = Verkleinerung zu Star(e), Vogel; engl. starling.
A Schdarlguggn = ein Starenhäuschen; vgl. Guggn.

Schdarz, der (a dunkel) = Sterz; althochd. staart, sterz = Schwanz, überhaupt: Hinterteil, auch eines Gerätes, Wagens; Pflugsterz.
Der Starzreiber ist der Schlußmann beim Langholzfuhrwerk, er hat den Hinterwagen um die Kurven zu »reiben«; vgl. reim.
Dös Weibsbild draht si, daß' alle Fensterscheim eischlong dad, wenns a Stanga im Schdarz hätt.

> Freundliche Einladung
> *Der jährliche Pferdemarkt in Obing bei Traunstein war stets mit erstklassigen Tieren beschickt, so daß sogar der Hof in München dort seinen Bestand für den Marstall ergänzte. Natürlich gab es auch Gauner unter den Händlern, die den Pferden zur Anfeuerung Pfefferkörner unter den Schwanz rieben. Bei der Vorführung eines solch »gedopten« Trabers bezweifelte Prinzregent Luitpold die Echtheit des Feuers. Der beleidigte Händler: »Nachher hebst halt sein Schdarz auf und suzzelst dran!« (leckst daran.)*

Schdasi (a hell) = Koseform von Anastasia, christliche Heilige, Märtyrerin unter Diokletian, Fest: 25. Dezember. Ehemals beliebter bairischer (auch russischer) Vorname.

Schdaun, die = Staude; althochd. studa, zu stehen, stützen, stauen; Mehrz. dSchdauna, dSchdauern.
A Schdaun Silod = eine Salatstaude, Salatkopf; a Schdaunjaaga = ein Sonntagsjäger, auch Schürzenjäger (der sich in den Stauden, im Dikkicht herumtreibt).

Schdeggl, das (nasal) = Verkleinerung zu Stück, Stock, Würfel.
A gschdegglte Milli = gestockte Milch, die zu Würfeln zerfällt; Schdegglschuach = Schuhe mit überhohen Absätzen. A Süaßei (Liebhaber von Süßigkeiten) mag fünf Schdeggl Zucker in sein Haferl Kaffee. Vgl. Schdiggl.

Schdeing, die = Steige, Lattenkiste für Obst, Salat, Tiere.
A Kaiweschdeing = eine Kälbersteige; a Henaschdeing = auch eine Hühnerleiter; darum verächtlich für steile Treppe in Haus: dee reinste Henaschdeing.

schdemma = stemmen, schwere Last, Gewichte beim Sport, mit Vorliebe jedoch den Maßkrug; mittelhochd. stemma = Einhalt tun; eischdemma (ei nasal) = anschieben, mit den Füßen sich an den Boden stemmen. Stemmeisen.

schderm = sterben.

Bauernspruch
Weiberschderm koa Verderm –
Roßvarregga Bauernschrecka!

Schdiang, die = Stiege, Treppe; althochd. stiega; Schdiagerl = Stiegelchen.
Beim Stiaglbräu führt gleich von der Straße aus eine kleine Treppe in die Wirtsstube.

schdibizn = stibitzen, klauen, kleine Dinge mitgehen lassen.

Schdife, der = Stiefel; althochd. stiful von italien. stivale; Mehrz. dSchdifen; dSchdiferln = die Stiefelchen.
A Schdifeziaga (Regensburg: Schdifeziacha) = ein Stiefelzieher; oschdifln (o nasal) = anstiften (zu einer Untat).

Schdift, der = Lehrbua, Lehrling; in kleinem Meisterbetrieb früher dazu: Brotzeitholer, Saustallmister, Odelfahrer, Kindsmagd, Matratzenklopfer, Schuhputzer für 20 Familienfüße.

Schdiggl, das = Verkleinerung zu Stück: Stückchen; althochd. stucki = Teil, Abschnitt, eigentlich Abgehauenes.
A Goidschdiggl = ein Geldstück, Goldstück; a De-addaschdiggl = ein Theaterstück; a Buamaschdiggl = eine Bubenuntat; vgl. Schdeggl.

Schdimpf, die = Strümpfe; vielleicht von Stumpf.
Mahnung: »Ziag Schdimpf o bei dera Saukoiddn!«

schdinga (g leise hörbar) = stinken; althochd. stinkan = gut oder schlecht riechen.
A so a schdingada Boog, a schdingada!
Liawa daschdunga ois dafrorn = lieber im Gestank umkommen als erfrieren (im engen, vollbesetzten ungelüfteten Raum – Stube, Bus, Tram – bei starker Außenkälte).
Erlösender Spruch bei Ärger: »Do stingt a ma!«

schdingad = stänke, Konjunktiv von stinken; Mehrz. schdingadn; vgl. sogad.
Wenn de Goaßbeck ned gor a so schdingadn!

Schdingl, der (g leise hörbar) = Stengel, von Stange.
A Bleamaschdingl = ein Blumenstengel. Schdingl = auch Schimpfwort für jungen aufgeschossenen, etwas arbeitsscheuen Burschen.
Familiennamen: Stingl, Stinglhammer, Stinglwagner.

schdirb = stirb, sowohl Imperativ als auch 1. Person von sterben.
I stirb no lang ned! Vgl. nimm, wirf.

Schdoa, der = Stein; Schdoal = Steinchen, Schusser, Marmel, Murmel; Mehrz. dSchdoalan.
Dea ma schdoalan = tun wir schussern.
A Ziaglschdoa = ein Ziegelstein; a Marchschdoa = ein Grenzstein; vgl. March.

Schdobsl, der (nasal) = Stöpsel, Pfropfen; Schdöbsei = Stöpselchen; zuaschdobsln = mit Pfropfen verschließen.
A Schdobslziaga = ein Stöpselzieher.
Lehrbubenwort: schdobsln = intim verkehren.

Schdoffe, der (o nasal) = Stoffel, Stöffel (von Christoph) = Schimpfwort für ungelenken, unbeholfenen, etwas einfältigen Burschen, Tölpel.

Schdoi, der = Stall.
Sauschdoi, Henaschdoi, Roßschdoi, Goaßschdoi, Schofschdoi; a Sauschdoidirl = ein Saustalltürchen; a Sauschdoi = auch Unordnung.

Schdol, der = Stadel, Scheune.
A Schdoldor = ein Stadeltor; a Ziaglschdol = ein Ziegelstadel, eine Ziegelhütte, Ziegelei.
Zu einem, der die Tür nicht schließt: »Bist du volleicht im Ziaglschdol aufgwachsn, ha?« (Weil Ziegeleien ohne Türen sind.)

Schdood, die (o offen, fast a) = Stadt; mittelhochd. stat = Stelle, Stätte, wo die herumziehende Schar stehenblieb, um sich anzusiedeln.
Schdooderer, Schdoodfrack = Städter (schon ein wenig verächtlich, weil früher besser angezogen); bMingerer Schdood = die Münchner Stadt; da Schdoodschreiwa = der Stadtschreiber; dSchdoodwoog = die Stadtwaage; dSchdoodfrauboos = die Stadtfraubase, so genannt, wenn sie zu Besuch aufs Land kam. Aus Stadtpfarrer wurde aus Ehrerbietung kein Schdoodpfarra.
Schdood als Statt, Stätte noch in Braischdood (Bräuhaus), Brandschdood (Brandstätte), Kuglschdood (Kegelbahn), Werggschdood (Werkstatt), Ziaglschdood (Ziegelstätte, Ziegelei).
München war für die weiteste Umgebung die Stadt schlechthin: »Morng fohr mar in dSchdood!«
Ortsnamen: Brandstetten, Haunstetten, Leutstetten.

Schdoog, der (nasal) = Stock, Stab, Stange, auch Baumstumpf, Heu-, Getreideabteil in der Scheune.
Da Hackschdoog steht in der Werkstatt, auch in der Fleischbank; da Hai- und da Droadschdoog sind Scheunenabteile für Heu und Getreide. Das Schdoogkliam macht dreimal warm: das Roden der Baumstümpfe im Wald, das Zerkleinern zu Hause, das Verbrennen im Ofen.
Zu einem verschüchterten oder eigenwilligen Buben, der auf nichts Antwort gibt: »Du bist a so a Schdoog!«
Der Aufgebrachte: »Do kunnt i glei schdoognarrisch wern!« – Antwort: »Du bist eh scho schdoognarrad.«

Schdraa, die (a hell) = Streu; schdraan = streuen; voschdraan = verstreuen.
A Schdraahauffa = ein Streuhaufen.
Iatz is da Katz gschdraad (einem Übel abgeholfen).
Einem verlassenen Mädchen wird bei der Hochzeit des ungetreuen Burschen mit einer andern nachts heimlich gschdraad: mit Häcksel oder Kalkmilch eine dicke, auffallende Spur von ihrer Wohnung zur Wohnung des Treulosen.

Schdrass, die (a dunkel) = Straße; althochd. straza, engl. street; Mehrz. dSchrassna; ursprünglich nur gepflasterter Weg als Ortsverbindung, innerhalb der Ortschaften gab es nur Gassen (heute verächtlich).
A Schdrassgrom = ein Straßengraben, a Schdrassbaam = ein Straßenbaum, da Schdrassa = der Wegmacher; Schdrassl (a hell) = Sträßlein; da Schdrasswirt = Wirtschaft an der Straße.
Familiennamen: Straßer, Strassl, Straßner, Straßacker, Straßberger, Straßhofer, Straßmeier.

schdrawanzn (beide a hell) = strabanzen = nie zu Hause sein, sich ziellos herumtreiben; a Schdrawanza = ein Müßiggänger, Tagdieb.
Zu einem Buben, der erst nachts nach Hause kommt: »Du Lauser, wo bischt denn wieder rumgschdrawanzt den ganzn Dog?«

Schdriig, der = Strick; althochd. stricchen = verknüpfen; Mehrz. dSchdrigg; schdrigga = stricken.
Schimpf: »Du Schdriig, du elenddiga!« – Schärfer: »Du Goingschdriig, du nixnutziga!« (Goingschdriig = Galgenstrick.)
Mann im Streit: »Iatz heng i mi auf!« Frau: »Do muaßt scho an andern Schdriig nehma. Mid den oidn Glump konnst di ned aufhenga.«

Schdrull, Schdrudl, der = eingerollte, strudelartig gewundene Mehlspeise.
Abbfeschdrull = Apfelstrudel; Dobbfaschdrull = Topfen-, Quarkstrudel.

Schduan, die = Stute; Mehrz. dSchduana; althochd. stuot = Herde von Pferden, Standort: Gestüt, Gestütsgarten (daher: Stuotgart = Stuttgart); vgl. Heiß.

Von einem hochgewachsenen Mädchen: »Dees is a Drumm Schduan worn, a Drumm!«

Schduggara (beide a hell, kurz) = Stücker, Bedeutung wie: etwa, doch nur in Verbindung mit einem bestimmten Zahlwort.
»Wiavui Laid san bei da Leicht gwen?« – »So a Schduggara fuchzge.« (Bei da Leicht = bei der Beerdigung.)
Ein zuagroaster Journalist schrieb einmal: »Wir sind bis Schduggara Hamburg gefahren« (er meinte: etwa bis Hamburg); das ist natürlich lodernder Unsinn.

Schdui, der = Stuhl; mittelhochd. stuol.
Bredischdui = Predigtstuhl; Dochschdui = Dachstuhl; Webschdui = Webstuhl; as Schduifescht (Stuhlfest) = das Brautexamen im Pfarrhof.
Schdui (Regensburg: Schdüll) = auch: Stiel; Besnschdui, Goweschdui, Rächaschdui, Haggaschdui (Axtstiel).

Kindergebet
Vaddar unser Rächaschdui,
oide Weiber bäddn vui,
junge Weiber fastn,
sBrot liegt in Kastn.
Kimmt bMaus, ziagts raus,
kimmt da Hos, sagt dir wos,
kimmt gGoaß,
laßt an Regamentsschoaß.

Schdumm, die = Stube = nur Wohnzimmer, das Schlafzimmer heißt Schlafkammer; althochd. stuba = ursprünglich heizbares Zimmer, besonders Badezimmer; Mehrz. dSchdumma.
A Schdummhogga = ein Stubenhocker; dSchdumm voller Kinder = kinderreiche Familie.
Familiennamen: Stubenvoll, Stumbaum, Stumböck, Stumrauch.

schduzln = stutzeln = mit kleinen Schritten eilig laufen; von stutzen.
Wenn sich einer vor Angst aus dem Staub macht: »Der is grennt wiar a gschduzda Hund.« (gestutzter Hund.)

sched = bloß, nur.
Der Großbauer verächtlich: »Unsa Nachba is sched a noudiga Fretter mit zwoa Goaßn!« (fretten = fristen, mühsam durchs Leben kommen.)

schee (nasal) = schön.
Insa Ludwig is a scheena Kini gwen.
Chinesisches Probesprechen (alles nasal): dSunn scheint schee, so schee scho. (Die Sonne scheint schön, so schön schon.)

scheiddln = scheiteln: einen ortsfremden Burschen vom Kammerfenster einer Schönen mit Holzscheiteln aus dem Dorf jagen. Vgl. Schoaddn.

scheiheile (erstes ei nasal) = scheinheilig.
Den Kerl, den hon i gstricha, der is scheiheile wiar a Kabbuzina.

Scheim, die = Scheibe, eigentlich etwas Rundes; Mehrz. dScheima.
A Schitznscheim = eine Schützenscheibe; a Hofnascheim = eine Töpferscheibe; Keglscheim = Kegelschieben, von mittelhochd. schiben = drehend bewegen.
Von einem Weiberleut mit ansehnlichem Gesäßpolster: »Dee hod dar awar a Scheim!« (dar = dir = Gefühlsdativ.)

Scheiße, die = heute internationales Modewort, auch von glücklosen Politikern, geschlagenen Generälen, gefeuerten Fußballern zur Entspannung gebraucht; in Baiern vor wenigen Jahren noch unbekannt, durch preißischen Bazillus eingeschleppt; althochd. seizan.
Bairisch: Scheißdreeg, Scheißhauffa, Scheißbolln, Scheißhaisl, Scheißkerl, Hosnscheißer, scheißfraindle (scheißfreundlich); bscheißn; vgl. Bschiß (Betrug).
Abgeschriebener Verlust: »Wos scheiß Paris, London is gressa!«
Der Dorfwidersetzliche: »I scheiß aufn Burgamoasta und aufn Pfarra erst recht!«
Zur Stolzen: »Ist das Mädchen noch so schön, zum Scheißen muß es dennoch gehn.«
Seit dem »Bruderkrieg« von 1866 ist den Baiern

der preißische Zapfenstreich (Militärsignal) verhaßt; sie belegen die Töne mit dem saftigen Text:

Die Preißen haben in die Hose geschissen
und haben vergessen den Arsch zu wischen . . .
Papier, Papier, Papier!

Heinrich Böll: »Es war eine improvisierte Rede, in der ich einmal das Wort ›beschissen‹ gebraucht habe – und das hat die Leute irrsinnig aufgeregt . . . Ich finde das Schimpfen und auch das Gebrauchen eines Kraftausdrucks viel menschlicher, viel direkter, und keineswegs denunzierend.« (Aus: Drei Tage im März.)

schelch, schoich = schief, krumm, auch: scheel, hinterlistig, verschlagen; mittelhochd. schelch; vgl. schäbbs.
A Schelchaugada = ein Schielender; a Schelchfotzada = Mann mit verzerrtem, schiefem Mund; doch auch ein Heimtücker, Verleumder; a Schelchhaxada = ein Hinkender; Rinder haben oft ein schelches Horn; owagschelchde Schuach = abgetretene Absätze.
Familiennamen: Schelchshorn, Schelhorn, Schelkshorn, Schelkopf.
Ortsname: Schelchenvils b. Erding (krumme Vils).

Schelch, der = kleines Boot; Luther führte dafür das Wort Kahn ein; Schelch wird jedoch heute noch gebraucht.

Schelf, Schoif, die = Schale von Obst, dünne Baumrinde, Schilf; oschelfn (o offen) = abschälen.

Schell, der = Schädel; mittelhochd. schedel, niederländ. scheel.
Mann mit großem Kopf hod an Bummerlschell (Stierkopf) auf; Schell = auch Schimpfwort für eigensinnigen, sturen Kerl.
Ausrede: »Do kannst nix macha, wenn as Kind koan Arsch ned hod – aufn Schell därfst as ned schlong.«

Scherm, der, die = Scherbe(n), von zerbrochenem Glas, irdenen Töpfen, auch sinnbildlich bei Streit; ebenso Bezeichnung für irdene Gefäße überhaupt.
A Bleamascherm = ein Blumentopf; vgl. Bleame; a Brodscherm = eine Bratreine. Schimpfwort für alte, klapperige Frau: »A so an oida Scherm, an oida!«

Schermaus, der = Maulwurf, von scharren, wühlen.
A Schermauser, a Schermausfanga = ein Maulwurffänger (auch Schimpfwort).

Scherzl, das = Rest oder Anschnitt von Laib oder Wecken Brot, vom Leberkäs.
Im bairischen Haushalt wurden vor dem Anschnitt eines Laib Brotes auf die Unterseite drei Kreuze gezeichnet. »As erste Scherzl von an Loab, wo ma ned sKreuz drüber macht, kimmt oan ned zNutzn.« (Schmeller)

Schesn, Scheez, die = Pferdekutsche mit aufklappbarem Lederdach, besonders für Kirchen- und Hochzeitsfahrten; französ. Chaise (= eigentlich Sessel, Stuhl); Mehrz. dSchesna.
A Schesnlack = schlechtes, sehr dunkles Bier; oide Schesn = altes aufgetakeltes Weib. A Kinderscheez = ein derb geflochtener Korbwagen mit Ausmaßen einer Arche Noah; in ihr fuhr man Kinder und Ferkel – oft gemeinsam – auf den Markt; ein mitleidiger Großbauer ließ die Fretter manchmal hinten aufsitzen, die Scheez wurde nachgezogen.

schewe = schäbig, knauserig; eine Gabe, ein Opfer, ein Benehmen kann schewe sein; doch auch Tiere (Katzen, Hunde, Pferde) können schewe (räudig) werden; latein. scabies = Krätze, Räude.

schewern = scheppern, klirren, rasseln.
Gibt es in der Küche Scherben, rasselt der Nikolaus mit der Kette, fahren zwei Züge aufeinander, wird eine Stadt bombardiert: do hods nachad ganz schee gschewert.
Ein rasselndes, schepperndes Kinderspielzeug heißt Schewerl.
Schewern, besonders als »oide Schewern« = Schimpfwort für alte knochige Frau; Mehrz.

dSchewerna; mitunter auch derbe männliche Liebkosung für alte (wenn auch mollige) Ehefrau.

schiach, schierle = häßlich, abstoßend.
A schiachs Gschau = häßlich, wild dreinschauen.

Die schiache Braut
Freund beim Hochzeitsmahl leise zum Bräutigam: »Do host dir awar a schiachs Drumm ogschafft: dürr is' wiar a Zaunlattn, schiaggln duads, an denggn Haxn ziagts nache, und Bratzn hods so groß wiar Abdrittdeggln.« Der Hochzeiter: »Därfst scho laut ren – hörn duads aa ned.«

schiaggln, schiagln = schielen; mittelhochd. schilhen, zu schillern, scheel.

schiam = schieben; a Schiawa = ein Schieber (Gauner); auch Tanz.

Schiaß, der = Schieß, Hausgiebel, wohl von abschüssig.

Schiassads, das = Preisschießen; vgl. Raffads, Rennads; schiassn, schoissn = schießen; schuiß = schieß (Imperativ); daschiassn = erschießen.
Neues Soldatenlied, am Biertisch mit nackter Brust trotzig zu singen:
Weil mir zon Daschiassn ghern,
mächt mar aa daschossn wern . . .

Schibbe, Schiwl, der = Schüppel, Büschel (Haare, Wolle, Stroh).
A Luangschibbe = ein Lügenbeutel.

Schicks, die = liederliche, unzüchtige Frau, Hure; vgl. Schnoin; aus dem Hebr., bedeutete ursprünglich Christenmädchen; Mehrz. dSchicksna.

schiin, schiddn = schütten.
Mahnung: »Dua bMilli ned ausschiin!«
Bericht nach Wolkenbruch: »Do hods da gschidd, daß dRoßboin ghupft san.« (da = dir = ethischer Dativ.)

a Schidara = ein Schütterer = Regenguß, Regenschauer.
Soachnoß san ma worn vo den Schidara.

schinagln (a hell) = rackern, sich abmühen vom Morgen bis zum Abend.
Familienname: Schinagl.
Ortsname: Schinagl (b. Traunstein).

schinddn = schinden, quälen (Tier, Mensch); auch: Speck vom Fleisch abnehmen; althochd. scintan = enthäuten.
Wer quält = ein Schindda, auch der Abdecker, Wasenmeister, der dem toten Vieh die Haut abzieht und dann das Luder (Aas) vergräbt, unter den Wasen, Rasen bringt. Darum: mit jemandem Schindluder treiben = ihn quälen, ihm geradezu die Haut abziehen.
Bergname: Schinder (Valepp).

Spottvers auf unbeliebte Schwiegermutter
Mei Schwiegamuada
is a Schinddaluada,
hod a Warzn aufn Knia;
hod sichs weggabissn,
hod in' Kübl gschissn
und hod gschdungga,
frog ned wia.
(Sammlung Böck)

Schindl, die = Schindel; latein. scindula = Holzplättchen zur Dachbedeckung, französ. échandole; Mehrz. dSchindln.
»dSchindln san aufn Dach«, sagen Erwachsene, wenn anwesende Kinder ein Gespräch nicht hören sollen.
Familiennamen: Schindler, Schindlbauer, Schindlböck, Schindlmeier.
Ortsnamen: Schindelstatt, Schindelwöhr, Schindlbach, Schindlfurth, Schindlholz.

Schissa, der = eigentlich Scheißer, feiger, ängstlicher Mensch, der (bildlich) immer die Hose voll hat, Schieß hat; vgl. Bolln ham.

Schissl, die = Schüssel; althochd. scuzilla, von latein, scutella; italien. scodella, französ. écuelle = Napf; Mehrz. dSchissln.

dSchisslrahm (a nasal) = der Schüsselrahmen, Wandregal in der Küche für Schüsseln; vgl. Haferl.

schlägga = schlecken; vgl. gschläggad.
Über Küssende: »Do schaug hi, wia se dee zwoa wieder oschlägga!«

schlaffa (erstes a dunkel, zweites kurz) = schlafen; althochd. slafan, daher auch schlaff, schlapp.
A guada Schloof = ein guter Schlaf; a Schloofkabbm = eine Schlafkappe (Langschläfer); a Schlafferl (a hell) = ein Schläfchen.
Das Mädchen in der Kammer: »Do is' min Schlaffa ned weid her, wenn da Bua vor laudda Schneid an Goggl ned hert.«

Schlaich, die = Schläuche, Schuhe.
Lobend oder abwertend: »Do host awar a Paar sauwerne Schlaich o.« Vgl. Schlauch.

schlain di = beeile dich (von beschleunigen).

Schlambbm, der (a dunkel) = Schlampe, unordentliche, nachlässig gekleidete Frau, auch: liederliches, sittenloses Weiberleut, fast Hure; Mehrz. dSchlambbma. A Schlambberl (a hell) = ein Schlämpchen, als Schimpfwort weniger böse; Streckform: Schlambambbm.

Schlankl, der (a hell) = etwas arbeitsscheuer, spitzbübischer Schlingel; Mehrz. dSchlankln.

Schlappschwanz, der (beide a dunkel) = läppisches, feiges Mannsbild; Mehrz. dSchlappschwanz (zweites a sehr hell); vgl. Lahmarsch.

schlauch = schlau; bei ähnlichen Wörtern stets ch-Endung (stammt aus dem Mittelhochd.): Floch = Floh; Rech = Reh; scheuch = scheu; Schlech = Schlehe; Schuach = Schuh; rauch = rauh; Seicher = Seiher; schlauchdabbe = dummschlau.

Schlauch, der = anstrengende Arbeit, Bergwanderung, die sich kaum lohnt.
Dagegen: Schlaicherl = Schläuchlein (Leitungsschlauch, Ventilschläuchlein). Vgl. Schlaich.

Schlauderaff, der = Schimpfwort für gefräßigen Faulenzer; mittelhochd. sluderaffe, davon Schlaraffe, Schlauraffe = »vast schläfferig Mensch«; Mehrz. dSchlauderaffn.
Schwank von Hans Sachs: Schlauraffenland.
Freundliche Begrüßung beim Hochzeitsmahl: »Do hockas beinandd und fressn wia dSchlauderaffn.«
Familienname: Schlaudraff.

Schlawack, der (beide a hell) = Gauner, Betrüger, Tunichtgut, unzuverlässiger Kerl; von Slowake; Mehrz. dSchlawackn.
Aman: »Die slowakischen Hausierer und Pfannenflicker, die früher von Ort zu Ort zogen, waren als gerissen oder betrügerisch bekannt.«

Schlawiner, der (a hell) = gleiches Schimpfwort wie Schlawack; s. d.; das Wort kommt von Slowene.

Schlawuzi, der (a hell) = Verkleinerung zu Schlawiner, s. d.; häufig auch Kosewort für fröhliches, listiges Kleinkind: »Du bist a so a Schlawuzi, a kloana.«

Schlech, die = Schlehe; althochd. sleha = eigentlich: bläulich; slowen. sliv, daher Sliwowitz (Pflaumenschnaps); Mehrz. dSchlech, dSchlechan; vgl. Annamirl, schlauch.

schleich di = schau, daß du weiterkommst.

schleiffa = schleifen; mittelhochd. slifan = gleiten, Messer oder Säbel über Schleifstein gleiten lassen.
A Schleifschdoa = ein Schleifstein. Zur Dorfromantik gehörten die Bellmusikanten, der Zigainerwong, der Kraxntroger, der Leichenbitter und der Scharschleiffa mid sein Schleiffakarrn; auch die Eisrutsche der Kinder, dSchleiffa auf da Gassn.
Die Kinder gehn zon Schleiffa oder zon Schliafadsn; dabei Zuruf an »Gefallene«: »Aus da Booh, niedadoo!« (Aus der Bahn, sonst niedergetan.)
Schimpf: »Du Scharschleiffa, du windiga, schleich di!«

schlenkln = Dienstbotenwechsel, zumeist an Liamäß; s. d.; von schlanken = müßig herumstehen, weil die Ehhoiddn (Dienstboten) mehrere Tage frei hatten zur Schlenklweil.

schlenzn = schleudern.
A Nosnschlenz = geballte Ladung Schleim aus der Nase. Ein Hut, ein Raufgegner wird in die Ecke geschlenzt.

schliaffa = schliefen, schlüpfen, kriechen; mittelhochd. sliofan = schlüpfen; gschloffa = geschloffen.
Zu einem falschen, süassn Mannsbild: »Du Schliaffa, du hinterfotziga!« (Derber: Du Arschkriacha!)
Alter Bauernspruch: Im Hirgst (Herbst), bals koid werd – schliaffan dLaid zamm (im Bett, sie heiraten gern um diese Zeit).

Schliffe, der = ungeschliffener, ungehobelter, grober Kerl, Rüpel.

Schliin, der = Schlitten; auch Schimpfwort für alte derbe Frau.
Nicht jeden Bekannten darf man fragen: »Wo gehst denn hi mit dein Schliin?«

schlizaugad = schlitzäugig.
Auch Schimpfwort für hinterlistigen, heimtückischen, falschen Mann: »Du schlizaugada Hund, du schlizaugada!«

schlizourad = schlitzohrig; Bedeutung wie schlizaugad; s. d.
A Schlizourada = ein Schlitzohriger; früher wurde Betrügern die Ohrmuschel eingeschlitzt.

Schloapfa, die = Schleife jeder Art (Haarschleife, Knoten); doch auch Gestell zum Nachschleifen, Nachziehen eines Pfluges, einer Egge (mit Hilfe von zwei gespreizten Prügeln) auf der Straße.

schlong (o fast a) = schlagen; mittelhochd. slahen; vaschlong = verschlagen (schlau durch Geschlagenwerden); a Schlog = ein Schlag, Mehrz. dSchleg (nasal) = Prügel.
Ein Waldstück = a Hoizschlog, mit Himbeersträuchern bewachsen ein Moibiirschlog.

Schmaaz, der (a hell) = Unsinn, leeres Gerede, Nonsens; vgl. Gschmaaz.

Schmaizler, Schmai, der = Schnupftabak; Name, weil Schmalz zugesetzt.
Der Schmarotzer: »Geh, hau a Pris her!«

Schmanggerl, das (a hell) = Leckerbissen, Erlesenes, was einem besonders schmeckt, keine Gleichschaltung möglich: »die Geschmäcker sind verschieden«. Heute zumeist »Schmankerl« geschrieben, doch k zu hart, das Wort muß auf der Zunge zergehen wie der leckere Bissen. Herkunft wohl von Gschmackerl (a hell) = Verkleinerung, Verfeinerung zu Geschmack.
Ein Schmanggerl war ursprünglich nur eine Speise; heute ist das Wort durch zuagroaste Zeitungsschreiber fast entwertet; es gibt plötzlich: bairische Schmankerlseen (Tegernsee, Schliersee, Chiemsee – dabei bedeutet Schmanggerl nie etwas Großes, Plumpes), Schmankerln für Bergsteiger, optische Schmankerln (Schützenscheiben), Popschmankerln, Büroschmankerln (Rettiche, gebutterte lauwarme Brezen), Wiesnschmankerln; eine Schmankerl-Oase (Biergarten auf Viktualienmarkt) und eine Schmankerl-Polizei auf der Wiesn. Da legst di nieder!

Schmarrn, der (a dunkel) = Unsinn, leeres Gerede, Geschwafel, Nonsens; vgl. Gschmaaz, Schmaaz. Auch Speise: Erdebbfeschmarrn, Kaiserschmarrn, Topfenschmarrn; vgl. Zwulla. Nicht zuletzt abgetrocknete Eitergeschwüre, Schorf, besonders im Gesicht; vgl. Rufa.

Schmatz, der (a dunkel) = Kuß; mittelhochd. smatzen = schmatzen, schmecken, einander abschmecken; vgl. Busserl; oschmatzn (o dunkel, fast a) = abküssen.
An den Kartagen geht man in die Kirche zum Herrgottschmatzn (Mund und Wundmale werden geküßt, Kruzifix liegt am Boden).

schmegga = schmecken, riechen, duften.
Blumen, Blüten schmeggan guad; Speisen

schmecken nicht, sie sind einfach gut; dagegen: »Iatz hods mar awa gschmeggt!«
A schmeggads Wasser = Parfüm; schmegg amoi = riech einmal; daschmeggt = erschmeckt, gerochen, erschnüffelt.

Daschmeckt
Als der Keanzlbauer von Hundszell einmal auf seiner hochgelegenen Habernbreite ackerte, zog plötzlich ein scharfes Gewitter auf, ein Blitz erschlug ihm seine beiden Zugochsen. Er kaufte sich um teures Geld ein anderes Paar, und als er wieder auf dieser Breite zu tun hatte, zog abermals ein Unwetter auf. Beim ersten nahen Donner drohte der Ergrimmte mit geballter Faust zum Himmel und rief: »So, habts meine schöna Ochsn scho wieder daschmeckt!«

schmiam = schmieren, ölen, einfetten.
A Wongschmiam = eine Wagenschmiere; a Schuachschmiam = eine Schuhschmiere, Schuhcreme.
Schmiam = auch bestechen: »Wer guad schmiabt, der fahrt guad.«

Schmii, der = Schmied.
Da Huafschmii = der Hufschmied; da Kupfaschmii = der Kupferschmied; da Goidschmii = der Goldschmied; da Fotznschmii = der Zahnarzt; a Schmiddn = eine Schmiede; da Schmiimo (o nasal) = der Schmiedmann, sein Weib das Schmiiwei (heute nur noch Hausnamen), die Tochter Ursula = dSchmii-Usch; Schmiirüassl = Schmiedrüssel = Schimpfnahme (wegen des verschmierten Gesichts).

Schmoiz, das = Schmalz; althochd. smalz, zu schmelzen.
As Irxnschmoiz = das Achselschmalz = Kraft in den Armen haben; vgl. Irxn.
Du host ja koa Schmoiz ned, du Scheißkerl!
Da Schmoizige Samsda = Schmalziger Samstag, Sonnabend = Samstag vor Fastnachtssonntag: da wird besonders schmalzig aufgekocht, Schmalznudeln in allen Formen und Größen, Fensterküachln und Schuggsn; vgl. Kiache, Schuggsn, Wochentage.

Schmu, der = heimlich erspartes Haushaltsgeld, von dem der Mann nichts weiß; heute sind die Frauen als Selbstverdiener zumeist unabhängig davon; Schmu = hebr. = unerlaubten Gewinn machen; davon auch Schmus (Gerede), schmusen; vgl. schmusn.

Schmuser, der = ländlicher Makler, Vermittler für alles: Hochzeiten, An- und Verkäufe von Vieh, landwirtschaftlichen Anwesen und Erzeugnissen.
Da Hopfaschmusa = der Hopfenaufkäufer, zumeist nur der Begleiter des Großhändlers.

schmusn = schmeicheln, zärtlich sein.
Dös Luada ko schmusn wiar a Katzl, dö kriagt an jedn rum.

Schnäggerln, die = Haarlocken; vgl. Wuggerln.
Du gschnägglda Pariser! (Vielleicht, weil Pariser als geschniegelt galten; Eitelsucht war auf dem Land verpönt, doch darum keine Gammler gewesen.)

schnaggerlfidoi (a hell) = kreuzfidel, besonders lustig, heiter: der Fröhliche schnaggelt vor Freude mit Zunge und Fingern; vgl. schnaggln.

Schnaggler, der (a hell) = Schluckauf, Heckscher, krampfhaftes Aufstoßen; vgl. Hetscha.
Bairisches Rezept: Sofort an drei Bladdade (Glatzköpfe; vgl. Bladdn) denken, und der Schluckauf verschwindet. (War im Vatikan leider nicht bekannt: Papst Pius XII. litt in seinen letzten Lebensjahren sehr unter diesem Übel.)

schnaggln (a hell) = hintereinander knallen: heftig an der Türklinke rütteln, mit Zunge und Fingern Knalltöne erzeugen, eine Maschine kann schnaggeln, ein Sektpfropfen.
Die Schnagglsäule = ein Gerät zum Verladen schwerer Baumstämme; ein Schnagglmesser = ein Klappmesser; vom Bergsteigen kann man den Gniaschnaggler bekommen (weiche Knie). Wenn ein Begriffsstutziger endlich begreift: bei dem hods gschnagglt. Wird ein Mensch vierzig, schnagglts bei ihm: er wird endlich gescheit. Der Luftikus verschnagglt sein Geld.

Schnaufara, der (beide a hell, kurz) = schwerer Atemzug; schnaufa = schnaufen, atmen.
Der Verunglückte hod koan Schnaufara nimmer do, er is glei higwen (tot gewesen).
Über einen Sterbenden: »I moan oiwei, iatz werd er boid sein letzten Schnaufara do ham.«

Schnauferl, das = jedes Motorrad, ob alt oder neu, leicht oder stark; »Feuerstuhl« ist neueste Erfindung.
Schnauferl ist eine verhältnismäßig junge bairische Wortprägung, noch keine 80 Jahre alt; ursprünglich sagte man: Modorrall, auch: Manddorrall. Doch diese ersten unvollkommenen Vehikel (z. B. der Wanderer-Werke in Nürnberg) hatten keinen Anlasser; man mußte sie im Laufen anschieben, bis der Motor ansprang, der häufig immer wieder mit ein paar ächzenden Schnauferern zum Stillstand kam, auch der Fahrer selbst konnte sich nur mit Atemnot auf den Sattel schwingen; drittens hatte manches Schnauferl über einen Berg hinauf ordentlich zu schnaufen.
Schlichtweg falsch ist es, ein altes Auto, einen Oldtimer, als Schnauferl zu bezeichnen, wie man es heute vielfach hört und liest. Im übrigen gab es kaum alte Autos, als das Wort Schnauferl aufkam; vgl. Audderl.

Der motorisierte Kooperator
Um 1925, als die Motorisierung auch auf dem Lande begann, hatte sich ein junger Geistlicher (Kaplan, Kooperator) zum Schrecken der gottesfürchtigen Matronen ein Motorrad zugelegt. Da klagte ein altes Weiblein beim Pfarrer: »Jessas, Jessas na, iatz hod unser Kobbraddar aar a Schnauferl! Bis ma ›Gelobt sei Jesus Christus‹ song will, is er beim Daife. Is der Mo überhaupts richti gweicht?« (geweiht)

Schneid, die, fälschlich: der = Mut, Tapferkeit, so scharf wie eine Messerschneide; auch das Messer kann eine stumpfe Schneid haben.
Herausforderung beim Raffads (s. d.): »Geh her, wennsd a Schneid host!«
Ein anderer läßt sich dSchneid ned okaffa (abkaufen) = er hat keine Angst, er haut zu, daß es kracht.

schneim = schneien.
Es schneibt = es schneit; es hod gschniem, gschneibt = es hat geschneit; Frage: Schneibts? = Schneit es?
A Schneewerl = ein Schneechen, ein bißchen Schneefall.

Lied
Draußn im Woid
hods a kloans Schneewerl gschneibt,
drum is's so koid,
draußn im Woid.

schnein = schneiden; oschnein (o offen) = abschneiden; oschnein (o nasal) = anschneiden; eischnein (erstes ei nasal) = einschneiden.
Den Gauner hon i gschniin (nicht mehr beachtet). Schneise (von schneiden) = Durchhau im Wald. A Bailschneider = ein Beutelschneider.

schnieb, schneiwad = schneite, Konjunktiv von schneien; vgl. rang, sogad.

Schnierlaiwe, das = Schnürleibchen, Mieder; erst im 18. Jh. in »besseren« Kreisen durch Korsett verdrängt; altfranzös. cors = Leib; vgl. Gschnier.

Schnill, das = Schnittlein (Brot); Mehrz. dSchnillan; Brot zur Suppe aufschnillan (aufschneiden).
Spott über entfernte Verwandtschaft: »Vom neunten Suppenschnill a Breggerl.«

Schnilla, der = Schnittlauch; andere Namen: Gras-, Hohl-, Suppen-, Jakobs-, Johannis-, Breislauch.

schnodern (o offen, fast a) = schnattern, sprudelnd reden; auch: vor Kälte mit den Zähnen klappern; mittelhochd. snateren (lautmalend).
A Schnodagans = eine Schnattergans (Schimpfwort).
In München: Schnaderböckstraße.
Familiennamen: Schnatterbeck; Hans Schnatterpeck (Zunft- und Zeitgenosse des größeren Michael Pacher, 1435–1498), Bildhauer und Maler in Meran, schuf den Flügelaltar der gotischen

Kirche in Niederlana (1503); »er zählt mit den Schreinaltären von Schleswig, Blaubeuren, Heilbronn und Breisach zu den größten deutschen gotischen Altarwerken.«

Schnoin, die = Schnalle; mittelhochd. snalle, vom Auf- und Zuschnallen des Schließhäkchens, Mehrz. dSchnoina.
A Girddlschnoin = eine Gürtelschnalle, Gürtelschließe; a Schuachschnoin = eine Schuhschnalle. Schnoin = auch undankbare, lieblose Bezeichnung für Freudenmädchen; vgl. auch Hur, Matz, Schicks. A Schnointreiber = ein Zuhälter, auch Schürzenjäger.

Männersang
Sau . . . Sau . . . sauberes Mädchen,
Hur . . . Hur . . . hurtiges Kind,
Schnall . . . Schnall . . . schnalle dein Ränzchen,
Schicks . . . Schicks . . . schicks nach Berlin!

schnoizn = schnalzen, mit den Fingern, der Zunge, der Peitsche knallen; schnalzen = Intensivbildung von mittelhochd. snallen; vgl. Schnoin.
A Wasserschnoizn = Brotsuppe, mit Zwiebel und heißem Schmalz gewürzt (schnoizt beim Drübergießen); as Goaßlschnoizn (Peitschenknallen) war eine rhythmische Fuhrmannskunst, die heute verloren gegangen ist.

scho (nasal) = schon.
Freundschaftliche Begrüßung unter Spezln: »Seids ees scho do, ees Schlawina?« (Seid ihr schon da, ihr Schlawiner?)

Schoaddl, der = Scheitel, Haarscheitel.
Spruch: »Da Schoaddl rechts bedeut' ebbs Schlechts.«
Zum Kahlkopf: »Dir is ja da Schoaddl ins Gnack owegrutscht.«

Schoaddn, die = Scheiten, Späne, Abfall bei der Holzbearbeitung mit Beil, Hobel, Maschine; leicht entzündliches Material zum Anfeuern der Öfen.
Howeschoaddn = Hobelspäne.

Schoaß, der = scharfer, lauter Knall oder langgezogener Trompetenton aus den überfüllten Eingeweiden von Menschen und anderen Säugetieren, unter gleichzeitigem Abgang von Giftgasen; unter gestandenen Männern gern gebraucht zur Bekräftigung einer Meinung oder zur Mißachtung eines Gegners oder zur Vertreibung lästiger Preißen (von Ludwig Thoma einstmals mit Bruder Peter und einigen Tarockspezln im Bräustüberl zu Tegernsee mit Erfolg angewendet); doch nicht einmal als tonloser Furz salonfähig, da sich die Vergasten entrüstet vom Urheber abwenden. Mehrz. dScheaß.
Bei verzögerndem Ausstoß: »Den Mo, wenn a Schoaß zwickt, nachad roast er scho zon Dokta!«
Anekdoten über diese menschliche Lüftung sind Legion. Als vielbewunderter Könner auf diesem Gebiet hinterlistiger Tonkunst galt Heinrich VIII. von England, der Fresser und Frauenköpfer.
Schimpfname für alte dicke Frau: »Du oide Schoaßdrumme!« (Drumme = Trommel.)
Für kleinen, nicht ernst zu nehmenden Mann: »Du Schoaß!«
»In den Sittenbüchern des Mittelalters galt die Blähung als notgedrungenermaßen erlaubt. Noch Erasmus von Rotterdam warnte in einem Erziehungs-Buch davor, daß der Knabe mit gepreßten Backen den Wind zurückhält, denn dies sei ungesund.« (Norbert Elias, Spiegel 1977/7)

Schobbm, der (nasal) = ein Viertelliter (Wein, Bier, Milch, Wasser); althochd. scoph = Weingefäß; französ. chopine, chopiner = zechen.
Dreischobbm = Dreiviertelliter; vgl. Quartl.
Familienname: Chopin (Komponist, 1810–49).

schobbm (nasal) = vollstopfen, gierig essen; vaschobbt = verstopft (ein Bachlauf, eine Rohrleitung); Gänse werden gschobbt, genudelt (das Fressen mit einem Kochlöffelstiel in den Kropf hinuntergestopft, um sie zu mästen).

Schof, das, die (o offen) = Schaf(e); Schoferl (o offen), Schaferl (a hell) = Schäflein.
Zu unbeholfenem Kind, Mädchen: »Du Schaf Gottes!«

schofe (nasal) = schofel = schäbig, schundig, geizig, knauserig; hebr. schafal = niedrig, gemein, davon Schuft.
Eine geizige Frau = a schofliga Drack, a schofliga. (Drack = Drache)

Schofkoiddn, Schofkejddn, die = Schafkälte: nach den »Eismännern« und der »Kalten Sofie« (12.–15. Mai) der zweite Kälterückfall anfangs Juni; um diese Zeit werden meist die Schafe geschoren, sie frieren dann erbärmlich.

schogoredaa (erstes o nasal, zweites o offen, aa hell und betont) = zerlegt: scho gor ed aa = schon gar nicht auch. Ein Beispiel für bequeme Redeweise: zusammenziehen, abschleifen, angleichen.
Die Zweifler: »Glaabst du dees oiß, was da Pfarra auf da Kanzl sagt?« – »Schogoredaa!«

Schoigg, der = Schalk = schwarzes Hochzeits- und Festtagsgewand der Tegernseerin und der Miesbacherin, zumeist aus Seide oder Damast, wozu 50 m Spitzen verwendet werden. Wohlhabende Mütter ließen oft auch ihren kleinen Dirndln ein Schaiggä (Schälkchen) anfertigen.

Schoin, Schejn, die = Schelle, Ohrfeige, Backenstreich; doch auch Glocke, Spielkartenfarbe; Mehrz. dSchoina, dSchejna.
Da Schoinowa = der Schellober beim Kartenspiel; es hod gschoid = es hat geschellt, geklingelt.

Schom, die (o offen, fast a) = Schaben, Kleidermotten.
Do han dSchom einekema.
Die Küchenschaben heißen allgemein Russen, in Rußland wiederum heißen sie zur Vergeltung Preußen.

schom (o offen, fast a) = schaben; althochd. scaban = kratzen.
Die Leber wird gschobt, man muß sie schom; den Rüassl schom = rasieren.
Zum heiklen Kind: »Wart, dir schob i sZingerl.« (damit du einen feineren Geschmack bekommst.)

Schon, der (o offen, fast a) = Schaden; althochd. scado
A Schonfleisch = ein Schadenfleisch (von Notschlachtung).
Da Hagl hod an scheena Schon ogricht.
Schon = auch: Schatten. Auf da Schonseiddn leben = es zu nichts bringen, immer Pech haben. Dee Linddn do macht an gführinga Schon. (Diese Linde da macht einen anständigen Schatten.) Vgl. Loach.

Schorsch, Schorscherl, Schorschi, Schoos, Schossi (alle Namen: der, niemals: das) = Kosenamen für Georg; vgl. Girgl.

Schragga, der (erstes a dunkel, zweites a hell, kurz) = Schrecken; mittelhochd. schrecke = aufspringen, hüpfen; Heuschrecke, schrecklich.
I hon an Schragga ghabt, i hätt koa Dröpferl Bluad nimma gem!

Schrauf, der = Schraube; Mehrz. dSchraufn; später: Schraum, Schraube. (Lautwandel f zu b ist häufig, vgl. Huawa.) Schräuferl = Schräublein, im Volksmund auch der Nabel.
Schimpfwort für wuchtige, überladen gekleidete Frau: »Du Schraumdampfer.«

schreim = schreiben.
Beim Abschied: »Tua ma fei schreim.« – »Schreibst ma?«

Schreiwads, das = Schreiben.
A Schreiwads ist zumeist eine unerfreuliche Mitteilung, weil es von einer Behörde oder gar vom Gericht kommt.

Schrong, der = Schragen = Holzgestell mit schrägen oder kreuzweis gestellten Beinen; mittelhochd. schregen = schräg gehen.
Mädchen, Frau mit langen dünnen Beinen is a Schrong.

Schuach, der, die = Schuh(e), vgl. Schlaich, Datscher.
I ziag dSchuach o. In Regensburg dagegen: I ziach dSchuar o. (r = Hiatustrenner.)

Schuasta, der = Schuster, Schuhmacher; doch auch Schimpfwort für unbeholfenes, kraftloses Mannsbild: »Du bist a so a Schuastar, a trauriga!« (r = Hiatustrenner.)
Im Allgäu: Schuachdar.
Schuasta = auch: monatliche Regel der Frau.
Schimpf: »Schuasta, wenn a scheißt, na huast a.«

Schür, die = Ofenloch; mittelhochd. schürn = antreiben.
Schür nache!

schürfa = schärfer, Steigerung von scharf.
Insa Hund is schürfa ois wia dar enggere (euere).
Mir hom an neucha Schandarm, der is no schürfa ois wia dar oide.

Schuggaladd, der (beide a hell, Betonung letzte Silbe) = Schokolade.
Zu einem Begriffsstutzigen: »Dees is dir wieda zrund ois wiar an Baurn da Schuggaladd.« (Redensart heute noch hier und da im Schwang; geht zurück auf den Anfang des Schokoladengenusses, als die neue Süßigkeit noch in runden Stangen auf den Markt kam.)

Schuggsn, der = flaches Schmalzgebäck aus dunklem Mehl in Form und Größe einer dicken Schuhsohle; gehörte früher zum täglichen Bauernmahl; besseres Schmalzgebäck für besondere Festtage waren Kiache und Kirdanull; vgl. Kiache, Kirda, Schmoiz.

Schui, Schual, die = Schule; mittelhochd. schuole, engl. school, schwed. skola, von latein. schola, griech. scholé = eigentlich Muße, gelehrte Unterhaltung, Vortrag.
Schuifux = Schulfuchs, etwas abwertend für ABC-Schützen, auch für pedantischen Menschen, früher Student im 1. Semester; Schuimoasta = eigentlich Meister in der Schule, heute abwertig gebraucht; Feirddaschui = Feiertags-, Sonntagsschule = Anfänge der Berufsschule.
Die noch gebrauchte Redensart: »Mi friert wiar an naggadn Schuilehra«, geht zurück auf das ärmliche Dasein der Lehrer in früheren Zeiten, als der Schuimoasta der Vorletzte im Dorfe war, nach ihm kam nur noch der Sauhirt.

Schundniggl, der = geiziger, übertrieben sparsamer Mensch; Schund von schinden, Niggl vielleicht vom Nickelgeldstück: der Bursche schindet einen andern um eines Nickels willen.

Schupfa, die = Schupfe, Schuppen, kleine Holzscheune.
Wongschupfa = Wagenschuppen; Hoizschupfa = Holzschuppen.
Schmeller: »Bäcker, die sich in ihrem Gewerbe . . . vergangen hatten, pflegte man zur Strafe zu schupfen, d. h. von einem eigenen Gerüst, die Schupfen genannt, ins Wasser zu schleudern.«

Schussa, der, die = kleine Spielkugel(n) aus Ton oder Glas; andere Namen: Murmeln, Marmeln, Marwä, Kicker.
Die größeren Glasstücke mit zumeist spiraliger Innenfarbe heißen Schbaggalona (a dunkel); vgl. Hull, Schdoa.

schutzn = schwingen, schaukeln.
Boim schutzn = mit dem Ball spielen; vgl. Jaggl.
Dua mi oschutzn (auf der Schaukel).

schwaar (hell) = schwer.
A schwaara Wurf = ein schwerer Rausch.

Kinderspiel
Engerl, Engerl, du bist schwaar
vo laudda Goid und Suiwa.
Daiferl, Daiferl, du bist schwaar
vo laudda Schbeeg und Dreeg.

Schwaara Reidda, der = Schwerer Reiter, bayerischer Kavallerist; preußisch: Kürassier; vgl. Schwolle.

schwabbln (a dunkel) = hin und her schwanken, besonders Flüssigkeit im unvorsichtig getragenen Gefäß; auch fettes Fleisch, angereicherter, ungebändigter Busen schwabblt.

schwabbln (a hell) = gerne trinken.
Gespräch zwischen zwei Trauergästen beim Leichenschmaus: »Wos hod eahm nachad gfeit, an Girglbaurn? So jung schderm.« – »Ja mei, er hod halt gern gschwabblt.«

Schwammerl, der, nicht: das = Pilz, doch vor allem: Steinpilz; vgl. Recherl.
Genga mar in dSchwammerl = Gehen wir zum Pilzesuchen. Ein Schwammerling = zumeist ein kleines, unbeholfenes, einfältiges Mannsbild, auch Bub.

Lied
Drei Stundn hinter Dingolfing,
do steht a grossa Schwammerling . . .

Schwartnmong, der = Schwartenmagen, Preßsack, weil die Schwarten (Grobgeschnittenes) in den Saumagen gefüllt werden.

schwetzn = schwätzen, besonders in der Schule heimlich mit dem Nachbarn reden.
Die strenge Lehrerin: »Wer schwetzt, kriagt a Datzn!« Vgl. Datzn.

Schwiz, der = Schweiß.
Bei dera Hitz is ma da Schwiz owagrunna wiar a Soach. Vgl. Soach.

Schwoaf, der = Schweif, Schwanz, Schleppe; Mehrz. dSchweaff.
Die Mutter zur blassen Tochter: »Haind schaugst wieder aus wia dHenna untern Schwoaf. Huif nach min Zigorebabbirl!« Vgl. Zigore.

schwoam = schweiben, schwemmen, von schwimmen machen.
Im Schwoabbach wird die Wäsche geschwankt, gespült. Einen Ärger schwoabt man am besten mit Bier hinunter; je größer der Ärger, um so erfreulicher. Am Donnerstag nach Fronleichnam findet in vielen Orten die Rauchschwemme statt: da kommen die Geistlichen und die Lehrer, Organisten und Sänger eines Bezirks zusammen, um den (Weih-)Rauch hinunterzuschwoam.

Schwoim, die = Schwalbe; Schwaiwe, Schwaiwerl = Schwälbchen; vgl. Aiwe, Daiwe, Kaiwe.

Kinderreim
Auf der Oim sitzt a Schwoim,
laßt a Batzerl owafoin.
Kimmt da Jaga mitn Gewehr,
schiaßt dees Batzerl hin und her.
Kimmt da Schreina mitn Howe,
macht dees Batzerl fein und nowe.
Kimmt da Schuasta mitn Hammer,
haut des Batzerl pfeigrod zammer.

Schwolle, der (Betonung auf o) = bairisches Kürzel für Schwollesché = Chevauleger, Leichter Reiter; vgl. Schwaara Reidder.

Schwom = Schwaben, Volksstamm; auch Küchenungeziefer.
Schimpf: »Du Blitzschwob!« (Weil die Schwaben nach böser bairischer Meinung erst mit 40 gescheit werden sollen.)

schwürn = schwören; mittelhochd. sweren; foisch schwürn = einen Meineid schwören.
A Gschworna = ein Geschworener. Der eiskalte Meineidschwörer schwürt an Daife sogar dOhrwaschl wegg.

Schwumm, der = Stilart beim Schwimmen: Bauchschwumm, Seiddnschwumm, Bugglschwumm, Doadnschwumm (Toter Mann), neu: Graulschwumm. Der Anfänger versucht es mit dem Hundsdabbara (Hundstapper). Vor 50 Jahren noch durften Landmädchen nicht zum Baden gehen, auch nicht getrennt von den Buben; wurden sie ertappt, bekamen sie vom Kaplan Datzn.

Sech, das = Pflugmesser; mittelhochd. sech, von latein. seccum = schneiden.

seckiern = drangsalieren, hunzen; italien. seccare = belästigen.

Seegleim, Soogleim, die = Sägekleie, Sägemehl. Puppenleiber waren früher mit Seegleim gefüllt; auch schlechte Wurst schmeckt manchmal wie Seegleim; vgl. Soog

Seggl, der (nasal) = Schimpfwort für träges, meist angefressenes Mannsbild; vielleicht von hebr. Sekel = Gewicht.
So a wambbada Seggl! Vgl. Wambbm.

sei (nasal) = sein = Fürwort, Hilfsverb. Der Baier sagt nicht: Des Vaters Hut, oder: der Hut des Vaters, sondern: An Vaddern sei Huad, sei Hosn, sei Messer; an Hund sei Hoisbanddl, sei Ohrwaschl, seine Zechan usw.; in abgelegenen Orten sprechen alte Leute heute noch (nach mittelalterlichem Sprachgebrauch) von der Muadda sein (nicht: ihrem) Schurz, von der Marie sein Kopfdüache, von da Lena seine Schuach, von da Katz sein Boiz, von da Henna sein Schwoaf usw.
Gern gebrauchte Redensart bei Verwunderung, Entzücken, Überraschung, Ärger: »Sei duads da wos!« Wörtlich: Sein tuts dir etwas = Nein, so etwas, unerhört! (da = dir = ethischer Dativ.) Vgl. bein.

Seicha, der = Seiher, Sieb.
Erdebbfe oseicha (o nasal) = von gekochten Kartoffeln das Wasser ablaufen lassen.
Dagegen: soacha = harnen, urinieren; vgl. Soach.

Seidnkissal, das = Seidenkißchen = Bonbons in Form und seidig gestreiften Farben wie kleine Bettkissen (Betthupferl), die beste Art von Zukkerguaddln, die bei Landkrämern zu haben waren; sonst gab es nur noch Minznkugln und Fischln; s. d.

selm, soiwa = selber.
Der Gefräßige zieht den Mitessern die Schüssel weg: »Nix do, dHänd vo da Buttn, dees friß i selm!«
Soiwar essen macht fädd. (Selber essen macht fett.)

Sembfd, der = Senf.
A Sembfdkerndl = ein Senfkörnchen; a Sembfdmoi = ein Senfmehl.
Bei Einwand: »Du brauchst koan Sembfd ned dazuagem.«

Seng, der = Segen; althochd. segan, von latein. signum = Zeichen (des Kreuzes); senga = segnen.
Da Wedaseng = der Gewittersegen mit Kreuzpartikel; vgl. Foid, Weda.

Seppl, Säbb, Seffa und andere Kosenamen = von Josef; vgl. Josäffe.

Serwass! (a hell) = Servus! (latein. = Ihr Diener!) nicht nur in Österreich, auch in Baiern gebrauchter vertraulicher Gruß.
Unter Spezln: »Serwass, oide Hiddn!« Vgl. Hiddn.

Siach, der = ekelhafter, widerwärtiger, bösartiger Mann; vielleicht von siech, krank; althochd. sioch, zu saugen (von Dämonen ausgesaugt).
Steigerung: Du Huarasiach (Hurenkerl)! Siechenhaus = Leprosen-, Aussätzigenhaus.

sian = sieden (heute fast nur noch: kochen); althochd. siodan.
Da Biersiada = der Bierbrauer. Es kann einem auch vor Schrecken oder Wut siadhoaß (siedend heiß) werden.

siass = süß.
A Siaßä = ein Leckermaul; a siass Mannsbild = ein kriecherischer, schmeichlerischer, schöntuerischer Schurke.

Sidad, der (Betonung auf a) = Soldat.
A Sidadnhoim = ein Soldatenhelm; a Sidadngwand = eine Uniform; a Sidadnkabbe = ein Soldatenkäppchen.
Dar Anderl muaß zo dee Sidadn (einrücken).

Siema, der = Siebener = Zahlwort; mittelhochd. siben.
A Siemgscheida = ein Besserwisser; vgl. Gscheiderl.

Siemandl, das = Pantoffelheld; es regiert »sie« im Haus, »sie« hod dHosn o, »er« ist nur das Manndl, das Männchen.

siere = sierig, wund, brennend, schmerzhaft, eiterig; mittelhochd. ser = verletzt. Auch ein Liebhaber kann vor Verlangen siere sein.

Silod, der (Betonung auf o) = Salat; italien. insalata = eigentlich: gesalzene (Speise).
A Silodschdaun = eine Salatstaude, ein Salat-

kopf; an Anddifisilod = ein Endiviensalat; an Erdebbfesilod = ein Kartoffelsalat; vgl. Erdebbfe.

Simmad, das = Sims, Gesimse; althochd. simizstein, von latein. sima = Rinnleiste.
As Fenstersimmad = die Fensterbank, das Fensterbrett, in alten Häusern oft einen halben Meter breit, auf dem die Kinder gern spielen.
Familienname: Gsimsl.

Simmerl = Koseform von Simon, auch häufiger Pferdename.
Simon, christlicher Heiliger, der Kananäer (Eiferer) genannt, soll in Ägypten das Christentum verkündet haben; Fest: 28. Oktober.

Singerl, das = Kücken; Mehrz. dSingerln; lautmalerisch vom Singsang; vgl. Biwal.

sischt, sunst = sonst; umasischt (umasunst) = umsonst.
Umasischt is da Doad, und der kost as Lem.

Sitzadn = wörtlich: Sitzenden (Hintern), doch nur in der Redensart:
Der hod koan Sitzadn ned. Er treibt sich immer herum; oder: ein Besuch will nicht lange bleiben, sitzen.

sixt = siehst du; sixtmi = siehst du mich?
Dagegen: »I siech nimma guad.« (Ich sehe nicht mehr gut.)
Ortsnamen: Sixthaselbach b. Moosburg; Sixtnitgern b. Friedberg.

Soach, der = Seich, Urin; auch seichtes Geschwätz, Unsinn; soacha = harnen; vgl. brunzn; althochd. seihhen;
Schimpfwort: »Du Soachbail!« (Bail = Beutel = Penis). Vgl. Hamur (Lohmeier).

Soad, der = langatmiges, leeres Gerede; auch: Gsoad, das; vielleicht von hebr. Geseire, gezera = Behauptung.

Soaffa, die = Seife; althochd. seifa; osoaffan (o offen, fast a) = abseifen; eisoaffa (ei nasal) = einseifen, auch: den andern betrügen. Soaffa = auch Schimpfwort für Pack, Gesindel, Pöbel.
A so a dräggade Soaffa, a dräggade.

sodala (beide a hell, kurz) = etwa: So, nun sind wir fertig. Oder: So, nun tut es nicht mehr weh. Vgl. iatz.

söttern = solchen; sötterne = solche; auch söttrigen, söttrige.
A sötterne Gaudi hon i no nia ned derlebt.

sogad (o offen, a hell, kurz) = sagte, Konjunktiv von sagen.
Drohung: »Dees wenn a sogad, schlogad i eahm as Graiz o!« (Das wenn er sagte, schlüge ich ihm das Kreuz ab.) Gutes Deutsch also. In schlechtem Deutsch: Das wenn er sagen würde, würde ich ihm das Kreuz abschlagen.
Andere Konjunktivformen: Wenn er beissad (bisse), fojad (fiele), growad (grübe), hupfad (hüpfte), kaffad (kaufte), kamad (käme), baggad (packte), reissad (risse), sauffad (söffe), stinggad (stänke), dringgad (tränke), woanad (weinte).
Mehrz.: Wenn wir beissadn, fojadn, growadn, hupfadn, kaffadn, kamadn, baggadn, reissadn, sauffadn, stinggadn, dringgadn, woanadn.
Freilich gibt es daneben noch die Konjunktivform mit dad (täte), dadn (täten). Beispiel von oben: Dees wenn a song dad, dad i eahm as Graiz oschlong! (Das wenn er sagen täte, täte ich ihm das Kreuz abschlagen) Oder: Wenn a mi beißn dad, dad i eahm alle seine Zähn eihaun! (Wenn er mich beißen täte, täte ich ihm alle seine Zähne einhauen.)

Sogga, der (a hell, kurz) = Socken; althochd. socc = kurzer Strumpf, von latein. soccus Mehrz. dSeggen.

soi (o nasal) = soll.
Der Bazi soi si ned so vui Kraut rausfassn = er soll nicht so frech sein.

soi (o offen) = dort, da; soimoi = sellmal, damals.
»Wo host denn as Messa hinglegt?« – »Soi liegts.«

Soi (o offen), **Sej,** Regensburg: **Söll,** die = Seele; Mehrz. dSoin.
Da Soimo = der Seelenmann, Leichenwärter; as Soiwei = das Seelenweib, die Leichenfrau; da Soiazopf = der Seelenzopf (Patengeschenk an Allerseelen); dArma Soin im Fegfair = die Armen Seelen im Fegefeuer.

Weihwasser für die Armen Seelen
Der grantige Mesner von Waldseeon war scharf hinter den alten Weibern her, weil sie mit den ausgiebigen Weihwasserspritzern für die Armen Seelen im Fegfeuer andauernd seinen sorgsam gepflegten Kirchenboden verdreckelten. Einmal erwischte er ein paar heimliche Sünderinnen, wie sie mit vollen Händen das geweihte Naß aus der Wandschale auf den Boden schütteten, daß es nur so plätscherte. »Saufts, Arme Seeln, saufts«, sagten sie mit Genugtuung, »wenns enk unsa böse Mesmar aa ned vagunnt!« Der Gefürchtete: »Warts nur, ees oide Gruggan, ees oide, bis' gstorm seids: es kriagts koa Dröpferl Weichbrunna vo mir, enk laß i brinna do drunt, daß oiß staabt!«

Soiz, das (o offen) = Salz.
A Fichsoiz = ein Viehsalz; a Soizbixl = ein Salzbüchslein; a Soizharing = ein Salzhering; a gsoizne Rächnung = eine gesalzene Rechnung. Der dunkelbraun eingedickte Saft von gehackten weißen Rüben (Batzl) = die Soizn; darin werden die Soiznnudeln (aus Hefeteig) gekocht, für manche Mäuler ein Schmanggerl, für andere wiederum ein entsetzlicher Fraß.
Fällt einem das Butterbrot mit der Fettseite auf den Boden, heißt es spottend: »Noja, da Baur frißt nix ungsoizn.«

Soll, der (o offen, fast a) = Sattel; althochd. satal.
Da Solla = der Sattler; a Sollabritschn = eine Sattlerpritsche, Werkzeug, vgl. Britschn; da Sollgai = der Sattelgaul; vgl. Gai.

Soog, der (o offen) = Sack; althochd. sac, von latein. saccus; Mehrz. dSegg.
Verschiedene Säcke: Hosnsoog, Rucksoog, Zwerchsoog, Hopfasoog, Troadsoog (Getreidesack), Bräßsoog (Preßsack), Drogsoog (Tragsack, Gebärmutter); a Saggerl (a hell) = ein Säcklein; a Schdoalsaggerl = ein Steinchen-, Schussersäcklein; vgl. Saggl, aussaggln, eisaggln.

Soog, die (o offen) = Säge; Mehrz. dSonga.
A Wiangsoog = eine Wiegen-, Waldsäge; a Schbannsoog = eine Spannsäge.
A Sagerl (a hell) = ein Säglein (Regensburg: Sacherrrl); sagln = sägen; osagln (o offen) = absägen.

Steffe, Schdeffe = Koseform von Stephanus, erster christlicher Martyrer (Protomartyr) aus der Urgemeinde Jerusalem, gesteinigt; Fest: 26. Dezember. Stephan = Name vieler Päpste und Fürsten; früher häufiger bairischer Taufname.
St. Stephan gilt neben Leonhard und Wendelin als Hauptpatron fürs Vieh; Pferdeumritte zur Weihe der Hufe, damit ihnen die Steine nicht schaden (Steinigung des Heiligen).

Steftn, Schdeftn, der, die = Stift(e), großer Nagel, zumeist aus Holz, in Wänden, an Gestellen, Bäumen (zum Aufhängen von Kleidern und schweren Gegenständen.
Pseudonym des Volksschriftstellers aus dem Bayerischen Wald, Paul Friedl (geb. 1902): Baumsteftenlenz.

Stenz, Schdenz, der = arbeitsscheuer Müßiggänger, oft geckenhaft gekleidet; von Stanz.
Der Stenz geht auf dSchdanz. Vgl. Schdanz.

Stör, Schder, die = Arbeit, die ein Handwerker (gegen die Zunftordnung) im Hause des Kunden gegen Kost und Taglohn verrichtet; bei der Störnahderin jedoch erlaubt, weil sie die Weiberleut ständig zur Anprobe benötigt.
Schmeller: »Weibliche Personen haben in der Regel alle Monate den Schuster auf der Stör.«

Strizzi, Schdrizzi, der = Herumtreiber; wahrscheinlich von italien. strizzare = pressen, ausdrücken. Besonders verdächtig waren die Mingerer Strizzi (Münchner Strizzi, oft nur harmlose Gassenbuben). Vgl. Stenz, Luggi, Baze.

suachad = suchte, Konjunktiv von suchen; vgl. sogad.
Wia waars, wennsd iatz dees Deandl suachadst?

Subbm, die = Suppe.
A Subbmschissl = eine Suppenschüssel; a Subbmleffe = ein Suppenlöffel; a Wassersubbm (vgl. Schnill). Ein flüssiger Morast is a sauwerne Subbm.
Do host dir a schöne Subbm eibrockt.
I bin aa ned auf da Brennsubbm dahergschwumma. (Ich bin auch jemand.)

Sucht, die = eigentlich: Seuche, ansteckende Krankheit jeder Art bei Mensch und Tier; vgl. siach; Mehrz. dSuchtn.
bMaisucht = die Maulsucht (Mundfäule bei Menschen, Maul- und Klauenseuche bei Rindern).
Als Suchten werden auch große und kleine Laster bezeichnet. Mann zu seiner kränkelnden (oder putzsüchtigen oder geschwätzigen) Frau: »Ös Weiwa habts da so Suchtn.«
= Gemütsdativ)
Hat der Mann die Grippe, sagt die Frau: »Mein Mo hod dSucht dawischt.«

Suggl, das = Ferkel; Mehrz. dSuggln; von saugen; vgl. Fack.

Suiwa, das = Silber; althochd. silabar; vasuiwern = versilbern, etwas verkaufen, ursprünglich in Silbergeld eintauschen.
A Suiwababbirl = ein Silberpapier (Stanniol); a Suiwakell = ein Silberkettchen.

Sujerl, das = kleine Hitzblatter, Pustel, Akne; vgl Wimmerl.

Summa, der = Sommer; mittelhochd. sumer, engl. summer.
Oidweiwasumma = Altweibersommer.
Zuverlässiges Versprechen: »Dei Goid kriagst, wenn sNeijohr aufn Summa fallt.«

Summamirl, Sunnamirln = Sommersprossen, auch Fliangschiss (Fliegenschisse) genannt; vgl. Mellern.

Sunna, Sunn, die = Sonne; mittelhochd. sunne, engl. sun, niederländ. zon, latein. sol.
Da Sunnaschei (ei nasal) = der Sonnenschein.

Sunndda = Sonntag; mittelhochd. suntac, engl. Sunday, dän.-norweg. söndag = dem Sonnengott geweihter Tag; vgl. Wochentage.

Sur, die = Beize, Lake für Fleisch.
A Surfleisch = ein gepökeltes Fleisch; a Surhaxl = ein gepökeltes »Eisbein« (Eisbein, weil das Schienbein bei nordischen Völkern früher als Gleitkufe auf dem Eis diente, Anfänge des Schlittschuh- und Skilaufs). Man kann auch einen Menschen, einen Widersacher in die Sur legen, ihn beizen lassen.

Śuri, der = Rausch; vgl. Woigler, Wurf.
Sackradi, hod der Kerl an Suri!

Doppelsichtigkeit
Auf dem Heimweg vom Wirtshaus fragt der Bub: »Vadda, wiar is iatza dös, wenn mar an Rausch hod?« Vater: »Bua, sixt dö zwoa Männer da vorn? Wenn iatz i an Suri . . . an Rausch hätt, dad i song: i siech viere.« Bub: »I siech awa bloß oan.«

suzzln = lutschen, saugen, lecken (Bonbon, Guaddln); vgl zuzzln.
Bonbons werden auch Suzzeiguaddei genannt.

Stichwörter zu Buchstabe T siehe unter D.

Uareich = Ulrich, Bischof und Diözesanheiliger von Augsburg (890–973), verteidigte 966 Augsburg gegen die Ungarn; Fest: 4. Juli = Uareichsdoog, ein Bauernfeirdda (Bauernfeiertag, halber Feiertag, nicht gesetzlich). Ulrich = althochd. Uodalrich (nodal = Erbgut, rich = Herr); weibliche Form latinisiert: Ulrike. Ulrich war früher häufiger Taufname in der Diözese Augsburg.

Ürga, der = Ärger; vgl. Irga.
Der Hundsbankert hod mi gürgad (geärgert).

Ürwe, der = Ärmel; althochd. armilo; Mehrz. dÜrwen; hemadürwe = hemdärmelig.
dÜrwe aufschduibbn = die Ärmel aufstülpen.

Ufurm, der (erstes u nasal) = Bengel, Treibauf, Tunichtgut, ein Ungeformter, hat keine Form. Handwerkerstolz: »Wos aus meiner Werkstood kimmt, muaß an Furm, a Gsicht hom.«

Ugraud, das (u nasal) = Unkraut.
Mann: »Schamst di ned, Bäurin, da ganze Gartn is voia Ugraud?«

Uijegerl! = Ausruf bei kleinen Ereignissen (Bier, Milch ausschütten, in den Finger schneiden, Suppe anbrennen lassen); vgl. Herrschaftseiddn.

umadum = ringsherum, überall.
Umadum is da Himmi blau.

Die kluge Rätsellöserin
Gast: »Was ist das, Frau Wirtin: ein jeder hats?« – Wirtin: »Ja mei, dös woaß i net.« – Gast: »Das sind ein Paar Stiefel. Kinderleicht, was? Und was ist das: einer hats, der andre nicht?« Wirtin, mißtrauisch: »Dös werd schon wieder so ebbas Schöns sein, ös Mannsbilder seids schon glei so schlecht.« Gast: »No no, schöne Wirtin, warum so böse? Das sind eben zwei Paar Stiefel. Das dritte Rätsel: Umadum blau und in der Mitte ein Zwetschgenkern?« Wirtin, erfreut: »Dös san drei Paar Stiefl!«

umara (beide a hell) = etwa, besonders unbestimmte Uhrzeit.
I kimm umara neine (um neun Uhr herum).
Umara = aber auch (Regensburg): herüber. Kumm umara = komm herüber; dagegen: umi = hinüber. I kumm umi = ich komme hinüber; vgl. nauf.

umasischt = umsonst; vgl. sischt.

umbrunga = umgebracht; vgl. brunga.
Der Baze, der schlächd, hod sein Vodern umbrunga.

umdrahn = umdrehen, wenden; oft auch für umkehren gebraucht.

Umdraht
Der Schägger-Loisl ist kein Licht in der Schule, besonders beim Zahlenschreiben beißt es bei ihm aus, er dreht alles um: statt 32 schreibt er 23, 84 wird zu 48, 56 zu 65, und ähnliche Sünden. Einmal läßt sich der verärgerte Lehrer vom Loisl Zahlen zurufen und schreibt sie selber verkehrt an die große Tafel. Zuletzt sagt der Loisl verschmitzt: »33 – so, iatz drahs um, wennsd konnst!«

Umgang, der = Altane rings um das ganze Bauernhaus; doch auch jede Art von Prozession (in der Kirche; um die Fluren = Flurumgang, Flurprozession); vgl. Foid.
Bairische Berühmtheit hatte der große Münchner Umgang (Fronleichnamsprozession), als noch der Kini (später der Prinzregent Luitpold), seine Minister und hohen Beamten daran teilnahmen, jeder »mid da Kürzn in da Hendd, dee scho nimma brennd.«

Umstandsgrama, der (a dunkel) = Umstandskrämer = einer, der alles umständlich macht, ungeschickt, sich zuvor mit Nebensächlichkeiten beschäftigt, ehe er zur Hauptsache kommt. Der stellt si o wie kKuah zon Scheißn.

umsteh = verderben, eingehen, absterben. Tiere, Pflanzen schdengan um, wenn sie zugrunde gehen; sauer gewordene Milch is umgschdanna (umgestanden).

unghowed = ungehobelt, ungeschliffen, grob; vgl. Laggl.

unguad, uguad (u nasal) = ungut, übellaunig, mürrisch. Nicht nur ein Mensch, auch eine Sache, a Gschicht kann unguad sein.
Mann zum Weib: »Wos bischt denn haind gor aso uguad? Bischt volleicht min denggn Haxn zerscht ausn Bett gschding?« (dengg = links.)

Unsinniga, gumpiga Pfinzda = Unsinniger Donnerstag; Donnerstag vor Fastnachtsssonntag; an diesem Tag wird allerhand Unfug, Schabernack getrieben an Mensch, Tier und Sachen (ursprünglich Abwehr gegen böse Geister); vgl. Pfinzda, Wochentage.

Untersberg-Manndln, die = eine Art Heinzelmännchen, die im Untersberg bei Berchtesgaden hausten, nachts in die Wohnungen kamen und ähnliche wundersame Dinge vollbrachten wie die Heinzelmännchen von Köln. Der Kalkgebirgsstock des Untersbergs hat viele Höhlen mit unteriridischer Entwässerung (Trinkwasserversorgung der Stadt Salzburg); im Hochthron (1973 m) schläft nach bairischer Meinung Kaiser Barbarossa, die Untersberg-Manndln bedienen ihn; der Kyffhäuser ist zu fern. Vgl. Manndl.

Untumschdoos, der = Untumstoß = kräftiger Saum an langen Röcken, Kleidern, Hosen, um die Stöße mit den Schuhen abzufangen.

Urschi, Urschl, Usch, Uschi = Kosenamen von Ursula (= kleine Bärin, Ursus = Bär), christliche Heilige; nach der Legende britannische Königstochter, die, um der Ehe mit einem Heiden zu entkommen, mit 11 000 Jungfrauen zu Schiff bis Basel fuhr, von dort zu Fuß nach Rom pilgerte, auf der Rückkehr in Köln von den Hunnen niedergemetzelt wurde; Kölner Dombild von Lochner; Ursulataler = Silbermünze der Stadt Köln, eine Prägeseite zeigt die Flucht mit den Begleiterinnen.
Urschl = auch allgemeines Schimpfwort für einfältiges, naives oder schlampiges, unordentliches Mädchen: »Du gschlambbadde Urschl!«

Urviech, das = Original, Unikum, auch: ein Viechkerl mit zwoa Haxn; vgl. Boar und Preiß.

Die Vorbemerkung beim Buchstaben F trifft sinngemäß auch bei V zu, weil der Baier fast alle V (auch in Fremdwörtern) wie F ausspricht; er sagt niemals:
Wakanz, Walentin, Walepp, Wampir, Wanill, Wariation, Warieté, Wehikel, Weloziped, Wentil, Wenus, Weranda, Weronika, Wertiko, Weteran, Wikar, Wiktoria, Wiktualienmarkt, wiolett, Wirtuose, Winzentiner, Wolontär, wulgär, Wulkan, wulkanisieren, Nowember usw.;
dagegen sagt er sehr wohl: Wasn (Vase), wif (vif), Willa, Wisum, Witamin, Woal (Voile), Wolan (Volant = Besatz an Kleid, nicht: Lenkrad), Wolt, Klawir, Rewoifa, Hannower.
Ebenso heißt es nicht (vgl. Vorbemerkung bei F): dVeranda, dVernunft, dVersicherung, dVaddern, dVettern, dVereinsmeier, dVersln;
sondern:
bVeranda, bVernunft, bVersicherung, bVaddern, bVettern, bVereinsmeier, bVersln;
noch besser: Pferanda, Pfersicherung, Pfaddern, Pfeddern, Pfereinsmeier, Pfersln; vgl. Fäddn.

va, vo (a und o nasal, verschwommen, undeutlich) = Vorsilbe ver; bei den folgenden va-Wörtern wird – je nach der Gegend – statt va ein vo oder auch ein undeutliches ver gesprochen:
vabaing = verbeugen. I wer mi lang vabaing!
vabeissn = verbeißen; auch dabeißn (Brot, Fleisch).
vaberng = verbergen. Spiel: Gugguberng.
vabian = verbieten. Ein Gschbusi vabian.
vablüaddn = verbluten (an einer Verletzung).
vabrenna = verbrennen. As Mai vabrenna.
vabüassn = verbüßen. A Straff vabüassn.
vadaddert = verdattert, verwirrt, eingeschüchtert.
vadauschn = vertauschen; modern: die Weiber.
vadengga = verdenken, nicht übelnehmen.
vadorm = verdorben. Der hod sichs mit mir vadorm.
vadraht = verdreht, auch: verschroben, verwirrt.
vadreim = vertreiben, aus dem Hof, aus dem Land.
Vadruus = Verdruß, Ärger, Feindschaft haben.
vaduftn = verduften, aus dem Staub machen.
vaduschn = vertuschen (eine Untat, schlechte Arbeit).
vaerm = vererben (keine Hiatustrennung, weil Vorsilbe).
vafaid = verfault, auch: dafaid.
vafliang = verfliegen. A Vogl ko si vafliang.
vaflixt = verflucht. A vaflixte Sach.
vafluacha = verfluchen (einen Nebenbuhler).
vaführn = verführen (das tun nur die Männer).
vagaffa = vergaffen. Wia ko ma sich a so vagaffa!
vaganga = vergangen. Do is mir da Glustn vaganga.

vagem = vergeben, vergiften. An Mo vagem, vergiften.
vagessn = vergessen. Dös hon i glatt vagessn.
vagrom = vergraben. Da Hund vagrobt Boana.
vagunna = vergönnen. Dees schöne Diandl ned vergunna.
vaheirad = verheiratet. Mir san guad vaheirad.
vahem = verheben. Er hod sich an Bruch vahebt.
vahetzn = verhetzen. Laß di ned vahetzn.
vahungern, dahungern = verhungern.
vahunzen = verhunzen. Du hoscht mei Audderl vahunzt.
vahutzlt = verhutzelt. Mei, schaugt dee vahutzlt aus.
vajahrn = verjähren. Dee Schuid is vajahrt.
vajuxn = verjuxen, vergeuden, verjubeln.
vaklong = verklagen. I vaklog di bein Abbfikaadn.
vaknaxn = verknacksen, verstauchen (Knöchel, Arm).
vakoin = verkohlen, veralbern.
vakubben = verkuppeln, um einen Kubbeboiz (Kuppelpelz).
valaunga = verleugnen. Petrus hod Jesus valaungt.
valeicha = verleihen. A Radl und a Wei valeicht ma ned.
valeng = verlegen, befangen sein.
valiam = verlieben. Ned valiam, dees hod koan Daug ned.
valian = verlieren, auch: valiasn. Burgverlies.
valom = verloben. Der hod si nach Oideding valobt, ein Gelübde gemacht.
vamacha = vermachen (im Testament, ein Legat).
vamassln = vermasseln (etwas falsch machen).
vamewen = vermöbeln (tüchtig durchhauen).
vamiaddn = vermieten. Mir vamiaddn nix.
vanarrt = vernarrt. Mei, is der Däbb vanarrt.
vanoglt = vernagelt. Du bist ja hirnvanoglt.
vaplempern = verplempern, vergeuden, verjubeln.
vapuifern = verpulvern, verjubeln (Geld = Pulver).
varegga = verrecken. Varegg nur glei aa, du Bazi.
varenna = verrennen; vgl. darenna.
varoasn = verreisen; umiroasn zon himmlischn Vadda.
vaschaicha = verscheuchen. Dees Gstank ko mi vaschaicha.
vaschanddln = verschandeln, schänden.
vascharrn = verscharren. Selbstmörder wurden verscharrt.
vaschengga = verschenken. Dees hoscht vaschenggt.
vaschiam = verschieben. Da Schiawa vaschiabt oiß.
vaschiin = verschütten. Tua bMilli ned vaschiin.
vaschlaffa = verschlafen. Haind hon i vaschlaffa.
vaschlaidern = verschleudern; a Schlaidapreis.
vaschlambbm = verschlampen, verkommen. Du Schlambbm!
vaschlinga = verschlingen, an Brogga Fleisch.
vaschmocha = verschmachen, beleidigen; vgl. gschmoch.
vaschossn = verschossen, stark verliebt sein.
vaschraum = verschrauben; vgl. Schrauf.
vaschreim = verschreiben. Vom Doggda vaschreim lassn.
vaseng = versehen (mit den Sterbesakramenten).
vasoin = versohlen, verhauen, durchprügeln.
vasoizn = versalzen. Eine Speise vasoizn.
vasuiwern = versilbern, veräußern; vgl. Suiwa.
vasprächa = versprechen. Brauchst ma nix vasprächa.
vawaxn = verwachsen (Mensch mit Buckel).
vawerfa = verwerfen (Haustiere: fehlgebären).
vawinschn = verwünschen, verfluchen, verwandeln.
vawuidern = verwildern. Dees Luada vawuidert ganz.
vazapfa = verzapfen (Unsinn, Bosheiten).
vazawern = verzaubern. Weib in Schwein vazawern.
vazeicha = verzeihen. Dees Gred konn i ned vazeicha.
vazong = verzagen. Vater: I hau di, bisd vazogst.
vazwickt = verzwickt, verwickelt, schwierig.

Vadda, der (erstes a dunkel, zweites a kurz, unbetont) = Vater; althochd. fater, engl. father, schwed. fader, latein. pater, pastor; vielleicht von althochd. faton = ordnen; Mehrz. bVad-

dern. Derbste Form = Voda, oft für den Großvater gebraucht, wie Muada für Großmutter; vgl. Muadda.
Mit Vadderl redet man gern einen fremden, etwas kleinen, ärmlichen alten Mann an.
Bei Begegnung: »Wo aus denn, Vadderl?« (Wohin, Väterchen?)

Von der Entstehung des Menschen
Beim Goribauern in Grabbruck ist der große Mittagstisch voll besetzt: Bauer und Bäuerin, neun Kinder, fünf Ehhalten. Der Steffe, der älteste Bub, soeben vom Gymnasium in die Vakanz (Ferien) gekommen, verzapft laut und nachdrücklich seine neueste Wissenschaft, daß der Mensch vom Affen abstamme. Alles hört schweigend und schmatzend zu. Auf einmal wirft der Vater Messer und Gabel hin, daß alles scheppert, und schreit: »Iatz glangts awa, du Hundsbua, du miserabliga! Meintsweng konnst du von aran Affn ostamma – i ned, i!«

Vaddarunsa, der (erstes a dunkel) = Vaterunser = Gebet.

. . . und führe uns nicht in Versuchung
Der Weber-Girgl von Draxlöd ist kürzlich in den Stand der heiligen Ehe getreten. Er ist jung und voller Schneid, so daß ihn nächtens die Liebe öfter peinigt, als es seiner bäddadn Afra ins gottgewollte Pensum paßt. Als er sie wieder einmal aus dem Schlaf in sein leibliches Verlangen zurückholt, dabei bettelt und wuislt, daß er vor Drang und Liebe nicht aus noch ein wisse, sagt die Afra roh: »Nachad bäddst an Vaddarunsa, na vagehts da scho wieder.« Dreht sich um und schnarcht weiter.

Vagira, der, die (a hell) = Vagierer (Einz. u. Mehrz.), Landstreicher, Vagabund; latein. vagari = umherschweifen. Anstreicher und Lackierer verspottet man als Landstreicher und Vagira.

Vakanz, die = Ferien; latein. vacare = frei, ledig, ungebunden sein.
In Baiern früher nur (z. B.): »Morng geht bFakanz o, hurra!«

Valentin, Karl (bürgerl. Name: Valentin Fey), 1882–1948, berühmter bairischer Volkssänger, trat zumeist mit Liesl Karlstadt auf. Karl-Valentin-Brunnen auf dem Münchner Viktualienmarkt. Valentins Nachlaß mit etwa 10 000 Einzelstücken übernahm 1955 die Stadt Zürich für 300 000 DM.
Der Valentinstag (14. Februar) wird zum Andenken des christlichen Martyrers Valentin v. Terni gefeiert; man schenkt Blumen.

valiarad = verlöre, Konjunktiv von verlieren; vgl. sogad.
Das beschenkte Deandl: »Bal i dees Suiwakell valiarad, schlogad ma dar Anderl as Graiz o.« (Wenn ich das Silberkettchen verlöre, schlüge mir der Anderl das Kreuz ab.)

Vanuisoß, die = Vanillesoße; Vanille von span. vainilla = Schötchen, vaina = Schote.
bVanuischdangerln = die Vanillestängelchen; a Vanuieis = ein Vanille-Eis (hier kein Hiatustrenner, weil zusammengesetztes Wort).

Varregg! = verreck!
Beliebter Ausruf als Fluch, Überraschung, Enttäuschung, Anerkennung. Gesteigert: »Varregg nur glei aa, du Hundsglump, du varreggts!«
Ein Verreckter = ein Durchtriebener, Ausgekochter, in allen Wassern Gewaschener.

Ehrliche Reue
Der Hundseder-Girgl von Moosham hat ein pfundiges Sündenpackl gebeichtet. Der Kapuzinerpater von Altötting schnauft schwer über diesen Wildling und fragt zuletzt: »No, reuts dich, was du alles angestellt hast, du Bazi?« – »Zum Varregga, Herr Badda!«

vaschewern, verscherbeln = verscheppern, zu Scherben machen; vgl. schewern; auch ein Gegenstand – vom kleinsten bis zum größten – wird oft vaschewert, veräußert, zu Geld gemacht (Fahrrad, Schmuck, Auto).

vaschlong = verschlagen; eigentlich: als Kind zuviel Schläge bekommen, heuchlerisch, listig; vgl. hindderfotze.

Doch auch: »Dem hods dRed vaschlong!« (Es verschlug ihm – vor Überraschung, Entsetzen – die Sprache.)

vawahn (beide a hell) = verwehen, den Weg, die Straße durch Schneewehen.

Lied
An der böhmischn Grenz
hods an Fuhrmo vawaht,
dulljö dulljö dulljo!
Grod recht is eahm gscheng,
warum fohrt er so stad,
dulljö dulljö dulljo!

vazinkta Hund = Schimpfwort für Gauner, Spitzbuben; vielleicht von Gaunerzinken (Gaunerzeichen an Türen und Hauswänden) oder von verzinkten Schreinerarbeiten, die verzwickt und besonders widerstandsfähig sind.

Veddamo, der (o nasal) = Vettermann (verbindliche Anrede), muß nicht immer Verwandter sein; mittelhochd. veter = Brudersohn, fetiro = Oheim, Onkel.

Vegl, die = Vögel.
Da Hirgst kimmt, bVegl san scho furt.

Veit, Veitl, Veil = einst beliebter bairischer Taufname, weil der Märtyrer Sankt Veit (mittellatein. Vitus), zu den 14 Nothelfern gehört; Fest: 15. Juni. Veit = ital. Guido = roman. Form des altd. Namens Wito, Wido.
Veitstanz = Zuckungen, zu deren Heilung der hl. Veit angerufen wurde.

Veluzibeed, das = Veloziped, bedeutet »Schnellfuß«; bis zum 1. Weltkrieg »gehobener« Ausdruck für Fahrrad.

Venddui, das = Ventil; latein. ventus = Wind.
Vendduischlaicherl = ein Ventilschläuchlein an Luftreifen.
Verbreitet jemand absichtlich oder unabsichtlich in Gesellschaft wenig aromatische Düfte, sagt man zu ihm: »Geh weida, laß dir a neuchs Vendduischlaicherl eisetzn!«

verdn (besser: fertn) = voriges Jahr; Herkunft: Vorjahr = fertiges, vollendetes Jahr.

Das Holledauer Lied
O heilinga Sankt Kastulus
und unser liawe Frau,
ees werds uns wohl no kenna,
mir san vo da Holledau.
Ferd sàn uns neune gwen,
heur san uns grod no drei,
sechse san bein Schimmestehln,
Maria, steh eah bei.
Und heilinga Sankt Kastulus,
um wos i di no bitt:
um fünfmalhunderttausad Guldn,
und bring as Geld glei mit!

Vergoids Good! (häufiger nur: Goiz Good!) = vergelte es Gott = Danksagung für eine Gabe, eine gute Tat; der Geber antwortet: Gsengs Good = segne es Gott.

vergwandn (a hell) = das ganze Geld für Mode und Putz, fürs Gwand verschwenden; übertriebener Kleideraufwand.

viereggad = viereckig; Ecke = althochd. ecka, davon: Egge. A Siemeggada = ein besonders querköpfiges Mannsbild.

Dee viereggade Seel
In der Freisinger Fischergasse kam ich kürzlich mit einer alten Frau ins Gespräch, die mich mit ihrem trockenen Humor erfreute. »I bin erst vieradachzg«, schmunzelt sie, »i brings awa leicht bis zon Hunderter.« – »Soso«, sagte ich etwas ungläubig. Die Alte: »Dees hod a bsondere Bewandtnis: i ho nämlich a viereggade Seel, awar a runds Arschloch, do kimmt dee Seel ned durch, drum leb i so lang.«

vo (nasal) = von; davo = davon.
Mir hand vo Miaschba (Miesbach.)

vogem = vergeben, vergiften; althochd. gifan, geban, Gabe, Gift, Mitgift (das Mitgegebene); vgl. dagem.
Dös Luada, dös gfaide, hod sein Mo vogem (vergiftet).

vo mir aus = unwillige Zustimmung.
Das halbwüchsige Mädchen fragt: »Muadda, därf i min Hiasl zon Danzn ... Schlechabrokka ... zur Kirdamusi ... ins Hoiz geh?« Mutter: »Vo mir aus!«
Sofern der Vater kein Siemandl (s. d.) war, hieß es dann noch: »Fragst an Vaddar aa no!«

Voigg, das = Volk; besonders bei Bienen: Imbbmvoigg; vgl. Imbb; mittelhochd. volc = eigentlich: Kriegerschar.
Darum heute noch zu einem Pack: »Dees is a beess Voigg, a beess!« (böses)

vor (voar) a Woachana fimfe = vor etwa fünf Wochen; vor a Johra sieme = vor etwa sieben Jahren; bei Tagen ist diese Wendung nicht gebräuchlich.

Vorddl, der = Vorteil.
Bei den mogern Gschäft schaugt koa Vorddl ned raus.
Redensart: Da Vorddl treibt sHandwerk.

Voressn, Voaressn, das = Voressen = Gericht, das bei Hochzeiten und Beerdigungen nach der Suppe vor dem übrigen Schmaus aufgetragen wurde; war jedoch auch erschwingliche Festtagsmahlzeit der ärmeren Bevölkerung; Zusammensetzung: zerschnittenes Gedärme, Kuttelfleck in Einbrennsoße. Auf dem Viktualienmarkt in München gibt es heute noch Kuttlereien, Eingeweidehandlungen.
Voressen ist auch derbe Bezeichnung für das menschliche Eingeweide: »Nach dem Raffads is an Anderl as Voressn außerghängt«.

voring = vorhin.
Voring host ebbs anderschds gsagt. I kunnt ned a so lüang.

Vroni, Vronerl = Koseformen von Veronika (von Vera-ikon = Wahres Bild); griech. Pherenike = Siegbringerin. Veronika, christliche Heilige, Fest: 4. Februar, eine fromme Frau in Jerusalem, reichte dem kreuztragenden Heiland ihr Schweißtuch, auf dem sich dessen Gesicht eindrückte.
Vroni heut beliebter Mädchenname.
Lied (preißisch): Wenn der Doni mit der Vroni einen Kuddlmuddl macht.

vui, Regensburg: **vüll** = viel; Steigerung: vui, mehra, an mehran.
A narrische Liab verlangt vui zvui Gfui (viel zuviel Gefühl).

Waam, Walli, Wawä, Woibbe (a hell) = Koseformen von Walburga, vgl. Burgerl.

waar (a hell) = wäre.
Bevorzugte Gebrauchsform, z. B.: So, do waar i! (So, da wäre ich!); anstatt: So, da bin ich!
Der Baier erzählt auch nicht im Imperfekt (1. Vergangenheit), z. B. nicht: ich rauchte, ich fuhr, ich war im Kino; sondern: ich habe geraucht, ich bin gefahren, ich bin im Kino gewesen. (Durch die Sprechweise der Zuagroastn, durch Rundfunk und Fernsehen verwischen sich auch hier allmählich die Grenzen.)

Wabbe, Wabberl, das (a hell) = eigentlich: kleines Wappen; in Baiern jede Art von Klebemarke: Brief-, Steuer-, Stempelmarke, vgl. Mabbe.
A Gwabbada, Gwabblda (alle a hell) = ein Durchtriebener, in allen Wassern Gewaschener (er hat ein heimliches Wappen, ein Zeichen auf der Stirn, oder: er ist gewappnet); wabben = stempeln.
Bub kommt zum Vater, einem Fleischbeschauer, ins Wirtshaus: »Vadda, geh glei zon Metzga Weixlbaamer, du muaßt a Sau wabben.« (mit Trichinenstempel versehen.)

Wachler, der (a hell) = Gamsbart (aus Rückenhaaren der Gemse); von wehen; althochd. wajan. Wäsche wachelt auf der Leine; in der Stube ist es wacherlwarm (wehende Wäsche am Ofen); manchmal auch: bacherlwarm, von backen.

Wachtl, die (a dunkel) = Wachtel; abwertend für alte Frau; Schbinodwachtl vgl. Schbinod.

Waddn, das (a hell) = bairisches Kartenspiel; als Glücksspiel in der Öffentlichkeit verboten, weil es weniger Hirn als Geschicklichkeit beim Mischen verlangt.

Wadl, Wall, der (a hell) = Verkleinerung zu Wade.
Wallschdrimpf = Waden-, Kniestrümpfe; Schbooznwall = Spatzenbeine; vgl. Schbooz; scheene Wallan (Wadln) müssen draxlt (gedrechselt) sein.
Ein Mädchen mit dünnen Beinen ist »erst in Steckenbach ganga, wia mar in Wadlbach zammglittn (zusammengeläutet) hod« (es kam beim Wadlverteilen zu spät wie zum Gottesdienst).

Waffe, die (a dunkel) = Waffel, Frau mit frechem Mundwerk; vgl. Gwaff.

Wagerl, Regensburg: **Wacherl,** das (a hell) = Verkleinerung zu Wagen.
A Waglhund = ein Zughund, doch auch Schimpfwort für heruntergekommenes, liederliches Mannsbild.

Waggerl, der (a hell) = beliebter Kosename für kleinen, plumpen Hund, weil er daherwagglt; vgl. waggln, Zamperl.
Familienname: Waggerl (Karl Heinrich, 1897–1973, österreichischer Schriftsteller).

waggln (a dunkel) = wackeln, schwanken; vgl. naggln.
Frau zum beschwipsten Mann: »Haind wagglst awa wieder schee daher, du bsuffane Sau!«

Waiddla, der, die = Wäldler (Einz. u. Mehrz.), Bewohner des Bayerischen Waldes; früher auch Schimpfname (Waiddlerbiffe, Waiddlerstier, Waiddlerbinkn!), da die Waiddler in ihrer Abgeschiedenheit von der »Kultur der Städte« nicht beleckt waren.
Dabei zählen die Waiddler zu den treuesten Bewahrern von Mundart und Brauchtum. Besonders rührig ist der Bayerische-Wald-Verein unter der Leitung von Franz Kuchler: alljährlich Mundarttage in Deggendorf.

walgln, woigln = walzen, rollen, walgern; Kinder woigln gern einen Hang hinunter oder im Dreck; den Teig auswalgln mit Nudelwalger, Nudelwalze.

Wambbm, die (a dunkel) = dicker Bauch von Mensch und Tier; mittelhochd. wambe; Mehrz. dWambbma.
A wambbada, (gwambadda) Seggl = ein wohlgenährtes Mannsbild.
Mann zu unersättlicher Frau während des Essens: »Daß' dir fei dei Wambbm zreißt!«

Wammerl, das (a hell) = Verkleinerung zu Wambbm; s. d.; Schweinebauch.
A Brocka gselchts Wammerl macht as Kraut fetter als wiar a Dutzad Läus.

Wandl, das (a hell) = Verkleinerung zu Wanne und zu Wand.
Für kleine Kinder braucht mar a Bodwandl.
Der Bergsteiger sagt: »Dees Wandl dapacka mir leicht!« (bezwingen wir leicht.)
Beim Kegeln ist das Owandln (mit der Kugel an die Seitenwände stoßen) nur den Frauen erlaubt.

Warddl (a hell), **Werdderl,** das = Wörtchen.
Frau bittet bockigen Mann: »So sag halt a Warddl!« Mann: »Bal i mog, scho.«

Wasch, die (a dunkel) = Wäsche; althochd. wascan = im Wasser hin und her bewegen.
Zon Danzn ziagt as Deandl a sauwerne Wasch o.
Der Vater zum »Spätheimkehrer«: »Bua, iatz hoscht di gwaschn!« (Es gibt Prügel, Hiebe, Strixn.)

Abraham a Santa Clara schreibt:
»Nachdem die Magdalena erkennt hat, was sie ihr durch dieses freie, frische, freche Leben für ein Wösch in jener Welt zurichte, hat sie die Füße Jesu mit ihren Tränen gewaschen. So lang die Welt steht, hat nie ein Weib solch saubere Wösch zugericht.«

Waschl, der (a hell) = große Maler-, Weißbürste; auch verächtlich für unbeholfenen Menschen, besonders Linkshänder.
Du dengger Waschl! Vgl. Boda.

Waschtl, (a dunkel), **Wastl** (a hell), **Waschdä** = Koseformen von Sebastian; christlicher Heiliger, Patron der Schützen, unter Diokletian mit Pfeilschüssen getötet; Fest: 20. Januar. Sebastian ist ein Lieblingsgegenstand der christlichen Kunst: schöner Jüngling, an Baumstamm gefesselt, von Pfeilen durchbohrt.

Der Martertod des hl. Sebastian
Der alte Pfarrer von Hinterdrill schilderte den Kleinen in der Schule Sebastians Martertod so anschaulich, daß die ganze Klasse zu heulen anfing. Das tat ihm furchtbar weh, er beschwichtigte die Mitleidigen: »Awa, Kinderln, do brauchts ned gor a so röhrn – wer woaß, ob dö Gschicht üwahaupts wohr is.«

Waschwei, das (a dunkel) = Waschweib = klatschsüchtige Frau; vgl. Ratschn; jedoch auch auf Männer anwendbar, denen man nichts anvertrauen kann.

Wasserschnoizn, die = Wassersuppe, Brotsuppe; vgl. schnoizn.

Watschn, die (a hell) = Ohrfeige, Maulschelle; Mehrz. dWatschna; vgl. Fotzn.
A Watschngsicht (Ohrfeinggsicht) = frecher, aufsässiger, herausfordernder Blick; der Watschnbaam fallt um (wenn es klatscht); der Watschntanz = kein bairischer Brauch = preißische Erfindung. Herkunft des Wortes Watschn wahrscheinlich lautmalend vom Klatschen der Ohrfeige.
Freundliche Mahnung: »Wennsd dei Mai ned haltst, nacha fangst a Watschn, du Rotzbua, du dräggada!« (Oft auch gekürzt: nacha fangst oane!)

wax (a hell) = spitz, scharf, stechend, schneidend; mittelhochd. wahs; barfuß über Stoppeln, spitze Steine gehen = wax; mit Bartstoppeln gibt es eine waxe Liebkosung; vgl. Waxlaawa.
Bergnamen: Waxenstein, Waxeck.

Waxlaawa (alle a hell) = waxes, stechendes Laub (Ilex, Stechpalme); Laawa = bairische Mehrz. von Laub; vgl. Laam; Blätter = Blalan. Waxlaawa dient besonders zum Schmücken von Fahrzeugen, Truhenwagen, Kastenwagen bei Leonhardifahrten; vgl. Learl.

Wazn, die (a hell) = Warze; althochd. warza; Mehrz. dWazna.
Ein Mannsbild mit vielen Warzen auf Händen oder im Gesicht is a Waznbene; vgl. Bene.

> Zauberspruch auf der Straße, um Warzen loszuwerden:
> *Vor mir dem Mo*
> *und hinter mir dem Mo,*
> *dem häng i meine Wazn o.*

Weach, das = Werg, Flachs-, Hanfabfall; althochd. werc = Abfall bei jeglicher Arbeit; vgl. Holla.

wead = wird; weast, weascht = wirst (du).
Dös wead nix = das wird nichts.
Weascht sehng, du weascht hundert Johr oid.

Weada, der (zweites a hell, kurz) = Werktag; vgl. Feirdda.

Weagzaig, Regensburg: **Weachzaich,** der = Werkzeug.
A guada Weagzaig is dee hoiwad Arwad (halbe Arbeit).

Webs, Wäbs, der = Wespe; Mehrz. dWebsn; von weben, Wabe; die Umkehrung von sp zu ps findet sich häufig; vgl. gripsn; schwäbisch: Weafzg, Mehrz. Weafzga.

webse = angriffslustig, wild auf eine Sache, ein Vorhaben sein, wie eine Wespe (vgl. Webs) herumsurren.
Ähnlich: bremse sein, wie eine Bremse (große Stechfliege, Rinderbremse). Liebestolle Mädchen sind webse oder bremse.

wech = weh.
I hon an wecha Haxn, a weche Hendd.

Weda, das = Wetter, Witterung, Gewitter; althochd. wetar; wedalaichtn = wetterleuchten; vgl. himmilitzn.
A Wedafahndl = wechselhafter Charakter; a Wedahex = zerzaustes, auch fahriges Mädchen; dö schwarze Wedakürzn ozündn (bei Gewitter; dazu machen die Ängstlichen bei jedem Blitz ein Kreuz auf die Stirn); wedaschiaßn (mit Böllern oder Raketen, um Gewitter und Hagelschlag zu vertreiben); alles aufessen, daß' schee Weda bleibt (oder wird); um a scheens Weda bittn (beim Beleidigten oder Gönner).
Der 26. Juni = »aller Wetterherrn Tag«, da geht es wild auf mit Blitz und Donner, man macht nicht gerne Heu, fährt es auch nicht ein.

wegga = weg; als Schlußwort, Befehl gern gebraucht.
Geh wegga, du Hiasl, du damischer! Vgl. ned.

Wehdam, der = wörtlich: Wehtumb, ein Wehzustand, Schmerzen; vgl. Heiddam, blägga.
I ho mir dIrxn (Achsel) auskeglt, dees is a sackrischer Wehdam.

Wei, das (ei offen) = Weib; Mehrz. dWeiwa.
A Bellwei = ein Bettelweib; althochd. wip, vielleicht von weibon = hin und her laufen = also

»die geschäftige Hausfrau«; daher auch: Weibel = Gerichts-, Amtsbote; Feldweibel, Feldwebel. Abwertende Bezeichnungen für Weib: Weißbuid (= Weibsbild), a Weiwads; dWeiwalaid.

Wei, der (nasal) = Wein; althochd. win, latein. vinum.
Weibirln = Weinbeeren; a Weifassl = ein Weinfaß; a guads Weinderl = ein gutes Weinchen.

Weich, die = Weihe; weicha = weihen; althochd. = wihan.
A Weichbrunna = ein Weihwasser; a Fahnaweich = eine Fahnenweihe; an Ostern wern dSchbeisn (die Speisen) gweicht. A Scheinheiliger is a Weichbrunnkriagl (Weihwasserkrüglein). Vgl. Soi, woach.

Weiling, Weidling, der = Weitling, Milchsatte, tellergroße Schüssel aus Ton, oben viel »weiter«, zur Rahmgewinnung; Weiling standen dutzendweise im Millikaschtl; heute durch Zentrifuge ersetzt.

Weisads, das = Mitbringsel (Kaffeebohnen, Semmeln, Zucker) beim Besuch von Wöchnerinnen.

weisn = lenken, führen, leiten. Ein Gespann muß man weisen.

Gebet
Abends, wenn ich schlafen geh,
vierzehn Engel um mich stehn . . .
zwei, die mich weisen
in das himmlische Paradeisen.

weißgschobfad = weißgeschopft, blond, flachshoorad; vgl. hoore.

Weißwurst, Weißwurscht, die = bekanntes und begehrtes bairisches Brotzeitschmanggerl, ein Juwel Münchner Metzgergkunst, durch Zufall »entdeckt« am 22. Februar 1857 durch den Metzgerbursch Sepp Moser vom Gasthaus »Zum ewigen Licht« (heute Peterhof). Altes Gebot: Die Weißwurscht darf das Zwölfuhrläuten nicht hören, weil sie sonst an Geschmack verliert; heute wird sie jedoch sogar in Dosen bis nach USA verschickt. Am 10. März 1957 gab es in München den »Tag der Weißwurst« zum 100jährigen Jubiläum.
Zuagroaste versündigen sich an der köstlichen Weißwurst: sie wollen die »Weißwürstl« gegrillt haben, dazu: Kartoffelbrei, Sauerkraut, Paprika, Curryreis, Pommes frites, Meerrettich, Toast mit Spiegelei. Bei soviel Verschandelung der Nationalspeise dreht sich dem Mingerer der Magen um – pfui Daife!

Weiwara, der = Weiberer, Schürzenjäger.
Das Dirndl überlegt: »A sauwerner Bursch is er scho, dar Anderl, awa halt a Graizdaifesweiwara – nana, i laß mi ned ei mid eahm.«

Weixl, die = Weichsel, Sauerkirsche; althochd. wichsela; Mehrz. dWeixln.
A Weixlbaam = ein Weichselbaum; a Weixlschdägga = ein beliebter Wanderstock, vgl. Hagglschdägga.
Familiennamen: Weichselbaumer, Weichslgartner.
Ortsnamen: Weichslbaum, Weichslgarten, Weichslöd.

weizn = geistern, umgehen, gespenstern. Für Untaten, im Leben begangen, mußte man nach dem Tode weizn; Hölle und Fegfeuer der Kirche waren als Strafen zu ungewiß; vgl. March.

wer = werde; wern = werden; werst = wirst.
Drohung: »Dem Bailschneider, dem varreggtn, wer i nacha mei Meinigung scho song, dees werst sehng.«

werfad = würfe, Konjunktiv von werfen; vgl. sogad.
Wenn i di iatz in den Grom werfad, kamadsd nimma raus.

wergln = werkeln, sich abschinden, übereifrig sein.
Da Schreiner Wambberl is an oida Wergler; der arwad se no zTod.

Wewa, der = Weber; rumwewern = unruhig sitzen, ständig in Bewegung sein wie am Webstuhl; althochd. wefan, weban (f wird zu b; vgl. Webs, gripsn).

Wiang, die = Wiege; Mehrz. dWianga; althochd. wiga, waga, daher Anfang eines alten Wiegenliedes: Wigala, wagala.
Warnung: »Ohne Wiang konnst dö ned kriang.« (Es ist schon etwas unterwegs, was nicht allgemein bekannt ist.)

wiast, wiascht = wüst, häßlich, abscheulich; vgl. graisle, schiach.
Freundliche Meinung über ein Mädchen: »A so a wiasta Hofar, a wiasta!« Vgl. Hofa.

Widum, Widdum, der, das = Pfarrhof mit den gestifteten, »gewidmeten« nutzbaren Gründen und Wäldern, die den Lebensunterhalt des Geistlichen sicherten, als es noch keine staatliche Versorgung gab; bis in die heutige Zeit von manchem Geistlichen selbst bewirtschaftet, jedoch zumeist verpachtet.
Daher Familiennamen: Widembauer, Widenmeier, Widmann.
In manchem Tiroler Dorf ist der Geistliche noch Wirt; schweres Dasein: auf der Kanzel Mäßigkeit predigen, in der Wirtsstube zum Saufen verleiten. In den bairischen Klosterbrauereien (z. B. Andechs, Schäftlarn) sotten und kredenzten die Mönche den Trunk.

Wie, die = Wiede = Weidenrute; althochd. wida = Weide, wi = sich biegen.
Das Mächen klagt an: »Muadda, da Säbberl hod mi oiwei mid are Wie an dee naggadn Wall higschlong.« (An die nackten Waden hingeschlagen.)

Wiesbaam, der (a hell) = Wiesbaum, langer schlanker Baum (Stange) über dem beladenen Heu-, Getreidewagen, mit Seilen festgebunden.
Verheißung: »Nachba, auf dein Acker hon i wiesbaamhoach an Schooz brinna sehng.« (Im Acker liegt ein Schatz begraben, man konnte ihn von einer Anhöhe aus brennen sehen – vielleicht Glasscherben, von der Sonne angestrahlt.)

Wiesl, das = kleine Wiese; althochd. wisa; Mehrz. dWiesln.
A gmaats (gemähtes) Wiesl = Vorteil bei einer Sache, wie von fremden Händen überraschend gemähte Wiese.
Ortsnamen: Wieslreit b. Kraiburg; in Bayern allein: 47 Wies oder Wiese. Name der berühmten Wieskirche bei Steingaden nicht von Wies oder Wiese, sondern von Zurechtweisung: Jesus wurde durch die Geißelung zurechtgewiesen, darum ist die Kirche auch dem gegeißelten Heiland geweiht. Wieskirchen findet man häufig, z. B. bei Freising.

Wiesn, die = die weltberühmte Oktoberfestwiese in München, zu Füßen der Bavaria. Das Oktoberfest wurde erstmals gefeiert am 17. Oktober 1810 als Pferderennads »auf den Ängern hinter dem neuen Spital bei der Dorfschaft Sendling«; Anlaß: Die Vermählung von Kronprinz Ludwig (später König Ludwig I. = Großvater des schönen Ludwig II., des Schlössererbauers) mit Prinzessin Therese von Sachsen-Hildburghausen; seither heißt dieser Platz Theresienwiese, kurz: dWiesn; vgl. ozapfa.
Der Besuch dieses einzigartigen Rummels bleibt manchem in unangenehmer Erinnerung, so dem amerikanischen Dichter Thomas Wolfe (1900–1938), einem bärenstarken Mannsbild: er wurde in einem Bierzelt in eine Rauferei verwikkelt, bekam mit einem Maßkrug mehrere Hiebe auf den Kopf, was (seiner Meinung nach) sein langes Siechtum und seinen frühen Tod zur Folge hatte.

Wiggerl, Wiggl, der (nicht: das) = Koseformen von Ludwig; mittelhochd. Ludewic (älter: Chlodowech), aus althochd. hlut = berühmt, und wic = Kampf, französ. Louis, weiblich: Louise, Luise; vgl. Lugge.

wiggln = wickeln; althochd. wickilin.
A Wigglkind = ein Wickelkind; Graudwiggln = gebratenes Hackfleisch, mit Krautblättern umwickelt; dWurscht in a Babbierl eiwiggln; bein Wiggl bagga = beim Halskragen packen; beim Handel den andern eiwiggln (ei nasal) = den Ahnungslosen betrügen.

Beim Barras wurden Außenseiter häufig gwigglt (in der Dunkelheit Kopf und Oberkörper in eine Decke gewickelt, dann der nackte Hintern verdroschen; die heimlichen Scharfrichter blieben stets unerkannt).

Wimmerl, das = Pustel, Pickel, Akne; vgl. Sujerl.
Der hod a so a Wimmerlgsicht, a graisligs.
Als lästiges Wimmerl wird auch ein kleiner, aufdringlicher Mensch bezeichnet.

winde = windig. Das Wetter kann windig sein, doch auch eine schäbige, zweifelhafte Sache, ein unzuverlässiger, arbeitsscheuer Kerl.

Windschnur, die = enge gerade Stelle im Gelände, auch Waldschneise, wo der Wind durchpfeifen kann.
Ortsnamen: In Ober- und Niederbayern 9 Windschnur.

winne = wütend, tollwutbehaftet, rasender Mensch; althochd. wuot, Wuotan. Wodan, altnord. Odin = Gott der Ekstase, der Zauberei, der Kriegskunst, des Totenheeres, der Dichtung.
Unser Hund is winne worn (wurde von der Tollwut befallen).

wirf = sowohl Imperativ als auch 1. Person Einz. von werfen.
Dös Glump wirf i wegga.
Ähnlich: nimm, stirb, iß, friß.
I nimm koa Gschenk ned o (an).
I stirb no lang ned.
I iß koa Subbm ned.
I friß koa Graud.

Wischewasche, das = Gewäsche, dummes Gerede, Unsinn; vgl. Gschmaaz, Schmaaz, Schmarrn.

wissad = wüßte, Konjunktiv von wissen.
Der wütende Liebhaber: »Dees wenn i gwiß wissad, daß du mi mid den Baze, den schlächdn, ausgschmiert host, schlogad i di umanandd wiar an Nußsoog.« (schlogad = schlüge, Nußsoog = Nußsack.)

Wix, die = nur als »kurze Wix« (Wichs) gebräuchlich = kurze Lederhose, preißisch: Sepplhose. Der Wichs ist die Festtracht der Verbindungsstudenten.

Woa, die = Weide; althochd. weida.
A Heißnwoa = eine Fohlenweide; vgl. Heiß.
Weidenrute dagegen = Wie; s. d.

woach = weich; althochd. weih = schwach, biegsam.
Woach können unendlich viele Dinge sein: Bett, Obst, Fleisch, Geschwür, Luft, auch ein Mensch (gemütvoll oder ein Weichling); weniger erfreulich ist es, wenn als woache Birn der eigene Kopf gemeint ist. Das Owoacha (Abweichen) = der Durchfall, Diarrhöe.

woana = weinen; althochd. weinon; vgl. blägga, heana, röhrn.

Woaserl, das = Waisenkind; althochd. wisan = meiden, trennen, vielleicht von den Eltern Getrenntes.
A Woaserl is hoid an arms Hascherl.

Woaz, der = Weizen, Getreide ; mittelhochd. weize (wegen der weißen Mehlfarbe).
A woazas Moi = ein Weizenmehl; vgl. Moi.

Wochentage: Mahda = Montag; Irda = Dienstag; Migga = Mittwoch; Pfinzda = Donnerstag; Freida = Freitag; Samsda = Samstag; Sunndda = Sonntag; Feirdda = Feiertag. (Jeder Tag ist im Buch gesondert enthalten.) Vgl. auch: Kirda.

Wohrad, die (o offen) = Wahrheit.
wohr = wahr; a Wohrsoga = ein Wahrsager.

Woid, der = Wald; mittelhochd. walt.
Waldmeister = eigentlich Waldarzt, da früher nicht als Bowlen-, sondern als Heilkraut benutzt.
Der Baier geht selten in den Wald, er geht ins »Holz«; Waldabteilungen heute noch häufig mit Holz bezeichnet: Klosterholz, Goribauernholz usw.; vgl. Hoiz.

Woid, Wejd, die = Welt.
Der Enttäuschte: »Grod schö waars auf da Woid, wenns koane Laid ned gab.« (Wenn es keine Leute gäbe.)

Woideanada = wörtlich: ein Wohldienender, ein Unterwürfiger, ein Schmeichler, ein Kriecher, der zu seinem Wohle dienerisch, ergeben tut.

Woigler, der = Rausch; vgl. Suri, Wurf.
Beim Bierrausch fällt man auf die Nase, beim Weinrausch auf den Hintern; das soll gesünder sein.

woisln, wuisln = winseln; der Wuisler = ein weinerlicher, klagender Mensch.
Wer gor a so wuislt, hod gewiß an Kaschtn voller Goid dahoam.
Woislbrell = Winselbrett = Zither; vgl. Graigodern, ziedern.

Woiza, der (o fast a) = Walzer, Tanz.

Woizn, die = Walze, Mehrz. dWoizna.
Ein gutgefülltes Weiberleut is aar a Woizn; auf der Woiz (Walz) kamen die Handwerksgesellen oft in die fernsten Länder.

Wong, der (o offen) = Wagen; althochd. wagan = das Fortbewegende; Mehrz. dWang (a hell).
Die Germanen hatten Wagen mit zwei Scheibenrädern, erst später entstanden die Prunkwagen mit Speichenrädern; damals mußte der Wonga (Wagner, preißisch: Stellmacher) künstlerische Fähigkeiten besitzen, heute stirbt das Handwerk aus, von der stinkenden Blechlawine erdrückt. Doch wird die 400 Jahre alte Zunftfahne der Münchner Wagner immer noch bei der Fronleichnamsprozession mitgetragen.
Waggon = engl. Herkunft mit französ. Aussprache.
Alter Spruch: An Wong muaß ma schmierm, wenn er guad laffa soi. (Wenn du gibst, erreichst du etwas.)

Woog, die (o offen) = Waage; althochd. waga.
Es gibt a Briafwoog, a Wasserwoog, a Laidwoog (Personenwaage), a Gmoawoog (Gemeindewaage), a Dezimaiwoog (Dezimalwaage) und a Woogscheil an Wong soi (ein Waagscheit am Wagen).

worn (nasal) = geworden; falsch: gworn, weil es auch mittelhochd. heißt: Ich bin alt worden. Freilich sagt der Baier sonst: gwachsn, gweißlt, gwen, gwißt, gwunna usw.; es heißt jedoch: brennt (gebrannt), brocht (gebracht), brockt (gebrockt), bron (gebraten), brunga (gebracht), dren (getreten), ganga (gegangen), gem (gegeben), kema (gekommen), usw.; vgl. brocha.

worum (o offen) = warum; auch: woruma; in stärkster Form: worumad; vgl. ned, wegga.

Wouggal, das = unbeholfenes, tolpatschiges Kind.

Wuad, die = Wut; wuade = wütend; vgl. winne, gach.

Würm, die = Wärme; würma = wärmen, doch auch Steigerung von warm.
Samowar (russ.) = Selbstkocher.
Bauernfreude: kKunigund (3. März) bringt dWürm von unt. (Auch wenn oben noch Frost ist.)

wüst, wüstaha, wüst umi = links, besonders Zuruf an Zugtiere; vgl. hott.
Bei alten Mädchen ist man höflicher:
Oide Scholastika,
reib dei Loch wüstaha!
(Sammlung Böck)

Wuggerln, die = kleingeringelte Haarlocken, bei Mädchen künstlich angezaubert für Theater, Fronleichnam. Naturlocken bei Buben und Männern ein Spottziel. Als Wuggerln bezeichnet man auch die Lockenwickler.

wui, Regensburg: **wüll** = will; da Wuin (Wülln) = der Wille.
Der Haustyrann: »Ohne mein Wuin gschiecht nix, dees sog i enk!«

Spott auf »freiwilliges« Muß: »Mid Wuin, sagt da Baur, wenn er muaß.«

wuid, Regensburg: **wülld** = wild; althochd. wildi.
Da Wuidara wuidert as Wuid, hie und do aar a Wuidsau; do wern dee Jaaga fuxdaifeswuid. (Der Wilderer wilderet das Wild, hier und da auch ein Wildschwein, da werden die Jäger fuchsteufelswild.) Wuidsai gibt es auch manchmal unter den Frauen.

wurad = würde; vgl. sogad.
Wenn mi bein Raffa oaner bei da Nosn packad, wurad i narrisch. (Auch: . . . bei da Nosn packa dad, dad i narrisch wern.)

Wurf, der = Rausch; den Betrunkenen wirft es hin und her; vgl. Suri, Woigler.

wurlan = wühlen, wimmeln; althochd. wuolen.
Im Ameisenhaufen wurlat es, im Fischteich, im Ferkelstall, auf dem Tanzboden, bei Versammlungen, beim Fastnachtstreiben auf den Straßen. Dös is dar a Gwurl! (ein Gewurle; dar = dir = ethischer Dativ.)

wusln = durch niedriges Gras, Laub, Moos dahineilen; man sieht keine Beine (Maus, Igel, Wiesel, Zaunkönig).

Wuusch, die = Wurst.
Im »Holzland« (um Schrobenhausen, Aichach, Altomünster herum) spricht man das »gscherteste« Bairisch: gesch = gehst, mogsch = magst, hosch = hast, Kaschn = Kasten, du koschmi = du kannst mich.
Der Lenz lag bei seiner Afra in der finstern Dirnkammer; er sollte nichts reden, damit der Bauer nicht erwachte. Mittendrin sagte er bloß: »Gschbüaschmi?« (Spürst du mich?)

Wuzzerl, Wuzzä, das = Fussel, »Wollkrümel«, geballte Kleinstabfälle; von drehen, rollen, zwischen den Fingern zerquetschen, betäuben (Floh dawuzzln).
An Wolldecken, Kleidern, Teppichen bilden sich Wollwuzzerln, in der Nase Nosnwuzzerln (getrockneter Nasenschleim); wuzzerlfoast, wuzzerlfett können kleine Kinder, Ferkel sein.
Wenn jemand mit Arbeit bedrängt, überhäuft wird, schimpft er: »Laßts mir mei Ruah, i ko mi ned dawuzzln!«

Vorbemerkung

Die Bestrebungen der Rechtschreibreformer gehen seit Jahrzehnten dahin, überflüssige, besonders deutschfremde Buchstaben aus dem ABC zu entfernen; dazu zählen sie vor allem C Qu Y und X, weil sie genauso gut durch andere Zeichen (Z Kw I Gs Ks) ersetzt werden könnten. Umgekehrt wäre man berechtigt, Mundartwörter mit den Anfangslauten Gs mit X zu schreiben; vgl. Gsatzl, Gsetza, gsohn, Gsoi, Gsoichts, Gsood, Gsons, Gsund. Gern gebrauchte Schreibungen sind ohnehin: Xöff, xuffa.

Xaverl, der (a hell) = Schmeichelname für Xaver, nach Franz Xaver, Jesuit, christlicher Heiliger, geb. 1506 auf Schloß Xavier in Navarra, Genosse des Ignatius von Loyola, missionierte in Indien und Japan; einst beliebter bairischer Taufname, nicht erst seit Ludwig Thoma in »Liebe um Liebe« den zünftigen Prinz Xaver auf Untertanenreisen geschickt hatte.
Weitere Kosenamen von Xaver: Xaveri, Xari, Xire, Xide, Verl, Veri, Verdei, Verdi, Ferry (alle v wie f gesprochen); italien. Saverio.
Wer Wert auf Bildung legt, nennt sich kurz: Franz, weil Xaver (Javier) nur Ortsname ist. Die Franzen gelten unter den Xaverln als hochnäsig.
Wurzelechte Xaverln:
Xaver Gruber (1787–1863), Lehrer und Orgelschläger in Oberndorf b. Salzburg, komponierte 1818 das Lied »Stille Nacht, heilige Nacht« (Textdichter: Hilfsgeistlicher Joseph Mohr von Oberndorf). Alle Lexika geben Gruber den Vornamen Franz, während er selbst sich nur Xaver nannte, auch so unterschrieb.
Xaver Fuhr, Maler, geb. 1898 in Neckarau, Professor der Akademie in München, malt Stadtmotive und Figurenbilder.
Xaver Scheidwimmer, angesehene Kunsthandlung in München.
Xaver Krenkl, Münchner Urviech; vgl. Fiagga.
Xaver Kugler, Münchner Urviech; vgl. Boar und Preiß.
Xaver Heilmannseder, München, langjähriger Präsident des Bayerischen Gastronomenverbandes und Löwenbräu-Wirt, gründete als Vorkämpfer für bairisches Volkstum u. a. einen Verein für Heimatpflege, der heute unter dem Namen »Landesverband für Heimatpflege« (Schirmherr: Landtagspräsident Rudolf Hanauer) ein erfreuliches Ansehen gewonnen hat.

Xöff, das = Gesöff, schlechtes Getränk (Bier, Tee, Punsch, Bowle).
Da Hutzlbrai hod am Kirda a sauwers Xöff ausgschenkt.

Xuffa! = gesoffen, eigentlich Aufmunterung: Saufts! Voraus gehört (nach nordischer Auffassung) unbedingt: oans, zwoa, droa! Richtig je-

doch: oans, zwoa, drei – nicht als bairische Verbohrtheit, sondern in der Sprachentwicklung begründet. Faustregel: mittelhochd. ai = bairisch oa, mittelhochd. i = bairisch ei.
Diese Eigentümlichkeit ist im Schwyzer Dütsch des bayrischen Allgäuwinkels Oberstdorf–Hindelang–Hinterstein noch urtümlicher erhalten und wird dort von den preißischen Sommergästen mit Wonne aufgeschnappt, ausdauernd zu parlieren versucht, dann als »echtes, uriges Bairisch« nach Berlin, Hamburg und Köln verschleppt samt Alpenstange (Bergstock), Rückenbeutel (Rucksack), Jamsbart und Jemseneiern. »Da staunste, watt!«

Allgäu/Schwyzer Dütsch (mittelhochd.)	Baiern
ains (uis)	oans
zwai	zwoa
Gaiß	Goaß
haiß	hoaß
Rais (Reise)	Roas
waiß (wissen)	woaß
wiß (Farbe)	weiß
dri	drei
Zit	Zeit
Wib	Weib
Flisch	Fleisch
Lib (Körper)	Leib

zaach (a hell) = zäh; mittelhochd. zache; zaach können viele Dinge sein: Fleisch, Leder, Schleim, Lehmboden, Arbeitskraft, Handelschaft – und:
Dö oide Keanzlbairin is schwaar krank und kon ums Varregga ned sterm; dö hod a Lem so zaach ois wiar a Katz.
Familienname: Zachacker.

Zachäus, der (a dunkel) = Kirchweihfahne auf dem Turm; vgl. Kirda. Zacharias = israelit. Eigenname (Sacharja).
Bairischer Haus- und Familienname: Zacherl.

Zachern, die (a dunkel) = Zähren, Tränen; mittelhochd. zacher.
Vor laudda Vaschmochtsein (Beleidigtsein) san ihr dZachern owagrunna.

Zäfix, Zefix = Kürzel von Kruzifix; wird fast nicht mehr als Fluch gewertet.

Zägg, der = die Zecke, Milbe, Hundezecke, Schaflaus; mittelhochd. zecke; Mehrz. dZäggn; zäggerlfoast = foast, fett, angefressen wie eine vollgesaugte Zecke.
Der Kerl hängt si ei wiar a Zägg (ein Aufdringlicher, schwer abzuschütteln).
Auch die Kletten heißen Zecken.
Ein Gepeinigter im stillen Örtchen konnte sich wenigstens poetisch erleichtern:

Das Scheißen ist ein hartes Gschpill,
wenn der Zägg ned außer will.

zählen: oans, zwoa, drei, viere, fimfe, sexe, sieme, achde, naine, zecha; oife (öife), zwoife (zwöife), dreizecha, vierzecha, fuchzecha, sechzecha, siewazecha, achzecha, naizecha, zwanzge; oanazwanzge, zwoarazwanzge . . . dreißge, vierzge, fuchzge, sechzge, siewazge, achzge, nainzge, hundad . . . dausad.

zäpfad = kränklich, schwächlich.
Die Mutter rät ab: »Geh weida, Bua, laß dHänd vo da Zenzl, dös is a recht a Zäpfade; suach dir ebbas Gsunds, oane, dö wo a Hoiz bei da Hiddn hod.« (Hoiz bei da Hiddn vgl. Duddn.)

Zaggerl, das (a hell) = Zäckchen, Verkleinerung zu Zacken; mittelhochd. zacke.
Der Bergsteiger: »Dees Zaggerl do, dees is ja bloß a Brotzeit.« (Diesen Bergzacken machen wir so nebenbei, wie eine Brotzeit.)

zahna (nasal) = süß lächeln, hämisch die Zähne zeigen.
Do hod er herzahnt wiar a Hoizfux (der Schadenfrohe).

Zahnerl (a hell) = Zähnchen; Mehrz. dZahnerln; althochd. zant, daher heute noch in manchen Gegenden: dZehnt = die Zähne; italien. zanno = Hauer.
Zahnlugga = Zahnlücke. Wem einige Zähne fehlen = ein Zahnluggada, er ist zahnluggad.
Schimpf: »Du zahnluggada Stößl, du zahnluggada!«
Klage: »Je mehra Zehn mei Oide valiert, umso bissiger werds, dees is gschbassig.«
Zahnschbangler = Zahnspengler, abwertend für Zahnarzt; vgl. Fotzn.

A bläggads Gstanzl
Und sDirndl hod Zahnerl
so weiß wia da Schnee –
sand allesamt eingsetzt,
drum deans eahm ned weh.

Zaigl, das = Zeuglein, zumeist abwertend; Verkleinerung zu Zeug.
A Zaigl kann man vieles heißen: heruntergekommenes Anwesen (dee hom a so a Zaigl beinandd), schlechtes Werkzeug, armseliges Gefährt, zerlumpte Kleidung usw.
Es gibt auch ein Duddnzaigl; vgl. Duddn.
Der Hias zum Mich: »Geh weida, laß mi mid da Zenz aus. Dee hod ja nix dro. Dees Duddnzaigl is ja grod ois wia wenn a Fliang a Faust macht.«

Zaing, der = Zeuge; von gezogen (zum Gericht zur Aussage); mittelhochd. ziuc; Mehrz. dZainga.
Zweifelhaftes Geschäft: »Wennsd mi guad zahlst, nacha mach i dir an Zaing, sischt ned.«

Zam, der (a hell) = Zaum für Zugtiere; althochd. zoum. Manchmal wird auch der Mann von seiner Frau im Zam gehalten.

zamm (a dunkel) = zusammen; althochd. zasamana; zammbutzn = zusammenputzen, sauber machen, auch: schimpfen; zammklaum = zusammenklauben; zammstaucha = von stauchen, Eisen kürzen, den Menschen durch Schimpfen kleiner machen; zammkaffa; zammflicka; zammrächa; zammstessn; zammrumpeln. A Zammgsuffana = Mann, vom Trinken heruntergekommen; a Zammzupfte = Frau, schäbig, billig, auch auffallend gekleidet. Von einem ungleichen Paar heißt es: »Dees is koa Zammastand ned.«
As Zammgscharrats = das Zusammengescharrte, der Rest, z. B. aus einem Geschirr, aus Backtrog (ein letzter Batzen Teig ergibt ein unansehnliches Gebäck), auch letztes Kind von Kinderreichen, besonders wenn es etwas klein und schwächlich geraten ist.
Bairischer Rütlischwur: Hoidd ma zamm!

Zamperl, Zambberl, der (a hell) = ursprünglich Ächtung eines Straßenköters, auch Promenademischung, Schdiangglandda (Stiegengeländer, weil dort, angebunden, die heimliche Zeugung stattfand) beschimpft, Bastard von undenkbaren Rassen; heute = Zamperl Kosename für jeden Hund geringerer Größe. In den Zeitungen zumeist als »das« Zamperl bezeichnet (preißische Todsünde).
Zamperl = keine Verkleinerung zu Zamp oder Zampano, es ist ein Grundwort, vielleicht entstanden aus Waggerl, Wambberl (Hundenamen; s. d.), vielleicht auch abgeleitet von Zampelstuhl (Teil des Webstuhls, der kleine Hund saß neben dem Weber). Die Nachsilbe erl deutet freilich auf sächliches Geschlecht hin; trotzdem heißt es z. B. auch immer: der Säbberl, der Hansl, der Micherl, die Liesl, die Resl, die Urschl – niemals »das«.

zarrn (a hell) = zerren, reizen, necken, zum Narren halten; mittelhochd. zern = auflösen, zerreißen. Ein Gegenstand, ein Gefährt wird aus einem Gewirr, Verhau aussazarrt; die Kinder zarrn den Hund, die Katze; Erwachsene zarrn sich gegenseitig mit Hinhalten einer Zusage; vgl. dratzn.

zaudühr (au nasal) = zaundürr = lang und dünn.
Schimpf: »Du zaudühre Hopfaschdanga!« (Hopfenstange)

Zawara, der (alle a hell) = Zauberer; althochd. zoubar = eigentlich rote Farbe, womit Runen eingefärbt wurden, zuletzt Zaubermittel.

Mutter zur vergrämten überständigen Tochter: »I ko dir aa koan Hoachzeida ned herzawern.«

Zecha, der (e offen) = Zehe; althochd. zecha; Mehrz. dZechan.
Mir hand olle Zechanegl oganga. (Es haben sich alle Zehennägel abgelöst.)

zecha (e nasal) = zehn; althochd. zehan; vgl. zählen. Der Zehnte war ursprünglich eine Abgabe an die Kirche, später an den Guts-, Gerichtsherrn.

Zegerer, Zöggerer, der = sackähnliche, aus Stroh oder Bast geflochtene Tasche, war unerläßliche Begleiterin der Frauen auf allen Gängen außer Haus. Taschenkult immer modern.

zeide = zeitig, reif. Obst und Droad (Getreide) werden zeide, doch auch ein Eitergeschwür (es ist Zeit zum Aufstechen).
Zeitlose (von althochd. zitelos = frühzeitig) war ursprünglich nur Name für Krokus, später auf Herbstzeitlose (Colchicum autumnale) übertragen; andere Namen: Wiesensafran, Wilder Safran, Herbstrose, Nackte Jungfer, Hahnenklötenwurzel.

Zeiserl, das = Verkleinerung zu Zeisig, Erlenzeisig; mittelhochd. zisic.
Im Zeiserlwong mitgenommen zu werden ist eine ausgefallene Ehre: der Zeiserlwagen ist grün gestrichen – Zeisigfarbe – und dient zum Transport von Gefangenen; in Berlin heißt das Gefährt: Grüne Minna.

Kinderlied
Stieglitz, Stieglitz, sZeiserl is krank.
Geh ma zon Boda (Bader),
laß mar eahm Oda (zur Ader),
reiß mar eahm a Federl aus,
mach mar eahm a Betterl draus.
Stieglitz, Stieglitz, sZeiserl is krank.

Zeitl, das = kurze Zeit.
A Zeitlang = eine Weile; Zeitlang hom = Sehnsucht haben, nach Frau, Kind, Gschbusi, Heimat.

Zell, Zedl, der (nasal) = Zettel; mittelhochd. zedele, von latein. schedula, scheda = Splitter; Mehrz. dZellan.
Es gibt an Beichtzell, an Woogzell, an Schdaiazell (eine Steuermitteilung), an Kranknzell (Rezept).
Spruch: Da Zell alloa heilt an Kranken no ned.

Zeltl, Zöiddl, das = Gutsel, Bonbon, Verkleinerung zu Zeltn; vgl. Guaddl.
A Huaschtnzeltl = ein Hustenbonbon; Lezoiddn (s. d.) = Lebzelten, Lebkuchen.

Zeltn, der = Schimpfwort für langweiligen, ungeschickten, saftlosen Kerl; von Zeltn = Fladen, flaches süßes Gebäck; vgl. Zeltl.

zeng (nasal) = zu eng.
Mutter, erschreckt zum Dirndl: »Ja, wos siech i denn do, du Luada, du! Dir wern ja deine Regg zeng.« (Röcke zu eng.)

Zenterling, der = Schinken (geräuchert) von einer zentnerschweren Sau.

Zenzi, Zenzä, Zenzerl, Zenzl, Zenz = Kosenamen von Kreszentia, christliche Heilige, Amme des hl. Vitus (Veit), mit dem sie unter Diokletian gemartert wurde; Fest: 15. Juni; latein. Crescentia = Wachsende.
Mahnung an Zuagroaste: Nicht jede bairische Kellnerin heißt Zenzi. Ist sie resch, fährt sie dem Irrenden übers Maul.
Ortsnamen: Zenz b. Dorfen; Zenzl b. Laufen; Zenzlhub b. Arnstorf.

zerm = zünftig, nett, umgänglich, gemütlich.
An zerma Kerl hod jeder gern.

zerscht, zeasch (Holledau: dscherst) = zuerst.
Spruch bei Gedränge, auch zu Kindern am Mittagstisch: »Zerscht kema dLaid und nacha bFrösch.« (Zuerst kommen die Leute und nachher die Frösche.)

zgriang = zerkriegen, entzweien.
Meinung über streitsüchtiges Paar: »Dee zwoa san ja in da Höll drunt aa no zgriagt.«

Ziach, die = Zieche, Überzug.
A Bettziach = ein Bettbezug; a Hopfaziach = ein Hopfensack; von ziang = ziehen; davon auch: Zug, Herzog, Zügel, Zucht, zeugen, Zögling. Vgl. Iwaziach.

Ziagl, der = Ziegel, Dachziegel; althochd. ziagal, latein, tegula, tegere = decken, italien. tegolo, französ. tuile, daher Schloß Tuileries in Paris (weil hier Ziegelbrennereien standen); Mehrz. dZiagln.
A Ziaglschdol = ein Ziegelstadel; a Ziaglschdood = eine Ziegelstätte; a Ziaglschdreicher = ein Ziegeleiarbeiter; vgl. Daschn.
Familiennamen: Ziegler, Ziegleder, Ziegltrum, Zieglmeier, Zieglwallner, Zieglgänsberger.

ziang = ziehen; althochd. zioahan; vgl. Ziach.
Zu Kind, das den Nasenschleim immer aufzieht: »Schnupfauf, ziag dUhr auf!«
Eine besonders schwere Last ist fast nicht zum daziang.

Zidracha, Zidroch, der = flechtenartiger Hautausschlag, besonders auf den Wangen, sichtbar in feinen Rillen, als ob die Haut nur zittere; althochd. zittaroh.

ziedern = zittern; auch die Zither heißt häufig: a Ziedern; vgl. Graigodern, woisln.

Unbekannter Nachtisch
Der alte Girgl von Hintermuxenöd besuchte zum ersten Mal in seinem Leben seine »bessernen« Verwandten in München. Beim Mittagessen bekam er einen Pudding vorgesetzt. Der Girgl beäugte dieses unbekannte wackelige Zeug ein wenig, dann sagte er: »Brauchst ned ziedern, i friß di ned.«
Allbekannter Spruch: Wos da Baur ned kennt, dees frißt er ned.

Ziefern, die = widerliches, unsauberes, ekelhaftes Weiberleut; von Geziefer = Federvieh, galt als unreines Getier, war keine Opfergabe; das Wort heute noch erhalten in Ungeziefer.
Gern gebraucht: Frauenziefer (statt Frauenzimmer).

Ziegarn, die (a hell, Betonung erste Silbe) = Zigarre(n).
Der Waiddler (s. d.): »A Ziegarn is a neumodischs Glump, liawa schnupf i mein Schmai.« (Schnupftabak)

Ziegl, der = Zügel, Pferdeleine; vgl. Zam.
A jungs Rooß und a valiabts Madl ko ma kaam daziegln.

Zigaina, der, die = Zigeuner (Einz. u. Mehrz.); eigentlich jedes fahrende Volk (Hausierer, Händler), das mit Plan- oder Wohnwagen durch die Lande zieht.
Warnung: »Machts dLan zua – dZigaina kema!« (Lan = Fensterläden.)
Zigaina = auch Schimpfwort für Streuner, Strolch, Taugenichts.

Ziggn, die = Zicken, Mucken, Launen, Schrullen.
Geh weida, mach koana Ziggn ned!
Der Milchsäurestich beim Wein = Zicken.
Ähnlich wie Ziggn = Fisimadenddn, Fisematenten, mittelhochd. visament = Gesicht, Aussehen, von visieren.

Zigore, der = Zichorie, Kaffeezusatz aus gerösteten Wegwartewurzeln.
Kosmetikum armer Mädchen: Zigorebabbirl (zum Färben der Wangen); vgl. Schwoaf.
Eine westeuropäische Zichorienart liefert den Chicoréesalat.

Zilli = Koseform von Cäcilia, christliche Heilige, Patronin der Kirchenmusik (soll die Orgel erfunden haben), römische Jungfrau aus edlem Geschlecht, Märtyrerin; Fest: 22. November. Cäcilia in der Kunst häufig dargestellt; berühmt: Gemälde von Raffael (in Bologna) und Carlo Dolci (in Dresden).

zinddln = zündeln, mit dem Feuer spielen; a Zinndla = ein Zündler, Brandstifter.
Mahnung an Kinder: »Warts nur, ees zinddlts solang, bis as Haus obrinnt.«
Zuagroaste sagen falsch: »Da hat es gezündelt.« (Sie meinen: Da hat es gebrannt.)

Zinggn, der = Zinken, etwas unförmige Hakennase; vgl. Kumpf.

Zipfe, der = Zipfel.
A Zipfekabbm = eine Zipfelmütze; a Zipfehaum = eine Zipfelhaube; der Hemadzipfe = Zierat der zerrissenen Hose. Der Sauzipfe = Ortsteil in Dörfern: hier werden die Schweine zur Suhle durchgetrieben.

Zipfegore, der = Tolpatsch, Dummkopf.

Zipferl, das = Zipfelchen, Troddel; kleiner Happen, Restchen; auch Geschlechtsteil kleiner Buben; vgl. Zipfe.

Spruch beim Schneiden von Weidenpfeifchen:
Pfeiferl, Pfeiferl, geh ro,
schneid an Petern dHoor o,
laß eahm no a Zipferl dro,
daß man' besser packa ko.

Zipfla, der, die = Zipfler (Einz. u. Mehrz.), ein umständliches, trödelhaftes Mannsbild, das nichts zuwege bringt.

Zirggl, der = Zirkel; hauptsächlich gebraucht als: böhmischer Zirggl (Hand im Bogen nach hinten bewegen = stehlen, mitnehmen).

Ziwem, die = Zibebe(n) = große Rosine, von arab. zibiba.

zna, zno = ganz hinab, hinunter.
Über den Berg geht es zno und zno gach owe.
Der etwas schüchterne Liebhaber wagt mit der Hand einen ersten Vorstoß in den Blusenausschnitt: »Deandl, host du awar a feine Haut.« – Das Mädchen ermuntert: »Ja, so bin i zna und zna.«

znaxt (a hell) = zunächst, kürzlich.

Anfang eines Fensterlliedes
Znaxt hod ma mei Deanderl
a Briaferl zuagschriem,
worum daß i denn bei der Nacht
gor nimma kimm . . .

Zoaga, der, die = Zeiger (Einz. u. Mehrz.).
An Uarzoaga = ein Uhrzeiger.
»Kimm fei pünktlich!« – »I bin do wiar a Zoaga.«

Zogl, der (o fast a) = Zagel = Schwanz; althochd. zagal.
Straßenname in Rottach-Egern: Kühzaglstraße (Kuhschwanzstraße).

Zoiara, Zejara, der = Sellerie; französ. cèleri; erst im 17. Jh. bei uns heimisch geworden.
A Zoiarasilod = ein Selleriesalat.
Sellerie gilt im Volksglauben als sexuelles Aufputschmittel.

zoin (o offen) = zahlen; zoid = bezahlt, gezahlt.
Wer zoid, schafft o.

zoin (nasal), **zejn** = zählen; zoid (nasal) = gezählt.
Über den Gerissenen: »Der Baze, der schlächt, der schaugt, ois wenn er ned bis drei zoin kunnt.«

zon, zun (nasal) = zum; vgl. bein.

Kindervers
Do drom auf dem Bergerl,
do raffa zwoa Daum.
Do kimmt da Herr Pfarrer
zon Federnzammklaum.
Herr Pfarrer, geh wegg,
do keman zwoa Bögg,
dee steßn di nieder,
daßd an Arsch in dHöch reckst.

Zotzn, Zodln, die (o nasal) = Zotteln, ungepflegte, verwirrte Haarsträhnen.
Schimpfwort: »Du Zotznmiadä!« (Zottelmariechen).

Zreißzamm, Zrißling, der = Bub, der immer mit zerrissenen Kleidungsstücken nach Hause kommt.
Du varreggda Zreißzamm, (Zrißling) du varreggda!

zrugg = zurück; besonders betont: zrugga, vgl. ned.
Zwei streitbare Autofahrer: »Fohr zrugg, sog i!« – »Fohr du zrugga!«

zua = zu.
Iwaroi san dLan zua. (Überall sind die Läden zu.)

zuabaun = zubauen, d. h. die Saat ist angebaut, wir sind fertig. Der Bauer, mit Erleichterung: »So, iatz is zuabaut.«
Nach einem kräftigen Mittagessen schluckt man zum Zuabaun noch ein paar Brocken Brot oder Semmeln, mit denen man den Teller sauber ausgewischt hat.

Zuagroaste = Zugereiste (Mehrz.), ins bairische Dorado Eingewanderte. Als Zuagroasta gilt jeder (selbst staatsbayerische Franken und Schwaben), der nicht die bairische Mundart spricht. Nach einer nichtamtlichen Meinung des Münchner OB Kronawitter wird ein Zuagroasta als Münchner anerkannt, wenn er wenigstens 30 Jahre in der Stadt ansässig ist.

Zuahaisl, das = Zuhäuschen, Austragshäusl, das der Bauer als Altensitz bezieht, wenn er seinen Hof dem Sohn übergeben hat; früher zumeist eine bescheidene Behausung, heute oft sogar ein moderner Bungalow.

Zuakehr, die = Einkehr, Gasthaus an der Straße, auch gastfreundliches Nachbarhaus.

zuaschanzn = einem andern etwas zubringen, überlassen, zu einem Vorteil verhelfen; zumeist geschieht das auf nicht ganz legalem Wege; vgl. Schanzerl.

zuaschbarn, zuaschbürn (a hell) = zusperren. Der enttäuschte Einbrecher: »Iwaroin is zuagschbart, a so a Viecherei!«

zuawe, zuawa, zuare = hinzu, nahe hin, her.
Freundliche Einladung: »Hock di zuawa, gscherta Ramme!« (Nur unter engsten Freunden anwendbar.)

Zuchtl, die = schlampige, unsaubere Weibsperson, mit gehäufter Neigung zu sexuellen Abenteuern; Mehrz. dZuchtln; von Zuchtsau, Mutterschwein.

Zugbail, der = Zugbeutel, Ziehbeutel, Geldbehälter in Form eines ledernen Tabaksbeutels, den man auf- und zuziehen kann.

Zugharmonie, die = Ziehharmonika; vgl. Maurerklavier.

Zuin, die = Zille, flacher Kahn; mittelhochd. zülle; Mehrz. dZuina.
A Fischerzuin = ein Fischerkahn.

zuin = zielen; althochd. zilon = sich beeilen.
Da Jaaga muaß mid sein Gwahr gnau zuin.
Dei Red hod koa Maß und koa Zui.

Zunderlatschn, die (a hell) = verdorrtes Latschenholz, vom Berg zum Anfeuern geholt; mittelhochd. zunten = zünden; auch alte verhutzelte Frau wird (am besten hinter ihrem Rücken) eine Zunderlatschn genannt.

Zuversicht = zumeist nur in der Wendung gebraucht: Dees is a Zuversicht (bei Erstaunen oder Empörung über Zustände, Mißstände, wüste Verhältnisse bei Nachbarsleuten, z. B. Ferkel und Hühner sind im Winter unter Küchenbänken untergebracht – oder: kleine Kinder müssen bei armen Teufeln in Schubläden schlafen – oder: Hausfreund schläft mit Mutter und Tochter in einem Bett).

Zuwa, der = Zuber = großes hölzernes Gefäß, mit einem Zapfen zum Ablassen des Wassers, besonders in der Waschküche verwendet; früher Getreidemaß zu 10 Malter (15 hl); althochd. zubar, Zwibar = eigentlich Zweiträger (Eimer = Einträger, von einem getragen).
Bescheidener Wunsch: »Iatz mächad i gor nixn ois wiar an Zuwa voller Goidfuxn.« (Goldstücke)

zuzzln = lutschen, saugen, lecken; vgl. suzzln.
Eine Weißwurst wird auszuzzlt.

Zwäschn, Zweschn, Zwetschn, Zweschbm, die = Zwetschge(n), Pflaume(n); griech.-latein. Damascenum = (Pflaume) aus Damaskus.
A Zwäschnkuacha = ein Zwetschgenkuchen aus Backpulverteig; a Zwäschndatschi = ein Zwetschgenfladen aus Hefeteig; vgl. Datschi; a Zwäschndauch = ein Zwetschgenkompott; a Zwäschnarsch = ein magerer Hintern.
Verachtung: »An dein Zwäschnarsch steßt si da Daife seine Heanar ab.«

zwang (a hell) = zwänge, Konjunktiv von zwingen.
Kummer am übervoll gedeckten Tisch: »Wenn i dees Essn oiß zwang, warad i pfeigrod a Sau.« (Wenn ich dieses Essen bewältigen könnte, wäre ich pfeilgerade eine Sau.)

Zweife, der = Zweifel; althochd. zwival = eigentlich: zwei Falten haben (in der Brust), zwiefältig, zwiespältig sein.
Frage vor Beginn eines Raffads (s. d.), mit entsprechendem Achselschubs: »Hoscht an Zweife, ha?«

zweng, zwengs = wegen, deswegen.
Zwengs da Ratscherei hon i mein Zug vasaamt (versäumt).

zwerch = quer, schräg; vgl. iwazwerch.
A Zwerchwand = eine Querwand in den Bergen; a Zwerchribbm (Querrippe, fälschlich: Zwergrippe) = ein Rippenstück vom Rind (begehrtes Suppenfleisch). Ein Zwerchfell hat auch der Mensch.

Zwergl, Zwergal, das = Zwerglein; mittelhochd. twerc; Mehrz. dZwergln; vgl. Untersberg-Manndln.
Schimpfwort (weil Zwerge oft auch verkrüppelt sind): »Du Gribbezwergl, du Gribbemanndl, du!«

zwider = zuwider, unangenehm.
Der Kerl is mir zwider.
A zwiderne Sach = ein unangenehmes Ereignis, ein heikler Auftrag, eine Vorladung vor Gericht.

Zwiderwurzn, die = mürrischer, immer übelgelaunter Mensch, ein Griesgram; vgl. zwider; Wurzn = besonders verkrüppelter, ineinander verflochtener Wurzelstock.

Zwiefache, der = »Nationaltanz« der Holledau (Mainburg, Nandlstadt und Au, das sind die drei größten Städte der Holledau): Dreher und Walzer in schroffem Wechsel, zwei, drei Takte, auch länger oder kürzer, je nachdem der Zuruf eines zahlenden Tänzers an die kundigen Spielleute lautet: Wildsau, Laddirl, Schmiedbua, Eichelober, Schellnneuner, Schubkarrn, Eisenkeil, Schaufelstiel, Weißer Has, Zitterer, sgrea Gras, Sechs solche Buam, sZeiserl, Am Heubodn, sGsottloch, Hollerstaudn, Wer den net ko, sGickerl will net krahn, Zungenmichl, Hustala, sLercherl, Katzenbuckl, Hopfenvogl, Naglschmied, Denglhammer, sHaferl am Herd, Habern und Woaz, Antn und Gäns, sWaldvögerl, Saulocker, Dö Schwarz, Sechsunddreißiger, Ganskragn.
Schon diese wenigen Namen (es sind ein paar Hundert) geben einen Begriff von der unverdorbenen bäuerlichen Herkunft des Zwiefachen. Er wird fast nur linksum getanzt, und wer's nicht kann, wird angerempelt, daß ihm Hören und Sehen vergehn. Merkwürdig: der Zwiefache ist in Bayern nur in der Holledau bekannt, auch um Nürnberg, im Böhmer- und im Bayerischen Wald; im Alpenraum fehlt er. Da er auch »der Böhmische« heißt, wird vermutet, daß bei der kleinen Völkerwanderung vor etwa tausend Jahren böhmische Siedler (aus dem heute berühmten Hopfengebiet Saaz) den Tanz und den Hopfenbau in die Holledau gebracht haben.

Zwiefe, der = Zwiebel; Mehrz. dZwiefen; althochd. zwibolla, bolla = eigentlich Geschwollenes; Lautwandel f zu b ist häufig; vgl. Huawa.
12 Zwiefeschoifn (Zwiebelschalen, Häute) in den 12 Rauhnächten (Weihnachten bis Dreikönig) nebeneinander gelegt, zeigen das Wetter für die kommenden 12 Monate an: Feuchtigkeitsgrad oder Trockenzustand.

zwiegawaladdisch (alle a hell) = eigentlich: zweigabelig; ein auseinanderstrebender, schwieriger, etwas verwirrter Mensch is a Zwiegawaladdischer; doch auch eine Sache, Angelegenheit kann zwiegawaladdisch, verzwickt sein; vgl. zwigga.

Zwieslarm, der = Astgabel, zweiarmig; erwünschtes Werkstück in der Wagnerei für Pflugskarren.

zwigga = zwicken, kneifen, quälen; mittelhochd. zwicken = mit Zwecken, Nägeln befestigen.
A Zwiggmui = eine Zwickmühle; vgl. figgln; a vazwiggde Sach = eine schwierige, verschlüsselte, verfahrene Angelegenheit; a Zwigge = ein Zwicker, Klemmer, Kneifer, Augenglas (häufig mit Schnur), das auf die Nase gezwickt, geklemmt wird; heute nicht mehr gebräuchlich.
Familiennamen: Zwicker, Zwickl, Zwicklbauer, Zwicknagl (Marianne, seit 1957 verehelichte Strauß).

Zwiggabusserl, das = auf preißisch: ein Kneifküßchen; Rezept: Man zwickt, kneift sich beim Küssen mit Daumen und Zeigefingern gegenseitig in beide Wangen. Zur Versöhnung besonders geeignet.

zwozzln (o fast a) = mit kurzen Beinen rasch dahinwatscheln, daherzwozzln, entenähnlich.

Zwulla, der = Gleichwort für Schmarrn (doch nur Speise).
A Dopfnzwulla = ein Quarkschmarrn; an Erdebbfezwulla = ein Kartoffelschmarrn; vgl. Schmarrn.

Stichwörterverzeichnis

in schriftdeutscher ABC-Folge

(Zahl = Seite, in Klammer zugehöriges Stichwort)

B

C

D

E

F

G

H

L

M

N

O

P

Q

R

S

T

U

V

W

X

Z

Literatur

Abraham a Santa Clara: Hui und Pfui der Welt, München 1963
Aiblinger, Simon: Vom echten bayerischen Leben, München 1976
Aman, Reinhold: Bayrisch-österreichisches Schimpfwörterbuch, München 1972
Bauer, Josef Martin: Auf gut bayerisch, München 1969
Bekh, Wolfgang Johannes: Richtiges Bayerisch, München 1973
Böck Friedel: Bairische Sprüche, Manuskript
Bronner, F. J.: Bayerisch Land und Volk, München 1902
Butry, Walter: München von A-Z, München 1958
Daniel, Gerd: Bairische, Österreicher und Schweizer Geschichten, Landsberg 1975
Gierl, Irmgard: Raritäten aus Schmeller's Bayrischem Wörterbuch, Rosenheim 1974
Lachner, Johann: 999 Worte Bayrisch, München 1973
Lutz, Joseph Maria: Bayrisch, wie es nicht im Wörterbuch steht, Frankfurt 1969
Osman, Nabil: Kleines Lexikon untergegangener Wörter, München 1971
Schmeller, Joh. Andreas: Bayerisches Wörterbuch, München 1872
Stemplinger, Eduard: Ernte aus Altbayern, München 1936
Stemplinger, Eduard: Wir Altbayern, München 1946
Wasserzieher, Ernst: Woher?, Bonn 1963